류호준 교수의 문예 · 신학적 에세이 2
아버지를 떠나 자유를

류호준

이레서원

류호준 교수의 문예·신학적 에세이 2
아버지를 떠나 자유를
류호준 지음

초판 1쇄 발행	2002년 5월 30일
개정판 2쇄 발행	2010년 12월 10일
발행처	도서출판 이레서원
발행인	김기섭
등록번호	제1-1147호
등록일자	1990년 12월 20일

서울시 마포구 대흥동 161번지(2층) 우편번호 121-809
전화 402-3238, 406-3273 팩스 401-3387
jireh@changjisa.com

글 저작권 ⓒ 2005 류호준

이 책의 저작권은 저자에게 있습니다. 서면에 의한 저자와 출판사의
허락 없이 내용의 일부를 인용하거나 발췌하는 것을 금합니다.

값은 표지에 있습니다.

ISBN 89-7435-371-7 04230
      89-7435-369-5 04230(세트)

이 책을 사랑과 존경의 표시로
어머니 송연순 권사님(1929~)께 바칩니다.
―73회 생신을 축하하며

/차/례/

|서문| 고향을 그리워하는 방랑자들에게 …6

1 세례 먼저 물에 빠져야 살리라 막 1:1-11 …17
2 자아 부인 제자의 길과 십자가 막 8:31-38 …31
3 명상 명상의 훈련 눅 5:12-16 …45
4 제자도 제자도의 딜레마 눅 9:57-62 …61
5 기다림 아버지를 떠나 자유를 눅 15:11-24 …75
6 복음 은혜와 감사의 이중주 눅 17:11-19 …89
7 회개 교회가 해야 할 올바른 사업 눅 24:36-49 …105
8 영광 결혼식에 나타난 예수님의 영광 요 2:1-11 …121
9 증언 "당신도 증인입니다" 요 5:31-47 …135
10 자유 진리와 자유에로의 초대 요 8:31-32 …151
11 은총 "마리아야, 울지 마라" 요 20:1-18 …165
12 희망 그 사람에게 미래가 있는가? 행 3:1-10 …179
13 기도 기도할 줄 모르는데 롬 8:26-27; 눅 22:31-32 …197
14 전쟁 정복 전쟁과 해방 전쟁 엡 6:10-18 …209
15 감사 아들 때문에라도 살전 5:18 …229

16 길 강림절 속의 하이웨이 눅 2:1 …247

17 하나 됨 교회의 위대한 스캔들 요 10:14-16; 엡 4:1-6 …265

18 신앙 신앙이란 무엇인가 하이델베르크 신앙고백서, 제7주일 …273

19 틀 성경과 신학과 삶 …289

20 금식 금식과 믿음과 기근 사 58:6-7 …305

21 가난 가난과 믿음과 하나님 나라 신 15:11 …315

22 신학 모짜르트와 타자기, 그리고 신학 …325

23 고백 "불편을 끼쳐 드려 죄송합니다" …335

24 부활 "땅에 심었어요" 하이델베르크 신앙고백서, 주의 날 42번 …347

25 구원 구원이란 무엇인가 헨리 스토브 …357

26 보은 어떻게 살 것인가 헨리 스토브 …373

27 환희 위대한 댄스 프레드릭 뷰크너 …385

28 설교 설교를 통해 하나님을 뵙는 일 코넬리우스 플랜팅가 …397

|주| …426

| 서문 |

고향을 그리워하는 방랑자들에게

본서는 앞서 출간된 「장막 치시는 하나님을 따라서」의 자매편이라 할 수 있습니다. 앞선 책이 구약 본문들에 대한 명상과 설교들로 구성되어 있다면, 본서는 신약 본문들에 대한 명상과 설교들과 에세이들로 구성되어 있기 때문입니다.

본서의 제목인 「아버지를 떠나 자유를」은 본서에 담긴 글들 중 한 장의 제목이기도 합니다. 이 글은 나의 신학적·신앙적 입장을 잘 대변해 주는 글이라 할 수 있습니다. 그렇습니다. 우리는 모두 원래 속해 살던 고향집을 떠나 이국에서 방랑하는 사람들입니다. 더 이상 에덴 동산에 사는 사람들이 아니라 에덴 동편에 사는 사람들입니다. 미국의 옛 영화배우 제임스 딘을 연상케 하는 반항의 세대들입니다. 그러면서도 우리의 가슴 한구석에는 영원한 목마름처럼 고향에 대한 동경과 그리움들이 가득 차 있습니다.

아버지와 고향을 떠나고 싶은 욕망, 그러면서도 다시 고향과 아버지께로 돌아가고픈 바람, 이것이 우리의 고민과 갈등의 현주소일 것입니다. 우리가 난생 처음으로 평화가 무엇인지, 사랑이 무엇인지를 배웠던 그 '집'을 동경하며 오늘도 그 집을 그리워하기 때문입니다.

미국의 문필가인 프레드릭 뷰크너 Frederick Buechner 가 잘 표현했듯이, 우리에게는 두 개의 집이 있습니다. 하나는 과거의 추억 속에 있는 집이고, 다른 하나는 꿈꾸며 기다리는 집입니다. 고향에 대한 그리움, 집에 대한 간절한 열망은 우리의 영혼을 맑게 하고 희망의 눈물을 흘리게 합니다. 히브리서 11장에 기록된 수많은 믿음의 사람들이 걸어갔던 그 기나긴 신앙 여정이 그들로 하여금 그렇게도 꿈꾸던 고향집으로 향하게 했던 것처럼, 우리도 그 길을 걸어갈 것입니다.[1]

그러나 고향집으로 돌아가고픈 열망을 넘어서 더욱 충격적인 소식은, 수많은 세월 동안 한결같은 마음으로 집 떠난 아들을 기다리는 아버지가 계시다는 사실입니다. 다시 말해서 은혜는 인간적인 모든 결심과 회개를 초월한다는 사실이 저에게는 너무도 소중한 깨달음이 되었습니다. 그리고 이러한 하나님의 은혜는 제 신학의 중심이 되었습니다. 본서에는 이러한 하나님의 은혜를 신학적·신앙적 주춧돌로 삼고 있는 한 목사의 명상들과 설교들이 실려 있습니다.

어느 노 교수의 권면

거의 20년이 다 되어 갑니다. 미국에서 신학 공부를 마치고 졸업할 즈음이었습니다. 화창한 5월의 봄날로, 학교의 오랜 전통 중 하나인 졸업 축하 만찬이 열리던 날이었습니다. 이 전통은 졸업생들과 교수들이 함께 식사하면서 지나간 몇 년을 회고하고 앞으로 펼쳐질 미래의 사역에 대해 격려하며 담소하는 시간이었습니다. 만찬에는 한 선생님께서 목회자가 될 졸업생들을 위해 연설하고 격려하는 순서도 포함되어 있었습니다. 그날의 연사는 네덜란드계 미국인으로 평생 독신으로 지내신 와우스트라Marten H. Woudstra 박사였습니다. 당시 은퇴를 앞두고 계셨던 노 교수님의 식탁 담화는 20년이 지난 지금도 내 가슴 깊이 새겨져 있습니다.

그분이 들려주셨던 권면의 말씀은 이 시대를 살고 있는 많은 신학생들과 목회자들에게도 매우 적절한 말씀이라 생각되어 여러분과 나누려고 합니다. 그의 연설은 이렇게 시작되었습니다. "나의 사랑하는 학생 여러분, 여러분은 얼마 있지 않아 '말씀과 성례의 수종자인 목사'가 될 것입니다. 나는 목회자가 될 여러분에게 다음 세 가지를 존중하는 사역자가 되라고 감히 권면합니다." 이렇게 시작한 그분의 교훈은 그 당시 대부분의 졸업생들에게 큰 감동을 주었고, 우리 모두 새로운 결심으로 가슴 벅차 했던 기억이 지금도 새롭습니다. 목회자의 길에 들어선 새내기들에게 그분이 주셨던 세 가지 권면은 다음과 같았습니다.

"첫째, 말씀text을 존중하십시오. 둘째, 강단pulpit을 존중하십시오. 셋째, 회중석pew을 존중하십시오."

말씀과 강단과 회중을 존중하십시오

목회자는 일차적으로 설교자입니다. 아마 하나님 말씀의 사역자라고 하는 편이 나을 것입니다. 그는 자신의 생각이나 철학, 언변이나 재능을 자랑하거나 과시하는 자가 아니라 '하나님의 말씀만' sola scriptura을, 그리고 '하나님의 말씀 전체' sola tota를 유감없이 선포하는 사람들입니다. 그러기 위해 목회자는 하나님의 말씀인 성경을 존중하는 태도를 가져야 합니다. 물론 성경책에 대해 맹목적 태도를 지닌 성경주의자가 되라는 것이 아니라, 성경만이 우리에게 구원의 길을 보여 주고, 성경만이 어둠 가운데 있는 우리를 생명으로 인도하는 밝은 빛을 비춰 주며, 성경만이 우리 삶의 진정한 원동력이고, 성경만이 우리 신앙과 삶의 유일한 규범이라고 믿는 종교 개혁적 신앙의 태도가 말씀을 선포하는 목회자에게 있어야 한다는 말입니다.

성경의 권위에 대한 이러한 존중은 목회자를 학자가 되게 할 것입니다. 학자는 본질적으로 배우는 자들입니다. 이사야서의 한 구절은 이 말의 의미를 잘 표현하고 있습니다. "주 하나님께서 나를 학자처럼 말할 수 있게 하셨습니다. 지친 사람을 격려할 수 있게 하셨습니다. 아침마다 나를 깨우치시어 학자처럼 알아듣게 하십니다"(사 50:4, 표준새번역 개정판). 다른 번역본은 이 구절을 좀 더 구체적으로 "주 여호와께서 아침마다 나를 깨우쳐 주시니 내가 학생처럼 배우게 하셨습니다"(사 50:4, 쉬운성경)라고 했습니다. 목회자는 이사야서의 이 말씀에서처럼, 학생으로서 위대한 선생이신 주님의 무릎 앞에 앉아 배워야 할 것입니다. 이것이 진정한 의미에서 학자가 된다는 말입니다.

이것은 동시에 헛된 명예나 거짓 학위를 추구하는 어리석음에서 벗어나라는 충고이기도 합니다. 그리고 자신의 학문적 업적과 성취에 도취하여 정녕 들어야 할 그 말씀으로부터 멀어지는 어리석음 또한 지적하는 말씀이기도 합니다. 그렇습니다. 본문을 통해 들려지는 하나님의 말씀을 정통적으로 선포하려면, 목회자는 먼저 본문에 대한 정확한 이해를 추구하고, 그 속에서 들려오는 목소리에 귀를 기울여야 합니다. 이것이 하나님의 말씀인 성경을 존중하는 태도일 것입니다. 하나님을 진정으로 존중한다면, 목회자는 그분의 말씀을 담고 있는 성경 역시 존중해야 합니다. 우리는 '본문'을 존중하는 태도를 가져야 합니다.

둘째로, 목회자는 강단을 존중해야 합니다. 지금 그가 서 있는 곳은 개인의 의사를 발표하는 연설장도, 개인의 이념이나 철학을 전파하는 무대도 아닙니다. 그곳은 하나님의 현존이 경험되는 곳입니다. 그러기에 목회자는 두렵고 떨리는 심정으로 강단에 올라가야 합니다. 강단은 결코 한 개인의 재능이나 권세를 과시하는 장소가 아닙니다. 강단에서 장난치는 일은 절대 없어야 합니다.

왜냐하면 바로 그곳에서 하나님의 백성은 하나님을 만나기 때문입니다. 아니 하나님은 그곳을 통해 자기 백성을 만나시기 때문입니다. 그곳을 통하여 하나님은 은혜를 내려 주시기 때문입니다. 그곳을 통하여 은혜의 방편인 하나님 말씀이 선포되기 때문입니다. 그렇습니다. 강단을 통해 구원의 위대한 사역이 펼쳐진다는 것을 생각할 때마다 비천한 설교자로서 저는 가슴 벅차오르는 감정을 금할 수 없습니다. 동시에 저의 부정함과 부적격함, 오만함과 나태로 인한 부족함 등이 얼마나 저를 괴롭히는지 모릅니다. 참으로 두렵고 떨리는 심정으로 강단을 바라보게 됩니다.

셋째로, 목회자는 회중석을 존중해야 합니다. 쉬운 말로 하자면, 목회자는 교인들을 가볍게 여기거나 경솔하게 생각하지 말라는 것입니다. 마치 초등학생을 다루듯이 그렇게 회중을 다루거나 잘못된 권위주의로 그들을 취급하거나 억압하지 말라는 것입니다. 목회자가 교인들을 진정으로 존중하고 하나님의 형상대로 지음 받은 귀한 존재로 인식하지 않는다면, 그는 종교적 사업에 종사하는 직업인에 불과합니다. 한 영혼, 한 영혼에 대한 영적 부담감, 다시 말해서 하나님의 값진 구원을 절실하게 필요로 하는 사람들에 대한 깊은 애정과 관심이 없는 사역자가 되지 말라는 말입니다.

기발한 재치나 무익한 잡담, 경솔한 언어와 생각 없는 책망, 값싼 위로와 가벼운 용서는 청중석에 앉아 있는 하나님의 백성에 대한 심각한 모욕이라는 사실을 명심하라는 말입니다. 하나님의 말씀을 들으려고 모여 있는 회중을 진정으로 존중하려면, 목회자는 그들의 인간적 배경들을 초월할 수 있어야 합니다. 빈부귀천, 남녀노소를 불문하고 '청중석에 앉아 있는 사람들은 모두 하나님의 구원을 절실하게 필요로 하는 사람들'로 받아들여야 한다는 것입니다. 배고픈 사람에게 양식을 나눠 주는 지혜로운 청지기처럼 목회자 역시 자신에게 위탁된 한 영혼 한 영혼을 진정으로 사랑하고 그들에게 필요한 생명의 양식을 정성껏 베풀려는 아름다운 마음의 소유자여야 합니다.

목회자는 주님의 날에 할당된 시간을 헛되이 낭비할 수 없습니다. 초롱초롱한 눈망울로 하나님의 임재를 기다리는 하나님의 자녀들을 실망시켜 돌려보낼 수는 없기 때문입니다. 회중석을 돌아보고 그 자리에 앉아 그들의 입장에서 강단을 쳐다보는 순간, 목회자는 그들을 결코 실망시켜 돌려보낼 수는 없다는 다짐을 굳게 하게 될 것입니다.

그 교수님의 이러한 가르침은 이후 제 목회 사역의 중요한 이정표가 되었습니다. 강단에 올라가기 전, '하나님 말씀의 선포자로서 나는 본문을 정말로 존중하였는가', '오늘 우리에게 주어질 그 본문 말씀이 다른 많은 방식들로서가 아닌, 그 본문 자체가 보여 주는 유일한 방식으로 이해되고 전달될 것인가', '혹시 내 게으름으로 인하여 그분의 말씀이 왜곡되지는 않을까' 등의 깊은 염려와 걱정이 앞섭니다.

그리고 '지금 내가 서 있는 곳(강단)이 얼마나 거룩한 장소인가', '하나님과 사람들이 만나는 회막 안의 시은소施恩所가 아닌가' 하는 생각에 이르면 가히 목이 메이기 시작합니다. 참으로 두렵고 겸허해지지 않을 수 없습니다. 그리고 배고프고 목마른 영혼들이 생명의 양식과 음료를 얻기 위해 앉아 있는 모습을 보면, 예수 그리스도가 그들을 향해 가지셨던 연민과 긍휼의 마음을 조금씩 느끼게 됩니다. "여기는 들판이요

날은 저물기 시작하였으니 사람들을 그냥 돌려보낼 수는 없다. 너희들이 가진 것으로 그들에게 주라"고 하시며 산과 들을 방황하던 그들을 측은히 여기시던 예수님의 말씀이 떠오릅니다(마 14장; 막 6장; 눅 9장; 요 6장).

여기 실린 글들은 여러 차례에 걸쳐 읽혀지고 선포되는 영광스런 기회를 가졌습니다. 그때마다 감사와 결심, 감격과 각오로 응답하신 여러 그리스도인들에게 마음 깊은 곳에서 우러나오는 감사와 존경을 표합니다. 그리고 글들을 자세하게 읽고 적절한 삽화를 그려 주신 화백 한상윤 목사님, 문체 교정을 봐 주신 김영희 씨, 이레서원의 편집부 여러분께도 감사를 드립니다. 참고로 본서에 실린 마지막 4개의 장은 각기 윤리철학자 헨리 스토브Henry Stob 박사, 작가 프레드릭 뷰크너Frederick Beuchner, 신학자 코넬리우스 플랜팅가Cornelius Plantinga, Jr.의 글들을 번역하여 실은 것입니다.

끝으로, 본서를 어머니 송연순 권사님의 73회 생신에 즈음하여 자그마한 사랑과 존경의 표시로 바칩니다. 지난 33년 동안 남편 없이 네 자녀를 눈물의 기도와 강인한 사랑으로 키우시고 지금도 한결같으신 그 은혜를, 이 한 권의 책으로 결코 갚을 수 없다는 사실을 잘 알고 있습니다. 그러나 언제나 그렇듯이 은혜는 감사 외에 달리 응답되는 길이 없다는 사실 또한 잘 알고 있습니다. "엄마, 감사합니다!"

조국 교회를 위한 간절한 기도가 있다면, 부디 한국 교회 강단으로부터 본문과 강단과 회중을 존중하는 많은 목회자들과 설교자들이, 그리고 하나님의 은혜가 생수의 강물처럼 흘러나오는 것입니다.

2002년 류호준 목사

|일러두기|
- 이 책의 성경 본문은 개역성경과 표준새번역 그리고 일부는 저자가 부분적으로 사역 私譯한 것을 사용하였습니다.

세례 1

먼저 물에 빠져야 살리라
마가복음 1:1-11

하나님의 아들 예수 그리스도의 복음의 시작은 이러하다. 예언자 이사야의 글에 기록하기를, "보아라, 내가 내 심부름꾼을 너보다 앞서 보낸다. 그가 네 길을 닦을 것이다. 광야에서 외치는 이의 소리가 있다. '너희는 주님의 길을 예비하고, 그의 길을 곧게 하여라'" 한 것과 같이, 세례자 요한이 광야에 나타나서, 죄를 용서받게 하는 회개의 세례를 선포하였다. 그래서 온 유대 지방 사람들과 온 예루살렘 주민들이 그에게로 나아가서, 자기들의 죄를 고백하며, 요단 강에서 그에게 세례를 받았다. 요한은 낙타 털옷을 입고, 허리에 가죽 띠를 띠고, 메뚜기와 들꿀을 먹고 살았다. 그는 이렇게 선포하였다. "나보다 더 능력이 있는 이가 내 뒤에 오십니다. 나는 몸을 굽혀서 그의 신발 끈을 풀 자격조차 없습니다. 나는 여러분에게 물로 세례를 주었지만, 그는 여러분에게 성령으로 세례를 주실 것입니다." 그 무렵에 예수께서 갈릴리 나사렛으로부터 오셔서, 요단 강에서 요한에게 세례를 받으셨다. 예수께서 물 속에서 막 올라오시는데, 하늘이 갈라지고, 성령이 비둘기같이 자기에게 내려오는 것을 보셨다. 그리고 하늘로부터 소리가 났다. "너는 내 사랑하는 아들이다. 내가 너를 좋아한다."

First Drown, Then Live

하나님의 아들 예수 그리스도의 복음의 시작은 이러하다.
예언자 이사야의 글에 기록하기를
"보아라, 내가 내 심부름꾼을 너보다 먼저 보낸다. 그가 네 길을 닦을 것이다."
"광야에서 외치는 이의 소리가 있다.
너희는 주의 길을 예비하고, 그의 길을 곧게 하여라" 한 것과 같이,
세례자 요한이 광야에 나타나서, 죄를 용서받게 하는 회개의 세례를 선포하였다.
그래서 온 유대 지방 사람들과 온 예루살렘 주민들이 그에게로 나아가서,
자기들의 죄를 자백하고, 요단 강에서 그에게 세례를 받았다.
요한은 낙타 털옷을 입고, 허리에 가죽띠를 띠고, 메뚜기와 들꿀을 먹고 살았다.
그는 이렇게 선포하였다.
"나보다 더 능력이 있는 이가 내 뒤에 오십니다.
나는 몸을 굽히서 그의 신발 끈을 풀 자격조차 없습니다.
나는 여러분에게 물로 세례를 주었지만, 그는 성령으로 세례를 주실 것입니다."
그 무렵에 예수께서 갈릴리 나사렛에서 오셔서,
요단 강에서 요한에게 세례를 받으셨다.
예수께서 물 속에서 막 올라오실 때,
하늘이 갈라지고, 성령이 비둘기같이 자기에게 내려오는 것을 보셨다.
그리고 하늘로부터 소리가 났다.
"너는 내 사랑하는 아들이다. 내가 너를 좋아한다."

_마가복음 1:1-11, 표준새번역

이야기들은 모두 그 나름대로의 비밀을 지니고 있습니다. 우리들의 호기심을 자극하여 처음부터 마지막까지 쉬지 않고 계속해서 책장을 넘기도록 하는 비밀 말입니다. 그러나 우리는 그런 이야기의 비밀이 종종 이야기의 맨 끝에 가서야 분명하게 드러난다는 것을 알고 있습니다.

추리소설 작가들은 독자들로 하여금 책의 마지막 장까지 손에 땀을 쥐는 긴박감과 호기심을 갖도록 합니다. 그리고 우리는 책의 마지막 장에 가서야 비로소

· 누가 그녀를 죽였는가
· 누가 그가 먹는 음식에 독약을 집어 넣었는가
· 누가 그녀를 기차가 막 들어오고 있는 철로로 밀어 버렸는가를 알게 됩니다.

잘 쓰여진 드라마 역시 시청자들로 하여금 다음 에피소드를 기다리게 합니다. 2002년, 인기리에 방영된 '야생화'라는 일일연속극이 있습니다. '영순과의 결혼생활이 불행하던 동혁이 미라 씨의 품에서 진정한 행복을 찾을 것인가?'를 알고 싶은 시청자들은, 매일 저녁 TV 앞에 앉아 '야생화'를 봐야 했습니다.

한편, 어떤 시나리오 작가는 이야기 전개의 초두에 작품 구성의 비밀을 드러내기도 합니다. 그러한 작가들은, 등장 인물들이 그 작가의 작품 안에서 전개되는 비밀을 알기 전에 독자들에게 먼저 그 비밀을 알려 주는 경우도 있습니다.

마가가 들려주는 비밀

20세기 최대의 신학자라 칭송받고 있는 스위스의 신학자 칼 바르트 Karl Barth와 어떤 순진한 여행객 사이에서 일어났던 이야기가 있습니다. 바르트는 전차를 타고 바젤 대학교로 출퇴근을 하였답니다. 그러던 어느 날 한 여행객이 바르트 박사 옆자리에 앉게 되었습니다. 그런데 그가 '바젤이란 도시가 유명한 신학자 칼 바르트가 살고 있는 도시'라고 당사자인 바르트에게 알려 주는 것이었습니다. 이 얼마나 황당한 일입니까!

"당신은 바르트 박사를 만난 적이 있습니까?" 여행객이 바르트에게 정중하게 물었습니다.

"네, 물론이지요." 바르트가 친절하게 대답했습니다.

"사실, 나는 매일 아침마다 바르트 박사의 수염을 깎아 줍니다." 바르트 박사가 덧붙여 말했습니다.

집에 돌아온 그 여행객은 고개를 흔들면서 중얼거렸습니다. "아니, 그럴 리가 없어! 어떻게 그가 바르트 박사를 보았다는 거야? 바르트 박사를 직접 본 게 아닐 거야. 아마도 바르트 박사의 이발사를 만난 것이겠지!"

참으로 재미있는 이야기입니다. 왜 그렇습니까? 왜 재미있다고 생각합니까? 우리는 이야기의 처음부터 그 여행객이 모르고 있는 비밀을 알고 있기 때문입니다.

이처럼 어떤 이야기들은 우리가 그 이야기의 비밀을 시작부터 알고 있기 때문에, 그 이야기에 매력을 느끼는 경우가 종종 있습니다. 마가복음이 바로 그러한 경우입니다. 마가 이야기의 비밀은 예수의 정체성입니다. 예수는 누구인가에 관한 '예수 정체성' identity of Jesus의 문제가 마가가 들려주고 있는 이야기—'마가 복음서'라고 불리는—의 비밀입니다. 우리는 마가복음에서 이 '비밀'이 어떻게 전개되고 있는지 살펴보고, 그 전개를 통해 흥미진진한 한 편의 이야기를 듣게 될 것입니다.

앞에서 말했듯, 마가가 들려주는 이야기 역시 그 초두에 마가의 비밀이 들어 있습니다. 마가는 이야기의 첫 번째 문장을 통해 우리들을 그 비밀 속으로 인도합니다.

"하나님의 아들, 예수 그리스도에 관한 복음의 시작이다."
"예수는 하나님의 아들이다."

이것이 마가 이야기의 커다란 비밀입니다.

그리고 그 비밀을 독자들의 마음속에 깊이 각인시키기 위해, 마가는 다음과 같은 이야기들도 들려줍니다.

- 예수님이 세례를 받으신 일에 관한 이야기
- 성령이 예수님 위로 내려오신 일에 대한 이야기
- 예수님의 정체에 관한 비밀을 알리는 음성이 하늘로부터 들린 일, 즉 "너는 내 사랑하는 나의 아들이요, 내가 기뻐하는 자라"는 음성이 들린 이야기

오직 예수만이 하늘로부터 들리는 그 음성을 들었습니다. 옆에 있던 사람들 중 아무도 그 소리를 듣지 못했습니다. 하나님이 예수님에게 그(예수님)의 정체가 무엇인지에 대해 말씀하시는 것을 오직 예수님만 들었던 것입니다. 오직 예수님만이 자기가 누구인지, 자기의 정체가 무엇인지 알았다는 말입니다.

그리고 또 놀라운 사실은, 우리도 예수님이 진정 누구인지 알고 있다는 것입니다. 왜냐고요? 마가가 마가복음서 첫 문장을 통해 우리에게 이 비밀에 대해 들려주고 있기 때문입니다. 그리고 우리는 이 비밀을 일찍부터 알고 있기 때문에 흥미진진한 마음과 기대감을 갖고 예수님에 관한 마가의 이야기를 듣게 됩니다. 한 걸음 더 나아가, 우리는 마가

복음서에 등장하는 인물들 가운데 예수님의 진정한 정체를 알고 있는 사람이 한 사람도 없다는 사실에 놀라움을 금치 못하게 됩니다.

- 율법 선생님들도 그 비밀을 알지 못했습니다. 그들은 예수님이 바알세불 귀신에 사로잡혔다고 비난했습니다.
- 군중 역시 그 비밀을 알지 못했습니다. 그들은 예수님을 엘리야 혹은 다른 예언자들과 혼돈하였습니다.
- 예수님의 친척들과 친구들 역시 그 비밀을 알지 못했습니다. 그들은 예수님이 정신적으로 미쳤다고 생각했습니다.
- 제자들 역시 그 비밀을 알지 못했습니다. 예수님이 갈릴리 호수의 폭풍을 잠잠케 하셨을 때, 그들은 "아니, 이 사람이 누구인가?" 하면서 소스라쳐 놀란 적이 있습니다.

마가복음서에 등장하는 사람들 가운데 그 누구도 예수님이 정말 누구신지 아는 사람이 없었습니다. 그들은 예수님의 정체에 대해 무지했으며 눈 먼 상태였습니다. 예수님이 진짜 예수님처럼 보이지 않았으며, 하나님의 아들처럼 보이지도 않았기 때문입니다.

적어도 바젤의 한 여행객에게는, 빗질하지 않은 덥수룩한 머리에 구겨진 양복을 입고 전차에 앉아 있던 사람이 그 유명한 신학자 바르트가 아니었습니다. 이와 같이 예수님 역시 하나님의 아들처럼 보이지 않았던 것입니다.

세례를 통해 드러나는 그 비밀

이런 이유 때문에 마가는 우리에게 마가복음서 초두에서 비밀을 미리 일러 주는 것입니다. 예수님이 하나님의 아들이라는 비밀 말입니다. 그러므로 우리는 마가의 이야기를 듣는 내내 이 비밀을 기억하고 있어야 합니다.

- 유대 종교 성직자들이 예수님 면전에 침을 뱉을 때, 마가는 우리가 이 비밀을 기억하기 원하는 것입니다.
- 로마 군인들이 예수님의 발 앞에 무릎꿇고 조롱하며 장난칠 때, 마가는 우리가 이 비밀을 기억하기 원하는 것입니다.
- 구경꾼들이 예수님께 십자가에서 내려오라고 빈정대며 조롱할 때, 마가는 우리가 이 비밀을 기억하기 원하는 것입니다.
- 제사장들이 예수님을 모독할 때, 마가는 우리가 이 비밀을 기억하기 원하는 것입니다.
- 예수님이 마지막으로 크게 부르짖을 때, 마가는 우리가 이 비밀을 기억하기 원하는 것입니다.

우리가 마가복음서에 등장하는 수많은 사람들을 만날 때마다, 그리고 그들이 그토록 예수님에 대해 오해하고 있는 것을 보게 될 때마다, 우리는 마가가 처음으로 우리에게 들려주었던 그 '비밀' ―예수님은 그리스도시요 하나님의 아들이시라는― 을 기억해야 할 것입니다.

마가는 예수님의 세례 때 계시되었던 예수님의 정체성에 관한 비밀을 기억하기를 원합니다. 그렇게 함으로써 우리는 우리가 세례 받을 때 계시되었던 우리의 정체성에 관한 비밀을 기억할 것입니다.

우리의 세례 때 우리가 진정으로 누구인가라는 비밀이 드러납니다. 다시 말해서 우리는 우리가 세례를 받을 때 우리의 정체성에 대한 비밀을 드러내는 것입니다. 예수 그리스도 안에서 세례를 받은 우리는, 모두 그분의 죽으심 안에서 세례를 받은 것이라고 사도 바울은 말합니다.

우리는 세례를 통해 그리스도와 함께 죽어 묻혔습니다. 세례는 죽는 일입니다. 우리의 옛 사람이 죽는 것을 의미합니다. 그리고 우리가 예수 그리스도와 함께 세례를 통해 죽어 묻힌 것은, 그리스도가 죽은 자들 가운데서 다시 살아나신 것처럼 우리도 새로운 생명 안에서 걷기 위함입니다. 새로운 인생, 새로운 삶을 살기 위해서입니다. 이처럼,

- 우리의 세례는 우리의 정체성을 '그리스도의 죽으심 그리고 부활'과 연결하여 정의해 줍니다.
- 우리의 세례는 우리를 그리스도와 함께 죽고 그리스도와 함께 살아난 백성으로 규정합니다.

우리의 문화와 대중매체는 부단히 우리가 누구인지를 새롭게 규정하고 정의 내립니다. 그것들은 날마다 우리에게 질문합니다. "자, 당신은 이렇게 되고 싶지 않습니까?" "아니, 당신은 저렇게 되고 싶지 않습니까?" 현대의 문화와 가치관은 부단히 우리의 정체성을 바꾸도록 압력을 행사하고 있습니다.

미국 만화 가운데 다음과 같은 독백이 있습니다. 매우 유머러스한 만화이지만 위에서 말한 내용을 극명하게 드러내는 이야기입니다. 이 만화에 대니라는 한 소년이 등장합니다. 그는 다음과 같이 말합니다.

나는 아주 어렸을 때부터 내 자신이 싫었습니다. 그래서 나는 내가 나처럼 되는 것을 싫어했습니다. 나는 빌리 위틀톤처럼 되기를 소원했습니다. 그래서 나는 걸을 때도 그처럼 걸었고, 말할 때도 그처럼 말했습니다.

그런데 빌리 위틀톤이 바뀌었습니다. 그가 헐비 밴더만과 어울려 다니기 시작한 것입니다. 그러더니 그는 헐비 밴더만처럼 걷고 헐비 밴더만처럼 말하기 시작했습니다. 그런데 얼마 후 나는 헐비 밴더만이 조이 해머린처럼 걷고 말한다는 사실을 알게 되었습니다. 그런데 조이 해머린은 콜키 패빈손처럼 걷고 말하고 있었습니다.

자, 내가 여기 있습니다. 어떤 나입니까? 글쎄요, 나는 콜키 패빈손처럼 걷고 말하려고 애쓰는 조이 해머린의 행동을 본뜬 헐비 밴더만을 따라하

는 빌리 위틀톤처럼 걷고 말하는 나입니다! 그런데 여러분은 콜키 패빈손이 늘 누구처럼 걷고 말하는지 알고 계십니까? 참 내, 기가 막혀서!

글쎄 콜키 패빈손은 수천 수만의 사람들 가운데 꼭 나처럼 걷고 나처럼 말하는 저 멍청한 녀석, 저 망나니 같은 녀석 케니 웰링톤처럼 걷고 말한다는 것입니다. 참으로 미칠 지경입니다!

이것은 그저 우스꽝스런 만화가 아닙니다. 이것은 바울이 로마서 12장에서 말하고 있는 것과 같습니다. 바울은 그곳에서 뭐라고 하던가요?
- 이 세상을 본받지 말라.
- 세상으로 하여금 그 주형鑄型 속에 당신을 집어넣지 못하게 하라.
- 광고주들이 "이것은 당신에게 꼭 필요한 것입니다"라고 말하지 못하게 하라.
- 세상이 당신에게 믿게끔 하는 광고에 현혹되어 넘어가지 말라.
- 값싼 즐거움을 약속하는 연예인들의 거짓말을 믿지 말라.
- 여러분의 사기를 진작시켜 여러분이 행복하게 오래 살 수 있게 해준다고 약속하는 심리치료사들의 거짓말을 믿지 말라.
- 하나님 백성의 상처들을 가볍게 다루는 설교자들의 거짓말을 믿지 말라.

자, 이상의 모든 거짓말을 믿지 마십시오. 왜냐고요? 이런 거짓말들은 여러분들이 진정 누구인지에 대해 진실을 말하지 않고 피상적으로 말하기 때문입니다.

세례, 죽음과 부활에 동참하는 것

"그때에 예수님께서 갈릴리 나사렛으로부터 와서 요단 강에서 요한에게 세례를 받으셨다"(막 1:9).

예수님은 도대체 무엇 때문에 세례를 받은 것입니까? 이에 대한 대답은 '임박한 죽음을 미리 실행하기 위해서'입니다.

마가복음 10장에서 예수님은 자신의 죽음을 세례로 말씀하고 계십니다. 자신의 죽음을 세례 받는 것이라고 말씀하고 계십니다. 예수님은 제자들에게 묻습니다. "너희는 내가 받는 세례로 세례를 받을 수 있겠는가?"

그리고 십자가를 향하여 점점 가까이 갈 때, 그는 다음과 같이 말씀하십니다. "내게는 받아야 할 세례가 있으니 그 이루기까지 나의 답답함이 어떠하겠느냐?"(눅 12:50)

십자가에서의 예수님의 죽음은 그의 세례입니다. 마가복음 1장에 기록된 세례자 요한에 의한 예수님의 세례는 임박한 그 죽음에 대한 최초의 공적 선언인 것입니다.

마가는 세례자 요한을 구약의 예언자로 묘사하고 있습니다.

- 요한은 예언자처럼 옷을 입었습니다. 낙타의 털로 옷을 지어 입었고, 허리에 가죽띠를 띠었습니다.
- 요한은 예언자처럼 먹었습니다. 메뚜기와 들꿀을 주식으로 삼았습니다.
- 요한은 예언자처럼 설교하였습니다. "회개하라!"
- 요한은 우리의 지하에 사는 귀신들을 불러냅니다.
  ─그는 우리의 영혼 깊은 곳에 잠복해 있는 것들을 마구 끄집어냅니다.
  ─그는 우리가 일부러 잊어버리고자 하는 것들에 코를 파묻고 파헤칩니다.
  ─그는 우리가 오래 전에 깊이 잠재웠던 죄책감을 다시 흔들어 깨

웁니다.
- 그는 엉망진창이 된 우리의 삶을 가리키면서 "회개하시오!" "당신들의 행동을 깨끗하게 청소하시오!" "죄로 가득 찬 과거와 단절하시오!" "새롭게 시작하시오!" "구부러진 당신의 삶을 곧게 하시오!"라고 외칩니다.

이것은 참으로 견디기 힘든 말입니다. 좋지 못한 소식입니다.
이 말은
· 앉은뱅이에게 "걸으시오!"
· 소경에게 "보시오!"
· 귀머거리에게 "들어 보시오!"라고 말하는 것과 같습니다.

요한의 세례는 나쁜 소식입니다. 좋은 소식이 아닙니다. 예수님은 요한의 세례를 거쳐서 우리에게로 오십니다. 예수님은 요한의 나쁜 소식을 통해서 자기의 좋은 소식(복음)을 선포하십니다.
왜 그렇게 하시냐고요? 세례자 요한이 우리에게 다음과 같은 사실을 알리기 때문입니다.
· 요한이 요구하는 것을 이룰 수 있는 사람은 우리 가운데 없다.
· 우리는 스스로 우리의 행동을 깨끗게 할 수 없다.
· 우리의 죄로 가득 찬 과거를 끊을 수 없다.
· 우리 스스로 새로운 출발을 할 수 없다.
· 우리는 우리의 구부러진 삶을 바로잡을 수 없다.

예수님은 요한의 세례를 통하여 우리에게 오십니다. 그리고 우리에게 반드시 죽음과 부활의 과정을 지나야 한다고 말씀하십니다. 예수님은 물 아래로 내려가셨습니다. 그것은 그의 임박한 죽음을 실행하는 것이었습니다. 예수님은 다시 요단강으로부터 올라오셨습니다. 역시 그의 임박한 부활을 실행하는 것이었습니다.

우리의 세례 뒤에는 예수님의 세례가 있습니다. 우리의 세례가 의미 있는 것은, 그것이 예수 그리스도의 세례와 함께 하나의 그림을 이루기 때문입니다. 우리가 그리스도에게 세례를 받는다는 것은 우리가 그분의 죽으심에 참여한다는 뜻일 뿐만 아니라 그분의 부활에도 동참하게 된다는 것을 의미합니다.

세례는 죽었다가 다시 일어서시는 그리스도와 우리를 얽어매는 것입니다. 세례는 그리스도가 우리를 위해 하신 모든 일을 하나로 묶어 요약하는 것입니다.

그리스도가 오신 것은 우리를 개선하고 개량하기 위해서가 아닙니다. 우리에게 하시는 그분의 말씀은
- "나를 본받아라!"
- "나처럼 사랑스럽고 겸손한 자가 되기를 힘써라"가 아닙니다.

그리스도가 오신 것은, 우리를 물에 빠뜨려 익사시키고 그 후에 다시 우리를 소생시키시기 위함입니다.

로버트 캐폰Robert Capon에 의하면, 요한이 선포한 회개는 "자신의 삶을 개선하는 시간은 이미 끝나 버렸다. 이제 우리에게 필요한 것이 있다면 그것은 병을 치료하는 의사가 아니라 염을 해 넣는 장의사다. 그렇지 않다면, 가능치도 않고 상상할 수도 없겠지만, 죽은 자를 일으킬 수 있는 그 '어떤 분'이어야 한다"는 것을 우리에게 알립니다.

우리가 다시 산다면, 아니 우리가 새로운 인생을 살게 된다면, 그것은 우리 삶의 옛 부품들이 다시 제자리를 잡아 작동하기 때문이 아니라, 전적으로 다른 생명이 우리의 깨어진 삶 속에 새롭게 자리를 잡기 때문입니다.

새 생명, 새로운 인생은 그리스도와 함께 죽고 그와 함께 다시 일어나는 것으로 시작합니다.

바울은 우리에게 말씀하고 있습니다.

"우리는 그리스도와 함께 그분의 죽음으로 세례를 받았습니다.

그리고 우리가 죽음을 통하여 그리스도와 연합하였다면,

부활의 때에 우리는 반드시 그분과 다시 연합할 것입니다.

왜냐하면 우리가 그리스도와 함께 죽었다면,

우리는 우리가 그와 함께 다시 살 것도 믿기 때문입니다." 아멘.

자아 부인 2

제자의 길과 십자가
마가복음 8:31-38

예수께서는, 인자가 반드시 많은 고난을 받고, 장로들과 대제사장들과 율법학자들에게 배척을 받아, 죽임을 당하고 나서, 사흘 후에 살아나야 한다는 것을 가르치기 시작하셨다. 예수께서 드러내 놓고 이 말씀을 하시니, 베드로가 예수를 바싹 잡아당기고, 그에게 항의하였다. 그러나 예수께서는 돌아서서, 제자들을 보시고, 베드로를 꾸짖어 말씀하셨다. "사탄아, 내 뒤로 물러가라. 너는 하나님의 일을 생각하지 않고, 사람의 일만 생각하는구나!" 그리고 예수께서 제자들과 무리를 불러 놓고 그들에게 말씀하셨다. "나를 따라오려고 하는 사람은, 자기를 부인하고, 자기 십자가를 지고, 나를 따라오너라. 누구든지 제 목숨을 구하고자 하는 사람은 잃을 것이요, 누구든지 나와 복음을 위하여 제 목숨을 잃는 사람은 구할 것이다. 사람이 온 세상을 얻고도 제 목숨을 잃으면, 무슨 이득이 있겠느냐? 사람이 제 목숨을 되찾는 대가로 무엇을 내놓겠느냐? 음란하고 죄가 많은 이 세대에서, 누구든지 나와 내 말을 부끄럽게 여기면, 인자도 자기 아버지의 영광에 싸여 거룩한 천사들을 거느리고 올 때에, 그를 부끄럽게 여길 것이다."

The Cross of Discipleship

인자가 많은 고난을 받고 장로들과 대제사장들과 서기관들에게 버린 바 되어
죽임을 당하고 사흘 만에 살아나야 할 것을 비로소 저희에게 가르치시되,
드러내놓고 이 말씀을 하시니 베드로가 예수를 붙들고 간하매,
예수께서 돌이키사 제자들을 보시며 베드로를 꾸짖어 가라사대,
"사단아 내 뒤로 물러가라 네가 하나님의 일을 생각지 아니하고
도리어 사람의 일을 생각하는도다" 하시고,
무리와 제자들을 불러 이르시되,
"아무든지 나를 따라 오려거든 자기를 부인하고
자기 십자가를 지고 나를 좇을 것이니라.
누구든지 제 목숨을 구원코자 하면 잃을 것이요.
누구든지 나와 복음을 위하여 제 목숨을 잃으면 구원하리라.
사람이 만일 온 천하를 얻고도 제 목숨을 잃으면 무엇이 유익하리요?
사람이 무엇을 주고 제 목숨과 바꾸겠느냐?
누구든지 이 음란하고 죄 많은 세대에서 나와 내 말을 부끄러워하면
인자도 아버지의 영광으로 거룩한 천사들과 함께 올 때에
그 사람을 부끄러워하리라."

— 마가복음 8:31-38, 개역성경

이 장의 본문 말씀은 여러분의 목을 꽉 조여 매는 듯할 것입니다. 마치 물 속에 머리를 쳐 박고 있는 듯 숨이 막힐 것입니다. 여러분이 이 말씀을 진정으로 듣고 있다면 그런 기분을 느끼는 건 자명한 사실입니다. 그러므로 만일 여러분 중에 그렇게 느껴지지 않는 분이 있다면, 그분은 이 말씀을 진심으로 듣고 있는 것이 아닐지도 모릅니다.

그리스도의 제자가 된다는 것은 무엇을 의미할까요? 마가복음 8:34은 그리스도의 제자가 된다는 것은 우리가 동의할 수 없는 세 가지 일을 하는 것이라고 말합니다.

첫째, 반드시 우리 자신을 부인해야 합니다.

둘째, 반드시 나무 형틀을 어깨에 메고 가야 합니다.

셋째, 반드시 그리스도를 따라 골고다까지 가서, 스스로를 형틀에 매달아 죽여야 합니다.

'머리'가 아닌 '발'로 믿으라

이처럼 마가복음 8:34은 우리가 받아들이기 힘든 본문입니다. 아니, 너무나 커서 삼키기 힘든 알약과도 같습니다. 그러나… 받아들이든 그렇지 않든, 동의하든 그렇지 않든 간에 우리는 본문이 말하는 것을 귀담아 들으려고 애써야 합니다. 마가복음 8:34이 처음으로 내고 있는 길, 소위 '제자의 길'이라 불리는 이 길은, 기독교라 불리는 새로운 신앙에 그 첫 걸음을 내딛고 걸어가야만 하는 길이기 때문입니다.

예수님이 사역을 시작하셨을 때, 그는 먼저 베드로와 안드레와 야고

보를 찾아 가셔서 "나를 따르라"고 말씀하셨습니다.

오늘날에도 예수님은 그렇게 하고 계십니다. 사실상 그분은 지금 이 시간, 이 곳 안에서도 그렇게 하고 계십니다. 그는 다른 제자들에게 가셔서도 "나를 따르라"고 말씀하셨습니다.

예수님을 따르는 것은 죽는 일에서부터 시작합니다.
- 만일 우리가 예수님과 함께 기꺼이 죽을 준비가 되어 있지 않다면, 우리는 그분과 함께 다시 일어나지復活 못할 것입니다.
- 만일 우리가 기꺼이 우리의 '이기적인 삶의 길'을 포기하지 않는다면, 우리는 그리스도와 함께 '새로운 삶의 길'로 태어나지 못할 것입니다.

나를 따르라!
- 이러한 부르심召命에 대해 순종으로 응답하는 길에서만 부활의 기적을 경험하게 됩니다.
- 이러한 부르심에 대해 순종으로 대답할 때만 죽은 몸이 다시 살아날 것입니다.

우리가 크리스천이 되는 것은 우리가 '머리'로 올바른 것들을 믿기 때문이 아닙니다. 우리가 크리스천이 되는 것은 우리가 '발'로 그리스도를 따르기 때문입니다. 신앙은 '발'과 관계를 맺습니다.

토니 캠폴로Tony Campolo가 들려주는 다음 이야기는 이 사실을 가슴 깊이 느끼게 해 줄 것입니다.

1890년대였습니다. 블론딘Blondin이라는 이름의 공중 줄타기 곡예사가 있었습니다. 그는 어느 날 나이아가라 폭포를 가로질러 건너는 위험한 줄타기 쇼를 하기로 작정했습니다. 수많은 사람들이 등골이 오싹해지는 그 위험천만한 쇼 앞에서 소리를 질렀습니다. 그는 캐나다 쪽에서 미국 쪽을 향하여, 고공高空에서 죽음의 곡예를 하고 있었던 것입니다. 그는 앞으로 1cm씩 조심스레 발을 떼기 시작하였습니다.

불론딘이 폭포의 미국 쪽에 이르렀을 때, 군중은 합창하듯이 그의 이름을 부르기 시작했습니다. "불론딘! 불론딘! 불론딘!"

마침내 불론딘이 손을 들자 군중이 조용해졌습니다. 그리고 그가 크게 소리쳤습니다. "여러분은 나를 믿습니까?" 그러자 군중이 큰 소리로 대답하였습니다. "믿습니다! 믿습니다! 믿습니다!"

다시 불론딘이 군중을 조용히 시켰습니다. 그리고 다시 한 번 외쳤습니다. "자, 내가 다시 이 줄을 타고 저리로 건너가겠습니다. 그러나 이번에는 내가 누군가를 등에 업고 건너가겠습니다. 여러분은 내가 해낼 수 있다고 믿으십니까?"

그때 군중이 다시 큰 소리로 외쳤습니다. "예, 믿습니다! 예, 믿습니다!" 불론딘은 군중을 다시 조용하게 한 후 물었습니다. "그러면 누가 그 사람이 되겠습니까? 누가 내 등에 업혀 건너가겠습니까?"

그러자 군중은 갑자기 쥐 죽은 듯 조용해졌습니다. 기침 소리, 숨소리조차 들리지 않았습니다. 얼마의 시간이 흘렀습니다. 마침내 군중 가운데 한 사람이 앞으로 나왔습니다. 그리고 불론딘의 어깨 위에 올라탔습니다. 그리고 그 후 3시간 반 동안 불론딘은 1cm, 또 1cm씩 캐나다 쪽을 향하여 움직여 갔습니다.

그렇습니다! 수천의 사람들이 외쳤습니다. "우리는 당신을 믿습니다." 그러나 그를 따랐던 사람은 오직 한 사람뿐이었습니다.

- '따른다'는 것은 어떤 것을 여러분의 머리로 믿는다는 것이 아닙니다.
- '따른다'는 것은 여러분이 믿고 있는 그분에게 전적으로 목숨을

맡기는 것입니다.
- '따른다'는 것은 방관자들이나 구경꾼들로부터 떨어져 나간다는 것입니다.
- '따른다'는 것은 여러분의 삶을 여러분 스스로 통제하고 조절하는 권한을 포기한다는 것입니다.
- '따른다'는 것은 마치 불론딘의 어깨에 자기 생명을 맡긴 사람처럼 행동한다는 것입니다.
  - 이런 사람은 폭포 중간에서 불론딘에게 "여보시오, 그것 참 재미있겠군요. 자, 내가 한번 해 볼까요"라고 말하지 않습니다.
  - 또한 그는 "자, 나와 임무를 교대합시다. 내가 걸을 터이니 당신은 앉아 있구려"라고 말하지 않습니다.

다 내려놓고 투항하라

한편, 구경꾼이 되는 것은 쉬운 일입니다. 구경꾼은 사건으로부터 떨어져 있는 사람입니다. 구경꾼은 사건 속에 개입하거나 참여하는 사람이 아닙니다. 그들은 겁쟁이들입니다. 그들은 예수님을 따르는 데 동반될지도 모르는 위험을 기꺼이 감수하려 하지 않습니다. 대신 그들은 의자를 뒤로 젖히고 앉아서 말만 많이 합니다. 비판도 많이 합니다. 입은 청춘입니다. 그러나 그들은 결코 자신들을 기꺼이 내맡기거나 헌신하지 않습니다. 그들은 자신들의 삶과 인생 전부를 그리스도께 내맡기지 않습니다. 전투적 용어로 은유隱喩하자면, 그들은 그리스도께 투항하지 않는 사람들입니다.

아마 우리의 결혼생활도 그러할 것입니다.
- 남편이 아내에게 전적으로 투항할 때, 그는 아내를 진정으로 알게 될 것입니다.

- 아내가 남편에게 전적으로 항복할 때, 그녀는 진정으로 남편을 알 게 될 것입니다.

그렇습니다!
- 투항할 때 비로소 여러분은 그리스도를 알게 될 것입니다.
- 항복할 때 비로소 우리는 예수님이 누구인지 알게 됩니다.
- 그리스도께 전적으로 내맡길 때가 바로 그분을 진정으로 알게 되는 '때' 입니다.
- '이해를 추구하는 신앙' faith seeking understanding이라는 문구는 바로 그것을 의미할 것입니다. 다시 말해서, 믿으면 진정으로 알게 된다는 말입니다.

예수님이 말씀하십니다.
- 누구든지 나의 제자(따르는 자)가 되고 싶으면, 자신을 부인하고 각자의 십자가를 메고 나를 따르라.
- 누구든지 나의 제자가 되기를 원한다면, 나무 형틀을 짊어지고 그 형틀을 세우는 곳까지 가라.
- 누구든지 나의 제자가 되기를 원한다면, 죽을 때까지 그 형틀에 매달려 있어야 한다.
- 누구든지 나의 제자가 되기를 원한다면, 그 형틀에서 목숨을 잃어야 한다.

자기 생명을 구원하려는 자는 그것을 잃을 것이요, 그리스도와 복음을 위해 자기 생명을 잃는 자는 그 생명을 얻을 것입니다.

간직할 것인가, 버릴 것인가

아마 여러분은 사해死海, Dead Sea에 관한 이야기를 들어 봤을 것입니다. 사해는 요단강을 비롯하여 여러 시내로부터 물을 받아들입니다. 그런데 사해가 갖고 있는 문제는, 받기는 많이 하면서 주기는 전혀 안 한다는 데 있습니다. 자신이 받은 것을 계속해서 간직할 수 있겠습니까? 아닙니다! 받은 것은 끊임없이 빼앗깁니다. 태양 열기가 그렇게 만듭니다. 받아들인 물이 태양 열기에 의해 증발됨으로써 호수의 수면과 수량은 유지됩니다. 받아들인 물을 태양 열기가 빼앗아 가는 것입니다.

사해는 일종의 비유比喩입니다. 사해는 이기적입니다. 욕심스럽게도 물을 자기 안으로 집어 넣기만 하고 결코 주변 환경과 나누어 갖지 않습니다. 함께 나눌 줄을 모릅니다. 그러나 다행스럽게도 자연은 이렇게 고집스럽고 이기적인 사해를 잘 다룰 줄 아는 것 같습니다. 태양은 하루에 평균 700만 톤의 물을 빼앗아 간다고 합니다. 700만 톤의 물이 증발되어 구름을 형성하고, 바람은 이 구름들을 필요로 하는 곳으로 이동시킵니다.

사해의 비유를 통해서, 여러분은 삶의 위대한 패러독스paradox를, 인생의 위대한 역설을 보게 됩니다.

- 여러분의 생명을 보존하려고 힘써 보십시오. 그러면 반드시 그것을 잃게 될 것입니다.
- 그 생명을 버리십시오. 그러면 신비로운 방식으로 그것을 간직하게 될 것입니다.

예수님은 말씀하십니다. 우리 모두는 결국 우리의 생명을 잃어버릴 것이라고 말입니다. 그러나 그분은 또 말씀하십니다. "우리가 생명을 잃어버리는 방식에는 두 가지가 있다."

- 생명을 간직함으로써 생명을 잃어버릴 수 있습니다.
- 생명을 버림으로써 생명을 잃어버릴 수 있습니다.

우리는 두 가지 중에 하나를 선택해야 합니다. 삶은 우리에게 제3의 대안은 제공하지 않습니다.
- 여러분 자신을 위하여 생명을 간직하고 있든지
- 여러분 자신을 위하여 그 생명을 사용하든지
- 여러분 자신을 위하여 인생을 살든지

아니면,
- 그것을 버리든지
- 그것을 다른 사람에게 주든지
- 다른 사람들을 위하여 그 삶을 살든지

선택은 여러분의 것입니다.

대부분의 사람들은 자신들의 생명을 보존하기를 원합니다. 자신들의 만족을 위해 살려고 합니다. 이런 사람들이 사용하는 말 중에 핵심적인 단어는 '성취' 입니다. 그것도 '단기적 성취' 입니다.
- 그들은 지금 이 땅에서 무엇인가 성취하기를 바랍니다.
- 그들은 모든 것을 갖고 싶어합니다. 그리고 그것이 지금 여기에서 이루어지길 바랍니다.

죽은 바다의 사회

이렇게 본다면, 우리가 살고 있는 사회는 '사해 사회' Dead Sea Society 입니다. 어느 영화 제목처럼 '죽은 시인의 사회' Dead Poet Society가 아닌 '죽은 바다의 사회' 입니다. '사해 사회', 그것은

· 할 수 있는 한 많은 것을 움켜잡으려는 사람들의 사회를 말합니다.
· 제자들처럼 포기하려는 사회가 아닙니다.

유진 피터슨 Eugene Peterson이 말하듯이, 예수 그리스도께 헌신하는 사람은 '내려진 결정에 대해 박수치려고 즉시 모여든 군중을 바라보지 않습니다.'

'사해 사회'에서 벌어지는 행동들을 살펴보면, 대놓고 적대적이지는 않습니다. 그러나 그런 사회는 그리스도를 따르려는 여러분의 결심들을 보이지 않는 방식으로 꺾으려고 합니다. '사해 사회'는,

· 죽은 분위기입니다.
· 가라앉은 분위기입니다.
· 여러분의 제자도를 경멸하는 분위기입니다.
· 그리스도를 향한 여러분의 헌신을 좀먹는 분위기입니다.
· 예수님을 향한 여러분의 헌신을 완전히 무너져 내리게 하는 분위기입니다.

예수님은 말씀하십니다. "누구든지 나를 따르는 자가 되려면 자기 자신을 부인하고 자기 십자가를 지고 나를 따르라. 자기 목숨을 얻기 원하는 자는 잃을 것이요, 나를 위하여 자기 목숨을 잃는 자는 그것을 얻을 것이다."

· 여러분의 삶이 따라가야 할 두 가지 기본적인 방향이 있습니다.
 당신 자신을 '향하여' 가는 방향, 아니면 당신 자신으로부터 '떠나는' 방향입니다.
· 당신의 삶을 통제하려 드는 것에는 두 가지 근본적인 원리가 있습니다.
 획득과 습득의 원리, 아니면 봉사와 섬김의 원리입니다.

획득과 습득의 원리를 중심으로 해서 여러분의 삶과 인생을 엮어 가면, 아이러니컬하게도 그 삶은 가망 없는 삶이 됩니다. 왜냐하면 자신의 생명을 얻으려는 자는 잃게 되기 때문입니다.

러시아의 위대한 문호 레오 톨스토이Leo Tolstoy는 이러한 진리를 잘 드러내는 한 이야기를 들려줍니다. 이 단편의 제목은 "사람은 얼마만큼의 땅이 필요한가?"입니다.

이야기의 주인공은 팩홈Pakhom입니다. 그는 소작농이었는데, 불평은 단 한 가지였습니다. 자기가 너무나 적은 땅을 갖고 있다는 것입니다. 그때 그는 러시아의 볼가 강 너머에 새로운 정착지가 생긴다는 소식을 접하게 됩니다. 돈만 지불하면 얼마든지 땅을 살 수 있다는 소식이었습니다. 그는 새로운 곳에서 새로운 행운을 잡기로 결심합니다. 현재 그가 소유한 땅으로는 도저히 만족할 수 없었기 때문입니다.

볼가 강 너머, 베쉬커 군郡에서 땅을 매우 싼값에 무한정 판다는 소식을 듣고 그는 결심합니다. 이번 기회를 놓칠 수는 없다고 말입니다. 그래서 그는 가족을 집에 둔 채 하인만 데리고 그곳을 향해 떠났습니다. 약 480km 정도 떨어진 머나먼 거리였습니다. 팩홈은 베쉬커에 도착하여 그곳 지방관을 만났습니다.

"땅값이 얼마요?" 팩홈이 물었습니다.

"하루에 천 루브르요." 지방관이 무뚝뚝하게 대답하였습니다.

"그래 그것이 도대체 얼마나 되는 땅덩어리요?" 팩홈은 당시 그 지방의 돈 시세와 땅 시세를 몰랐습니다.

"우리는 그런 식으로 계산하지 않소. 우리는 하루씩 계산하여 땅을 팝니다. 당신이 하루 동안 걷는 만큼 당신의 땅이 될 것입니다. 이것이 우리의 계산 방법이요. 그 가격이 하루에 천 루브르요."

"뭐라고? 하루 종일 걷는 만큼 자기 땅이 된다고?" 팩홈은 호기심에 찬 목소리로 혼자 중얼거렸습니다.

"한 가지 경고할 것이 있소. 당신이 출발한 그 지점으로 같은 날 돌아오지 못한다면, 당신은 천 루브르를 잃을 것이요." 지방관이 엄숙하게 말했습니다.

다음 날 아침, 지방관과 팩홈은 각각 자기 사환을 한 명씩 데리고 동네에서 가장 높은 산 언덕으로 올라갔습니다. 푸른 초장이 내려다보이는 곳이었습니다. 그리고 지방관은 모자를 벗어 팩홈이 서 있는 땅에 내려놓았습니다.

"자, 이곳이 출발점이오. 여기다 돈을 넣으시오. 당신의 하인은 이곳에 머물러 있고, 나의 하인과 당신은 바로 이곳에서 출발하여 다시 이 위치로 돌아와야 합니다."

지방관의 하인 한 명이 말을 타고 팩홈을 뒤따라가기 시작합니다. 막대기로 경계표를 꽂아 놓기 위해서였습니다. 팩홈은 이른 아침 큰 희망을 품고 태양이 뜨는 쪽을 향하여 걷기 시작했습니다. 물론 점심 식사도 거른 채 걸었습니다.

낮의 태양이 러시아의 평원을 달구면서 점점 뜨거워지기 시작했습니다. 팩홈은 옷을 벗어 던졌습니다. 무거운 부츠도 벗었습니다. 그는 혼잣말로 중얼거렸습니다. "한 시간의 고통은 한 세기의 이익이라!"

그러나 그는 석양이 저물기 전에 돌아와야 했습니다. 태양이 저무는 서쪽을 향해 부지런히 달리기 시작했습니다. 그러나 그는 이미 다시 돌아오기에 너무나 먼 거리를 갔습니다. 이젠 도저히 견디기 힘들 정도로 다리가 부어 올랐고 지칠 대로 지친 그는 흐느적거렸습니다. 그는 사력을 다해 지평선 너머로 빠르게 넘어가는 태양을 향해 달리기 시작했습니다. 어렴풋하게 베쉬커 사람들이 지껄이는 소리가 들려왔습니다.

땀으로 범벅된 그의 눈에 희미하게나마 언덕 위에 있는 모자가 들어오기 시작하였습니다. 그리고 그는 지방관이 그 옆에 우뚝 서 있는 것도 볼 수 있었습니다. 마치 죽음의 사자처럼 서 있는 그 사람의 그림자가 더욱 진하게 보였습니다.

커다란 붉은 태양이 대지를 만지고 있을 때 그는 겨우 언덕에 도착하였습니다. 그는 혼신의 힘을 다해 언덕 위로 오르기 시작하였습니다. 필사의 순간이었습니다. 한순간 그는 언덕을 오르다가 넘어집니다. 그리고 아래로 굴러 떨어지는 순간 손을 내밀어 간신히 모자를 잡았습니다. 그렇게도 바라던 그 모자를 잡은 것입니다.

"아하, 젊은이, 정말로 많은 땅을 얻게 되었군!"

그러나 팩홈은 그 소리를 들을 수가 없었습니다. 그의 하인이 그를 일으켜 세웠을 때 그는 긴 숨을 휘몰아 쉬었습니다. 그리곤 아무런 기척이 없었습니다. 지방관이 일어서서 땅에 놓여 있던 삽을 집어들었습니다. 그리고 팩홈의 하인에게 던져 주었습니다. "그를 여기다 묻으시오."

그렇게 하여 몸뚱어리 하나 묻기에만 '충분한 땅'에 그의 하인은 자기 주인을 묻었습니다.

팩홈에게 일어났던 일이 '사해 사회'에 사는 모든 사람에게도 일어날 것입니다. 그들은 생명을 잃을 것입니다. 아니, 생명뿐만 아니라 그들이 그렇게도 죽어라 밟고 다녔던 세계와 땅, 그리고 그것들 때문에 자신의 생명까지 바꾸어야만 했던 그 땅과 세상들도 모두 상실하게 될 것입니다.

예수님은 말씀하십니다. 오직 한 가지 대안만 있다고 말입니다.

- 예수님을 위해 당신의 생명을 버리라.
- 복음을 위해 당신의 삶을 바치라.
- 한 톨의 밀알이 먼저 죽어야만 새로운 생명을 낳듯이, 당신도 움켜잡고 붙잡으려는 본능에 대해 죽어야만 진정한 삶을 살 수 있을 것이다.

· 진정으로 생명을 소유하려면, 당신은 먼저 그것을 포기해야 한다.
· 진정으로 생명을 얻으려면 당신은 먼저 그것을 상실해야 한다.

바로 이것이야말로 '삶의 비밀' 이며 '인생의 비밀' 인 것입니다. 아멘.

명상 3

명상의 훈련
누가복음 5:12-16

어떤 동네에 계실 때에, 온 몸에 나병이 든 사람이 찾아 왔다. 그는 예수를 보고서, 얼굴을 땅에 대고 엎드려 간청하였다. "주님, 하고자 하시면, 나를 깨끗하게 해주실 수 있습니다." 예수께서 손을 내밀어서, 그에게 대시고 "그렇게 해주마, 깨끗하게 되어라" 하고 말씀하시니, 곧 나병이 그에게서 떠나갔다. 예수께서는 그 사람에게 아무에게도 말하지 말라고 명하시고, 이렇게 말씀하셨다. "가서, 제사장에게 네 몸을 보이고, 네가 깨끗하게 된 것에 대하여 모세가 명한 대로 예물을 드려서 사람들에게 증거로 삼아라." 그러나 예수의 소문이 더욱더 퍼지니, 큰 무리가 그의 말씀도 듣고, 또 자기들의 병도 고치고자 하여 모여들었다. 그러나 예수께서는 외딴 데로 물러가서 기도하셨다.

The Discipline of Meditation

예수께서 한 동네에 계실 때에

온 몸에 문둥병 들린 사람이 있어 예수를 보고 엎드려 구하여 가로되,

"주여! 원하시면 나를 깨끗케 하실 수 있나이다" 하니

예수께서 손을 내밀어 저에게 대시며 가라사대,

"내가 원하노니 깨끗함을 받으라" 하신대 문둥병이 곧 떠나니라.

예수께서 저를 경계하시되,

"아무에게도 이르지 말고 가서 제사장에게 네 몸을 보이고 또 네 깨끗케 됨을 인하여

모세의 명한 대로 예물을 드려 저희에게 증거하라" 하셨더니

예수의 소문이 더욱 퍼지매 허다한 무리가

말씀도 듣고 자기 병도 나음을 얻고자 하여 모여 오되,

예수는 물러 가사 한적한 곳에서 기도하시니라.

_ 누가복음 5:12-16, 개역성경

이 세상은 기적들로 가득 차 있습니다. 그러나 우리는 이러한 기적들 중의 대부분을 보지 못합니다. 왜냐하면 우리는 그런 기적을 볼 수 있도록 잘 훈련되지 않았기 때문입니다.

어린아이들은 어른들보다 기적을 좀더 잘 볼 수 있는 것 같습니다. 어린아이들은 어느 곳에서나 기적이 일어나고 있는 것을 보니까요. 그들 눈에는 이 세상 천지가 기적으로 가득 차 있는 것처럼 보일지도 모릅니다. 그들의 눈에는 온 세상이 신비로우니까요.

그러나 어린아이들도 나이를 먹어갈수록 점점 어른들과 같아집니다. 참으로 불행한 일이 아닐 수 없습니다.

· 신비에 대해 눈이 멀기 시작하는 것입니다.
· 경이와 기적에 익숙해져서 아무런 감각이 없어집니다.
· 더 이상 신비와 기적은 존재하지 않게 됩니다.

기적과 경이로 가득 찬 세상

곰곰이 생각해 보면, 우리는 놀라운 일들, 경이로운 일들로 가득 찬 세상에 살고 있습니다. 그러나 우리는 일상적인 일들이나 직업들, 우리의 문제들, 반복되는 일들에 너무 집착한 나머지 시력이 약해지고 말았습니다. 기적과 경이와 신비의 세계를 상실한 것입니다. 매일의 삶에 대한 걱정과 염려 속에서 너무 많은 신경을 쓰다가 그렇게 되고 만 것입니다.

예수님이 말씀하십니다. "들판에 피어 있는 야생화들을 보아라, 그리고 어떻게 자라는가 생각해 보아라. 시간을 내어 들꽃들의 신비와 아름다움을 마음에 새겨 보아라. 그러면 너희는 새로운 방식으로 세상을 바라보게 될 것이다."

우리는 기적과 경이로움에 대해 너무도 눈멀게 되었습니다. 너무도 무감각해졌습니다. 우리의 시대가 제공하는 예민한 자극은 마치 고압선 전류와 같아서 우리의 감각을 완전히 무디어지게 한 것입니다.

텔레비전,
락 음악들,
제트 비행기들,
콘크리트로 된 도시 정글,
정보 통신망,
초고속 도로들,
공기 오염,
귀를 멍하게 하는 온갖 광고들….

이러한 것들은 우리의 모든 삶을 먹어치워 버리는 무시무시한 공룡이 되어 가고 있습니다. 동시에 그것들은 우리에게 너무도 당연시 여겨지는 친숙한 동무가 되었습니다. 그래서 사람들은 그것들을 아주 당연한 것으로 받아들이며 살아가고 있습니다. 그러다 보니,

· 기적과 경이로움은 우리 삶 가운데서 점차 사라지게 되었습니다.
· 더 이상 목이 메이는 감동을 느끼지 못하며 살게 되었습니다.
· 더 이상 들판의 꽃을 보아도 아름다운 눈물을 흘리지 않게 되었습니다.

아브라함 여호수아 헤셸Abraham Joshua Heschel은 우리가 경이를 느끼지 못하며 사는 데 대해 매우 의미심장한 말을 했습니다. 그는 사람들

이 세 가지 관점에서 이 세상을 바라본다고 합니다.
· 첫 번째는 힘과 세력力의 관점에서,
· 두 번째는 아름다움美의 관점에서,
· 세 번째는 경이驚異의 관점에서입니다.

만일 여러분이 이 세상을 힘의 관점으로 바라본다면,
· 여러분은 이 세상을 여러분의 착취의 대상으로 보는 것입니다.
· 여러분은 이 세상을 여러분이 부자가 될 수 있는 곳으로 바라보게 된다는 말입니다.
· 이 세상은 무한 경쟁 사회이기 때문에 여러분은 힘으로 얻고 싶은 것을 얻을 수 있게 될 것입니다.

이렇게 세상을 힘의 관점에서 바라본다면 그 사람의 인생관은 어떻겠습니까?
· 그런 사람은 인생을 황금과 사람을 추구하는 공간으로 생각할 것입니다.
· 그런 사람은 삶을 시장터의 상거래로 바라보게 될 것입니다.

만일 여러분이 이 세상을 아름다움의 관점으로 바라본다면,
· 여러분은 이 세상을 즐거움의 근원으로, 심미적 즐거움의 원천으로 바라보는 것입니다. 사실상 이러한 삶의 관점은 앞의 것보다는 훨씬 고상합니다. 그러나 성경은 이러한 인생관에 대해서도 별로 관심이 없습니다.

성경이 보여 주는 깊은 관심은 사물에 대한 '경이'입니다. 이 세상에 존재하는 것들에 대한 놀라움과 경탄입니다. 하나님의 손으로 지으신

피조물들에 대한 놀라움입니다. 이것이 세상을 바라보는 세 번째 방법입니다. 즉 '경이의 관점'에서 세상을 바라보는 것입니다.

· 경이는 신비를 경험하는 것입니다. 이 세상 모든 것 뒤에 있는 신비 말입니다.
· 경이는 모든 것이 하나님과 함께 기원했다는 인식입니다.
· 경이는 우리가 소유하고 있는 모든 것이 하나님께로부터 온 선물이라는 인식입니다.

하늘을 나는 새들을 보라고 예수님이 말씀하시지 않습니까!
이름 모를 들꽃들을 보라고 예수님이 말씀하시지 않습니까!
왜 그것들을 보아야 합니까? 새들과 들꽃들이 아름답기 때문에 쳐다보라고 하신 것입니까? 아닙니다! 그렇지 않습니다! 그렇다면 왜 그럴까요?

· 그것들이 아름답기 때문이 아니라, 그것들이 경이와 경탄을 자아내기 때문입니다.
· 그것들이 자신들을 만드시고 돌보시는 '그분'을 나타내기 때문입니다.

예수님 삶의 비밀, 명상과 사역

그렇습니다! 하나님이 그것들을 그토록 돌보신다면, 자기 창조의 면류관인 우리는 더욱더 돌보시지 않겠습니까?

그런데 문제는 우리가 이러한 경이감을 상실하고 있다는 사실입니다. 웬만한 충격에는 전혀 흔들리지 않는 우리들, 마치 도수 높은 항생제를 남용한 환자처럼 우리는 삶에 대한 경이감을 상실한 지 오래되었습니다. 우리는 우리 주위에 있는 모든 기적에 대해 무감각해져 가고

있습니다. 그렇다면,
- 어떻게 하면 그것을 회복할 수 있겠습니까?
- 어떻게 하면 우리의 멀어 버린 눈이 뜨이겠습니까?
- 어떻게 하면 경이감이 회복될 수 있겠습니까?
- 어떻게 하면 무감각한 영혼이 예수님께 나아올 수 있겠습니까?

경이감의 회복은 날이면 날마다 또 밤이면 밤마다
- 귀를 기울여 그분의 말씀을 듣는 데 있습니다.
- 하나님이 우리에게 뭐라고 말씀하시려나 기다리는 데 있습니다.
- 우리 내면에 귀를 기울여 그분이 속삭이는 세미한 소리를 들어야 합니다.

예수님은 40일 동안 광야에 홀로 계셨습니다. 예수님은 40일 밤낮을 모래와 바위틈에 사는 조그마한 곤충들, 들짐승들과 함께 지내셨습니다. 그분은 그곳에서 광야가 어떻게 에덴 동산이 되는지 바라보셨습니다. 그는 40일 동안 심각한 훈련을 받으셨습니다. 죽음이 편만遍滿한 광야가 어떻게 경이로운 생명으로 가득 찬 낙원으로 변하는지 배우신 것입니다.

그 사실을 아셨을 때, 예수님은 사역을 시작하셨습니다. 광야에 있는 동안 그는 온갖 들짐승들과 곤충들과 함께 지내셨습니다. 마치 낙원에서처럼 말입니다. 그렇게 하심으로써, 그는 광야가 낙원으로 변한다는 것을 몸소 배우셨습니다. 그리고 그 후에야 공적公的인 하나님 나라 사역을 시작하게 된 것입니다.

40일 간의 명상―들의 꽃들을 보고, 하늘의 해와 달과 별과 구름을 보고, 지저귀는 새들을 보고, 모래성을 쌓는 개미들을 보고, 자기 곁에 와서 조용히 앉는 들짐승들을 보는―을 통하여 그는 삶의 가장 중요한 것을 배우셨습니다. 피조물들이 각기 나름대로 '살고 있다'는 것 자체가 신비이며 이러한 삶의 신비에 대한 경탄이야말로 하나님께로부터 온 선물이라는 사실을 말입니다.

 그분은 이렇게 이미 아시는 것을 항상 다시 배우셔야만 했습니다. 다시 말해서 40일 간의 광야 생활에서 배웠던 것을,
- '명상의 훈련을 통해서' 다시 배우셔야만 했습니다.
- '사역과 명상의 교차적인 리듬으로 특징지어진 삶을 통하여' 다시 배우셔야만 했습니다.

 예수님의 삶의 비밀은 사역 기간 뒤에 이어지는 명상의 기간들 안에 있습니다. 사역 기간 후 명상의 기간, 명상 기간 후 사역의 기간! 이러한 삶의 리듬이 예수님의 삶의 비밀이었습니다.

 복음서가 제시하고 있는 예수님에 관한 상像은,
- 가르침과 휴식 사이를 끊임없이 오가는,
- 치유와 기도를 부단히 바꿔 가는 한 사람의 모습입니다.

 이 점에 있어서 가장 두드러진 본문들 중의 하나가 바로 누가복음 5:12-16입니다. 다시금 15절과 16절을 귀담아 들어 보십시오.

 허다한 무리가 말씀도 듣고 자기 병도 나음을 얻고자 하여 모여 왔지만, 예수님은 물러가서 한적한 곳에서 기도하시니라.

 위에서 묘사하고 있는 모습은 기독교인으로서 취해야 할 태도는 아닌 것 같습니다. 그렇지 않습니까? 병자들이 치료해 달라고 오고, 고통당하는 사람들이 위로받으려고 몰려오는데 어떻게 뒤로 물러간단 말입니까?

며칠을 굶은 배고픈 사람이 여러분 집의 문을 두드리면서 음식을 구걸하는데, "미안합니다. 지금은 좋은 시간이 아닙니다. 지금은 제가 명상하고 기도하는 시간입니다. 그러니 나중에 오십시오"라고 말할 수 있겠습니까?

그런데 예수님은 수많은 사람들이 예수님의 말씀을 듣고 병 고침 받기 위해 오는데, 그냥 한적한 장소로 물러가셔서 기도하셨다는 겁니다! 듣기에 좀 거북하지 않습니까? 그렇게 냉정하신 분인 줄 예전엔 미처 몰랐다고요? 예수님이 너무하신 것 같지 않습니까? 어떻게 그러실 수가 있습니까? 아주 나쁘게 행동하신 것처럼 보이지 않습니까?

만일 예수님이 물러가신 것이 휴식하기 위해서라면 예수님의 행동은 나쁜 것입니다. 그러나 예수님이 뒤로 물러가신 것은 휴식을 위해서가 아닙니다. 그것은 다시 돌아오시기 위함입니다. 더 많은 설교와 가르침과 치유를 하러 돌아오시기 위해서였던 것입니다.

우리가 복음서에서 발견하는 예수님의 모습은 명상과 사역 사이를 교차적으로 오가는 어떤 사람의 모습입니다. 그분이 무엇을 명상하셨는지 우리는 잘 알지 못합니다.

· 글쎄요, 토라Torah를 명상했을지도 모릅니다.
· 아니면, 시편의 첫 번째 말씀이 권하고 있는 그것을 하셨을지도 모릅니다.

행복한 사람은
나쁜 사람들의 꼬임에 따라가지 않는 사람입니다.
행복한 사람은 죄인들이 가는 길에 함께 서지 않으며
빈정대는 사람들과 함께 자리에 앉지 않는 사람입니다.
행복한 사람은 야웨의 가르침을 즐거워하고
밤낮으로 그 가르침을 읊조립니다.

예수님은 40일 밤낮을 모래와 바위 틈에 사는 조그마한 곤충들,
들짐승들과 함께 지내셨습니다. 그분은 그곳에서
광야가 어떻게 에덴 동산이 되는지 바라보셨습니다.

일상의 기도로 가능했던 기적들

사실 우리는 그분이 하신 명상의 내용이 무엇이든 상관없습니다. 우리의 관심은, 아니 우리는 '예수님이라는 분을 통하여' 부단히 자신의 뜻을 하나님의 뜻에 맞추어 가려는 한 사람의 모습을 봅니다. 예수님이 구하시는 것은 무엇이든지 그분의 것이 됩니다.

왜 그렇습니까? 그것은 무엇이든지 원하는 것을 얻을 수 있는 특별한 능력이나 힘이 예수님께 있었기 때문이 아닙니다. 예수님이 구하시는 것은 무엇이든지 그분의 것이 됩니다. 그것은 예수님이 오직 하나님의 뜻만을 구하셨기 때문입니다. 예수님은 가시는 곳에서마다 나병환자를 고쳐 주시고 시각장애인들의 시력을 회복시켜 주시고 청각장애인에게는 청각을 되돌려 주실 수 있었습니다. 왜 그렇습니까? 예수님이 오직 하나님의 뜻만을 구하셨기 때문입니다.

예수님이 이러한 모든 일을 행하실 수 있었던 것은, 하나님께 이러한 기적들을 행할 수 있는 능력을 달라고 기도했기 때문이라고 생각하는 사람이 있을지도 모릅니다. 그러나 그것은 그렇게 간단하거나 단순한 문제가 아닙니다.

존 킬링거John Killinger는 「광야를 위한 떡」 Bread for the Wilderness에서 매우 특이한 사실을 말합니다. "복음서에 실려 있는 거의 모든 '기적 이야기들'에는 기도에 관한 언급이 전혀 없다." 다시 말해서 기적 이야기들에는 예수님이 기적을 행하시기 바로 직전에 기도하셨다는 언급이 전혀 없다는 것입니다.

예수님이 베드로 장모의 열병을 고치실 때, 먼저 하나님께 그녀를 치료할 능력을 달라고 기도한 후에 가서 고치신 것이 아닙니다.

예수님이 한 나병환자를 고치실 때, 또 지붕을 뜯고 침대에 누운 채로 내려왔던 어떤 병자를 치유하실 때, 중풍으로 손이 굽은 사람을 고치실 때, 시각장애인 바디매오를 고치실 때, 어떻게 하셨습니까? 먼저 하나님께 치료할 수 있는 능력을 달라고 기도하시고 그 다음에 신적 치유의 기적을 행하셨습니까? 아닙니다!

기적 이야기들 가운데 예수님이 기도하셨다는 언급은 한 군데도 없습니다. 예수님이 이 모든 신유의 기적들을 행하실 수 있는 능력이 있었던 것은, 기적을 행할 때마다 기도를 드렸기 때문이 아니었습니다. 그에게 병 고치는 능력이 있었던 진정한 이유는 그가 항상 하나님을 찾아 명상했기 때문입니다.

우리는 기억해야 합니다. 이 장에서 우리가 읽은 성경에 기록되어 있듯이, 우리의 주님 예수님은 규칙적으로 시간을 따로 내셔서 그분의 '아버지'와 함께 나누는 친밀한 교제 가운데로 들어가시곤 했습니다.

예수님이 이러한 시간을 마치고 돌아오실 때마다, 그의 제자들은 그분이 얼마나 강해지셨는지 알게 되었습니다. 그들은 예수님이 새로운 힘으로 가득 차 돌아오신 모습을 감지할 수 있었던 것입니다.

- 그래서 그들은 그와 같은 사실에 깊은 인상을 받았으며, 또한 그 일에 관하여 자기네들끼리 이야기를 주고받곤 했습니다.
- 그래서 그들도 기도하였습니다. 그러나 언제나 그 결과는 신통치 않았습니다.
- 예수님께 일어났던 일이 그들에게는 일어나지 않았던 것입니다.
- 그래서 그들은 왜 그런가 하고 궁금해했습니다. '왜 우리에게는 그런 일이 일어나지 않는가' 하고 의아해했던 것입니다.

백기를 들 때 발원되는 능력

어느 날 그들이 주님께 여쭈었습니다.
"주님, 우리에게 기도하는 방법을 가르쳐 주십시오." "어떻게 기도해야 합니까?"

그러자 예수님이 그들에게 기도하는 방법을 가르쳐 주셨습니다. 사실상 이 기도—주님이 가르쳐 주신 기도—는 근본적으로 '명상'을 위한 틀을 제공해 주신 것이라 할 수 있습니다. 그리고 이 명상을 통하여 놀라운 능력이 발원된다는 사실을 가르쳐 주신 것입니다.

그렇습니다. 우리는 기도하면서 종종 좌절할 때가 있습니다.
- 우리가 기도하면서 좌절을 경험하는 이유는 기도를 통하여 무엇인가를 얻으려고 하기 때문입니다.
- 아니, 좀더 솔직하게 말하자면 대부분 우리의 기도는 탐욕스럽기까지 합니다.

그렇습니다. 우리는 종종 다음과 같이 기도합니다.
- "열려라 뚝딱!"
- "이것도 주시고, 저것도 주십시오."
- "이번 일에 복 주시고 하는 일마다 만사 형통하게 해 주십시오."

그렇습니다. 우리는 종종 철없는 오리새끼처럼 기도를 드립니다. "사랑이 많으신 하나님, 비가 엄청나게 많이 오게 해 주세요. 내일도 모레도 계속 비를 내려 주세요. 배가 터지게 먹을 수 있을 만큼 작은 달팽이들을 많이 보내 주세요. 비가 오는 것은 헤엄칠 줄 아는 우리들에게는 얼마나 신나고 즐거운 일인지요! 친절하신 하나님, 간절히 바라옵니다. 꽥꽥 소리낼 줄 아는 자들과 헤엄칠 줄 아는 자들은 하나도 남기지 말고 모두 보호해 주세요. 저의 기도에 응답해 주실 줄 알고 감사를 드립니다. 아멘."

그러나 이렇게 기도를 드렸는데도 아무런 일이 일어나지 않을 때, "열려라 뚝딱!" 했는데도 문이 열리지 않을 때, 하나님이 우리에게 작은 달팽이들을 주시지 않을 때, 내일도 모레도 비가 오지 않을 때, 우리는 좌절하고 불평하기 시작합니다. "기도가 이루어지지 않아!" "하나님이 응답하시지 않아!"

왜 기도가 작동하지 않는 것입니까? 그 이유는 기도할 때 우리가 우리 자신에게만 집착하기 때문입니다. 사실상 이렇게 기도하는 사람의 안중에는 하나님이 있을 수 없습니다. 그분은 내 기도를 들어야만 하는, 그래서 내 소원을 풀어 주셔야만 하는 분일 뿐입니다. 왜 기도가 작동하지 않는 것일까요? 자기 자신만으로 가득 찬 기도로 하나님께 나아가기 때문입니다.

우리의 엔진 속도를 늦추고 하나님의 리듬 안으로 미끄러지듯 들어가려면 시간이 걸립니다. 아마도 긴 시간이 걸릴 것입니다.

· 우리의 템포를 그분의 템포에 맞추고,
· 우리의 의지를 그분의 의지에 맞추고,
· 우리의 발걸음을 그분의 발걸음에 맞추려면 상당한 시간이 걸릴 것입니다.

그렇습니다.

· 기도한다는 것은 우리 자신을 항복시킨다는 뜻입니다.
· 기도한다는 것은 하나님께 백기를 든다는 뜻입니다.
· 기도한다는 것은 하나님께 수건을 던진다는 뜻입니다.
· 기도한다는 것은 하나님께
  - "나를 온전히 녹여 주십시오"
  - "나를 새로운 틀로 만들어 주십시오"
  - "그 틀 속을 가득 채워 주십시오"
  - "그리고 나를 사용해 주십시오"라고 말하는 것입니다.

변화산에서 일어났던 일을 기억해 보십시오. 예수님이 산에서 내려오실 때, 어떤 소년이 발작으로 고생하는 것을 보십니다. 제자들이 그 아이를 고치려 했지만 고칠 수 없었습니다. 새로운 능력으로 채워지신 예수님이 더러운 영에게 그 소년의 몸에서 나오라고 명령하자 나왔습니다.

후에 제자들이 예수님께 물었습니다. "왜 우리는 악한 영을 쫓아내지 못합니까?" 예수님이 그들에게 대답하셨습니다. "이러한 더러운 영은 기도 외에 달리 내쫓을 방법이 없다."

이제 궁금한 것은 이것입니다. 이 이야기 안에는 예수님이 귀신을 쫓아내시기 전에 기도를 드렸다는 언급이 없다는 사실입니다. 그런데도 예수님은 기도 외에는 이런 일을 할 수 없다고 말씀하셨습니다.

그렇다면 이것은 무엇을 의미하는 것입니까? 이 질문에 대한 대답은 다음과 같습니다. 예수님이 제자들과 우리들에게 하시려는 말씀은, "너희는 '기도의 틀' 안에서 살아야 한다. 그럴 때에만 이러한 일들을 할 수 있는 능력을 얻게 될 것이다"입니다.

다시 말해서,

- 예수님의 삶의 능력은 훈련된 명상으로부터 온 것입니다. 마치 훈련을 받듯이, 지속적으로 명상하는 삶을 살아야만 진정한 능력을 얻게 된다는 말입니다. 규칙적인 명상의 시간을 가져야 한다는 말입니다.
- 크리스천들의 삶의 능력 역시 이와 동일하게 옵니다. 현장에서 즉흥적으로 드리는 기도 때문에 능력이 오는 것이 아니라, 훈련된 기도 생활을 통해서 능력이 온다는 말입니다.

그렇습니다. 이러한 기도로 돌아갈 때, 경이와 기적도 함께 돌아오는 것입니다.

왜냐하면 하나님이 여러분을,
　온전히 녹이시고,
　새로운 틀로 만드시고,
　그 속에 가득 채우시고,
　여러분을 사용하실 때,
비로소 여러분의 눈은 이전에 보지 못했던 기적들을 보게 될 것이며, 여러분의 삶은 경이와 기적에 대해 매우 예민하게 인식하게 될 것이기 때문입니다.
그때에야 비로소 우리는 기적과 경이에 대한 개안開眼의 기쁨을 누리게 될 것입니다.

어느 시인의 노래를 함께 부릅시다.

자, 주님이 얼마나 은혜로운지 맛보십시오.
보십시오, 들어 보십시오.
우주를 가로질러 가득한 은하계와 같은 그분의 환희의 뇌성을,
대지 위로 솟아오르는 풀들의 속삭임을,
연인들의 속삭이는 소리를,
친구들이 서로 인사하는 소리, 재잘거리는 웃음소리를,
기쁨의 만남과 나눔, 그리고 노래 소리를,
새로운 삶을 가져오는 치유의 소리들을….
자, 주님이 얼마나 은혜로운지 귀를 기울이십시오, 맛보십시오.

제자도 4

제자도의 딜레마
누가복음 9:57-62

…을 가고 있는데, 어떤 사람이 예수께 말하였다. "나는 선생님이 가시는 곳이면, 어디든지 따라가겠습니다." 예수께서 그에게 말씀하셨다. "여우도 굴이 …을 나는 새도 보금자리가 있으나, 인자는 머리 둘 곳이 없다." 또 예수께서 다른 사람에게 "나를 따라오너라" 하고 말씀하셨다. 그러나 그 사람이 말하 …님, 내가 먼저 가서 아버지의 장례를 치르도록 허락하여 주십시오." 그러나 예수께서는 그에게 말씀하셨다. "죽은 사람들을 장사하는 일은 죽은 사람들… …두고, 너는 가서 하나님 나라를 전파하여라." 또 다른 사람이 말하였다. "주님, 내가 주님을 따라가겠습니다. 그러나 먼저 집안 식구들에게 작별 인사를 …십시오." 예수께서는 그에게 말씀하셨다. "누구든지 손에 쟁기를 잡고 뒤를 돌아다보는 사람은 하나님 나라에 합당하지 않다."

Dilemmas of Discipleship

길 가실 때에 어떤 사람이 여짜오되,
"어디로 가시든지 저는 좇으리이다."
예수께서 가라사대, "여우도 굴이 있고 공중의 새도 집이 있으되
인자는 머리 둘 곳이 없도다" 하시고 또 다른 사람에게, "나를 좇으라" 하시니
그가 가로되, "나로 먼저 가서 내 부친을 장사하게 허락하옵소서."
예수께서 가라사대, "죽은 자들로 자기의 죽은 자들을 장사하게 하고
너는 가서 하나님의 나라를 전파하라" 하시고
또 다른 사람이 가로되,
"주여! 내가 주를 좇겠나이다마는 나로 먼저 내 가족을 작별케 허락하소서."
예수께서 이르시되,
"손에 쟁기를 잡고 뒤를 돌아보는 자는 하나님의 나라에 합당치 아니하니라" 하시니라.
_ 누가복음 9:57-62, 개역성경

예수님은 어떻게 생겼을까 하고 한 번쯤 생각해 보신 적이 있습니까? 아마 여러분들은 예수님의 초상화를 보신 일이 있을 겁니다. 우리가 그리는 예수님의 얼굴은 흔히 기독교 용품 가게나 기독교 서점에서 파는 예수님 초상화에 있는 모습일 것입니다. 그것은 훤칠한 키에 매우 잘 생긴 얼굴을 가진 모습입니다. 이렇듯 우리가 흔히 접하는 예수님의 초상화는 펠릭스 쏠트만Felix Saltman이란 사람이 그렸다고 합니다. 잘 생기고 단정하고 참 보기 좋은 인상을 가진 모습입니다. 머리카락과 턱수염은 잘 다듬어져 있고, 머리카락 하나 흐트러짐 없습니다. 마치 지금 막 이발소에서 머리를 다듬고 나온 듯한 모습입니다. 쏠트만이 그린 예수님은 그렇게 멋있고 아름답습니다.

그러나 우리는 궁금합니다. 쏠트만은 어디서 그런 영감을 받았을까? 어디서 그러한 예수님의 모습을 얻었을까?

한 가지 분명한 것은, 그가 그린 예수님은 결코 복음서로부터 얻은 예수님의 모습이 아니라는 것입니다. 복음서에서 그려지고 있는 예수님은 결코 멋지거나 아름다운 분이 아닙니다. 복음서의 예수님은 진리와 정의와 자비의 예수님이지, 잘생기고 아름다운 멋쟁이 예수님은 아닙니다.

아름답지도 멋있지도 않은 예수님 모습

예수님은 "내가 '그 길'이다"라고 말씀하십니다.
· 그러나 예수님인 '그 길'은 아름답거나 멋있지 않습니다.

- 그 길은 평탄한 고속도로가 아닙니다.
- 예수님인 '그 길'은 자기를 부인하는 길이며, 십자가를 짊어지는 길입니다. 예수님은 말씀하십니다. "누구든지 나의 제자가 되기를 원한다면, 자기를 부인하고 자기의 십자가를 져야 한다."

예수님은 "내가 '진리' 다"라고 말씀하십니다.
- 그러나 예수님인 '그 진리'는 아름답거나 멋있지 않습니다.
- 그 진리는 누구에게든지 자명한 진리가 아닙니다.
- 예수님인 '그 진리'는 해방시키는 힘이 있는 진리입니다. 예수님은 말씀하십니다. "만일 너희가 내 말에 계속적으로 거한다면, 너희는 정말로 나의 제자들이다. 그리고 너희는 진리를 알게 될 것이며, 진리가 너희를 해방시켜 자유케 할 것이다."

예수님은 "내가 '생명' 이다"라고 말씀하십니다.
- 그러나 예수님인 '그 생명'은 처음부터 아름답지 않습니다.
- 그 생명은 조화를 의미하는 생명이 아닙니다.
- 그 생명은 죽음을 통과하는 생명입니다.

예수님은 말씀하십니다. "누구든지 내게로 오면서 자신의 생명을 미워하지 않으면, 그들은 나의 제자들이 될 수 없다."

펠릭스 쏠트만이 그린 예수님의 초상화는 복음서와 전혀 다른 모습의 예수님을 보여 줍니다. 우리가 그리는 예수님의 모습도 복음서와 같은 완전한 예수님은 아닙니다. 왜냐하면 우리는 쏠트만보다 나은 점이 없기 때문입니다. 우리 모두는 쏠트만의 생각과 별다르지 않습니다.
- 우리는 모두 신약 성경이 그려 주고 있는 예수님의 초상화에 수많은 덧칠을 하고 있습니다.

- 우리는 모두 예수님을 우리들의 세계 속으로 끌어들여 생각하고 있는 것입니다.

그렇다면 우리는 신앙생활에 대해 심각하게 생각해 볼 필요가 있습니다. '왜 우리는 주일마다 모이는가? 누구를 위한 신앙생활인가?' 하고 말입니다.
- 우리가 주일마다 함께 모이는 이유는, 위와 같은 일들과 정면으로 반대되는 일들을 하기 위함입니다.
- 우리가 주일마다 함께 모이는 이유는, 복음서에 나타난 예수님의 상像을 원본으로 삼아 우리가 갖고 있는 예수님의 상을 저울질하기 위함입니다.

I. 무조건 따르겠다는 사람

이 장에서 우리는 바로 이와 같은 일들을 하려는 것입니다. 우리가 읽은 본문은 제자가 되려는 세 사람을 소개하고 있습니다.

첫 번째 사람은 예수님을 높이 찬양하는 사람입니다. 예수님이 하시는 일에 열성적인 팬입니다. 그는 예수님한테 홀딱 반했습니다. 예수님께 깊은 인상을 받았습니다. 그래서 모든 것을 포기하고 예수님을 따르기를 바랐습니다. 그는 "당신이 어디로 가시든지 나는 당신을 따라가겠습니다"라고 말합니다.

그러나 예수님은 그가 따라오겠다는 동기에 대해 의심을 품었습니다. 그래서 그에게 경고합니다. "여우도 굴이 있고 하늘의 새들도 깃들일 곳이 있지만, 인자는 그 머리를 둘 곳이 없다."

다른 말로 표현하자면,

- 당신은 지금 자신이 무슨 소리를 하고 있는지도 모르고 지껄인다!
- 당신은 지금 아무 생각 없이 말한다.
- 타고 있는 나뭇조각을 물 속에 집어넣었다 건져 보라. 무엇이 나오는가? 아무 쓸모없는 숯덩이가 아닌가?
- 시뻘겋게 단 쇳조각을 물 속에 넣어 보라! 그리고 건져내어 보라! 무엇이 나오는가? 단단한 강철이 아닌가?

예수님이 이 사람의 말을 물 속에 집어넣어 보셨습니다. 예수님은 지금 나무를 다루고 있는지, 아니면 쇳조각을 다루고 있는 것인지 아시기 위해서였습니다. 그래서 숯덩이가 나오는가, 강철이 나오는가 알아 보셨습니다.

본문의 앞부분인 누가복음 9:22에서 예수님은 "인자는 많은 고난을 받고 배척당해야 한다"고 말씀하셨습니다.

예수님은 질문하십니다. "너희는 기꺼이 지도자를 따르겠는가?" "고난받고 배척받도록 운명지어진 그런 지도자를 기꺼이 따르겠다는 말인가?" 이것이 예수님이 그 사람에게 하신 대답의 의미입니다.

예수님은 예수님 자신을 칭찬하고 찬사를 아끼지 않는 그 사람에게, 예수님과 함께 하는 삶이 무엇을 의미하는지에 대해 말씀하고 있습니다. 예수님이 그에게 묻습니다.

- 너는 기꺼이 내가 걸어가는 길을 걷겠는가?
- 너는 기꺼이 나와 미래를 같이 하려는가?

II. 아버지 장례를 치르겠다는 사람

한편, 제자가 되려고 나왔던 두 번째 사람에게 예수님은 "나를 따르라"고 하셨습니다. 그때 그 사람은 "주님, 나로 먼저 집에 가서 나의 아버지를 장사하게 허락하여 주십시오"라고 대답하였습니다.

그러자 예수님은 "죽은 자들로 그들의 죽은 자를 장사하게 하라. 너는 가서 하나님 나라를 선포하라"고 말씀하셨습니다.

겉으로 볼 때 이 말씀은 좀 냉담하고 무정한 소리같이 들립니다. 어떻게 자기 아버지의 장례식에 참석하지 말라고 말할 수 있단 말입니까?

그러나 그 말씀에는 그 이상의 의미가 담겨 있다는 사실을 기억할 필요가 있습니다. 예수님은 단순히 그 사람에게 자기 아버지의 장례식에 참석하지 말라고 하신 것이 아닙니다.

그렇다면 무엇입니까? 제자가 되려는 이 두 번째 사람은 단순히 자기 아버지의 장례식에 참석하기 위해 며칠만 시간적 여유를 허락해 달라고 했던 것이 아닙니다. 즉 하루나 이틀 정도 다녀오겠으니 허락해 달라는 게 아니었던 것입니다. "아버지의 장례를 치르고 오겠다"는 구절은 유대인들의 언어 풍습을 모르면 이해할 수 없는 관용구입니다. 그가 한 말의 의미는, 아들로서 집에 머물면서 부모가 세상을 떠날 때까지 그들을 돌보겠다는 뜻입니다.

케네스 베일리Kenneth Bailey라는 학자가 있습니다. 그는 고대와 현대 중동 지방에 대한 연구의 권위자입니다. 그에 의하면, 중동 사람들은 지금도 이 관용어를 사용한다고 합니다.

예를 들어, 어떤 사람이 시골에서 도시로 이사할 때 동네 사람들이나 친척들이 그에게 "그런데 너는 먼저 네 아버지를 장사지내야 하지 않니?"라고 말한답니다. 무슨 의미입니까? 그 의미는, "너는 집에 남아서 네 부모가 돌아가실 때까지 그분들을 돌보아야 하지 않느냐? 예로부터 내려온 의무가 있는데 어떻게 그들을 홀로 남겨 두고 떠나겠다는 말인가?"입니다.

그러므로 제자가 되겠다고 한 두 번째 사람은 예수님께 단순히 하루 내지 이틀 정도의 시간적 여유를 달라고 부탁하는 게 아닌 것입니다.

그가 살아 왔던 전통과 관습에 의하면, 그는 부모가 돌아가실 때까지 집에 남아서 그들을 보살펴야 합니다. 그리고 그 후에야 그는 다른 방도를 생각할 수 있습니다.

그러므로 이 사람이 예수님께 말하려는 것은, "내 가족들과 동네 사람들이 그러한 요구를 하고 있습니다. 그리고 그러한 요구는 협상이나 고려의 대상이 아닙니다. 마땅히 해야 할 의무입니다. 만일 내가 그런 전통과 관습을 지키지 않으면

- 내 이름을 호적에서 빼버릴 것입니다.
- 내 가족들은 나를 미워할 것입니다.
- 아마 동네 사람들은 나를 사람으로 취급하지 않을 것입니다"라고 말하는 것입니다.

그는 말하고 있습니다. "주님, 아마 당신도 내가 그런 종류의 인간이 되기를 바라시지는 않겠죠. 그렇지 않습니까? 우리 사회의 오랜 전통이고, 또한 영예로운 전통인데 어떻게 그것에 반하는 행동을 할 수 있겠습니까? 당신은 내가 그렇게 행동하기를 원하시지는 않겠지요? 도덕적으로 오점을 남기고 어떻게 내가 당신을 따를 수 있겠습니까? 주님, 그렇지 않습니까?"

"그렇지 않아!" 예수님이 단호하게 말씀하십니다. "나는 네가 그렇게 행동하기를 기대하고 있다! 네가 남기고 떠나는 사람들이 서로를 돌보도록 내버려 두고, 너는 가서 하나님의 나라를 선포하라."

III. 먼저 작별 인사를 하겠다는 사람

예수님의 제자가 되겠다고 자원한 세 번째 사람이 있습니다. 그가 예수님께 나아와 말합니다.

"주님, 내가 당신을 따르겠습니다. 그런데 한 가지 부탁이 있습니다. 먼저 나로 하여금 집안 식구들에게 작별 인사를 하고 오도록 허락해 주십시오." 이 사람이 한 말을 좀더 쉽게 번역한다면 다음과 같습니다. "제가 원하는 것은 다름이 아니라 단순히 집에 잠깐 가서 '아버지, 어머니, 안녕히 계십시오, 저는 지금 떠납니다' 라고 작별 인사를 하는 것입니다."

그러나 만일 여러분이 고대 중동 지방의 사회적 관계나 가족 관계가 어떻게 돌아가는지 아신다면, 이 사람이 말하는 것이 여러분이 생각하는 것처럼 그렇게 단순하지는 않음을 알게 될 것입니다.

사실상 그렇습니다. 중동 지방 사람들의 인간 관계나 사회적 관습들은 복잡합니다. 마치 옛날 한국의 상황과 같다고도 말할 수 있습니다. 어느 누구도 아버지의 공식적인 허락 없이는 집을 떠날 수 없습니다. 아버지는 한 집의 가장으로서, 모든 식구의 생계를 책임지는 사람입니다. 그를 떠난다는 것은 경제적으로, 사회적으로 안전하지 못하다는 것을 의미합니다.

그러므로 이 사람이 예수님께 실질적으로 말하고 있는 것은, '주님을 따르기를 원합니다. 그러나 내가 떠나야 할 것인지에 대한 최종 결정권은 내게 있지 않고 아버지께 있습니다. 아버지의 허락을 먼저 받고 오겠습니다' 라는 의미와 같습니다.

예수님의 대답은 "쟁기를 잡고 뒤를 돌아보는 자는 하나님 나라에 합당하지 않다"는 것이었습니다. 아시다시피 쟁기질할 때 쟁기는 왼손으로 잡고 오른손으로는 소를 몰아야 합니다. 쟁기질하는 것이 보는 것처럼 그리 쉬운 일은 아닙니다. 쟁기를 잡고 소를 몰고 균형을 잡으면서 앞을 쳐다보며 밭고랑을 똑바로 갈아야 합니다. 상당한 집중력을 필요로 하는 것이 쟁기질입니다.

만일 쟁기를 잡은 자가 뒤를 돌아보면,

- '갈 지之' 자로 밭이랑이 꾸불꾸불하게 될지도 모릅니다.
- 한눈을 팔다가 쟁기가 돌뿌리에 걸려 깨질지도 모릅니다.
- 뒤를 돌아보다가 밭으로 들어오는 수로를 망가뜨릴지도 모릅니다.

쟁기질하는 사람은 집중력을 가져야 합니다. 한눈을 팔면 안 됩니다. 두 방향을 동시에 보면 안 됩니다. 한 방향만을 집중해서 바라보고 그리로만 똑바로 나아가야 합니다.

예수님은 '나를 따르려는 자는 누구든지 쟁기질하는 사람과 같아야 한다'고 말씀하십니다.
- 예수님의 제자는 뒤를 돌아보아서는 안 됩니다.
- 예수님의 제자는 뒤에 남겨 둔 가족들을 뒤돌아 봐서도 안 됩니다.
- 예수님의 제자는 오직 하나님 나라에 자신의 눈을 고정시켜야 합니다.

그렇습니다.
- 만일 여러분이 그렇게 준비하지 않는다면,
- 다른 일 때문에 자꾸 뒤를 돌아보게 된다면,
- 삶의 다른 우선 순위들에 귀를 기울인다면,
- 예수님을 따르는 일이 여러분의 전업이 아니라 파트 타임 일이라면, 여러분은 하나님 나라에서 봉사하기에 적절한 사람이 아닙니다. 하나님 나라를 위한 봉사에 적합한 인물이 아닙니다.

제자가 되려고 한 세 번째 사람에게 예수님이 요구하신 것은, 일편단심의 헌신과 충성입니다. 마치 잇대가 다윗 왕에게 드렸던 일편단심의 충성과 같은 것 말입니다.

아마 여러분들 가운데서도 그 이야기를 기억하는 분들이 있을 것입니다. 사무엘하 15장에 기록된 이야기입니다.

이스라엘인들의 충성심이 다윗에게서 그의 아들 압살롬에게 돌아섰습니다. 그러자 다윗과 그를 추종하는 사람들은 부득불 예루살렘을 떠나 다른 곳으로 피난길에 오르게 되었습니다.

다윗을 따르는 사람들 가운데 잇대라는 사람이 있었습니다. 그는 이스라엘인이 아니라 외국인(가드인)이었습니다. 한번은 피난길에서 다윗이 그에게 말을 건넸습니다.

"왜 너는 우리와 함께 가는가? 압살롬 왕에게 돌아가 그의 신하가 되어라. 너는 네 나라에서 추방된 외국인이 아니더냐? 이곳에 온 지 얼마 되지도 않았는데 지금 어디로 가야 하는지도 모르는 나와 함께 어디를 가겠다는 것이냐? 그러니 이제라도 늦지 않았으니 돌아가라. 너의 친절과 신실함이 늘 너와 함께하기를 바란다."

그러자 잇대가 말하였습니다. 참으로 감동적이고 눈물겨운 말이었습니다.

"하나님의 살아 계심과 우리 주 왕의 살아 계심을 두고 맹세합니다. 진실로 내 주 왕께서 어느 곳에 계시든지 주의 종도 그곳에 있겠나이다. 그것이 내게 사는 것을 의미하든, 죽는 것을 의미하든 상관없습니다. 언제라도 나는 왕과 함께 있겠습니다."

예수님은 바로 이러한 종류의 헌신과 충성을 요구하시는 것입니다. 예수님을 따르는 것이 무엇인가를 다음과 같은 은유를 통해 생각해 보십시오. 즉 수면 밑의 강한 역류를 생각해 보십시오.

- 제자의 길弟子道은 마치 잔잔한 수면 밑에 흐르는 강한 역류와도 같습니다.
- 제자의 길은 바다 밑으로 흐르는 도도한 물살과도 같습니다.
- 제자의 길은 해변을 향해 밀려드는 파도와 반대 방향으로 바다를 향해 흐르는 물살과도 같습니다.

이 세상이 우리에게 제공하려는 모든 삶은 마치 파도와 같습니다. 부풀어오르다 가라앉는 파도 말입니다. 파도들은 서로 앞다투어 해변을 향하여 밀려들어오려고 아우성입니다.

그러다가 해변에 이르러 부서집니다. 그리고 다시 밀려옵니다. 그리고 또다시 해변에서 부서집니다. 수면 위의 삶은 마치 파도의 거품과도 같습니다. 철썩거리며 크게 솟구쳐 일어나다가도 결국 해변에 이르러서는 산산조각 나서 부서집니다. 수면 위의 삶은 마치 파도의 거품 같고, 철썩대는 파도와 같습니다.

그러나 바다 밑의 해류_{海流}를 연상해 보십시오.
- 그 속에는 하얀 거품이 없습니다.
- 철썩거리는 요란함도 없습니다.
- 그러나 그 물살은 아주 강합니다.
- 그 물살은 파도가 치는 방향과 반대쪽을 향해 움직여 가는 해류입니다.
- 파도가 해변을 향해 움직이는 동안, 넓은 바다를 향해 흘러가는 역류입니다.

예수님을 따르는 사람들은
- 삶의 깊은 해류에 자신을 맡깁니다.
- 삶의 깊은 리듬에 맞추어 인생을 삽니다.

따라서 그들은 삶의 표면적 리듬과 부단히 싸웁니다. 그들은 끊임없이 표면의 물살을 거슬러 갑니다. 해면 밑에 도도하게 흐르는 역류의 모습은, 예수님을 따르는 자들이 무엇에 대항해 싸우면서 사는지를 힘차게 보여 주는 것입니다.

진정 나를 따르겠는가?

예수님과 그의 제자들이 길을 걸어갈 때, 세 사람이 예수님께 나아왔습니다. 예수님은 세 사람 각각에게 서로 다른 충고의 말씀을 하셨습니다. "당신께서 어디로 가시든지 나는 당신을 따르겠습니다"라고 장담한 사람에게, 예수님은 말씀하십니다.
- 내 제자가 되는 일에 대해 좀더 깊이 생각해 보고 따르도록 하라.
- 그렇지 않으면 나중에 후회하리라.
- 지금 나는 예루살렘으로 올라가는 도중에 있다.
- 그리로 가서 고난 받고 사람들에게 배척당할 것이다.
- 그런데 너도 나와 함께 그 길을 걸어가겠다는 것인가?

"먼저 나로 가서 나의 아버지를 장사하게 허락해 주십시오"라고 한 사람에게 예수님은 말씀하십니다.
- 네가 살아 온 전통과 관습이 나보다 더 높다면 너는 나에게 합당치 못한 사람이다.
- 그러나 나를 그 전통보다 더 높이 생각한다면 설교자가 되어라!

"먼저 내 식구들에게 작별 인사를 하고 오겠습니다"라고 한 사람에게, 예수님은 말씀하십니다.
- 나와 다른 사람들 사이에서 갈팡질팡한다면,
- 나에게 일편단심의 충성심을 보일 수 없다면,
- 너는 하나님 나라에 적합하지 않다.
- 나를 따라오더라도 너는 밭을 꾸불꾸불하게 갈게 될 것이다.

예수님은 우리 각 사람들에게 자기를 따르라고 부르십니다. "오라,

나를 따라라"고 말씀하십니다.

그러나 여러분이 주님의 부르심에 응답하기 전에 먼저 한 가지 사실을 알아야 합니다.

· 나는 꾸물대는 것을 허용치 않는다.
· 나는 뒤를 돌아보는 것을 허용치 않는다.
· 나는 두 마음 품는 것을 허용치 않는다.
· 나는 오직 일편단심의 충성을 원한다.

하늘에 계신 아버지여,
아무것도 우리와 당신 사이를 가르지 않게 하옵소서.
"이것을 먼저 해야지"
"아냐, 저것을 먼저 해야지" 하고 말하지 않게 해 주소서.
당신을 향한 우리의 항복이 무조건적이 되게 하옵소서.
그리고 만일 당신의 요구가 너무 힘들거든
우리에게 힘을 주시고,
그리스도만이 은총이라는 사실을 경험하게 하옵소서.
아멘.

기다림 5

아버지를 떠나 자유를
누가복음 15:11-24

서 말씀하셨다. 어떤 사람에게 아들이 둘 있는데 작은 아들이 아버지에게 말하기를 '아버지, 재산 가운데서 내게 돌아올 몫을 내게 주십시오' 하였다. 그래서 아버지는 살림을 두 아들에게 나누어 주었다. 며칠 뒤에 작은 아들은 제 것을 다 챙겨서 먼 지방으로 가서, 거기서 방탕하게 살면서, 그 재산을 낭비하였다. 그가 모든 것을 탕진했을 때에, 그 지방에 크게 흉년이 들어서, 그는 아주 궁핍하게 되었다. 그래서 그는 그 지방의 주민 가운데 한 사람을 찾아가서, 몸을 의탁하였다. 그 사람은 그를 들로 보내서 돼지를 치게 하였다. 그는 돼지가 먹는 쥐엄 열매라도 좀 먹고 배를 채우고 싶은 심정이었으나, 그에게 먹을 것을 주는 사람이 없었다. 그제서야 그는 제정신이 들어서, 이렇게 말하였다. '내 아버지의 그 많은 품꾼들에게는 먹을 것이 남아도는데, 나는 여기서 굶어 죽는구나. 내가 일어나 아버지에게로 가서, 이렇게 말씀드려야 하겠다. 아버지, 내가 하늘과 아버지 앞에 죄를 지었습니다. 나는 더 이상 아버지의 아들이라고 불릴 자격이 없으니, 나를 품꾼의 하나로 삼아 주십시오.' 그는 일어나서, 아버지에게로 갔다. 그가 아직도 먼 거리에 있는데, 그의 아버지가 그를 보고 측은히 여겨서, 달려가 그의 목을 껴안고, 입을 맞추었다. 아들이 아버지에게 말하였다. '아버지, 내가 하늘과 아버지 앞에 죄를 지었습니다. 이제부터 나는 아버지의 아들이라고 불릴 자격이 없습니다.' 그러나 아버지는 종들에게 말하였다. '어서, 가장 좋은 옷을 꺼내서, 그에게 입히고, 손에 반지를 끼우고, 발에 신을 신겨라. 그리고 살진 송아지를 끌어다가 잡아라. 우리가 먹고 즐기자. 나의 이 아들은 죽었다가 살아났고, 내가 잃었다가 되찾았다.' 그래서 그들은 잔치를 벌였다.

Free From The Father

또 가라사대 어떤 사람이 두 아들이 있는데, 그 둘째가 아비에게 말하되,
"아버지여 재산 중에서 내게 돌아올 분깃을 내게 주소서" 하는지라.
아비가 그 살림을 각각 나눠 주었더니,
그 후 며칠이 못 되어 둘째 아들이 재산을 다 모아 가지고 먼 나라에 가
거기서 허랑 방탕하여 그 재산을 허비하더니,
다 없이한 후 그 나라에 크게 흉년이 들어 저가 비로소 궁핍한지라.
가서 그 나라 백성 중 하나에게 붙여 사니 그가 저를 들로 보내어 돼지를 치게 하였는데,
저가 돼지 먹는 쥐엄 열매로 배를 채우고자 하되 주는 자가 없는지라.
이에 스스로 돌이켜 가로되, "내 아버지에게는 양식이 풍족한 품꾼이 얼마나 많은고!
나는 여기서 주려 죽는구나! 내가 일어나 아버지께 가서 이르기를,
'아버지여! 내가 하늘과 아버지께 죄를 얻었사오니
지금부터는 아버지의 아들이라 일컬음을 감당치 못하겠나이다.
나를 품꾼의 하나로 보소서' 하리라" 하고, 이에 일어나서 아버지께 돌아가니라.
아직도 상거가 먼데 아버지가 저를 보고 측은히 여겨 달려가 목을 안고 입을 맞추니,
아들이 가로되, "아버지여! 내가 하늘과 아버지께 죄를 얻었사오니
지금부터는 아버지의 아들이라 일컬음을 감당치 못하겠나이다" 하나,
아버지는 종들에게 이르되, "제일 좋은 옷을 내어다가 입히고 손에 가락지를 끼우고
발에 신을 신기라. 그리고 살진 송아지를 끌어다가 잡아라. 우리가 먹고 즐기자.
이 내 아들은 죽었다가 다시 살아났으며 내가 잃었다가 다시 얻었노라" 하니
저희가 즐거워하더라.

_ 누가복음 15:11-24, 개역성경

다음은 키에르케고르Kierkegaard가 들려주는 어느 백합화와 작은 새에 관한 이야기입니다. 여기서 우리는 자유에 대한 교훈을 얻을 수 있습니다.

아, 가엾은 백합화여

옛날 옛적 한 옛날에, 졸졸 흐르는 작은 시냇가 인적이 드문 외진 곳에 한 송이 백합화가 피어 있었습니다. 이 백합화는 하루 종일 즐겁고 행복했습니다. 그의 삶은 솔로몬의 모든 영화보다 더욱 찬란하였으며, 그 자태 또한 곱고 아름다웠습니다. 구름 한 점 없는 푸른 하늘 아래, 졸졸 흐르는 시냇물 소리는 그의 자태를 노래하는 연주였습니다.

그러던 어느 날, 작은 새 한 마리가 이 백합화를 찾아왔습니다. 그리고는 아무런 말도 없이 앉았다가 가 버렸습니다. 그리고 그 다음 날에도 찾아왔습니다. 그렇게 여러 날 찾아와 머물다 갔습니다. 떠났다가 또 찾아오곤 했습니다.

이 사건은 백합화에게 있어서 매우 이상하고 생소한 일이었습니다. 백합화는 고개를 갸우뚱거리며 곰곰이 생각해 보았지만 찜찜한 기분은 떨쳐 버릴 수가 없었습니다. 그 변덕스러워 보이는 작은 새가 너무나 이상했습니다. 한 곳에 머물러 있지 않고 왔다갔다하는 것이 이상했던 것입니다. '왜 저 새는 우리 꽃들처럼 한 곳에 있지 않을까?' 이 질문은 도저히 이해될 수 없는 것이었습니다.

이 작은 새는 아주 나쁜 새였습니다. 백합화 앞에서 뽐내면서,
"나는 자유로운 몸이야!"

"나는 언제라도 가려면 가고 오려면 올 수 있어!"

"내가 원하기만 한다면 나는 마음대로 옮겨 다니면서 살 수 있어!"라고 말하는 것이었습니다.

한 번도 자신이 불행하거나 속박되어 산다고 느끼지 못했던 백합화의 마음에는 어느덧 자신의 삶이 지루하고 힘겨울 뿐만 아니라, 노예처럼 종속되어 산다는 기분이 들기 시작했습니다. 그래서 백합화는 속으로 중얼거렸습니다.

"왜 나는 다른 곳에 심겨지지 않았을까?"

"왜 나는 이렇게 아무도 없는 곳에 있는가?"

"찬란한 자태를 뽐내는 백합화가 되었더라면, 아니 가장 멋있는 백합화였더라면!"

마침내 백합화는 그 나쁜 작은 새의 말을 믿기 시작하였습니다. 그래서 서로 합의하여 다음 날 뭔가를 하기로 작정했습니다.

그 다음 날 이른 아침에 작은 새가 날아왔습니다. 그리고 주둥이로 백합화의 뿌리 주변 흙들을 이리저리 파헤치기 시작했습니다. 백합화는 이제야 자유로운 삶을 살게 되었다고 좋아하였습니다.

흙을 다 파헤친 다음, 그 작은 못된 새는 백합화를 발로 움켜잡고 아름다운 백합화들이 만발한 곳으로 날아갔습니다.

그러나 이게 어찌 된 일입니까? 날아가는 도중에 백합화는 숨을 몰아쉬기 시작했습니다. 그리고는 곧 시들어 버렸습니다. 아, 불쌍한 우리의 백합화여!

만일 하나님이 심어 두신 그곳에 그냥 남아 있었더라면, 그 백합화는 예수님이 "너희는 저 들판에 피어 있는 백합화들을 보아라! 내가 너희들에게 말하거니와 솔로몬의 모든 영광도 저 꽃들 중 하나만도 못하였다"라고 말씀하신 그 백합화 중의 하나였을 것입니다.

그러나 이제 그 백합화는 죽었습니다. 왜냐하면 작은 새가 그녀에게 다가와 유혹했기 때문이었습니다. 그녀의 마음속에
· 너는 자유롭지 않아. 너는 매인 몸이야!
· 먼 곳에, 저 먼 곳에 가면 정말로 너는 자유로울 수 있을 거야!
라는 생각을 집어넣었기 때문이었습니다.

둘째 아들의 '자유'에 대한 오해

이 백합화는 탕자와 같습니다. 탕자 역시,
· '자유는 뿌리를 끊는 것'
· '자유는 머나먼 나라로 가는 것'이라고 생각했습니다.

예수님의 비유에 등장하는 둘째 아들은 뿌리를 끊고 싶었습니다. 왜냐하면 아무에게도 대답하지 않아도 되는 삶을 바랐기 때문입니다. 그 누구에게도 응답하면서 살지 않아도 되는 인생을 원했기 때문입니다. 삶은 자기의 것이지 누구에게도 종속되지 않은 것이라는 사실을 보여주고 싶었던 것입니다. 사실상 그는 아버지가 죽기를 바란 것이나 다름이 없었습니다.

그는 아버지에게, 아버지의 재산 중 자기한테 돌아올 몫을 미리 달라고 요구하였습니다. 중동 지방에 관한 연구 전문가 케네스 베일리는 이 사실에 대해 다음과 같이 쓰고 있습니다.

나는 약 15년 동안 중동 지방의 여러 마을들을 돌아다니면서, 둘째 아들이 아버지에게 한 "아버지, 나에게 돌아올 유산을 미리 주십시오"라는 요청에 대해 어떻게 생각하느냐고 물어보았습니다.
· 베일리: 여러분, 여러분 마을에서 누군가 그런 요청을 했다는 이야기를

들어 본 일이 있습니까?
- 주민들: 천만에요! 아니, 어떻게 그럴 수가 있단 말입니까?
- 베일리: 그렇다면 누가 그런 요청을 할 수 있었을까요?
- 주민들: 그것은 도저히 말도 되지 않는 소리입니다! 누구도 그럴 수는 없지요!
- 베일리: 만일 누군가가 그런 요청을 했다면, 과연 무슨 일이 일어나겠습니까?
- 주민들: 아마 그의 아버지가 그를 늘씬하게 뻗도록 때렸을 것입니다. 어찌 그런 놈을 그냥 가만 내버려 두겠습니까?
- 베일리: 아니, 왜요?
- 주민들: 당신은 그 이유를 몰라서 되묻습니까? 그런 요청은 아버지가 죽었으면 좋겠다는 말입니다!

둘째 아들은 생각했습니다. 자유란,
- 아버지를 떠나는 것
- 아무에게도 구속받지 않는 것
- 아무도 나를 판단하지 못하게 하는 것
- 아무도 내게 이래라 저래라 하지 못하게 하는 것
- 내 방식대로 하는 것
- 아버지가 죽는 것이었습니다.

"아버지 재산 중 내게 돌아올 몫을 주십시오!" 둘째 아들이 소리칩니다. 그는
- 앞으로 자신이 만족스러운 삶을 누리지 못할지도 모른다는 두려움이 있었던 것입니다.
- 삶을 만끽하지 못할지도 모른다는 두려움에 떨었던 것입니다.

그는
- '살려는' 강한 욕구, 삶에 대한 강렬한 욕구가 있었습니다.
- 아니, 아버지 없이도 내가 무엇인가를 할 수 있다는 것을 보여 주고 싶었습니다.
- 그는 자신의 창조적인 열정들과 본능들을 과시하고 싶은 강한 충동을 느꼈습니다.

한때 우리도 그런 강한 충동들을 느끼지 않았습니까? 우리는 이 둘째 아들의 목소리 안에 있는 '우리의' 목소리를 듣고 있지 않습니까? 어떤 소리인가요?
- (하나님) 아버지, 내게 돌아올 몫을 주십시오.
- (하나님) 아버지, 더 이상 간섭하지 마세요.
- (하나님) 아버지, 나는 당신이 죽었으면 좋겠습니다.

프레드릭 뷰크너는 한 설교에서 이 탕자의 비유가 반향反響되고 있는 이야기 하나를 들려줍니다.

그것은 열 두서너 살 되는 한 소년에 관한 이야기입니다. 침울한 한 소년이 화가 나서 흥분한 나머지 총을 집어들고 자기 아버지를 쏩니다. 총에 맞은 아버지는 결국 죽게 됩니다.

조사를 담당한 경찰이 왜 그런 짓을 했느냐고 물었습니다. 그러자 그 소년이 대답합니다.
- 아버지를 견딜 수 없었기 때문이다.
- 아버지가 너무 많은 것을 요구하셨기 때문이다.
- 아버지는 항상 내 뒷조사를 하셨기 때문이다.
- 아버지를 미워했기 때문이다.

그런 후 그 소년은 청소년 보호소에 갇히게 되었습니다. 어느 날 늦은 밤이었습니다.

교도관이 감옥 복도를 순찰하고 있는데 어디에선가 무슨 소리가 들려왔습니다. 가만히 들어 보니 그 소년의 방에서 들려오는 소리였습니다. 그는 멈춰 서서 귀를 기울였습니다. 그 소년이 어두움 속에서 흐느끼며 하는 말은, "아버지! 아버지! 아버지가 계셨더라면!" 하는 것이었습니다.

뷰크너는 우리에게, 이 이야기는 우리 모두의 인생에 대한 일종의 비유라고 말하고 있습니다.

- 우리의 '아버지'(하나님)!
- 우리의 사회가 그분을 살해한 것입니다.

어느 사상가도, 작가도, 영화 감독도, TV 제작자도, 아무도 하나님을 심각하게 생각하지 않습니다. 그들에게 있어서 하나님은 고리타분한 옛 유물일 뿐입니다.

그러나 그분은 거기에 계십니다.

그분은 문에서 듣고 계십니다.

우리의 흐느낌을 듣고 계시며

우리의 상실감에서 흘러나오는 절규와 비탄을 듣고 계십니다!

하나님을 잊은 삶의 비극

알렉산더 솔제니친Alexander Solzhenintsyn은 이렇게 회상했습니다.

약 반세기 전, 어렸을 적에 나는 러시아를 덮쳐 몰락하게 만든 커다란 재앙(러시아 혁명)에 대한 이유를 나이 드신 어른들로부터 종종 들었습니다.

"사람들이 하나님을 잊어 버렸기 때문에 이런 일들이 일어난 것이야!"라고 한숨짓던 노인들의 말씀이었습니다.

솔제니친의 말은 계속됩니다.

그 이후로 지난 50년간 나는 러시아 혁명사에 대해 연구해 왔습니다. 그 과정에서 나는 수백 권의 책들을 탐독했고 수백 명의 증인들을 찾아 증언을 들었습니다. 그리고 나는 러시아 혁명이 남긴 잿더미와 잔해들을 정리하는 데 8권이나 되는 책들을 저술하였습니다.

그러나 오늘날 누군가 나에게 6,000만 명이나 되는 우리 백성을 삼키고 간 처절한 러시아 혁명의 주요 원인에 대해 간결하게 말해 달라는 부탁을 한다면, 다음과 같은 말을 반복하는 것 외에 더 정확하고 나은 표현은 없다고 믿습니다. "사람들이 하나님을 잊어 버렸습니다. 그래서 이 모든 일들이 일어난 것입니다. '하나님 없는 삶' Godlessness이야말로 수용소로 가는 첫 발걸음입니다."

솔제니친은 계속해서 말합니다.

20세기가 앓고 있는 근본적인 병이 무엇이냐고 누군가 물어 오면, 나는 다시 다음과 같은 말을 반복하는 것 외에 달리 정확하게 표현할 말을 찾지 못할 겁니다. "사람들이 하나님을 잊었습니다." 이런 이유 때문에 이 모든 일들이 일어난 것입니다. 이런 이유 때문에 탕자에게 일어났던 일들이 20세기의 사람들에게 일어난 것입니다.

다시 탕자의 이야기로 돌아가 봅시다. 탕자는 그 먼 나라의 한 시민에게 고용되었습니다. 그리고 그 주인은 그를 돼지 치는 들판으로 보냈

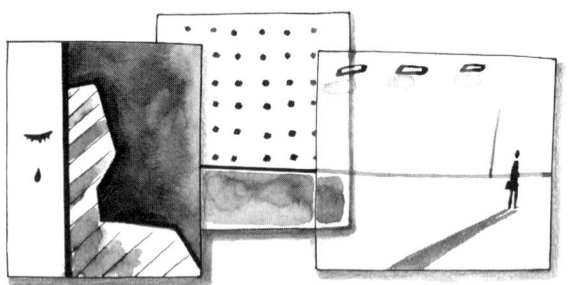

주님의 변함없는 사랑은 결코 멈추지 않으며
그분의 자비는 다함이 없습니다. 그분의 인자하심은 아침마다 새로우며
그분의 신실하심은 심히 크기만하십니다

습니다.

그런데 여러분이 기억할 사실이 있습니다. 이 소년이 누구입니까? 이 탕자가 누구입니까? 그는 유대인입니다. 그에게 있어서 돼지는 부정한 동물입니다. 당시의 랍비들은 종종 "돼지를 치는 자는 저주를 받을 지어다!"라고 말했다는 사실을 기억하십시오.

둘째 아들이 돼지를 쳤다는 것은 그가 서 있던 전통과 그가 믿어 왔던 종교, 그가 배워 왔던 모든 것으로부터 완전히 소외되고 벗어났다는 것을 의미합니다. 탕자가 돼지 치는 일에 종사하겠다고 작정하는 순간, 그는 유대인들이 가장 경멸하는 일, 즉 스스로를 돼지로 만드는 일을 하는 것입니다.

바로 그때에 둘째 아들은 정신을 차리기 시작합니다. 그가 말합니다. "자, 정신을 차려 보자. 이게 어찌 된 일인가?
- 나는 자유롭게 되기를 원했지.
- 나는 '내 일'을 하기 원했지.
- 나는 '아버지와 내 뿌리로부터 벗어나야 내 일을 할 수 있어'라고 생각했었지.
- 그러나 이제 보니 남은 것이라고는 나의 발을 묶은 쇠사슬밖에 없구나!"

아버지를 떠나 자유롭게 살아 보려고 했던 욕구가 이제는 자기 자신을 조롱하고 있는 것처럼 보입니다. 마치 숨쉬기를 멈추면서 자기가 마시는 공기로부터 자유로워지기를 바라는 것과 같은 모양새입니다.
- 아버지는 우리가 들이마시는 공기와 같습니다.
- 아버지는 우리가 움직이고 살고 존재하는 근본적 요소입니다.

그래서 둘째 아들은 일어나 아버지께로 갑니다. 그리고 여러 번 다짐

합니다. "내가 집에 돌아가거든, 아버지께 다음과 같이 말씀드리리라. '아버지, 내가 하늘과 당신께 죄를 지었습니다.' 자, 그런데 만일 아버지가 나에게

- 아들아, 그런 식으로 내게 오지 마.
- 아들아, 어떻게 뻔뻔스럽게도 그 얼굴을 들고 내게로 올 수 있단 말이냐?
- 네가 그렇게 말하면 네가 저지른 일들을 다 보상할 수 있다고 생각하느냐?
- 너는 네가 미리 연습한 그럴 듯한 변명에 내가 속아 넘어갈 줄 아느냐?

라고 말한다면 어떻게 할 것인가?"

얼마 전 어떤 대형 교회의 목사가 다음과 같이 말했습니다.
- 우리는 폐암 환자이면서도 담배를 계속해서 피우는 사람을 불쌍히 여길 필요가 없습니다.
- 우리는 에이즈 환자를 불쌍히 여길 필요가 없습니다.
- 에이즈는 하나님이 내리신 형벌입니다. 그들이 고통 당하는 것은 당연합니다.
- 악한 사람은 자신이 저지른 죄의 값으로 마땅히 고통 가운데 죽어야 하지 않겠습니까?
- 우리는 그런 쓰레기 같은 인간들에게 자비를 낭비할 필요가 없습니다.

여러분, 만일 아버지가 돌아온 아들에게 이런 식으로 말한다면 어찌 하시겠습니까?

"나는 너를 잊지 않을 것이다"

그러나 예수님은 말씀하십니다. "아들이 아직 먼 거리에 있었는데, 그 아들을 먼저 본 사람은 아버지였다!" 그렇습니다. 그를 보자 아버지는 가슴이 저미는 통증을 느꼈습니다. 아들이 너무도 가련하고 불쌍했습니다. 아들에게로 달려가 얼싸안았습니다. 그리고 뺨을 비벼 대며 울었습니다.

렘브란트는 탁월한 붓놀림으로 이 감동적인 장면을 그렸습니다. 사실 렘브란트는 이전에 탕자에 대한 수많은 스케치들을 남겼고, 또 여러 종류의 판화도 만들었습니다. 그러나 그는 생애 마지막에 가서 둘째 아들의 귀향 장면을 유화로 그렸습니다.

암스테르담 국립박물관의 전前 관장은 이 그림을 가리켜 '복음'을 가장 심오하게 묘사한 작품이라고 부른 일이 있습니다. 그는 말합니다.

"이 그림의 가장 뛰어난 작품성은 돌아온 아들에 대해 많은 것을 보여 주지 않고 있다는 점입니다. 이 그림에서 보이는 것은 오직 그 아들의 등뿐입니다. 오로지 그의 등만 보이고 있습니다. 그는 아버지의 발 앞에 무릎 꿇고 있습니다. 그는 깊은 슬픔에 젖어 있을 것임이 틀림없습니다. 그러나 이것이 렘브란트 그림의 초점은 아닙니다."

그렇다면 무엇이 그 그림의 초점입니까?

· 그 그림의 초점은 아버지의 손입니다.
· 그 그림의 초점은 아버지의 연민입니다.
· 그 그림의 초점은 아버지의 긍휼입니다.

어떤 사람은 렘브란트의 그림 속에 있는 아버지는 앞을 보지 못하는 장님이었다고 말합니다. 그러나 그 관장은 그것은 사실이 아니라고 합니다.

아버지는 눈을 감고 있는 것입니다. 그는 더 이상 아들의 불행과 비참 그리고 죄를 바라보기 원치 않았기 때문에 눈을 지그시 감으신 것이었습니다. 아버지의 감은 눈은 그분의 무한한 긍휼과 연민의 표출이었습니다. 여러분은 노예가 되어 속박 아래 있었던 이스라엘이 고통 가운데 외쳤던 소리를 기억하십니까?
"야웨께서 나를 버리셨습니다!"
"주님께서 나를 잊으셨습니다!"
여러분은 이에 대해 주님께서 어떻게 대답하셨는지 기억하십니까?

여인이 어찌 그 젖 먹는 자식을 잊겠으며 자기 태에서 난 아들을 긍휼히 여기지 않겠느냐. 그들은 혹시 잊을지라도 나는 너를 잊지 않을 것이다. 보라, 내가 너를 내 손바닥에 새겼노라(사 49:14-16).

그렇습니다!
- 주님의 변함없는 사랑은 결코 멈추지 않으며 그분의 자비는 결코 다함이 없습니다.
- 그분의 인자하심은 매일 아침마다 새로우며 그분의 신실하심은 심히 크기만 하십니다.

복음 6

은혜와 감사의 이중주
누가복음 17:11-19

서 예루살렘으로 가시는 길에, 사마리아와 갈릴리 사이로 지나가시게 되었다. 예수께서 어떤 마을에 들어가시다가 나병환자 열 사람을 만나셨다. 그들은 멈추어 서서, 소리를 높여 말하였다. "예수 선생님, 우리를 불쌍히 여겨 주십시오." 예수께서는 보시고 그들에게 말씀하셨다. "가서, 제사장들에게 너희 몸을 보여라." 그런데 그들이 가는 동안에 몸이 깨끗해졌다. 그런데 그들 가운데 한 사람은 자기의 병이 나은 것을 보고, 큰 소리로 하나님께 영광을 돌리면서 되돌아와 예수의 발 앞에 엎드려 감사를 드렸다. 그런데 그는 사마리아 사람이었다. 그래서 예수께서 말씀하셨다. "열 사람이 깨끗해지지 않았느냐? 그런데 아홉은 어디에 있느냐? 하나님께 영광을 돌리러 되돌아온 사람은, 이 이방 사람 한 명밖에 없느냐?" 그런 다음에 그에게 말씀하셨다. "일어나서 가거라. 네 믿음이 너를 구원하였다."

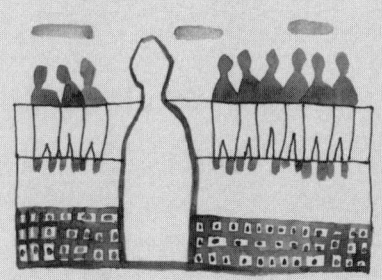

Gospel of Grace and Gratitude

예수께서 예루살렘으로 가실 때에

사마리아와 갈릴리 사이로 지나가시다가 한 촌에 들어가시니

문둥병자 열 명이 예수를 만나 멀리 서서 소리를 높여 가로되,

"예수 선생님이여 우리를 긍휼히 여기소서" 하거늘,

보시고 가라사대, "가서 제사장들에게 너희 몸을 보이라" 하셨더니

저희가 가다가 깨끗함을 받은지라.

그 중에 하나가 자기의 나은 것을 보고 큰 소리로 하나님께 영광을 돌리며 돌아와

예수의 발 아래 엎드리어 사례하니 저는 사마리아인이라.

예수께서 대답하여 가라사대,

"열 사람이 다 깨끗함을 받지 아니하였느냐? 그 아홉은 어디 있느냐?

이 이방인 외에는 하나님께 영광을 돌리러 돌아온 자가 없느냐?" 하시고

그에게 이르시되, "일어나 가라. 네 믿음이 너를 구원하였느니라" 하시더라.

_ 누가복음 17:11-19, 개역성경

어떤 경륜이 높으신 설교자가 목회의 길에 갓 들어선 젊은 목회자에게 충고를 해 주었습니다. 앞으로 많은 설교를 할 터인데, 설교를 들으러 나오는 교인들에는 대충 세 종류의 사람들이 있다는 사실을 꼭 기억하라는 것이었습니다.

첫째, 세례를 받은 사람
둘째, 세례는 받지 않았지만 정규적으로 출석하는 사람
셋째, 딱 한 번 설교를 들으러 오고 다시는 오지 않을 사람

그리고 그는 첫째와 둘째 부류에 속하는 사람들은 계속해서 말씀을 듣고 신앙생활을 잘 할 수 있도록 목회자가 도움을 줄 수 있지만, 문제는 마지막 사람의 경우라고 말했습니다. 왜냐하면, 그가 처음이자 마지막으로 교회에 나온 그 시간이 그의 평생에 '복음'(좋은 소식)을 들을 수 있는 유일한 시간이 될지도 모르기 때문이라는 것입니다. 그리고 그 나이 드신 목사님은 젊은 목회자에게 그럴 경우 당신은 어떻게 설교하겠느냐고 질문하셨습니다.

사실상 이 질문은 젊은 목회자가 아닌 저에게도 매우 심각한 도전입니다. 어떤 사람의 일생에 마지막이 될지도 모를 시간에 하나님에 관한 가장 현란한 소식—우리는 이것을 복음이라 부르지 않습니까?—아니, 이 세상 어디에서도 들을 수 없는 '하나님 나라'에 관한 소식을 선포해야 한다는 도전과 흥분이 저를 사로잡습니다.

본문, 동굴의 입구이자 문구멍

'그렇다면 설교자는 매주일마다 하나님의 경륜을 온전하게 모두 다 설교해야 한다는 말인가? 어떤 사람에게는 한 번밖에 주어지지 않을지도 모르는 복음의 기회라고 생각한다면, 하나님의 구원의 경륜을 남김없이 모두 설교해야 하지 않겠는가? 그렇게 하기 위해서 성경 전체를 이곳저곳 다녀야 할 것인가? 저 북쪽 단 지방에서부터 남쪽 브엘세바 지역까지 모두 다 이야기해야 한다는 의미인가? 창세기부터 요한계시록까지 전체를 어떻게 짧은 시간에 다 전할 수 있단 말인가? 아니, 그렇게 해야 평생에 한 번밖에 나올지도 모르는 그런 사람들에게 복음을 남김없이 전하는 것이 아닌가?'

이러한 심각한 질문에 대해, 그 나이 드신 목사님은 다음과 같이 충고하셨습니다.

"그럴 필요가 없습니다. 설교할 때마다 오직 한 가지 본문만을 선택하여 설교하십시오. 그리고 그 본문을 마치 천연 동굴로 들어가는 '입구'처럼 생각하십시오. 아니면 선택한 그 본문을 집안을 들여다 볼 수 있는 문구멍처럼 생각하십시오. 다시 말해서, 그 본문을 통하여 들어가면 복음 전체가 보이는 그런 방식으로 그 본문을 다루십시오."

이러한 충고는 매우 유용하고 적절한 것입니다. 저도 그 이야기를 들으면서 참으로 많은 것을 생각하게 되었습니다. 우리에게 매주일마다 선포하도록 주어지는 특정한 본문은 마치 동굴 입구와 같아서, 그 본문을 통하여 들어가면 새로운 세계, 즉 복음이 가득 찬 세계를 발견하게 된다는 충격적인 충고였습니다. 이후 설교를 준비할 때마다 이 사실을 마음 깊이 상기시키곤 합니다.

그렇습니다. 앞에서 말했듯이, 주일마다 만나게 되는 특정한 본문은 마치 문구멍과도 같습니다. 이 구멍을 통하여 복음의 내부를 들여다볼 수 있어야 한다는 말입니다. 이 문구명은 복음 전체를 보여 줍니다. 성경의 모든 본문은 이처럼 복음의 세계를 보여 줍니다. 그러나 한 가지 기억해야 할 사실은, 성경의 본문들이 복음의 세계를 보여 주기는 하되 특정한 각도와 특정한 관점에서 보여 준다는 것입니다.

이번 장에서 읽은 성경 말씀 역시 그러합니다. 이 장의 본문은 복음 전체를 우리에게 제시하고 있습니다. 그러나 '특정한 각도' 그리고 '특정한 관점'에서 그러합니다.

하나님의 은혜, 인간의 감사

본문은 은혜와 감사(보은, 報恩)에 대해서 말씀하고 있습니다. 하나님의 은혜와 인간의 감사에 대해 말씀하고 있습니다.

예수님이 열 명의 나병환자(문둥병자)를 고쳐 주셨습니다. 이것이 '은혜'입니다.

- 우리가 사랑받을 만하지 못함에도 불구하고 예수님은 우리를 사랑하신다는 것입니다.
- 그분이 우리의 죄들을 담당하시고 우리의 병고를 짊어지신다는 것입니다.
- 그분이 우리의 깨진 삶들을 다시 회복시키신다는 것입니다.
- 그분이 우리의 상처입은 가슴과 마음을 치료하신다는 것입니다.
- 그분이 우리가 처한 상황을 온전히 변화시키신다는 것입니다.

이것이 복음의 핵심입니다.

이것을 우리는 '은혜'라는 단어로 총괄하여 말합니다. '은혜', 말만 들어도 감동적인 용어입니다. 성경의 사상을 한 단어로 축약해 보라고 한다면 저는 주저없이 '하나님의 은혜'라고 말할 것입니다.

- 은혜, 우리 안에 들어오심으로써 우리를 치료하시는 예수 그리스도가 은혜입니다.
- 은혜, 우리와 같이 되시어 우리를 온전히 이해하시는 예수 그리스도가 은혜입니다.
- 은혜, 약藥이 몸 속에 퍼지듯 우리 몸 안에 퍼져 가는 예수 그리스도가 은혜입니다.
- 은혜, 그리스도가 우리를 위해 행하시는 모든 것을 가리키는 대명사가 은혜입니다.

이와는 대조적으로 감사(보은)는 은혜에 대한 우리의 반응이 어떠해야 하는지를 가리키는 대명사입니다.
   은혜와 감사, 우리는 나이를 먹을수록
- 우리의 삶이 언제나 이 양극兩極 사이를 오가야 한다는 확신을 갖게 됩니다.
- 우리의 인생이 언제나 은혜에서 감사로, 그리고 감사에서 다시 은혜로 움직여 가야 한다는 사실을 확신하게 됩니다.

칼 바르트의 말을 빌리자면, 은혜와 감사는 마치 하늘과 땅처럼 언제나 한 쌍입니다. 항상 같이 가는 길동무입니다. 은혜는 감사로 메아리쳐 되돌아옵니다. 번개 후에 천둥이 치듯이, 감사는 꼭 은혜를 뒤따라갑니다.
   하나님의 은혜는 항상 있습니다. 항상 넉넉하게 그 자리에 있습니다. 그러나 우리의 감사는 그렇지 않습니다. 항상 넉넉하지 못합니다. 참으로 섭섭하기 그지없습니다. 그런데 우리는, 감사가 없는 곳에서는 우리 삶이 목표를 상실하고 만다는 사실을 잘 인식하지 못하는 것 같습니다.
   예수님이 물으십니다. "열 명 모두가 나음을 받지 않았더냐? 나머지 아홉은 어디에 가고 너 혼자 왔는가?" 예수님께 돌아와 "감사합니다"라고 말하지 않은 그 아홉 명 말입니다. 도대체 그들에게 무엇이 문제입니까? 그들의 문제는 예수님을 볼 수 없었다는 데 있습니다. 돌아와 감사하지 않은 아홉 명은 다른 일에 너무 바빠서 예수님은 안중에도 없었던 것입니다.

물론 아홉 명의 나병환자들이 고침을 받고 감사하지 못한 것은 아니었습니다. 그들은 분명히 감사했을 것입니다. 그러나 그러한 감사 가운데 그들은 자신들의 치료자를 볼 수 없었던 것입니다. 우리도 그렇게 되기 쉽다는 것을, 우리의 경험이 이미 말해 주지 않습니까? 그저 감격하여 소리 높여 감사할 뿐, 진정으로 감사해야 할 대상이 누구인지 기억하면서 감사하지는 못하는 경우 말입니다.

영어에서 '생각하다' think와 '감사하다' thank는 같은 단어였다고 합니다. '감사하는 일'은 '생각하는 일'과 관계가 있다는 뜻입니다.

· 우리가 가만히 앉아서 지금과 그때를 생각하지 않는 한, 우리는 하나님이 우리를 위해 행하신 일들을 쉽게 잊어버리게 됩니다.
· 우리가 시간을 내어 과거를 회상하고 생각하지 않는 한, 우리는 우리를 향하신 그분의 은혜로운 행동들을 잊어버리기 쉽습니다.

에스더서에 기록된 아하수에로 왕의 이야기를 생각해 보십시오. 어느 날이었습니다. 밤은 깊어 가는데 아하수에로 왕은 잠을 이루지 못합니다. 그래서 왕실의 신하 한 명을 불러 기억될 만한 일들을 기록한 책을 가져오게 하여 낭독하도록 명합니다. 그 책에는 왕후 에스더의 삼촌인 모르드개가 왕을 살해하려는 음모를 사전에 발견했던 사건이 기록되어 있었습니다.

이 기사를 듣고 있던 왕이 신하에게 말합니다. "잠깐, 뭐라고 말했지? 모르드개라고? 그래서 그에게 후히 상을 내렸는가? 그에게 보답하는 표시를 했는가 말이다."

"왕이시여, 황공하옵게도 그러하지 못한 줄로 아뢰옵니다." 신하의 대답이었습니다.

"무엇이라고? 그렇다면 즉시 보은報恩하도록 하라. 그 유대인 친구가 내 생명을 구했다고 하지 않는가?"

이렇게 해서 잊혀졌던 모르드개의 행위가 기억되고 보상을 받게 되었습니다.

- 그에게 왕의 의복을 입히고 왕관을 씌웠습니다.
- 그는 왕의 말을 타고 거리를 행진하게 되었습니다.

그 동안 왕은 다른 일에 너무 바빠서 그 일을 생각하지 못했던 것입니다. 그의 마음에서 그 일이 슬그머니 잊혀진 것입니다. 그러나 과거의 사건들을 회상하는 시간에 모르드개가 생각났고, 그렇게 해서 모르드개의 은혜는 왕의 보은으로 응답되었습니다.

우리도 아하수에로 왕과 똑같을 때가 많습니다. 아니, 아하수에로 왕과 아예 같다고 하는 편이 나을 것입니다.

- 그처럼 우리도 이런저런 일들로 너무나 바쁩니다.
- 그러니 과거의 중요한 일들이 우리의 마음 바깥으로 미끄러져 나가곤 합니다.
- 누군가가 잘 말했듯이, 원한은 돌에 새기고 은혜는 물에 새기는 사람들이 우리들입니다.

눈이 멀어 감사를 잊은 사람들

그러므로 여러분, 시간을 내어 의자를 뒤로 젖히고 한번 생각해 보십시오. 감사하기 위하여 생각하십시오. 얼마나 많은 감사할 일들이 잊혀져 버렸는지요! 생각하면 감사할 일들이 생길 것입니다.

일반적인 감사나 보은은 아무런 의미가 없습니다. 종종 대상도 없이 감사하거나 고마워할 때도 많습니다. 그러나 곰곰이 생각하면 그런 감사나 고마워하는 마음은 아무런 의미가 없습니다. 예를 들어, 어떤 일들이 잘될 때 종종 "아이고, 고마워라. 일이 참 잘됐네"라고 말하는 경우가 그렇습니다. 감사가 진정 의미가 있으려면, 그 감사가 구체적인 대상에게로 향해져 나타나야 합니다.

"열 명의 나병환자들이 모두 고침을 받지 않았는가? 그런데 나머지 아홉 명은 어디 있는가?" 예수님의 질문입니다. 그들의 문제가 무엇입니까? 그들의 문제는, 예수님을 볼 수 있는 시력을 상실했다는 데 있습니다. 아이러니컬하게도 그들이 예수님을 볼 수 없었던 이유는 그들이 종교적 의무들을 너무나 충실하게 지키고 있었기 때문입니다. 얼마나 모순적입니까! 신앙적 규례들과 종교적 의무들을 잘 수행하다가 예수님을 잊어버리다니! 이게 무슨 소리입니까?

"가서 너희 몸을 제사장들에게 보이라"고 예수님이 그들에게 말씀하셨습니다. 당시 제사장들은 오늘날의 보건 당국자들과 같은 역할을 하고 있었기 때문입니다. 회복된 나병환자에게 정상인이 되었다는 확인증을 합법적으로 발급해 줄 수 있는 유일한 사람들이 제사장들이었습니다. 당시 종교 규정에 의하면, 병 나은 환자가 사회에 다시 돌아가기 위해서는

- 먼저 성전에 가야 합니다.
- 살아 있는 새 두 마리를 가지고 가야 합니다.
- 흐르는 물 위에서 한 마리를 죽여야 합니다.
- 그리고 살아 있는 다른 한 마리를 가져다가 죽인 새의 피 속에 담가야 합니다.
- 그러면 제사장은 나은 나병환자에게 일곱 번 뿌리고, '이제 당신은

정결하게 되었다'고 선언하기 전에 살아 있는 새를 놓아줍니다.
· 그러면 병 나은 환자는 자기 옷가지들을 세탁하고 몸을 닦고 털들을 면도합니다.

이것이 전부는 아닙니다. 아직도 해야 할 일이 남아 있습니다. 고침을 받은 후 8일째 되는 날, 그는 제물을 가지고 다시 성전에 가야 합니다. 새끼 양 세 마리, 곡식, 약간의 기름을 가지고서 말입니다.

제사장은 양 세 마리 중 한 마리를 속죄 제물로 드립니다. 그리고 그 피를 치료받은 나병환자의 오른쪽 귓불, 오른손 엄지 그리고 오른쪽 긴 발가락에 바릅니다. 그밖에도 이와 비슷한 여러 일들을 한 후에야 제사장들은 치료받은 나병환자에게 사회로 복귀할 수 있다는 허가증을 발급해 줍니다. 병이 나은 환자들은 이처럼 8일 동안 복잡한 과정을 거쳐야 합니다. 물론 돈도 들게 마련입니다.

한 예식을 마치면 그 다음 예식을 하고, 그 예식을 마치면 또 다른 예식을 하다 보니 예수님이 그들의 시야에서 점점 더 멀어지게 되었던 것입니다.

이것이 종교 행위가 초래하는 중대한 위험입니다. 즉 바쁜 종교 활동 가운데 예수님을 놓치게 된다는 것입니다. 종종 우리는 교회 일들을 부지런히 하도록 권고받습니다. 각종 모임에 열심히 참석합니다. 주일예배, 수요예배 그리고 좀더 부지런한 분들은 금요기도회, 새벽기도회 등에 참석합니다. 그뿐 아니라 각종 성경공부 모임, 각 부서―성가대, 남녀 전도회, 구역 모임 등―의 일들 그리고 사회 봉사 활동과 같은 좋은 일들을 합니다.

이것이 우리가 하는 종교 활동들입니다. 그뿐입니까? 노회 차원의 일들, 총회 차원의 단체와 기관들 일도 있습니다. 종종 그러한 일들에 열중하다 보면 우리는 우리를 보내신 '그분'을 잊어버리게 됩니다. 참으로 역설이 아닐 수 없습니다.

"나머지 아홉은 어디 있는가?" "그들의 보은은 어디 있는가?" 왜 감사가 이처럼 예수님께 있어서 중요한 것입니까? 그 이유는 감사하는 일이 하나님께 대하여 중요한 일이기 때문입니다. 하나님은 우리의 감사를 필요로 하십니다. 그분은 우리의 감사로 사시는 분입니다. 감사가 없이는 그분의 은혜가 그분께로 돌아가지 않습니다. 무슨 의미입니까?

· 감사는 그분의 은혜를 그분께 돌려드리는 것입니다.
· 감사는 하나님의 은혜를, 그분을 향한 찬양으로 바꾸는 것입니다.
  －하나님으로부터 우리에게 내려오는 은혜는 하늘과 땅 사이에 이루어지는 최고의 거래입니다.
  －우리로부터 하나님께로 올라가는 감사는 땅과 하늘 사이에서 이루어지는 최상의 거래입니다.

· 우리가 이 양극 사이에서 살지 않을 때
· 우리가 하나님의 은혜와 우리의 감사 사이에서 살지 않을 때
· 우리가 다른 일에 너무 바빠서 감사를 잊어버릴 때
· 우리의 감사가 우리가 행하는 종교적 일들에 파묻혀 버릴 때
  －우리의 삶은 하나님께 대해 상실되고 맙니다. 우리의 인생은 하나님께 대해서 잃어버린 바 됩니다. 우리의 삶은 낭비되고, 우리의 인생은 유실되는 것입니다.

그렇습니다. 우리의 삶은 예수님의 비유에 나오는 '길가, 돌 위, 가시덤불에 뿌려진 씨앗들' 과 같습니다. 이 씨앗들은 농부에게는 낭비된 씨앗입니다. 왜냐하면 이 씨앗들은 결실하지 못하기 때문입니다. 결실하지 못하는 씨앗이 농부에게 무슨 소용이 있겠습니까? 이것이 낭비된 씨앗이 아니고 무엇이겠습니까? 그러나 이와는 대조적으로 좋은 땅에 떨

어진 씨앗은 예수님께 돌아와 감사한 한 나병환자와 같습니다. 그는 열매를 맺고 있는 것입니다.

하나님께 감사를 드리는 사람은 모두 이와 같습니다.

가장 좋은 부활의 소식

"열 사람이 모두 고침을 받지 않았는가? 그런데 나머지 아홉은 어디 있는가?" 예수님이 하신 이 질문의 의미는, 우리가 나병환자 열 명의 이야기를 부활의 이야기로 읽기 시작하면 좀더 분명해집니다.

- 복음서의 모든 이야기는 근본적으로 부활의 이야기들입니다.
- 복음서의 모든 이야기는 본질적으로 예수님의 부활을 예기豫期하고 있습니다.
  - 예수님이 다시 살아나지 않으셨다면, 그분이 하신 모든 말씀은 죽은 사람처럼 아무 가치가 없습니다.
  - 예수님이 부활하지 않으셨다면, 그분이 행하신 일들은 하나도 예외 없이 시체처럼 아무 의미가 없습니다.

복음서의 어떤 이야기든 그것을 진정으로 이해하려면, 먼저 제자들이 시작했던 곳, 즉 예수님의 부활에서부터 그것들을 바라보아야 합니다. 그 이른 아침에 예수님이 죽은 자들 가운데서 부활하셨을 뿐만 아니라

- 그분의 지상 생활 전체도 다시 살아났습니다.
- 그분이 이 세상에 사셨을 때의 삶이 다시 살아났습니다.
- 그분이 이 세상에 계실 때 하셨던 모든 말씀이 다시 새롭게 살아났습니다.
- 그분이 이 세상에서 행하셨던 모든 행동이 다시 새롭게 살아났습

니다.

이 모든 것이 그분과 함께 무덤에서 다시 살아 나온 것입니다.
· 복음서의 모든 이야기는 부활의 관점에서 읽혀져야 합니다.
· 복음서의 이야기들은 부활의 아침에 무슨 일이 일어났는가를 바라볼 수 있게 하는 '문구멍' 과 같습니다.

본 장의 본문도 그렇습니다. 이 이야기 역시 죽음과 삶(생명)의 이야기입니다.
· 성경에서 죽음은 '추방, 출교, 버려짐' 을 의미합니다.
· 성경에서 삶은 '받아들여짐, 공동체, 함께 사는 삶' 을 뜻합니다.
· 삶이란 공동체의 일원이 된다는 것을 의미합니다.
· 죽음은 그 공동체로부터 떨어져 나간다는 것을 뜻합니다.
 －성경에 의하면 나병은 죽음, 특별히 사회적 죽음을 상징합니다. 왜냐하면 나병환자는 동네에서 사람들과 함께 살지 못하고 동구 밖으로 추방되었기 때문입니다.
 －이와는 대조적으로 예수님은 생명을 의미합니다. 왜냐하면 그분은 나병환자들을 그들의 공동체로 돌려보내 주시기 때문입니다.

열 명의 나병환자들 이야기와 요한복음 11장에 나오는 나사로의 이야기는 서로 평행을 이룹니다. 열 명의 나병환자들이 사회적으로 죽은 사람이나 다름없는 것처럼, 나사로는 육체적으로 죽었습니다. 요한복음 11장에 보면, 예수님이 나사로의 무덤 바깥에 서 계셨습니다. 그리고 주위 사람들에게 무덤 문을 열라고 명하셨습니다.

그때 예수님은 눈을 들어 하늘을 바라보며 말씀하셨습니다. "아버지여, 당신께서 내 말을 들어주심에 대해 감사드립니다. 언제나 내 말을 들어주신다는 것을 알고 있습니다. 이번에 이렇게 말씀드리는 것은 여기에 모인 무리들을 위해서입니다. 이들이 당신께서 나를 보내신 것을 믿게 하기 위함입니다."

그리고 예수님은 큰 소리로 "나사로야, 나오너라!"고 외치셨습니다. 그러자 죽었던 나사로가 천으로 수족이 묶인 채, 얼굴 역시 천으로 감싼 채로 걸어 나옵니다. 그때 또 말씀하시기를 "그를 풀어 주어 가게 하라"고 하십니다.

"그를 풀어 주어 가게 하라!" 이것이야말로 가장 순수한 의미의 복음입니다. 이것이야말로 좋은 소식입니다. 이러한 좋은 소식 없이는 우리 모두 죽은 개大와 같습니다. 좋은 소식이 무엇입니까? 하나님이 우리를 죽음에서 일으켜 살리셨다는 것입니다. 우리 모두가 해야 할 일이 있다면 나사로가 한 일입니다. 나사로가 무엇을 했습니까? 아무 일도 하지 않았습니다! 이것이야말로 복음이요 좋은 소식입니다. 우리가 해야 할 일이라곤 전혀 없습니다! 그분이 우리를 위해 다 하셨기 때문입니다.

로버트 캐폰은 「정오에서 오후 3시까지」*From Noon Till Three*에서 이 나사로의 이야기에 대해 매우 적절한 논평을 하고 있습니다. 예수님이 나사로가 죽은 후에 도착하시자 마르다가 말했습니다. "주님, 지금 오십니까? 지금은 시체에서 냄새가 진동하는 시간입니다. 나사로가 죽은 지 벌써 나흘이 되었기 때문입니다." 캐폰은 마르다가 예수님께 한 이 말은 단순히 나사로에 관한 것이 아니라 우리에 관한 진리이기도 하다고 말합니다.

그렇습니다. '우리'는 죽은 지 이미 나흘이 된 자들입니다. 아니 4,000일, 40,000일, 아니면 그 이상 된 사람들입니다. 우리 삶의 한가운데서 우리는 죽음 속에 존재해 왔습니다. 죽음이 발목까지, 죽음이 허리까지, 죽음이 우리의 코밑까지, 아니 죽음이 우리의 머리까지 차 올라 있는 것입니다.

그러나 이제 나사로를 통하여, 저 열 명의 나병환자들을 통하여, 우리는 우리의 죽음이 우리의 소망이라는 사실을 알게 됩니다. 왜냐하면
· 죽음에서 일어나는 것은
· 사회적 죽음으로부터 나병환자들이 일어나는 것은
· 신체적 죽음으로부터 나사로가 일어나는 것은
하나님의 다함 없는 호의好意의 행위이기 때문입니다.

일방적으로 주어진 선물

하나님은 아무 것도 없는 데서 우리를 창조하십니다. 하나님은 아무 것도 없는 데서 우리를 일으키십니다. 이런 일에 대해 우리가 할 수 있는 일은 아무 것도 없습니다. 마치 나사로가 다시 살아나기 위해서 아무런 한 일이 없는 것과 같습니다.

예수님이 나사로에게 "나사로야, 나오너라!"고 하셨을 때, 그 후의 일은 나사로에게 달려 있는 것이 아니었습니다. 물론 나사로는 발을 질질 끌면서 나올 수 있었습니다. 그러나 그것은 별 의미가 없습니다. 나사로가 무덤에서 살아 나오는 것은 전적으로 예수님의 부르심 때문이었습니다. 생명은 이처럼 일방적으로 주어진 선물입니다. 그가 그 선물을 받기 위해 해야 했던 일은 아무 것도 없습니다.

이처럼 우리도 다시 일어났습니다. 하나님의 전적인 은혜에 따라 우리가 다시 살게 된 것입니다.

그렇다면, 문제는 이것입니다. 하나님의 '다시 살리시는 은총', '부활시키시는 은혜'에 대해 우리는 어떻게 갚아야 할 것인가? 이 질문에 대한 유일한 대답은, 우리가 그분께 감사의 희생 제사를 드려야 한다는 것입니다. '감사'라 불리는 희생 제물 말입니다.

야웨께 감사하십시오.

그는 선(토브, טוב)하시며

그의 다함없는 사랑(헤세드, חֶסֶד)은 영원하기 때문입니다(대하 16:34).

오, 주님. 주님은 우리를 돕는 자이십니다.

주님은 우리의 슬픔이 변하여 춤이 되게 하시고

우리의 상복^{喪服}을 벗기시고 기쁨으로 옷을 입히십니다.

우리의 영혼이 잠잠할 수 없어 주님을 찬양합니다.

오, 주님. 우리의 하나님,

영원토록 주님을 찬양하며 감사하겠습니다.

예수 그리스도 우리 주님의 이름으로 기도 드립니다.

아멘.

회개 7

교회가 해야 할 올바른 사업
누가복음 24:36-49

이런 이야기를 하고 있을 때에, 예수께서 몸소 그들 가운데 들어서서 말씀하셨다. "너희에게 평화가 있어라." 그들은 놀라고, 무서움에 사로잡혀서, 유령을 보는 줄로 생각하였다. 예수께서는 그들에게 말씀하셨다. "어찌하여 너희는 당황하느냐? 어찌하여 마음에 의심을 품느냐? 내 손과 내 발을 보아라. 바로 나다. 만져 보아라. 유령은 살과 뼈가 없지만, 너희가 보다시피, 나는 살과 뼈가 있다." 이렇게 말씀하시고, 그는 손과 발을 그들에게 보이셨다. 그들은 너무 기뻐서 아직도 믿지 못하고 놀라워하고 있는데, 예수께서 그들에게 말씀하셨다. "여기에 먹을 것이 좀 있느냐?" 그래서 그들이 예수께 구운 물고기 한 토막을 드렸더니, 예수께서 받아서, 그들 앞에서 잡수셨다. 예수께서 그들에게 말씀하셨다. "내가 전에 너희와 함께 있을 때에 너희에게 말하기를, 모세의 율법과 예언서와 시편에 두고 기록한 모든 일이 반드시 이루어져야 한다고 하였다." 그 때에 예수께서는 성경을 깨닫게 하시려고, 그들의 마음을 열어 주시고, 그들에게 말씀하셨다. "이렇게 기록되어 있다. 곧 '그리스도는 고난을 겪으시고, 사흘째 되는 날에 죽은 사람들 가운데서 살아나실 것이며, 그의 이름으로 죄사함을 받게 하는 회개가 모든 민족에게 전파될 것이다' 하였다. 예루살렘에서부터 시작하여 너희는 이 일의 증인이다. [보아라.] 나는 내 아버지께서 약속하신 것을 너희에게 보낸다. 그러므로 너희는 위로부터 오는 능력을 입을 때까지, 이 성에 머물러 있어라."

The Church's Proper Business

이 말을 할 때에 예수께서 친히 그 가운데 서서 가라사대,
"너희에게 평강이 있을지어다" 하시니
저희가 놀라고 무서워하여 그 보는 것을 영으로 생각하는지라.
예수께서 가라사대, "어찌하여 두려워하며 어찌하여 마음에 의심이 일어나느냐?"
"내 손과 발을 보고 나인 줄 알라. 또 나를 만져 보라.
영은 살과 뼈가 없으되 너희 보는 바와 같이 나는 있느니라."
이 말씀을 하시고 손과 발을 보이시나,
저희가 너무 기쁘므로 오히려 믿지 못하고 기이 여길 때에 이르시되,
"여기 무슨 먹을 것이 있느냐?" 하시니
이에 구운 생선 한 토막을 드리매 받으사 그 앞에서 잡수시더라.
또 이르시되, '내가 너희와 함께 있을 때에 너희에게 말한 바
곧 모세의 율법과 선지자의 글과 시편에 나를 가리켜
기록된 모든 것이 이루어져야 하리라 한 말이 이것이라" 하시고
이에 저희 마음을 열어 성경을 깨닫게 하시고 또 이르시되,
"이같이 그리스도가 고난을 받고 제 삼 일에 죽은 자 가운데서 살아날 것과
또 그의 이름으로 죄 사함을 얻게 하는 회개가 예루살렘으로부터 시작하여
모든 족속에게 전파될 것이 기록되었으니 너희는 이 모든 일의 증인이라.
볼지어다. 내가 내 아버지의 약속하신 것을 너희에게 보내리니
너희는 위로부터 능력을 입히울 때까지 이 성에 유하라" 하시니라.

_ 누가복음 24:36-49, 개역성경

한 침입자에 대한 재미있는 이야기를 들어 보십시오. 키에르케고르가 했던 이야기입니다. 한 이상한 도둑이 한밤중에 백화점에 침입했답니다. 그 침입자는 이상하게 물건을 하나도 훔치지 않았습니다. 대신 그는 백화점 물건들의 가격표들을 모두 뒤바꿔 붙여 놓았다고 합니다.

다음 날이 되었습니다. 백화점에 출근한 점원들과 찾아온 손님들의 당황하는 모습들이 상상이 되시는지요? 다이아몬드 목걸이에는 1달러의 가격표가, 싸구려 액세서리 귀걸이엔 수천 달러 이상의 가격표가 붙어 있으니, 얼마나 놀랄 일입니까! 세상에 어떻게 이런 일이 있을 수가… 그러나 사실 여러분도 이런 백화점이 있었으면 좋겠지요?

"교인 수를 줄여 주십시오"

키에르케고르는 '복음'이 이와 같다고 말합니다.
- 복음은 모든 가격표를 뒤바꿔 놓는 것입니다.
- 복음은 작은 것을 매우 값지게 생각하고 큰 것을 별 볼일 없는 것으로 취급합니다.
- 복음은 많은 액수의 헌금을 드리는 사람이 아니라, 엽전 두 닢을 헌금 궤에 넣는 가난한 과부를 칭찬합니다.
- 복음은 다음과 같이 믿어지지 않는 놀랄 만한 일들을 말합니다. "만일 당신에게 겨자씨만한 믿음이 있으면, 당신이 이 산을 향하여 '이곳에서 저리로 옮겨 가라' 하여도 그대로 될 것이다. 당신에게 불가능한 일이란 아무 것도 없다."

복음은 물건의 가격표들을 전부 뒤바꿔 놓습니다.
복음은 적은 것, 작은 것, 미천한 것을 가치 있는 것으로 평가합니다.
복음은 큰 것에 대해 놀라거나 압도당하지 않습니다.
복음은 위대한 것에 기죽거나 눌리지 않습니다.
복음은 큰 숫자에 대해 어깨를 움츠리지 않습니다.

척 콜슨Chuck Colson은 「교회」The Body, 1992에서 남가주 지역에 있는 한 작은 침례교회의 젊은 목사 브라이언에 관한 이야기를 들려줍니다.

콜슨이 공항으로 가는 길에 브라이언에게 물었습니다. "요즘 당신의 교회는 어떻습니까? 목회하기가 어떻습니까?"

브라이언은 잠시 주춤거리더니 대답했습니다. "최근에 들어와 교회가 참으로 힘들었습니다. 우리는 교인 수를 조금 줄였습니다. 좀더 솔직하게 말씀드리자면, 교인 수의 절반 정도를 줄였습니다."

이 말을 들은 콜슨이 물었습니다. "그래, 도대체 무슨 일이 있었단 말입니까?"

"예, 일이 있었지요. 저희는 약 220명 정도의 교회였습니다. 그런데 도무지 교회가 움직이지 않았습니다. 항상 그대로였어요. 다시 말해 교회가 죽어 있는 것 같았습니다. 열심히 설교했지만 변화되는 것은 아무것도 없었습니다." 그는 말을 이어갔습니다.

"그래서 어느 날 나는 교회의 몇몇 집사들과 함께 기도회를 가졌습니다. 그리고 우리는 다음과 같이 기도했습니다. 주님, 오직 '당신의 사람들'만 이곳에 보내 주십시오. 진심으로 회개하려는 사람들, 그리고 당신께 전심으로 헌신하기를 작정하는 사람만 보내 주십시오. 이 교회에 그런 사람들을 보내 주십시오. 우리는 그러한 신실한 교인들이 필요합니다! 그랬더니 놀라운 일이 벌어졌습니다."

브라이언 목사의 설명이 이어졌습니다. "하나님께서 우리의 기도에 응답해 주신 것입니다. 교인들 숫자가 한 명씩 줄어들기 시작하더니 220명에서 100명이 되었습니다. 그리고 교회가 점점 바뀌기 시작했습니다. 하지만 처음에는 정말 힘들고 어려웠습니다. 그러나 교인들은 하나님에 대해 심각하게 생각하기 시작했습니다. 그리고 신앙에 대해 깊이 생각하게 되었습니다. 그러자 이제는 다시 교인 수가 회복되기 시작하였습니다." 그의 대답은 매우 확신에 차 있었습니다.

그렇습니다. 브라이언 목사는 매우 용기 있는 일을 했던 것입니다. 그는 복음이 항상 처음에 하는 것, 즉 '회개'를 시작했던 것입니다. 그는 기도했습니다. 그러나 그는
- 좀더 많은 교인의 출석률에 대해 기도한 것이 아닙니다.
- 교회 성장을 위해 기도한 것이 아닙니다.
- 1년에 100명 정도가 세례를 받아 교회가 부흥하기를 기도한 것도 아닙니다.

그는 기도했습니다. 그의 기도는
- 기꺼이 회개하려는 사람들을 보내 달라는 기도였습니다.
- 자신들을 무조건적으로 하나님께 드릴 수 있는 사람을 보내 달라는 기도였습니다.

회개와 용서의 메시지

자, 이제 본문의 성경 말씀에 귀를 기울여 봅시다. 누가복음 24:45에 의하면, 부활하신 그리스도가 제자들의 마음을 여셨다고 합니다.
그것은
- 그들로 성경을 이해하고 깨닫게 하시기 위함이었습니다.
- 발생한 사건들에 (구약)성경이 붙여 놓은 가격표를 그들로 읽을 수

있도록 하시기 위함이었습니다.

그리스도가 그들에게 말씀하셨습니다. "그리스도가 고난을 받고 제삼 일에 죽은 자 가운데서 살아날 것과 또 그의 이름으로 죄 사함을 얻게 하는 회개가 예루살렘으로부터 시작하여 모든 족속에게 전파될 것이다."

그리스도는 제자들에게 "그리스도의 이름으로 회개와 용서의 메시지를 세상 모든 민족에게 선포하라"는 사명을 맡겨 주셨습니다.
- 이러한 사명 위임은 아직도, 오늘날에도 유효합니다.
- 이러한 사명 위임은 교회가 해야 할 올바른 사업입니다. 다시 말해서 교회는 회개와 용서의 메시지를 선포해야만 합니다.

이러한 메시지는 대부분 청중들의 귀에 거슬릴지도 모릅니다.

이러한 메시지는 현대적 그리스도인들에게는 대중적이지 않을 것입니다. 이 메시지는 명목상의 크리스천들에게는 인기가 없을 것입니다.

그러나 사람들에게 회개하라고 도전하지 않는 선포나 돌이켜 용서함을 받으라고 말하지 않는 복음은, 신약 성경의 각 페이지에서 선포되고 있는 그 복음과 동일한 복음이 아닙니다.

여러분은 오순절에 베드로의 설교를 들었던 예루살렘의 군중이 뭐라고 말했는지 기억하십니까? 그들은 "우리가 무엇을 해야 합니까?" "우리가 어떻게 해야 합니까?"라고 반응하지 않았었던가요?

그때 베드로는 "여러분 각 사람은 회개하시오. 그리고 예수 그리스도의 이름으로 세례를 받으시오. 그리하면 여러분의 죄가 용서받을 것입니다"라고 하였습니다. 다시 말해서 베드로는 '회개와 용서' repentance & forgiveness를 선포했던 것입니다.

그런데 이와는 대조적인 일들이 오늘날 복음주의 교회들에서 일어나고 있는 것 같습니다. 이 문제에 대해서는 빌 헐Bill Hull이 잘 관찰하고 있습니다.

오늘날 상당히 많은 복음주의적 그리스도인들은 하나님을 진정으로 '직면' 하지 않고도 행복하고 건강한 신앙생활을 할 수 있다고 믿습니다. 그리고
- 그들이 알고 있는 하나님은 기껏해야 '친구'에 지나지 않습니다.
- 그들이 알고 있는 구세주는 기껏해야 '모범적인 분'에 지나지 않습니다.
- 그들이 알고 있는 성령님은 기껏해야 '힘의 근원'에 지나지 않습니다.

그리고 이렇게 즐겁고 재미있는 신앙생활은 회개 없이도 가능하다고 믿고 있습니다.

그러나 우리는 기억해야 합니다.
- 회개는 하나님께 "미안합니다"라고 말하는 것이 아닙니다.
- 회개는 하나님께 "제가 좀더 잘하겠습니다"라고 약속하는 것이 아닙니다.
- 회개는 하나님께 "제가 이제 변화되겠습니다"라고 말하는 것이 아닙니다.

만일 회개가 그런 것이라면, 그것은 여러분이 여러분 자신의 의지력을 믿는다는 것을 의미합니다. 그리고 그것은 여러분이 하나님 앞에서 여러분 자신의 힘으로 사태를 바꿀 수 있다고 말하는 것입니다.

그러나 그것은 결코 회개가 아닙니다. 회개와는 전혀 다른 것입니다.
- 우리의 의지력은 하나님에 대한 우리의 문제를 해결하는 수단이 아닙니다.

- 우리의 의지력은 우리의 죄악 된 삶을 해결하는 수단이 아닙니다.
- 우리의 의지력은 사실상 그 자체가 문제입니다.

날개가 부러진 새를 한번 상상해 보십시오. 틀림없이 그 새에게는 한 가지 소원이 있을 것입니다. 그것은 날고 싶다는 소망입니다. 그런데 그 새에게 "날아라"고 소리쳐 보십시오. 그 새인들 날고 싶지 않겠습니까? 문제는 그 새에게 날 수 있는 능력이 전혀 없다는 데 있습니다. 사도 바울도 로마서 7장에서, 우리는 옳은 것에 대한 의지를 가질 수 있다고 말합니다. 분명 그렇지요?

예를 들어, 장차 좋을 어떤 일을 생각했다고 합시다. 그러면 우리에게는 그 일에 대해 '하고 싶은 의지'가 생길 것입니다. 그러나 문제는 우리가 그것을 수행할 수 없다는 데 있습니다. 우리에게 그럴 만한 힘이나 능력이 없다는 것입니다. 문제는, 실질적으로 우리는 우리가 원하는 착한 일善과 옳은 일正은 하지 않고 우리가 원하지도 않고 바라지도 않는 악한 짓惡을 하게 된다는 사실입니다.

- 죄는 우리 안에 둥지를 틀고 살고 있습니다.
- 죄는 우리의 동향인同鄕人이 되었습니다.

이것이 바로 우리의 문제입니다. 우리의 의지력은 그것보다 훨씬 강한 다른 힘에 의해 부패되고 오염됩니다. 그러므로

- 참된 회개는 "좀더 잘하겠습니다"라는 서약보다 더 깊은 것이어야 합니다.
- 참된 회개는 우리의 의지력을 넘어서는 것이어야 합니다.
- 참된 회개는 "나는 무기력하여 내 스스로 나의 삶을 바꿀 수가 없습니다"라고 말하는 것입니다.
- 참된 회개는, 알코올 중독자가 치료 모임에 나가 "나는 나 스스로

술을 극복할 수 없다는 것을 인정합니다. 나는 내 인생을 스스로 감당할 수도, 다스릴 수도 없다는 것을 인정합니다"라고 말하는 것과 같습니다.
- 참된 회개는, "나는 내 죄에 대해 스스로 어찌할 수 없는 무력함을 통감합니다. 나는 나의 삶을 바꿀 수도, 내 인생을 감당할 수도, 다스릴 수도 없습니다" 하고 고백하는 것입니다.

회개, 죽음을 인정하는 것

예수님이 회당에서 가르치고 계실 때였습니다. 몸이 굽어 똑바로 서지 못하는 한 여인이 들어왔습니다.
그녀를 보신 예수님이 "여인아, 네가 병의 속박으로부터 해방되었다"라고 말씀하시고 그녀 위에 손을 얹자, 휘었던 그녀의 몸이 즉시 펴지기 시작했습니다. 그리고 그녀는 하나님께 찬양을 드렸습니다(눅 13:10-17).
마틴 루터가 적절하게 표현하였듯이
- 이 여자는 회개가 필요한 사람의 모습입니다.
- 이 여인은 하나님의 은총이 없는 사람의 모습입니다.

루터가 말하는 회개하지 않은 사람은
- 몸이 구부러져 똑바로 서지 못하는 사람입니다.
- 회개하지 않은 사람은 자기 자신을 향해 휘어 있는 사람입니다.

루터가 말하는 하나님의 은총이 없는 사람은
- 항상 자기 자신을 추구하는 사람입니다.
- 항상 자기 자신에 대해서만 말하는 사람입니다.

회개는 "미안합니다. 이제부터는 좀더 잘하도록
노력하겠습니다"라고 말하는 것이 아닙니다.
회개는 자발적으로 죽는 일입니다. 죽음을 자원하는 것입니다.

- 항상 자신의 기준에서 다른 사람을 측정하는 사람입니다.
- 속박 안에 사는 사람입니다. 사단에게 잡혀 있는 사람입니다.
- 똑바로 서 있을 수 없는 사람입니다.
- 굽어져 있는 사람입니다.
- 삐딱한 사람입니다.
- 위를 쳐다보고 하나님을 찬양할 수 없는 사람입니다.

다시 말해서 교회가 우리에게 "회개하고 하나님께로 돌아오시오. 그러면 여러분들의 죄가 씻음 받을 것입니다"라고 말하는 의미는, 우리 자신을 향해 있는 우리의 눈길을 하나님께로 향하도록 돌리라는 뜻입니다.

부활하신 그리스도는 우리에게 "교회의 할 일, 교회가 해야 할 사업은 죄를 회개하고 용서함을 받는 것"이라고 말씀하십니다.
- 회개는 "미안합니다. 좀더 잘하도록 노력하겠습니다"라고 말하는 것이 아닙니다.
- 회개는 자발적으로 죽는 일입니다. 죽음을 자원하는 것입니다.
- 회개는 하나님께 "나는 내 삶을 지배하는 죄의 세력을 끊어 버릴 힘이 없습니다." "내게는 굽어진 내 등을 곧게 펼 수 있는 능력이 없습니다." "나는 내 스스로 똑바로 설 수 없는 사람입니다." "내게는 나의 옛 자아를 죽일 수 있는 능력이 없습니다"라고 말하는 것입니다.

이것이 우리가 회개할 때 드리는 기도입니다. 그러나 우리는 희망을 가지고 이런 기도를 드립니다. 우리가 희망을 품고 이러한 기도를 드릴 수 있는 이유가 있다면, 이 기도를 받으시는 '그분'이 이미 죽은 자 가운데서 다시 살아나셨기 때문입니다. 부활하신 주님이 계시기 때문에,

그분은 능히 우리의 회개 기도에 응답하실 수 있습니다. 그분은 회개를 통한 죽음으로부터 우리를 다시 살리시는 능력을 가지셨다는 말입니다.
- 죽음이 부활과 관련되듯이, 회개는 용서와 관련을 맺습니다.
- 회개는 죽음을 인정하는 것입니다.

회개한 후에 우리가 다시 산다면
- 그것은 전적으로 다른 생명이 우리 안에 자리 잡았기 때문입니다.
- 우리가 아니라 우리 안에 그리스도가 사시기 때문입니다(갈 2:20).

누가복음서 몇 장 앞으로 가 보겠습니다. 15:3-7을 보십시오. 그곳에는 '잃어버린 양의 비유'가 있습니다. 예수님이 말씀하십니다.
"만일 너희 중 어떤 사람에게 100마리의 양이 있는데, 그 중 1마리를 잃어버렸다고 하자. 그러면 남은 99마리를 벌판에 두고 1마리 잃어버린 양을 찾아 가지 않겠는가? 그 양을 찾으면 그는 너무 기뻐 그 양을 어깨에 둘러메고 집으로 갈 것이다. 그리고 그는 친구들과 이웃들을 불러 말하기를 '나와 함께 기뻐합시다. 내가 한턱 내겠습니다. 내가 잃어버린 양을 찾았습니다'라고 말할 것이다. 내가 여러분에게 분명히 말하지만, 하늘에서는 이와 같이 회개할 필요가 없는 99명의 의로운 사람보다는 1명의 죄인이 회개하고 돌아오는 것을 더 즐거워하고 더 크게 기뻐할 것이다."
- 잃어버린 양은 양 무리 가운데 있다는 사실을 즐거워할 수가 없습니다.
- 잃어버린 양은 '회개' 할 수 없습니다.
- 잃어버린 양은 길 잃은 상태에서 근근이 살아 갈 뿐입니다.
- 잃어버린 양은 결코 복된 일을 할 수 없습니다.
- 잃어버린 양은 실질적으로 죽은 양이나 다름이 없습니다.

'잃어버린 양의 비유'가 선언하는 메시지는
· "자, 스스로 잘 헤쳐 나가 봐!"
· "혼자 길을 찾아보라고!"라고 말하는 것이 아닙니다.

'잃어버린 양의 비유'가 선언하는 메시지는
· 하나님께 "정말 죄송합니다"
· 하나님께 "다시는 그렇게 하지 않겠습니다"
· 하나님께 "다음에는 잘하겠습니다"라고 말하라는 것이 아닙니다.

이 비유가 전하는 메시지는
· 당신이 무엇인가를 하기 전에 하나님이 먼저 움직이신다!
· 먼저 움직이시는 분은 하나님이지 결코 여러분이 아니다!
· 하나님이 여러분을 찾으신다!
· 하나님이 여러분을 업고 집으로 데려 가신다!
· 하나님이 여러분을 새로운 삶으로 부활시키신다! 하는 것입니다.

그럼 여기서 알 수 있는 회개는 무엇입니까?
· 회개는 단순히 실수를 인정하는 것이 아닙니다.
· 회개는 단순히 "하나님! 감사합니다. 내가 실수했다는 것을 알게 되었습니다. 이제 고치겠습니다"라고 말하는 것이 아닙니다.
· 회개는 "우리는 죄에 대해 죽은 자입니다"라고 인정하는 것입니다.
· 회개는 "우리 안에는 우리 자신을 구출할 수 있는 힘이 없습니다"라고 인정하는 것입니다.
· 회개는 "우리의 온 삶은 전적으로, 그리고 영원히 우리의 손 바깥에 있습니다. 우리가 다시 살 수 있게 된다면 그것은 전적으로 은혜로우신 하나님의 선물입니다"라고 인정하는 것입니다.

의롭다 함을 받는 이유

우리는 성전에 기도하러 올라간 두 사람에 관한 비유를 알고 있습니다. 한 사람은 바리새인이었고, 다른 한 사람은 세금 징수원이었습니다.

바리새인은 일어서서 '자신에 대해' 기도했습니다. "하나님, 감사합니다. 나는 강도나, 악인들이나, 간음하는 자들이나, 심지어 저 뒤쪽에 앉아 있는 저 세리와도 같지 않음에 대해 감사합니다. 나는 일주일에 두 번씩 금식을 하며 십일조는 결코 떼먹은 일이 없습니다."

그러나 세리는 감히 고개를 들어 하늘을 처다보지 못했습니다. 가슴을 치며 그는 말했습니다. "하나님, 이 불쌍한 죄인에게 자비를 베풀어 주십시오."

자, 바리새인과 세리! 이 둘 중에 여러분은 누구라고 생각하십니까? 우리들은 아무도 이 둘 중의 하나가 아닐 것입니다. 왜냐하면 우리들은 이 두 사람을 섞어 놓은 사람들이기 때문입니다. 아마 다음과 같을 것입니다.

- 바리새인일 때가 있습니다.
- 하나님께 나아왔으면서도 회개하지 않고 있을 때가 있습니다.
- 좋은 의도로 기도하지만 점점 그 기도가 구부러지면서, 하나님께 하는 기도인지 아니면 자기 자신에게 하는 기도인지 구별하기 힘들 때가 있습니다.

그러나 다른 한편으로는
- 세리일 때가 있습니다.
- 하나님께 나아와 회개할 때도 있습니다.
- 하나님 앞에서 무기력과 무능력을 절감할 때도 있습니다.
- "내가 너무 못됐구나" 하는 생각이 들어, 그저 "키리에 엘에이

손!*Kyrie eleison* 주님, 저에게 자비를 베풀어 주십시오"라는 말 외에는 달리 기도할 수 없을 때가 있습니다.

그리고
- 우리는 집으로 돌아갑니다.
- 의롭다 함을 받고 집으로 돌아가는 것입니다.
- "괜찮다! 내가 너와 함께 할 거야!"라는 소리를 듣고 집으로 돌아가는 것입니다.

이것은 우리가 기도를 올바로 했기 때문이 아닙니다.
이것은 우리가 좋은 의도로 기도하였기 때문도 아닙니다.
우리가 의롭다 함을 받고 집으로 돌아갈 수 있는 유일한 이유가 있다면 그것은,
- 하나님이 우리를 향해서 자비로우시기 때문입니다.
- 하나님이 우리를 향해서 은혜로우시기 때문입니다.

우리가 정말 뿌듯한 마음으로 집으로 돌아가는 유일한 이유가 있다면 그것은,
- 하나님이 우리를 죽은 자 가운데서 일으켜 주시기 때문입니다.

자비로우시고 은혜로우신 하나님께 감사와 찬양을 드립니다. 아멘.

영광 8

결혼식에 나타난 예수님의 영광
요한복음 2:1-11

되는 날에 갈릴리 가나에 혼인 잔치가 있었다. 예수의 어머니가 거기에 계셨고, 예수와 그의 제자들도 그 잔치에 초대를 받았다. 그런데 포도주가 떨어지수의 어머니가 예수에게 말하기를 "포도주가 떨어졌다." 하였다. 예수께서 어머니에게 말씀하셨다. "여자여, 그것이 나와 당신에게 무슨 상관이 있습니까? 내 때가 오지 않았습니다." 그 어머니가 일꾼들에게 이르기를 "무엇이든지 그가 시키는 대로 하세요" 하였다. 그런데 유대 사람의 정결 예법을 따라, 거돌로 만든 물항아리 여섯이 놓여 있었는데, 그것은 물 두세 동이들이 항아리였다. 예수께서 일꾼들에게 말씀하셨다. "이 항아리에 물을 채워라." 그래서 항아리마다 물을 가득 채웠다. 예수께서 그들에게 말씀하시기를 "이제는 떠서, 잔치를 맡은 이에게 가져다 주어라" 하시니, 그들이 그대로 하였다. 잔치를 는, 포도주로 변한 물을 맛보고, 그것이 어디에서 났는지 알지 못하였으나, 물을 떠온 일꾼들은 알았다. 그래서 잔치를 맡은 이는 신랑을 불러서 그에게 "누구든지 먼저 좋은 포도주를 내놓고, 손님들이 취한 뒤에 덜 좋은 것을 내놓는데, 그대는 이렇게 좋은 포도주를 지금까지 남겨 두었구려" 하였다. 예이 첫 번 표징을 갈릴리 가나에서 행하여 자기의 영광을 드러내시니, 그의 제자들이 그를 믿게 되었다.

Glory of Jesus in Wedding

사흘 되던 날에 갈릴리 가나에 혼인이 있어

예수의 어머니도 거기 계시고 예수와 그 제자들도 혼인에 청함을 받았더니

포도주가 모자란지라. 예수의 어머니가 예수에게 이르되,

"저희에게 포도주가 없다" 하니

예수께서 가라사대, "여자여 나와 무슨 상관이 있나이까?

내 때가 아직 이르지 못하였나이다."

그 어머니가 하인들에게 이르되,

"너희에게 무슨 말씀을 하시든지 그대로 하라" 하니라.

거기 유대인의 결례를 따라 두세 통 드는 돌 항아리 여섯이 놓였는지라.

예수께서 저희에게 이르시되, "항아리에 물을 채우라" 하신즉 아구까지 채우니

"이제는 떠서 연회장에게 갖다 주라" 하시매

갖다 주었더니 연회장은 물로 된 포도주를 맛보고 어디서 났는지 알지 못하되

물 떠 온 하인들은 알더라. 연회장이 신랑을 불러 말하되,

"사람마다 먼저 좋은 포도주를 내고 취한 후에 낮은 것을 내거늘

그대는 지금까지 좋은 포도주를 두었도다" 하니라.

예수께서 이 처음 표적을 갈릴리 가나에서 행하여

그 영광을 나타내시매 제자들이 그를 믿으니라.

_ 요한복음 2:1-11, 개역성경

본문의 핵심 구절은 분명히 11절입니다. "예수님께서 이 처음 표적sign을 갈릴리 가나에서 행하여 그 영광을 나타내시매 제자들이 그를 믿으니라." 예수님이 행하신 표적과 제자들의 믿음 사이에 어떤 관계가 있는지를 보여 주는 말씀입니다.

동네 결혼식에서 일어난 사건

예수님이 갈릴리 지역의 한 외진 동네에서 열린 결혼식에 참석하셨습니다. 결혼 당사자가 누구인지 밝혀지지 않은 어떤 사람의 결혼식에 참석하신 것입니다. 그리고 그곳에서 예수님은 자신의 '영광'을 드러내셨습니다. 곰곰이 생각해 볼수록, 이 사건은 참으로 신기하고 궁금증을 갖게 합니다. 게다가 전혀 예기치 않은 사건이기도 합니다. 즉 우리를 놀라게 할 만한 사건입니다.

우리는 예수님이 자신의 영광을 드러내실 때 어떤 현상들이 있으리라고 기대합니다. 구약의 용어를 빌려 말하자면, 그 영광이 천둥 번개와 함께 나타나거나 아니면 하늘의 태양과 달이 그 광채를 잃고 어두워지거나 아니면 별들이 하늘에서 떨어지거나 하는 현상들입니다.

'주의 날' Day of the Lord, 다시 말해서 '주님의 영광'이 나타나는 날이 그러할 것이라고 예언자들이 예언했기 때문입니다. 그러나 본문의 사건에서는 그러한 일들이 전혀 발생하지 않았습니다. 그저 무대 바깥에서 흔히 일어나는 일처럼, 예수님이 잔칫집 하인들에게 조용히 말씀하신 것이 전부입니다. 조용히 말씀하시자 물이 변하여 포도주가 되었다는 것입니다.

예수님이 자신의 '영광'을 드러내시는 모습을 묘사하고 있는 이 본문은, 감추어져 있는 하나님의 구원 경륜과 비밀을 우리에게 드러낼啓示 뿐만 아니라 굉장히 풍부한 상징을 담고 있는 사건이기도 합니다. 예수님의 영광이 처음으로 드러난 곳이 어디입니까?

- 예수 그리스도의 영광은 국가적인 공식 행사장에서 나타난 것이 아닙니다.
- 그렇다고 어떤 유명 인사나 권력 있는 사람의 자녀들 결혼식장도 아닙니다.
- 또한 돈 많은 사람, 즉 재벌 자녀들의 결혼식장도 아닙니다.
- 그저 보통 사람의 시골 결혼식이었습니다.
- 소박한 동네 결혼식 피로연에서 예수님의 영광이 나타났습니다.

예수님은 어떻게 영광을 드러내셨습니까?

- 결혼식 피로연이 즐겁게 진행되는 곳에서 모든 사람이 기뻐할 수 있도록 포도주를 공급하심으로써 자신의 영광을 드러내셨습니다.
- 가장 좋은 포도주를 공급해 주셨습니다. 그것도 차고 넘칠 만큼 풍성하게 주셨습니다.
- 손이나 발 닦을 물을 담아 놓은 항아리에서 길어 온 물이 놀랍게도 포도주가 되었습니다.

창조의 성례전적 잔치에 나타난 영광

결혼은 수많은 '시작들' beginnings 을 가리킵니다.

- 온전하게 된 인류(아담)의 '시작'을 가리킵니다.
- 살肉과 살肉이 만나는 인간 상호 의존성의 '시작'을 가리킵니다.

- 가장 '인간적인 표현'을 온전하게 나타내는 사랑의 '시작'을 가리킵니다.
- 생명을 낳고 기르기 위하여 한 생명이 다른 생명과 연합하는 '시작'을 가리킵니다.
- 하나님의 형상을 낳는, 하나님 형상의 '시작'을 가리킵니다.
- 하나님의 창조가 가장 온전하고 충만한 상태로 성취되는 것의 '시작'을 가리킵니다.
- 인간에게 부여하신 하나님의 '본래적 축복' original blessing ("생육하고 번성하여 땅에 가득하고 땅을 다스려라")의 성취가 '시작' 됨을 가리킵니다.

만일 창조가 성례전적 식사 sacramental meal와 같다고 한다면, 결혼 잔치야말로 온전하게 된 창조를 축하하고 성취된 축복을 기대하는 성례전적 잔치라 할 수 있을 것입니다.

요한은, 예수님이 영광을 처음 드러내신 곳이 결혼식이었고 그 영광을 나타내신 이유는 제자들에게 깨어 있는 믿음을 재확인시켜 주시기 위함이었다고 말합니다. 즉 예수님이 하나님의 아들이요 세상의 구원자라는 믿음을 확인시켜 주시기 위함이라는 것입니다.

우리는 요한이 예수님을 '모든 것의 시작(창조)'과 연결시키면서 복음서를 시작하고 있다는 사실을 기억할 필요가 있습니다.

"태초에 말씀이 계시니라. 이 말씀이 하나님과 함께 계셨으니 이 말씀은 곧 하나님이시니라. 그가 태초에 하나님과 함께 계셨고 만물이 그로 말미암아 지은 바 되었으니 지은 것이 하나도 그가 없이는 된 것이 없느니라"(요 1:1-2).

선지자 이사야의 말씀에 따라(사 9:1) 빛이 갈릴리에 처음으로 비쳤다는 사실에 모든 복음서들이 동의합니다.

전에 고통하던 자에게는 흑암이 없으리로다. 옛적에는 야웨께서 스불론 땅과 납달리 땅으로 멸시를 당케 하셨더니(이사야 시대에 북 이스라엘을 짓눌렀던 앗시리아의 침공을 가리킨다) 후에는 그가 해변 길과 요단 저편 이방의 갈릴리를 영화롭게 하실 것이다(사 9:1).

마태, 마가, 누가에 의하면, 이러한 일이 예수님의 '선포'(설교)를 통해 이루어졌다는 것입니다.
· 마태는 이 사실을 이사야 9장을 인용하여 말하고 있습니다.
"흑암에 앉은 백성이 큰 빛을 보았고 사망의 땅과 그늘에 앉은 자들에게 빛이 비추었다"(마 4:15f).
· 누가는 이 사실을 이사야 61장을 인용하여 말하고 있습니다.
예수님의 말씀이 "'가난한 자, 갇힌 자, 눈먼 자, 억압받는 자들에게' 선포됨으로써 그들에게 빛이 비추었다"(눅 4:18-19).

마태나 누가가 그렇게 기록한 것은 모두 예수님의 설교(선포)에 초점을 맞추기 위해서였습니다. 그러나 요한에 따르면, 예수님의 영광은 결혼을 축복하는 '기적'을 통해 처음 나타났다는 것입니다. 다시 말해서 예수님의 영광은 '창조의 성례전적 잔치'에서 포도주 잔을 넘치게 채우시는 축복을 통해 나타난 것입니다.
우리는 요한의 요점을 놓쳐서는 안 됩니다. 잃어버린 창조의 '좋음' goodness, 다시 말해서 상실된 '선한 창조'가 하나님의 아들 예수 안에서 회복될 것입니다. 창조의 '선함'을 축하하고 즐거워하는 잔치에서, 포도주가 하나님의 아들 예수님을 통해서만 넘치도록 다시 공급될 것입니다.
하나님의 창조를 떠올려 보십시오. 하나님 자신조차도 그렇게 기뻐하고 그렇게 좋아하셨던 그 '좋음'이 주는 즐거움, 기쁨과 환희, 생명력과 활력, 번성과 충만함을 상상해 보십시오. 바로 그렇게 풍성한 삶의 질을 축하하는 포도주가 하나님의 아들 예수님을 통하여 넘치도록 공급된다는 것입니다.

우리는 창조 때의 생명의 '선함'이, 그리고 창조 세계 안에서의 삶의 '행복'이 대부분 상실된 세상에서 살고 있습니다. 우리는 '살아 있다는 것' 자체가 더 이상 즐겁고 좋은 것이 아닌 세상에 살고 있습니다. 우리가 살고 있는 세상은 어떤 세상인가요?

- 절망이 편만하고 자살이 흔하게 된 세상 아닌가요?
- 피상적 행복을 열정적으로 추구하는 것이 인간 대부분의 직업이 되어 버린 세상 아닌가요?
- 어떠한 종류의 쾌락이든, 우리에게 즐거움을 줄 수 있기만 하면 추구하는 세상 아닌가요? 쾌락 자체가 목적이 되어 버린 세상 아닌가요?
- 마약과 섹스와 마음을 흔들어 놓는 발광적 음악, 고압 전류가 흐르는 춤이 일반적인 탈출 도구가 되어 버린 세상 아닌가요?
- 정치가들은 '좋은 삶'을 제공하겠다고 빈 약속空約을 하는 세상 아닌가요?
- 일상적이고 정상적인 노력들, 평범한 삶의 의무들은 지루하고 지겨운 덕목 또는 옛 시대의 가치관이라고 업신여김 받는 세상 아닌가요?
- 심지어 어머니들조차 자신들의 태에 있는 생명들을 낙태시키면서 '좋은 삶'을 회복하려고 헛되이 노력하는 세상 아닌가요?

이러한 세상을 향한 사도 요한의 '복음'(좋은 소식)이 있습니다. 창조가 회복되고 다시금 새롭게 되는 것은 오직 예수 그리스도를 통해서라는 것입니다. 예수 그리스도야말로 우리가 상실했던 것, 그래서 그립고 다시 회복하고 싶은 것을 되찾아 주시는 분이라고 말합니다. 이것이 '좋은 소식' 입니다.

선하고 좋은 창조의 회복

회복된 창조 세계란 어떤 삶, 어떤 가정, 어떤 세상을 가리킵니까?
- 희망 가운데 생명이 생명을 낳는 세상
- 기쁨으로 생명이 생명을 양육하는 세상
- 생명이 생명을 축복하고 개발하는 세상
- 생명이 생명을 축하하는 세상입니다. 그런 세상을 예수님이 회복시키신다는 것입니다!

궁극적으로 제자들은 이 사실을 깨닫게 되었으며, 사도 요한은 이 사실의 중요성을 깊이 깨달아 예수님이 가나 지방의 한 결혼식에서 처음으로 나타내신 영광을 제자들이 보았다는 사실을 기록하고 있는 것입니다. 기쁨의 포도주가 떨어져 흥이 깨지려는 결혼 잔치에서, 예수님은 좋은 포도주를 풍성하게 공급해 주셨습니다.

그러나 그분의 영광은 단순히 기적 안에 나타난 것만은 아닙니다. 그분의 영광이 '결혼 잔치에서' 일어났다는 사실이 중요한 것입니다. 그리고 그분의 영광 때문에 창조의 가장 위대한 선물인 결혼의 즐거움이 가능했다는 사실을 기억해야 합니다.

요한의 복음은, 이 사건을 통해서 모든 창조 세계가 다시 '선하고 좋은 창조'가 된 것은 오직 창조주 하나님의 아들이신 예수님을 통해서만 가능하다는 사실을 선포하고 있습니다. 그리고 이 사실을 예수님의 제자들이 믿게 되었습니다.

누가 예수님의 제자들입니까? 예수님을 통해서만 그들 삶의 진정한 질質과 의미를 회복하고, 참된 즐거움과 해방을 맛볼 수 있다고 믿는 자들 아닙니까?

이 기적을 통하여 예수님이 좋은 포도주를 넘치도록 공급하셨다는 사실은, 이상의 메시지를 다시 강조하고 있습니다. 그러나 그 이상의 것을 또한 제자들에게 가르치고 있습니다.

구체적으로 말하자면, 예수님의 제자들은 이 기적을 통하여 오래 전 약속된 메시아가 세우실 '에덴적 시대' Edenic Era가 동터 오는 것을 보아야 했다는 사실입니다. 구약 시대 예언자들이 선언했던 '새로운 시대', '새로운 때'가 우리가 살고 있는 세계의 역사 안으로 돌진해 들어온 것입니다.

예언자 아모스가 이 사실에 대해 오래 전에 말한 적이 있습니다.

> 야웨께서 가라사대, 보라 날이 이를지라.
> 그때에 밭 가는 자가 곡식 베는 자의 뒤를 이으며
> 포도를 밟는 자가 씨 뿌리는 자의 뒤를 이으며
> 산들은 단 포도주를 흘리며
> 작은 산들은 녹으리라(9:13).

요엘도 이 사실에 대해 오래 전에 말한 적이 있습니다.

> 그 날에 산들이 단 포도주를 떨어뜨릴 것이며
> 작은 산들이 젖을 흘릴 것이며
> 유다의 모든 시내가 물을 흘릴 것이며
> 야웨의 전에서 샘이 흘러나와서 싯딤 골짜기에 대리라(3:18).

이사야 역시 이 사실에 대해 오래 전에 말한 적이 있습니다.

나 야웨가 시온을 위로하되
그 모든 황폐한 곳을 위로하여
그 광야로 에덴 같고
그 사막으로 야웨의 동산 같게 하였으니
그 가운데 기뻐함과 즐거워함과
감사함과 창화唱和하는 소리가 있으리라(51:3).

예언자들은 하나님이 그의 백성을 구원하려고 오실 때, 한발旱魃과 가뭄, 가시덤불과 엉겅퀴가 제거될 것이며 하나님의 축복이 마치 비료처럼 땅을 기름지게 하여 풍성한 곡물을 생산케 할 것이라고 선언했습니다.

삶과 생명을 위협하던 모든 것, 우리로 하여금 가난한 목숨을 부지하게 했던 비우호적이고 적대적인 세력들을 모두 제거하실 것이라는 말씀입니다. 그리고 낙원의 풍요함으로 다시 이 땅을 복되게 하실 것이라는 말씀입니다.

너무도 좋은 포도주를 주신 예수님의 갑작스러운 선물, 예기치 못한 선물은 징조sign이며 약정pledge의 표시였습니다. 무엇에 대한 약조물이며 징조란 말입니까? 회복과 갱신의 날이 오고 있다는 징조입니다. 하나님이 자신의 약속을 이루실 것이라는 약정의 표현입니다. 그리고 하나님이 예수님을 통하여 그 약속을 이루실 것이라는 약속의 첫 불입금拂入金인 것입니다. 이것이 제자들이 결혼식에서 보았던 예수님의 영광이었습니다.

예언자 이사야는 이러한 새로운 때에 대해 달리 언급하고 있습니다. 아마 요한이 가나 혼인잔치에 대해 기록하면서 마음속에 두었던 구절일지도 모릅니다.

> 광야와 메마른 땅이 기뻐하며
> 사막이 백합화같이 피어 즐거워하며
> 무성하게 피어 기쁜 노래로 즐거워하며
> 레바논의 영광과 갈멜과 사론의 아름다움을 얻을 것이라.
> 그것들이 야웨의 영광
> 곧 우리 하나님의 광채를 보리로다(35:1-2).

땅이 새롭게 될 때 사람들은 '야웨의 영광'을 볼 것입니다. 포도주의 기적적인 선물을 보았을 때, 제자들은 예수님의 행동 속에서 '야웨의 영광', '우리 하나님의 찬란함'을 본 것입니다.

그러나 창조의 충만한 갱신과 회복이 아직 일어나지 않고 있기 때문에, 많은 크리스천들은 이러한 일들이 장차 먼 미래에 일어나리라고 기대할 것입니다.

그러나 요한은 이러한 일들의 징조가, 결혼식에서 포도주를 주시는 예수님의 행동 안에 이미 있다는 것을 보았습니다. 그리고 우리는 예수님이 다시 오실 때, 새 하늘과 새 땅에 그분의 백성이 거주하게 될 때, 충만한 회복이 이루어질 것이라고 믿습니다.

그러나 저는 곰곰이 생각해 봅니다. '혹시 하나님이 여러분과 나에게 주신 풍요와 넉넉함 역시 장차 올 축복들을 미리 맛보는 것이 아닐까?' 그렇다면 우리가 그리스도의 영에 의해 감동을 받아 이러한 축복과 풍요들을 가난한 사람들이나 도움이 필요한 나라에 나누어 줌으로써, 장차 올 새 시대를 그들에게 가져다 줄 수 있을 것입니다.

이렇게 함으로써 그들로 하여금 그러한 새 시대를 미리 맛보게 하는 것입니다. 예수님은 포도주가 없어서 기쁨을 상실한 자들에게, 우리를 통하여 기쁨의 포도주가 전달되기를 바라십니다. 이렇게 함으로써 우리 역시 예수님의 영광을 세상에 드러내게 됩니다.

기쁨의 포도주를 마시는 삶

예수님이 가나의 결혼식에서 그의 영광을 드러내신 사건에 대한 세 번째 측면이 있습니다. 우리는 요한복음에서 예수님이 자신에 대해 말씀하신 것들을 듣습니다.

- 나는 생명의 물을 주는 자다(4:10, 14).
- 나는 생명의 떡이다(6:35).
- 나는 세상의 빛이다(8:13).
- 나는 선한 목자다(19:11).
- 나는 양 우리의 문이다(10:7).
- 나는 부활이요 생명이다(11:25).
- 나는 길이요 진리요 생명이다(14:6).
- 나는 참 포도나무요 너희는 그 가지다(15:1, 5).

위의 말씀들 중 가장 마지막 말씀에서 예수님을 포도나무로 표현한 것은 결코 우연이 아닙니다. 그분이야말로 결혼식장의 포도주라는 '기대하지 않은 선물'입니다. 좌우간 위에 언급한 "나는… 이다"라는 목록의 빛 아래서 바라볼 때, 요한은 예수님의 첫 번째 기적을 통하여 그분이 생명 포도주의 근원이라는 것, 즉 모든 진정한 기쁨의 근원이라는 것을 '보았습니다.' 이것 역시 제자들이 '보았던' 예수님의 영광의 한 측면입니다.

그러나 우리가 지나쳐서는 안 될 네 번째 문제가 있습니다.

가나 혼인 잔치에 등장하는 물 항아리는 유대인들이 하나님께 잘 받아들여지기 위해 의례적儀禮的으로 사용한 도구를 말합니다. 우리는 의식적儀式的 차원에서 손발을 씻기 위해 사용되던 물 항아리에서 길어 온

물을 예수님이 포도주로 만드셨다는 사실에 관심을 가져야 합니다. 예수님은 유대인들이 지나친 엄격함으로 종교적 규례들을 지키는 일들에 대해 반복적으로 경고하신 일이 있습니다.

그들이 그렇게 한 것은 종교적 의식들을 잘 수행함으로써 '삶'을 거룩하게 할 수 있다고 생각했기 때문입니다. 그러나 예수님은 그렇게 한다고 해서 천국의 결혼 연회에 참여할 수 있는 자격이 주어지는 게 아니라고 말씀하십니다. 종교적 규례들을 지킴으로써 기쁨이 얻어지는 것이 아니라는 말입니다.

예수님의 저 유명한 '기다리는 아버지' 비유(눅 15:11-32, 탕자의 비유)를 기억하십니까? 큰아들을 생각해 보십시오. 그는 얼마나 착하고 성실한 아들이었습니까? 결코 아버지를 떠난 적이 없었습니다. 가산을 탕진한 일도, 창녀와 놀아난 일도, 그렇다고 게으른 적도 없었습니다. 그는 자신에게 맡겨진 모든 의무를 완벽하게 수행했습니다. 그러나 그에게 치명적인 결핍이 있었다면, 아마 '기쁨'이라 불리는 삶의 선물이었을 것입니다. 그는 높은 도덕심과 직업윤리는 가졌지만, 삶의 기쁨과 인생의 진정한 즐거움을 맛보지 못하는 삶을 살고 있었습니다. 물이 변하여 포도주가 되게 하신 예수님을 기억하십시오. 우리가 믿는 예수님은 기쁨을 주시는 분입니다.

그래서 예수님은 그들의 '예식의 물' ceremonial water 을 '기쁨의 포도주' The wine of joy로 바꾸신 것입니다. 즉 예수님이 가져다 주신 최상의 선물은 '기쁨'이라는 것입니다. 그런데 주님은 어떻게 그들에게 기쁨을 주십니까?

우리는 가나에서 열린 결혼식에서 예수님이 "아직 나의 시간(때)이 오지 않았다"고 말씀하신 사실을 기억합니다. 그리고 우리는 그곳에서 예수님이 행하신 일을 통하여 그의 제자들이 '처음으로' 그의 영광을 보았다는 보고를 듣습니다. 이것은 이 사건 후에 후속적으로 다른 징조들이 뒤따르게 될 것을 가리키고 있습니다.

다시 말해서 제자들이 처음으로 예수님의 영광을 드러내는 징조를 보았다는 것은, 나중에 예수님의 영광이 충만하게 무르익어 드러나는 것을 보지 못했더라면 그들이 본 첫 번째 예수님의 영광도 아무 의미가 없다는 뜻입니다. 요한의 복음서에 의하면, 예수님이 행하신 기적은 단순히 기적만이 아닙니다. 요한복음에 기록된 예수님의 기적은 징조이자 사인sign입니다. 장차 이루어질 위대한 사건, 영광스러운 사건을 의미합니다.

예수님이 이루시기 위해 보내심 받은 모든 일이 서서히 완성을 향해 가고 있을 바로 그때에, 다시 말해서 제자들이 가나의 혼인 잔치에서 예수님의 위대한 기적을 본 그때에, 그들은 사실 더 장엄하고 감격스러운 '하나님의 일'을 '보고' 있었던 것입니다.

즉 그들은 포도주 잔을 들고 있는 사람들을 바라볼 때, 그리고 "그리스도가 우리의 모든 죄를 온전히 용서하기 위하여 피를 흘리셨다"는 사실을 기억하고 믿는 이들이 그 잔을 들고 서 있는 것을 바라볼 때, 그 포도주 잔 안에 그분의 옆구리로부터 쏟아져 흘러나온 피와 물이 가득 차 있는 것을 '보았던' 것입니다.

그렇습니다. 장차 그분은 '어린양'의 결혼 잔치에 초청받은 모든 사람의 포도주 잔을 가득 채우실 것입니다. 가나에서 열린 잔치에서 벌어진 단순하고 조용한 사건은, 예수님의 영광을 보여 준 첫 번째 징조였습니다. 그리고 그의 제자들은 그분을 믿었습니다.

요한이 이 이야기를 우리에게 들려주는 가장 중요한 이유는, 우리로 그분을 '믿도록' 하기 위함입니다. 아멘.

증언 9

"당신도 증인입니다"
요한복음 5:31-47

내 자신을 위하여 증언한다면, 내 증언은 참되지 못하다. 나를 위하여 증언하여 주시는 분은 따로 있다. 나를 위하여 증언하시는 그 증언이 참되다는 것을 나는 안다. 너희가 요한에게 사람을 보냈을 때에 그는 이 진리를 증언하였다. 내가 이 말을 하는 것은, 내가 사람의 증언이 필요해서가 아니다. 그것은 다만 너희로 하여금 구원을 얻게 하려는 것이다. 요한은 타오르면서 빛을 내는 등불이었다. 너희는 잠시 동안 그의 빛 속에서 즐거워하려 하였다. 그러나 나에게는 요한의 증언보다 더 큰 증언이 있다. 아버지께서 나에게 완성하라고 주신 일들, 곧 내가 지금 하고 있는 바로 그 일들이, 아버지께서 나를 보내셨다는 것을 증언하여 준다. 또 나를 보내신 아버지께서 친히 나를 위하여 증언하여 주셨다. 너희는 그 음성을 들은 일도 없고, 그 모습을 본 일도 없다. 또 그 말씀이 너희 속에 머물러 있지 않다. 그것은 너희가, 그분이 보내신 이를 믿지 않기 때문이다. 너희가 성경을 연구하는 것은, 영원한 생명이 그 안에 있다고 생각하기 때문이다. 성경은 나에 대하여 증언하고 있다. 그런데 너희는 생명을 얻으러 나에게 오려고 하지 않는다. 나는 사람에게서 영광을 받지 않는다. 너희에게 하나님을 사랑하는 마음이 없다는 것을, 나는 알고 있다. 내가 내 아버지의 이름으로 왔는데, 너희는 나를 영접하지 않는다. 그러나 다른 이가 자기 이름으로 오면 너희는 그를 영접할 것이다. 너희가 서로 영광을 주고받으면서 오직 한 분이신 하나님께서 주시는 영광은 구하지 않으니, 어떻게 믿을 수 있겠느냐? 내가 너희를 아버지께 고발하리라고는 생각하지 말아라. 너희를 고발하는 이는 너희가 희망을 걸어온 모세이다. 너희가 모세를 믿었더라면 나를 믿었을 것이다. 모세가 나를 두고 썼기 때문이다. 그러나 너희가 모세의 글을 믿지 않으니, 어떻게 내 말을 믿겠느냐?"

You Are Also A Witness

내가 나 스스로를 두고 증언을 한다면, 나의 증언은 참되지 못하다.

나를 위해 증언해 주시는 분은 따로 계신다.

나를 위해 증언하시는 그 증언이 참되다는 것을, 나는 안다.

너희가 요한에게 사람을 보냈을 때에 요한은 이 진리에 대하여 증언하였다.

내가 이 말을 하는 것은, 내가 사람의 증언이 필요해서가 아니다.

다만 너희로 구원을 받게 하려고 이 말을 하는 것이다.

요한은 타오르면서 빛을 내는 등불이었다.

너희는 잠시 동안 그의 빛 가운데서 기뻐하려 하였다.

그러나 나에게는 요한의 증언보다 더 큰 증언이 있다.

아버지께서 나에게 완성하라고 내려 주신 일들, 곧 내가 지금 하고 있는 바로 이 일들이,

아버지께서 나를 보내셨다는 것을 증언하여 준다.

또 나를 보내신 아버지께서 친히 나를 위하여 증언해 주신다.

너희는 그의 음성을 들은 일도 없고, 그의 모습을 본 일도 없다.

또 그의 말씀이 너희 속에 머물러 있지도 않다.

그것은 너희가, 그분이 보내신 이를 믿지 않기 때문이다.

… 너희가 모세를 믿었더라면, 나를 믿었을 것이다.

모세가 기록한 것이 나를 두고 한 것이기 때문이다.

그러나 너희가 모세의 글을 믿지 않으니, 어떻게 나의 말을 믿겠느냐?

_ 요한복음 5:31-47, 표준새번역

요한복음 5:31-47은 마음속으로 암송하고 기억할 만한 구절입니다. 왜냐하면 이 본문은,

- 우리가 누구인지를 말해 주기 때문입니다.
- 우리가 지금 여기에 왜 있는지를 알려 주기 때문입니다.

그런데 우리는 이 사실을 반복적으로 잊어버립니다. 신앙 공동체로서의 우리의 정체성과 존재 이유를 쉽게 잊어버리는 것입니다.

우리는 누구입니까?

우리는 증인들입니다.

우리는 왜 여기에 있습니까?

우리가 여기에 있는 이유는 그리스도를 대신하여 증언하기 위해서입니다.

우리가 증언대에 선 까닭

증인이 되어 증언하는 일은 우리가 부르심을 받은 유일한 목적이며 사명입니다. 증인이 되는 일은 우리가 해야 할 여러 가지 일들 중의 하나가 결코 아닙니다. 우리가 존재하는 유일한 이유가 있다면, 그리스도를 위해, 그리스도를 대신하여 증언하는 것입니다.

크리스천은 증언함으로써 존재합니다.

- 태움으로써 불이 존재하듯이
- 불어옴으로써 바람이 존재하듯이 말입니다.

- 부는 일이 없으면 바람도 없습니다.
- 태울 것이 없으면 불도 없습니다.
- 증언하는 일이 없으면 크리스천도 없습니다.
- 태우지 않는 불? 불지 않는 바람? 증언하지 않는 크리스천?

이런 이야기를 하면 여러분이 충격을 받을지도 모릅니다. 왜냐하면 여러분이 들었던 구두口頭 증언은 너무나 구태의연하고, 판에 박힌 듯하고, 뻔하고, 예측 가능하고, 때로는 지루하기 그지없었기 때문입니다. 그래서 식상하게 들렸을지도 모릅니다.
- "예수님 믿고 천당 가세요!"
- "불신자 지옥!"
- "교회 나오세요!"

아마 이런 이유 때문에 여러분은 결심했을 겁니다.
- 나는 결코 내가 가진 확신을 그런 식으로 다른 사람에게 강요하지 않으리라.
- 나는 내 삶을 통하여 말하게 하리라.

좋습니다. 어떻게 하시든지 상관없습니다. 그러나 단 한 가지 사실만은 꼭 기억하십시오. 즉 성경에서 사용하고 있는 '증언'이라는 단어는 법률적인 단어라는 사실 말입니다.

성경의 '증인' 혹은 '증언'이라는 단어는 법정에서 사용하는 용어에서 유래하였습니다. 법정에서는 항상 사건의 진실 혹은 문제의 진상을 찾으려 합니다. 그리고 사건의 진상은 결정적으로 신실한 증인들에게 달려 있습니다. 즉 두 눈과 두 귀로 친히 듣고 본 사람들, 우리가 목격자라고 부르는 사람들이 바로 증인입니다. 증언대에 선 사람들은 오직 한 가지 이유 때문에 그곳에 섭니다. 진실만을 말하기 위해서입니다.

어떤 사람이 살인죄로 고소되었다고 합시다. 그런데 그 살인죄로 지목된 사람이 범죄가 발생한 그 시간에 다른 곳에 있었다는 사실을 당신이 우연찮게 알았다고 합시다. 이럴 경우 당신은 어떡하시겠습니까? 그 사실을 비밀로 간직하시겠습니까? 만일 그렇게 한다면, 즉 그 사실을 알리지 않고 비밀에 부친다면 당신은 무죄한 사람을 파멸에 이르게 하는 것입니다. 당신의 침묵이 한 영혼을 죽이는 결과를 낳게 되는 것입니다.

증인으로서, 당신은 반드시 진실을 말해야 합니다. 절반의 진실이 아니라 온전한 진실, 진실의 전부, 오직 진실만을 말해야 합니다. 이것이 증언대에 선 증인에게 요구되는 서약입니다.

이 사실을 교회에 적용해 보십시오.
- 교회는 증인들의 모임이며, 또한 증인들의 공동체입니다.
- 교회는 그리스도를 위하여 증언하고자, 그 유일한 존재 이유를 갖고 있는 사람들의 모임입니다.

그리스도를 위해 증언하라는 부르심은 여러분이 '예' 혹은 '아니오'라고 대답할 수 있는 부르심입니다.
- 여러분이 그 부르심에 대해 '아니오'라고 말한다는 것은, 예수님의 무리로부터 스스로 탈퇴하겠다는 것입니다. 왜냐하면 예수님의 무리는 기꺼이 그리스도를 위해 이 세상의 법정 증언대에 서겠다고 선서한 사람들로 구성되어 있기 때문입니다.

자, 이러한 사실을 기억하면서 다시 본문으로 돌아가겠습니다. 본문에서 예수님은 재판을 받기 위해 법정에 서 계십니다. 예수님은 지금 자신이 하나님과 동등하다는 주장을 폈다는 이유로 고소당하여 법정에

요한은 자신을 태워 빛을 내는 등불이었습니다.
그러나 그가 내는 빛은 빌려온 빛, 반사된 빛이었습니다.
그는 모든 사람을 비추는 '그 빛'에 대해 증언했습니다.

서게 되었습니다. 신성모독blasphemy의 죄를 저질렀다는 것입니다.

이제 문제는, 누가 옳은가 하는 일입니다. 예수님이 옳은가 아니면 그를 비난하고 고소하는 자들이 옳은가 하는 문제입니다.

이 문제를 해결하기 위해 증인들의 출석이 요구됩니다. 어떤 증인들입니까? 증인들이 누구입니까? 증인들은
  · 무엇인가를 분명히 두 눈으로 보았던 사람들
  · 무엇인가를 분명히 두 귀로 들었던 사람들
  · 그리고 그 사실에 대해 기꺼이 진실만을 말하기로 작정한 사람들
  입니다.

첫 번째 증인: 세례자 요한

예수님을 위해 첫 번째로 증언대에 선 사람이 있으니, 바로 세례자 요한입니다.

35절에서 예수님이 유대인들에게 말씀하십니다. "세례자 요한은 불을 밝혀 주는 등불이었다. 어두운 밤길을 가는 사람에게 빛을 비추어 인도해 주는 역할을 한 사람이었다. 그리고 너희 유대인들은 덕을 보기 위해 한동안 그 빛을 선택했었다. 너희는 세례자 요한을 환영했었다. 그러나 끝에 가서 너희는 그를 저버리고 배척하였다"는 것입니다.

그분이 다시 말씀하십니다. "요한을 저버리고 배척한다는 것은 결국 나를 거절한 것이었다. 왜냐하면 요한이 이 세상에 온 유일한 이유는 나를 가르치기 위함이었기 때문이다."

그렇습니다.
  · 세례자 요한은 지시봉이었습니다.
  · 세례자 요한은 지표指標였습니다.
  · 세례자 요한은 시침示針이었습니다.

- 세례자 요한은 시계 바늘이었습니다.
- 바로 이러한 이유 때문에 태어난 것입니다.
- 바로 이러한 이유 때문에 죽은 것입니다.

프랑스 콜마르의 한 성당 제단 벽면에는 여러 폭의 그림이 그려져 있습니다. 그 그림 중에 십자가 형틀에 매달린 예수님을 그린 그림이 있습니다. 그것은 16세기의 독일 화가인 마티아스 구르네발트Mathias Gruenewald가 그린 매우 인상적이고 충격적인 작품입니다. 어떤 비평가는 지금까지 그려진 독일 그림 중 최고의 작품이라고 극찬을 아끼지 않기도 했습니다.

예수님의 몸에 난 상처들이 너무나 사실적으로 표현되어 있기 때문에, 마치 20세기 화가가 방금 전에 그린 그림처럼 보입니다. 그 그림을 자세히 들여다보면
- 십자가의 한쪽 편에는 슬퍼서 우는 예수님의 가족들과 친구들이 있고
- 또 다른 쪽에는 어린양 한 마리와 세례자 요한이 있습니다.

화폭의 초점은 물론 고통 당하시는 그리스도입니다. 그러나 두 번째 초점은 세례 요한에게 맞춰져 있습니다. 그는 길게 그려진 둘째 손가락으로 십자가를 가리키고 있습니다. 매우 강렬하게 눈에 들어오는 장면입니다. 마치 세상 죄를 지고 가는 하나님의 어린양을 보라고 외치는 듯한 격정적인 모습입니다.

그리고 세례자 요한의 쭉 편 팔 위로는 다음과 같은 말이 씌어져 있었습니다. "그는 흥興하여야 하겠고, 나는 쇠衰하여야 하리라."

20세기의 가장 위대한 신학자로 불리는 칼 바르트는 자기 연구실 책상 뒤쪽 벽에 이 그림을 걸어 놓았다고 합니다. 매일 아침 연구를 시작

하기 전, 바르트는 이 그림을 쳐다보았답니다. 특히, "그는 흥하여야 하겠고, 나는 쇠하여야 하리라"는 말씀을 깊이 명상하며 하루의 일과를 시작하였답니다.

언젠가 바르트는 "이 말씀은 내 앞에 놓여진 사명과 임무가 무엇인지를 날마다 알려 주는 목소리였습니다"라고 말했습니다. 어떤 임무와 사명을 말합니까?

- 증언하는 임무
- 나 자신과 내가 이루고 있는 학문성에 사람들의 관심을 집중시키는 것이 아니라, 십자가에 달리신 예수 그리스도께 사람의 시선을 집중시키는 임무입니다.

요한은 자신을 태워 빛을 내는 등불이었습니다. 그러나 그가 내는 빛은 빌려온 빛이었습니다. 반사된 빛이었습니다. 요한 자신은 빛이 아니었습니다. 그가 부여받은 유일한 임무는 모든 사람을 비추는 '그 빛'에 대해 증언하는 일이었습니다.

마치 모든 신실한 증언자들이 그렇듯이, 세례자 요한에게는 놀라운 '겸손함'이 있었습니다.

- 요한은 결코 사람들의 시선을 자신에게로 모으지 않았습니다.
- 요한은 결코 다음과 같이 말하지 않았습니다. "만일 여러분이 영혼의 안식과 위로를 얻기 원한다면, 만일 여러분이 삶을 힘차게 살기를 원한다면, 자, 다 내게로 오시오. 내 말에 귀를 기울여 보시오. 그리고 우리 교회에 나오시오."
- 요한은 항상 자신이 아니라 예수님을 가르쳤습니다. "그분은 나보다 더 능력이 많으신 분입니다."

세례자 요한을 한마디로 평가한다면, 다음과 같은 사실이 가장 중요합니다. 즉 '요한은 항상 자신이 아니라 예수님을 가르친 사람'이라는 것입니다.

한 번은 제사장들과 레위인들이 요한에게 나아와 물었습니다. "도대체 당신은 누구입니까? 당신의 정체가 무엇입니까?"

· 메시아입니까?
· 환생한 엘리야입니까?
· 아니면 종말에 나타날 예언자입니까?

요한의 대답은 분명했습니다. "아닙니다. 나는 광야에서 '주님의 길을 예비하라'고 부르짖는 자의 목소리일 뿐입니다. 예수님이 하나님의 아들이심을 증언하는 증인으로서 이 세상에 왔을 뿐입니다."

세례자 요한은 예수님을 위하여, 예수님을 대신하여 증언한 최초의 증인이었습니다. 그러나 그가 유일한 증언자는 아닙니다.

두 번째 증인: 예수님의 행적

예수님이 36절에서 말씀하시기를, "나에게는 요한의 증언보다 더 큰 증언이 있다. 아버지께서 나에게 완성하라고 내려 주신 일들, 곧 내가 지금 하고 있는 바로 이 일들이 아버지께서 나를 보내셨다는 것을 증언하고 있다."

세례자 요한이 최초의 증인이라면
· 예수님이 행하신 일들은 두 번째 증인들입니다.
· 예수님이 행하신 일들은, 아버지가 행하시는 일들이 무엇이든지 그 아들 예수님도 똑같이 행하신다는 사실을 증언하고 있습니다.
· 예수님이 행하신 일들은, 아버지가 죽은 자를 일으키시고 그들에게 생명을 주시는 것처럼

그 아들도 그가 원하는 사람이면 누구에게든지 생명을 주신다는 사실을 증언하고 있습니다.

요한복음 11장에서 마르다가 울먹이면서 예수님께 말합니다. "오, 주님! 주님께서 여기에 계셨더라면 내 오라버니가 죽지 않았을 것입니다!" 이것은,
- 주님, 당신이 말씀하신 대로 당신이 그런 분이시라면
- 주님, 당신과 아버지가 정말로 한 분이시라면 내 오라버니가 죽지 않게 하실 수 있지 않았겠습니까? 라는 뜻입니다.

이에 대해 예수님이 말씀하십니다. "마르다야, 마지막 날에 네 오라버니가 다시 살아날 것이다." 마르다가 대답합니다. "저도 압니다. 마지막 날 부활의 때에 내 오라버니가 다시 살아날 것입니다."
그때 예수님이 다시 말씀하십니다. "마르다야, 내가 '부활'이다."
- 너는 그것을 믿느냐?
- 너는 내가 '지금 여기에서 부활'이라는 사실을 믿느냐?
- 내가 '지금 여기의 부활'이라는 것을 보여 주겠노라. 자, 저 무덤의 돌을 옮겨 놓아라.

사람들이 돌을 옆으로 굴려 놓았습니다. 그러자 예수님이 눈을 들어 하늘을 우러러보시고 말씀하셨습니다. "아버지여, 내 말을 들어주신 것을 감사드립니다. 나는 아버지께서 언제나 내 말을 들어주시는 줄을 압니다. 그런데도 이렇게 말씀을 드리는 것은 둘러선 무리들을 위해서입니다. 아버지께서 나를 보내신 것을 그들로 믿게 하려는 것입니다."
이렇게 말씀하신 뒤에 큰 소리로 "나사로야, 나오너라" 하고 외치시니 죽었던 사람이 걸어 나왔습니다.

지금까지 살펴본 것처럼, 세례자 요한은 아버지가 예수님을 대신하여 자신을 보내셨다고 증언한 증인이었습니다. 또한 예수님이 행하신 일들 역시 아버지가 그분을 보내셨다는 사실을 증언하는 증인들과 같습니다. 예수님을 위한 증언자는 여기에서 그치지 않습니다. 성경 역시 아버지가 그분을 보내셨다는 사실을 증언하고 있는 증인입니다. 세례자 요한→예수님의 행적→성경.

세 번째 증인: 성경

39절을 읽어 보십시오. "너희가 성경을 연구하는 것은, 영원한 생명이 그 안에 있다고 생각하기 때문이다. 그런데 그 성경은 나를 증언하고 있는 것이다." 당시 유대인들은 성경을 그냥 읽지 않았습니다. 그들은 성경을 자세히 살펴보고 연구하였습니다.
- 성경을 '연구' 하였습니다.
- 성경을 그냥 읽는 것이 아니었습니다. 자세히 공부하였습니다.
- 그렇게 연구했던 이유는 죽고 사는 문제가 달려 있기 때문이었습니다.
- 생生과 사死의 문제가 달려 있기 때문에 그들은 성경을 연구했던 것입니다.
- 성경 안에 영원한 생명이 있다고 생각했기 때문에 깊이 연구한 것입니다.

예수님이 말씀하십니다. "그래, 바로 너희들이 연구하는 바로 그 성경이 나에 대해서 증언하고 있어! 그런데 너희는 그 성경이 증언하고 있는 '나'에 대해 눈이 멀었어! 너희는 내가 누구인지 몰라!"
"왜 그런지 알아? 성경을 인생의 전부라고 생각하는 너희들이 그 성경이 가리키고 있는 나를 인식하지 못하는 이유가 무엇인 줄 알아?"

"교만하기 때문이야! 너희들은 너무나 교만해! 자만과 교만 때문에 나를 믿지 못하는 것이야." 예수님은 계속해서 말씀하십니다. "서로에게서 영광을 추구하면서 어떻게 나를 믿을 수 있겠는가? 홀로 하나님이신 그분으로부터 오는 '영광'을 구하지 않으면서 어떻게 믿을 수 있단 말인가?"

세상에는 두 종류의 사람들이 있다고 예수님은 말씀하셨습니다.
- 자신에게 찬사와 영광이 돌아가기를 바라는 사람들과 하나님께 찬양과 영광을 바치기 원하는 사람들
- 태양처럼 빛나기를 바라는 사람들과 달처럼 빛나기를 바라는 사람들
- 자신의 빛을 발하기를 바라는 사람들과 하나님의 빛을 반사하기를 바라는 사람들

후자에 속한 사람들은 자신들의 삶에 대하여 다음과 같이 쓰고 있습니다.
- 그는 흥하여야 하리라. 나는 쇠하여야 하리라.
- 그는 태양이어야 하리라. 나는 달이어야 하리라.
- 그는 비추어야 하리라. 나는 반사해야 하리라.

성경을 이와 같은 방식으로 생각해 보십시오. 성경을 '반짝반짝 빛나는 별들로 가득 찬 하늘'이라고 생각해 보십시오. 저 멀리 수천 수만 수억의 별들이 하늘에 떠 있습니다. 그러나 밤에만 빛나는 것은 아닙니다. 낮에도 그렇습니다. 별들은 항상 그곳에 있어 왔습니다. 그리고 지금도 그곳에 있습니다. 단지 우리가 그 별들을 항상 볼 수 없을 뿐입니다. 빛에 둘러싸여 있는 한 우리는 아무 별도 볼 수가 없습니다.

물론 하늘을 연구할 수는 있습니다. 그러나 고성능 망원경으로 아무

리 하늘을 보아도 별을 볼 수는 없습니다. 별들을 보기 위해서는, 먼저 밤의 어두움이 찾아와야 합니다. 그때에야 비로소 우리의 눈이 열리기 시작하며 하늘에서 찬란한 빛을 발하는 수많은 별들을 보게 되는 것입니다.

그렇습니다. 성경도 이와 같습니다.
- 성경의 각 페이지에서 빛나는 하나님의 영광을 보려면
- 성경이 증언하고 있는 그리스도를 보려면 우리는 먼저 우리의 영광을 찾으려는 노력을 멈추어야 합니다.

우리가 우리의 빛 아래서 일광욕을 즐기려고 하는 한, 우리가 다른 사람들이 보내는 찬사 속에 몸을 담그려 하는 한,
- 우리는 결코 성경을 이해할 수 없을 것입니다.
- 우리는 성경이 증언하는 그리스도에 대해 눈이 멀 수밖에 없을 것입니다.

다른 사람의 찬양과 칭송을 받고 있으면서, 유일하신 하나님으로부터 오는 찬양을 얻기 위해 어떤 노력도 하지 않으면서, 어떻게 믿을 수 있단 말입니까? 다음의 이야기를 들어 보십시오.

옛날 옛적에, 제각기 짐을 지고 있던 두 마리의 당나귀가 있었습니다. 어느 날 이 당나귀들이 깊지 않은 강을 건너게 되었습니다. 소금을 짊어지고 있던 첫 번째 당나귀가 먼저 물 속으로 들어갔습니다. 물 속으로 들어가자마자 소금이 녹기 시작했습니다. 강 건너편에 이르자 다른 당나귀를 불렀습니다. "내게 놀라운 일이 일어났어! 내 짐이 다 사라져 버렸어!"

그러자 두 번째 당나귀가 강으로 들어갔습니다. 그러나 이 당나귀는

물 속으로 점점 빠져 들어가기 시작합니다. 왜냐고요? 스폰지를 실었기 때문이었습니다. 결국 물에 빠졌습니다.

이처럼 '자아'라고 불리는 스폰지 속에 다른 사람들의 찬사를 한없이 빨아들이는 사람들은 모두가 다 그렇게 되고 말 것입니다.

다른 사람들의 찬사와 존경을 받아들이면서 어떻게 그리스도를 믿을 수 있겠습니까?
- 증인들은 해sun가 아닙니다.
- 증인들은 달moon입니다.
- 증인들은 자신들의 빛을 비추지 않습니다.
- 증인들은 자신들의 것이 아닌 빛을 비춥니다.

하나님이 물으십니다.
- 사람들이 주님을 십자가에 못박을 때 너는 그곳에 있었느냐?
증인들은 대답합니다.
- 네, 우리는 그곳에 있었습니다. 우리도 그리스도와 함께 십자가에 못 박혔습니다.

하나님이 물으십니다.
- 그들이 주님을 무덤에 뉘였을 때 너는 그곳에 있었느냐?
증인들은 대답합니다.
- 네, 우리는 그곳에 있었습니다. 우리도 세례를 받음으로써 그분의 죽으심에 동참하여 그리스도와 함께 묻혔습니다.

하나님이 물으십니다.
- 내가 그를 3일 만에 죽은 자들 가운데서 다시 살릴 때 너는 그곳에

있었느냐?

증인들은 대답합니다.

· 네, 우리는 그곳에 있었습니다. 우리는 그리스도와 함께 새 생명에로 부활하였습니다.

이제 우리 안에 사는 것은 우리가 아니요 그리스도이십니다. 아멘.

자유 10

진리와 자유에로의 초대
요한복음 8:31-32

…자기를 믿은 유대 사람들에게 말씀하셨다. "너희가 나의 말에 머물러 있으면, 너희는 참으로 나의 제자들이다. 그리고 너희는 진리를 알게 될 것이며, …너희를 자유롭게 할 것이다." 예수께서 자기를 믿은 유대 사람들에게 말씀하셨다. "너희가 나의 말에 머물러 있으면, 너희는 참으로 나의 제자들이다. 그 …는 진리를 알게 될 것이며, 진리가 너희를 자유롭게 할 것이다." 예수께서 자기를 믿은 유대 사람들에게 말씀하셨다. "너희가 나의 말에 머물러 있으면, …참으로 나의 제자들이다. 그리고 너희는 진리를 알게 될 것이며, 진리가 너희를 자유롭게 할 것이다." 예수께서 자기를 믿은 유대 사람들에게 말씀하셨다. …나의 말에 머물러 있으면, 너희는 참으로 나의 제자들이다. 그리고 너희는 진리를 알게 될 것이며, 진리가 너희를 자유롭게 할 것이다."

Invitation To Truth and Freedom

너희가 내 말씀 안에 거하면,

너희는 정말로 나의 제자들이다.

그러면 너희가 진리를 알게 될 것이며,

진리는 너희를 자유케 할 것이다.

_ 요한복음 8:31-32, 사역

"진리가 너희를 자유케 하리라." 오랜 외국 생활을 마치고 기독신학대학원에 부임하였을 때, 이 교훈을 보고 의아해 했던 적이 있습니다. 성경 구절을 학교의 교훈으로 삼는 일은 그리 흔한 일이 아니기 때문입니다.

역사적으로 살펴보면, 보편적 가치로서의 '진리'와 '자유'가 학문 기관의 중요한 이념이며 전통적으로 교육의 지표가 되어 온 것은 사실입니다. 그러나 기독교적 의미의 '진리'와 '자유'를 내걸고 성경 구절을 직접적으로 고등 교육 기관의 교훈으로 삼는 학교는 그리 흔하지 않기 때문입니다.

사실상 2002년은 저 개인적으로 의미가 있는 해입니다. 기독신학대학원에 부임한 지 7년이 넘어 가는 해이기 때문입니다. 기독교 학자들에게 있어서 7년이란 숫자가 갖는 의미는 큽니다. 분주히 지내 온 걸음을 회상하고 다가올 미래에 대한 여정을 생각하는 해이기 때문입니다. 소위 안식년이라 부르는 기간이기도 합니다. 바로 이러한 시점에서 안식의 진정한 의미인 '자유'에 대해서, 그리고 그리한 자유를 가능케 하는 '진리'에 대해서 깊이 생각해 보는 것은 참으로 값진 일이라 여기는 바입니다.

아시다시피 학교 건물 안팎으로 도처에 걸려 있는 교훈, "진리를 알지니 진리가 너희를 자유케 하리라"는 신약 성경 요한복음 8:32에서 유래한 것입니다. 수많은 사람들이 이 구절을 수없이 되뇌지만 구체적으로 무엇을 말하고 무엇을 의미하는지에 대해서는 깊이 생각하지 않는 듯합니다. 또한 이 구절은 대중적으로 잘못 이해되는 본문이기도 합니다. 이런 이유 때문에 "진리가 너희를 자유케 하리라"는 구절을 다시 생각해 봄으로써 성경 신학적 의미와 그것이 주는 실제적 가르침에 대해 귀 기울여 보고자 합니다.

본문의 문법적 구성

기독교인들에게 있어서 요한복음 8:32 본문은 가장 널리 회자되는 구절인 동시에 가장 오해되고 있는 본문입니다. 이 특정한 본문이 일반적으로 오해되고 있는 이유는 그 번역에서 분명해집니다.

예를 들어 대부분의 사람들이 즐겨 사용하며 암송하고 있는 한글개역성경은 "진리를 알지니 진리가 너희를 자유케 할 것이다"로 번역하고 있습니다. 이 번역문은 "진리를 알아야 한다. 그러면 진리가 너희를 자유케 할 것이다"라고 말하는 것처럼 들립니다. 구문론적으로 말해서, 이 번역문은 헬라어 본문을 '명령문＋결과문'의 형태로 이해하고 있는 듯 보입니다.

아쉽게도 이 점에 있어서 최근에 출판된 한글개역개정판도 다를 바 없습니다. "너희가 내 말에 거하면 참으로 내 제자가 되고 진리를 알지니 진리가 너희를 자유롭게 하리라." 그러나 또 다른 한글 성경 번역본들은 이 구절에 대한 번역을 많이 개선하고 있습니다. 그나마 다행입니다. 다음을 보십시오.

> 너희가 나의 말에 머무르면 참으로 나의 제자가 되고 진리를 알게 될 것이요, 진리가 너희를 자유롭게 할 것이다(표준새번역).

> 너희가 내 말을 마음에 새기고 산다면 너희는 참으로 나의 제자이다. 그러면 너희는 진리를 알게 될 것이며 진리가 너희를 자유롭게 할 것이다(공동번역).

너희가 내 말대로 살면 참으로 내 제자가 되어 진리를 알게 될 것이며 그 진리가 너희를 자유롭게 할 것이다(현대인의성경).

본문의 구문론적 구조를 살펴보면 우리가 흔히 알고 있는 번역(개역 및 개역개정)이 적절하지 않다는 사실을 확인하게 될 것입니다. 본문을 헬라어 원문대로 번역하자면 다음과 같습니다. "만일 너희가 내 말에 머물러 있다면 정말로 너희는 나의 제자들이다. 그러면 너희가 진리를 알게 될 것이며, 그리고 진리는 너희를 자유케 할 것이다."[1] 보다시피 본문의 구문을 병렬적으로 나열하면 '조건절+주절+약속절+약속절'입니다. 모두 4개의 절이 의미론적으로 긴밀하게 연결되어 있습니다. 다시 구문론적 계급 구조로 표현하자면 다음과 같습니다.

조건절	만일 너희가 내 말(로고스) 안에 머물러 있다면
주절	정말로 너희는 나의 제자들이다.
약속절 (1)	그러면 너희가 진리를 알게 될 것이며,
약속절 (2)	그리고 진리는 너희를 자유케 할 것이다.

따라서 기독신학대학원의 교훈은 위 두 개의 약속절 중 마지막 하나로 구성되어 있으며, 이 약속절의 의미는 바로 앞선 약속절 그리고 이 약속절들이 들어 있는 좀더 커다란 문맥인 조건절과 주절에 대한 이해에 의존하고 있다는 사실이 분명해집니다.

토라 영성: 말씀 안에 거하는 삶

본문의 환경과 문맥의 구성을 살펴보겠습니다. 요한복음의 저자는 먼저 예수님이 유명한 말씀("너희가 내 말에 거하면 내 제자가 되고, 진리를 알게 될 것이며 진리가 너희를 자유케 하리라")을 하시던 당시의 대상이 믿는 유대인들이 아니라 과거에 '믿었던' 유대인들이라고 밝힙니다.[2]

그들은 한때 예수님의 말씀을 듣고 그를 믿었으며, 예수님의 제자가 되기도 했던 자들이었습니다. 그러나 지금은 예수님께 적대적인 태도를 보이는 자들입니다. 이러한 해석은 그들이 예수님을 향해 취했던 태도가 매우 적대적이었다고 요한복음의 저자가 말하는 것으로 미루어 볼 때 분명해집니다(33절). 심지어 그들은 예수님을 죽이려고까지 했습니다(37, 40, 59절).

따라서 본문은, 한때 자기를 따랐던 자들이 떠나게 된 이유에 대하여 예수님이 말씀하고 있는 문맥 안에 자리잡고 있습니다.

다시 말해서, 우리가 살펴보는 본문 31-32절을 포함하고 있는 전후 단락은(8:12-59) 양식비평학적으로 법률적 담론 legal discourse 형태를 취하고 있다는 것입니다. 법률적 담론 형태라 함은, 이 단락이 '예수를 믿었던 자들'이라고 불리는 많은 유대인들이 정말로 '믿었던 자들'인지, 그리고 왜 그들이 그 믿음에서 떠나게 되었는지에 관해 예수님이 엄밀하게 조사하는 내용을 담고 있다는 말입니다.

좀더 쉽게 이야기하자면, 예수님이 유명한 말씀(31, 32절)을 하시게 된 동기와 배경은 다음과 같습니다. 본문에 의하면, 처음에는 예수님을 믿고 열심을 내어 그분을 따르는 유대인들이 많았던 것 같습니다. 그러나 시간이 흐르면서 그들 가운데 예수 그리스도를 하나님의 아들로 믿는다고 하면서도, 동시에 그들의 오래 된 종교인 유대주의를 벗어나지 못하는 사람들이 있었습니다. 그래서 그들 가운데 예수님에 대한 믿음으로부터 낙오하는 사람들이 생기게 되었고, 심지어 예수님에 대해 적대적 감정을 품는 사람까지도 생기게 되었습니다.

따라서 31-32절 말씀은, 진정으로 그분의 제자가 된다는 것이 무엇이며 예수님을 믿는다는 것은 무엇을 의미하는지에 관해서 깊은 성찰과 반성을 촉구하는 내용을 담고 있습니다. "너희는 계속적으로 내 말에 거하라"는 강력한 권고인 셈입니다.

다시 말해서 예수님은 신앙 공동체에게 '신앙의 견인' perseverance of faith의 필요성을 말씀하고 있는 것입니다.

위에서 언급했던 대로, 신앙의 견인의 필요성을 말씀하시는 구절은 조건절과 주절, 그리고 두 개의 약속절로 구성되어 있습니다.

먼저 조건절 형식을 살펴보겠습니다. "너희가 내 말(로고스) 안에 머물러 있다면…" 다시 말해서 "너희가 오직 내 가르침 가운데로만 걸어가며, 내가 가르친 길(가르침) 외의 다른 곳으로 가도록 하는 온갖 유혹과 환난을 견디어 낸다면…"이란 뜻입니다. 그리고 이러한 조건절에 대한 주절에서 예수님은 말씀하십니다. "그러면 '정말로'(진짜로, ἀληθῶς) 너희는 나의 제자들이다." 이것은 제자가 되는 것이 무엇을 의미하는지를 분명하게 알리시는 '제자도의 선언문'입니다.

예수님의 진정한 제자가 되는 자격 요건이 무엇입니까? 무엇이 사람으로 하여금 예수님의 참 제자가 되게 합니까? 그분은 분명히 말씀하십니다. "내 말이 너희 안에 머무르면…" 예수님 말씀에서 떠나지 않는 삶, 그분의 가르침을 존중하는 삶이 참 제자의 특성이라는 것입니다.

구약 성경은 이것을 가리켜 '토라 경건'敬虔, Torah Piety 혹은 '토라 영성'靈性, Torah Spirituality이라고 부릅니다. 삶의 참다운 지혜를 가르치는 교훈시로 알려진 시편 1편은 장엄하고 즐거운 마음으로 '토라 영성'을 다음과 같이 표현하고 있습니다.

"진정으로 행복한 사람은 자신의 즐거움을 야웨의 토라 안에 두고, 밤낮으로 야웨의 토라를 읊조리는 사람이다"(2절). 자신의 궁극적인 삶의 즐거움을 야웨 하나님의 토라('가르침', '율법') 안에서 찾는 경건! 그리고 밤낮으로—밝을 때든 어두울 때든, 정상에 있을 때든 삶의 깊은 계곡 속에 있을 때든, 성공할 때든 실패할 때든—한결같이 야웨의 토라를 읊조리고 그분의 인도함을 기다리는 영성! 아니 "주의 말씀은 내 발의 등이요 내 길의 빛입니다"(시 119:105)라고 말하는 '토라 경건', '토라 영성'을 지금 예수님이 말씀하시는 것입니다.

그렇습니다. "너희가 내 말 λογος 안에 머물러 있다면…" 다시 말해서 "너희가 오직 내 가르침 가운데로만 걸어가며, 내가 가르친 길 דרך 외의 다른 곳으로 가도록 하는 온갖 유혹과 환난을 견디어 낸다면, 정말로(진짜로, ἀληθῶς) 너희는 나의 제자들이다"라는 것입니다.

진리: 하나님에 대한 지식

이러한 경건과 영성을 가진 제자들에게 주어진 '약속'이 우리가 여기서 집중적으로 고찰하려고 하는 본문(32절)입니다. 다시 말해서 오늘의 본문(32절)은 예수의 진짜 제자—가짜 제자, 사이비 제자가 아닌—들에게 주어진 놀라운 '약속'입니다. "그러면 너희가 진리를 알게 될 것이며, 그러면 진리가 너희를 자유케 할 것이다."

무엇이 진리입니까? 이것은 빌라도의 저 유명한 질문을 연상케 합니다(요 18:38). 요한복음에 의하면, 분명히 예수 그리스도 자신이 진리입니다(요 14:6). 그리고 그가 하나님과 이 세상에 대해 증거하고 있는 모든 것이 진리입니다.

여기서 말하는 진리는 모든 인류가 추구하는 객관적이고 보편적인 가치 체계를 말하는 것이 아닙니다. 여기서 말하는 진리란 '하나님에 대한 신뢰할 만한 지식' trustworthy knowledge of God입니다.

다시 말해서 진리란 하나님이 예수 그리스도를 통해 나타내신 것과 그분에 대한 '앎'을 포함합니다. 따라서 진리란 하나님을 온몸으로 알고 인격적으로 아는 것이며, 본문은 예수님의 말씀에 지속적으로 거하는 자들에게만이 그러한 진리, 즉 하나님께 대한 믿음직스럽고 신뢰할 만한 '앎'이 참 제자들에게 주어질 것이라고 약속하는 것입니다.

그렇다면 우리가 어떻게 하나님을 온몸으로 '알' 수 있습니까? 어떻게 우리가 진리를 알게 됩니까? 오직 예수 그리스도의 말씀 안에 거하고 행할 때에, 우리는 하나님에 대한 신뢰할 수 있는 앎과 지식을 얻게 될 것입니다. 이것이 예수 그리스도가 "내가 곧 길이요 진리요 생명이다"라고 말씀하신 뜻이기도 합니다. 진리는 이처럼 예수 그리스도라는 분을 떠나서는 이해될 수 없는 것입니다.

다시 말해서 아무리 힘들고 어려워도 예수님의 말씀 안에만 거하고 그 길을 떠나 다른 길로 가지 않는 사람들―진짜 제자들―에게 길과 진리와 생명이 주어질 것이라는 약속입니다.

자유: 전적으로 의존하는 삶

예수님은 말씀하십니다. "참된 제자에게는 '진리' ἀλήθεια를 알게 되는 약속이 주어졌으며, 진리를 알게 되면 '자유함'을 얻게 된다." 자유란 어떤 것에도 얽매이지 않는 자율 自律, autonomy을 말하는 것이 아닙니다. 여기에서 말하는 자유란 '해방' 解放, liberation을 말합니다. 인간으로 하여금 진정으로 인간 되지 못하게 하는 온갖 종류의 얽매임과 속박으로부터 해방되는 것을 말합니다. 다시 말해서 '진리'를 알게 되면, 하나님의 '길'을 알게 되면, '빛'을 알게 되면, 죄와 욕심으로 인해 갇혀진 우리의 일그러진 영혼이 해방될 수 있다는 것입니다. 진리는 이처럼 '구원하는 능력' salvific power이며, '해방시키는 힘' liberating force을 가집니다.

하나님께 전적으로 의존하는 삶에는 진정한 자유와 해방이 있습니다. 그런 사람은 아무 것도 소유하지 않아도 모든 것을 소유하는 사람입니다. 우리는 어둠 속에서 헛손질 할 때가 많습니다. 좀더 많은 것을 가지려고, 좀더 높은 곳에 오르려고, 좀더 넓은 방을 가지려고 헛손질할 때가 많습니다. 그러나 그것은 스스로를 속박하는 어리석은 일입니다. 그러한 몸부림 안에 스스로를 가두어 놓는 우매한 일입니다.

진정한 자유는 자신의 어두운 감옥으로부터 해방되는 것입니다. 자유함은 이처럼 사람을 공개적·공적으로 만듭니다. 이것이 빛 되신 '하나님의 면전' *coram deo*에서 사는 삶으로, 투명하고 깨끗하고 공개적으로 살 수 있는 '삶의 방식' *modus vivendi*이어야 함을 의미합니다. 빛 가운데서 사는 사람, 진실을 말하며 사는 사람, 정의를 추구하며 사는 사람들은 '진정으로 사는 삶'이 가져다 주는 신성하고 신선한 자유함을 누릴 것입니다. 이것은 진정한 제자가 되기를 원하는 사람들에게 주신 예수님의 약속입니다.

실질적 유혹들

마지막으로 '자유를 주는 진리'를 유지하려고 할 때 직면하게 될지도 모르는 세 가지 실질적 유혹, 혹은 세 가지 어려움에 대해 말함으로써 마무리 짓겠습니다.

첫째, 진실과 진리를 말하려는 용기를 계속 유지하기가 어렵다는 것입니다.

갈등이나 비난 심지어 우정을 상실하는 게 두려워서 진리와 진실을 말하지 못하게 되는, 이런 결과를 초래하는 온갖 종류의 압력이 있습니다. 사람들은 오래 사귀면 그 사람을 정말로 잘 알게 된다고 생각합니다. 그러나 설교자로서 제가 경험하기로는, 사람(교인)을 깊이 알게 되면 그들을 상대로 설교하기가 참 어려워집니다. 누군가와 친숙해지면 그 사람은 더 이상 내가 아는 그저 그런 얼굴이거나 단지 기억하는 정도의 얼굴이 아니기 때문입니다. 그들은 내가 친밀하고 친숙하게 아는 사람들이 되기 때문입니다.

다시 말해서 내가 그들의 고민, 문제, 상처, 심지어는 그들이 저지른 죄들도 모두 알게 될 것입니다. 그런데 주일에 이런 저런 것에 대해 설교하거나 말하게 되면, 그 사람은 상처를 입거나 마음이 상하게 될지도 모릅니다. 설교자가 어떤 것을 이야기하든 그 사람은 마음의 상처를 입게 될지도 모릅니다. 설교자가 말하는 모든 내용이 자기에 관한 것처럼 생각되기 때문입니다. 즉, 사람을 가까이 알면 알수록, 그리고 그 사람의 속사정과 문제들을 알면 알수록, 설교자는 그 사람을 향해서 진실을 말하기가 쉽지 않을 것입니다. 그래서 반드시 말해야 할 진실을 말하지 못하는 경우가 생길지도 모릅니다.

예를 들어, 여러분이 잘 아는 어떤 교회의 영향력 있는 장로님이 여러분과 동행하게 됐는데 그분이 여러분이 갖고 있는 도덕적 입장과 너무나 다르게 말하거나 행동할 때, 여러분은 양심을 걸고 그분에게 진실을 말할 수 있겠습니까? 아마도 쉽지 않을 것입니다. 신학교에서도 마찬가지입니다. 의로움과 정의의 나라인 하나님 나라를 위해 사역할 목회자를 양성하는 진리의 전당 신학교에는 진실과 정직함이 꽃피어야 합니다. 진리이신 예수 그리스도 안에 사는 사람들은 진실만을 말하고 '참됨'을 추구해야 합니다. 사단은 거짓의 아비이기 때문에, 신학교에서는 어떠한 종류의 거짓이라도 멀리해야 할 것입니다. 목적과 아울러 과정도 선해야 합니다.

그렇습니다. 진실과 진리가 없는 곳에서의 자유는 점차 사라진다는 사실을 기억하십시오. 물론 그렇다고 황소처럼 아무 것이나 들이받으라는 말은 아닙니다. 오히려 뱀처럼 지혜롭고 비둘기처럼 순결하라고 권고하겠습니다. 진리가 말해지지 않는 곳의 자유는 소멸될 것입니다. 진실만을 말하는 습관을 기르십시오. 진리만을 추구하는 사람이 되십시오. 진리의 본체 되시는 하나님을 두려워하고 결코 사람을 두려워하지 마십시오.

두 번째 유혹은 진리를 좁히려는 유혹입니다. 여러분이 모두 잘 아는 주석학적 언급을 하겠습니다. 본문에서 말씀하시는 예수님은 만물이 그로 말미암아 창조함 받은, 성육신하신 로고스 Logos입니다. 그러므로 진리는 창조와 구속의 영역만큼이나 넓은 것입니다. 결코 진리를 축소하지 마십시오. 진리를 왜소하게 만들지 마십시오. 진리를 몇 가지 교훈적 명제들이나 도덕적 구호들로 환원시키지 마십시오.

칼빈은 말합니다. 진리가 어디에서 발견되든지 그 진리를 무시하지 말라고. 진리를 무시하는 것은 게으름의 죄를 짓는 것이며, 하나님이 드러내시는 것을 아는 데 우리의 에너지를 사용하지 않는 죄이기도 합니다. 학문하는 사람들에게 있어서 진리를 추구하는 것은 최고의 덕입니다. 땀을 흘리고 밤을 지새우며 진리를 찾아야 합니다. 특히 신학을 공부하는 사람들은 하나님의 진리를 발견하기 위하여 부단히 애쓰고 간절히 소망해야 합니다. 그 진리가 어느 곳에서 발견되든지 두려워하지 마십시오.

진리를 축소시키고 좁히려는 유혹에 대한 한 가지 예를 들겠습니다. 저는 여러분이 과학을 비롯한 다른 학문들에 대해 얼마나 잘 알고 있는지 모릅니다. 그러나 여러분들은 항상 자신의 한계성을 인식하기를 바랍니다. 저는 신학이 아닌 다른 분야의 학자들과 저자들, 예를 들어 크리스천 과학자들, 예술가들, 문학가들을 직·간접적으로 만나 대화해 본 적이 있습니다. 그런 경험을 통해서 내 자신의 한계성을 뼈저리게 배울 수 있었습니다.

무식하게 신적神的 권위를 부리지 마십시오. 즉 하나님 말씀의 진리를 어리석음의 선언문으로 만들지 말라는 것입니다. 우리의 고집이나 아집으로 인해 하나님 말씀의 진리를 어리석은 진술로 전락시키지 말라는 것입니다. 여러분의 한계와 경계선을 넘어가지 마십시오.

교회는 하나님의 나라가 아닙니다. 교회 권위의 영역은 경계선이 있다는 말입니다. 물론 교회가 현대 과학이나 그 세계관에 대해 비판할 수 있을 것입니다. 그러나 그렇게 비판할 때에도 여러분은 여러분이 서 있는 그 기반이 단단한지 먼저 살펴보기 바랍니다. 진리가 말해지지 않는 곳에서 자유는 소멸돼 가기 때문입니다. 학문이란 바로 참된 진리 —그것이 어떤 진리이든, 어디에서 발견되는 진리이든 상관없이—를 추구하는 작업이기 때문입니다.

셋째, 진리를 이념화(이데올로기화)시키려는 유혹에서 벗어나야 합니다. 점점 더 파쇄破碎되고 복잡해져 가는 사회에서는 진리를 하나의 이념으로 바꾸려는 유혹이 항상 도사리고 있음을 기억하기 바랍니다. 정치가들이 이러한 유혹에 치명적으로 빨려 들어갈 가능성이 높습니다. 교회 안의 종파적인 지도자들도 마찬가지입니다. 이념이란 진리를 통제하기 위해 시도된 지름길입니다. 여러분 개인의 혹은 집단의 이익을 위한 방향으로 진리를 만들어 가지 마십시오.

여러분 자신들을 위한 제자들을 세우고자 진리를 만들어 가지 마십시오(바울은 교회 안의 진리를 왜곡시켜 자신들을 따르는 제자들을 만들려는 사람들이 앞으로 일어날 것이라고 경고한 적이 있습니다). 우리는 우리가 예수 그리스도를 위한 제자들을 만들기 위해 부르심 받은 것이지, 결코 우리 자신을 위한 제자를 만들기 위해 부르심 받은 것이 아니라는 사실을 기억해야 합니다.

예수님의 관심은 자신의 제자를 만드는 일이었습니다. 그분의 참된 제자, 진정한 제자가 되는 길은 그분이 가르치신 것을 붙잡고, 그 안에 살고, 그 가르침을 주야로 생각하며, 그것에 의해 자신의 인생을 설계하고 자신의 삶을 구성하고 형성해 나가는 것입니다. 다시 말해서 예수님처럼 생각하고, 예수님처럼 말하고, 예수님처럼 행동하고, 예수님처럼 살고, 예수님처럼 죽는 제자가 되는 것입니다. 그러면 그들은 예수님처럼 '다시 살 것' 復活입니다.

이것이 우리의 주님이 우리에게 배당해 주신 놀라운 임무입니다. 그리고 그분은 약속하십니다. "너희가 내 말씀(나의 가르침) 안에 거하면, 정말로 너희는 나의 제자들이다. 그러면 너희가 진리를 알게 될 것이며, 진리는 너희를 자유케 할 것이다."

그리스도 안에서 한 형제 자매 된 여러분!

그분을 믿으십시오.

진리를 값싸게 팔지 마십시오.

자유를 값싸게 팔지 마십시오.

진리와 자유를 널리 알려 축하하고 충만하게 누리십시오.

은총 11

"마리아야, 울지 마라"
요한복음 20:1-18

첫 날 이른 새벽에 막달라 사람 마리아가 무덤에 가서 보니, 무덤 어귀를 막은 돌이 이미 옮겨져 있었다. 그래서 그 여자는 시몬 베드로와 예수께서 사랑하시던 그 다른 제자에게 달려가서 말하였다. "누가 주님을 무덤에서 가져갔습니다. 어디에 두었는지 모르겠습니다." 베드로와 그 다른 제자가 나와서, 무덤으로 갔다. 둘이 함께 뛰었는데, 그 다른 제자가 베드로보다 빨리 달려서, 먼저 무덤에 이르렀다. 그런데 그는 몸을 굽혀서 삼베가 놓여 있는 것을 보았으나, 안으로 들어가지는 않았다. 시몬 베드로도 그를 뒤따라 왔다. 그가 무덤 안으로 들어가 보니, 삼베가 놓여 있었고, 예수의 머리를 싸맸던 수건은, 그 삼베와 함께 놓여 있지 않고, 다른 곳에 따로 개켜 있었다. 그제서야 먼저 무덤에 다다른 그 다른 제자도 들어가서, 보고 믿었다. 아직도 그들은 예수께서 죽은 사람들 가운데서 반드시 살아나야 한다는 성경 말씀을 깨닫지 못하였다. 그래서 제자들은 자기들이 있던 곳으로 다시 돌아갔다. 그런데 마리아는 무덤 밖에 서서 울고 있었다. 울다가 몸을 굽혀서 무덤 속을 들여다보니, 흰 옷을 입은 천사 둘이 앉아 있었다. 한 천사는 예수의 시신이 놓여 있던 자리 머리맡에 있었고, 다른 한 천사는 발치에 있었다. 천사들이 마리아에게 말하였다. "여자여, 왜 우느냐?" 마리아가 대답하였다. "누가 우리 주님을 가져갔습니다. 어디에 두었는지 모르겠습니다." 이렇게 말하고, 뒤로 돌아섰을 때에, 그 마리아는 예수께서 서 계신 것을 보았지만, 그가 예수이신 줄은 알지 못하였다. 예수께서 마리아에게 말씀하셨다. "여자여, 왜 울고 있느냐? 누구를 찾느냐?" 마리아는 그가 동산지기인 줄 알고 "여보세요, 당신이 그를 옮겨 놓았거든, 어디에다 두었는지를 내게 말해 주세요. 내가 그를 모셔 가겠습니다" 하고 말하였다. 예수께서 "마리아야" 하고 부르셨다. 마리아가 돌아서서 히브리 말로 "라부니" 하고 불렀다. (그것은 '선생님'이라는 뜻이다.)

Don't Cry, Mary!

주간의 첫날 이른 새벽에 막달라 사람 마리아가 무덤에 가서 보니,
무덤 문을 막은 돌이 이미 옮겨져 있었다. 그러므로 그 여자는 뛰어서,
시몬 베드로와 예수께서 사랑하시던 그 다른 제자에게로 가서
"누가 주님을 무덤에서 가져갔습니다. 어디에 두었는지 모르겠습니다" 하고
말하였다. 베드로와 그 다른 제자가 나와서, 무덤으로 갔다.
… 그런데 마리아는 무덤 밖에 서서 울고 있었다.
울다가 몸을 굽혀서 무덤 속을 들여다보니, 흰옷을 입은 두 천사가 앉아 있었다.
한 천사는 예수의 시신이 놓여 있던 자리 머리맡에 있었고,
또 한 천사는 발치에 있었다. 천사들이 마리아에게 말하였다.
"여인아, 왜 우느냐?" 마리아가 대답하였다.
"누가 우리 주님을 가져갔습니다. 어디에 두었는지 모르겠습니다."
이렇게 말하고 뒤로 돌아섰을 때에, 마리아는 예수께서 서 계신 것을 보았지만,
그분이 예수이신 줄은 알지 못하였다.
예수께서 마리아에게 말씀하셨다. "여인아, 왜 울고 있느냐? 누구를 찾느냐?"
마리아는 그가 동산지기인 줄로 알고 "여보세요, 당신이 그분을 옮겨갔거든,
어디에 두셨는지를 말해 주십시오. 내가 그분을 모시겠습니다" 하고 말하였다.
예수께서 "마리아야!" 하고 부르셨다. 마리아가 돌아서서,
히브리 말로 "라부니!" 하고 불렀다(그것은 '선생님!'이라는 뜻이다).
… 막달라 사람 마리아는, 자기가 주를 보았다는 것과,
주께서 자기에게 이런 말씀을 하셨다는 것을, 제자들에게 가서 전하였다.

_ 요한복음 20:1-18, 표준새번역

예수님의 부활은 우리의 마음을 부수는 사건입니다. 예수님의 십자가는 우리의 가슴을 부수는 사건입니다. 예수님의 빈 무덤은 우리의 마음을 부서뜨리는 사건입니다.

우리의 마음과 가슴은 함께 부서질 필요가 있습니다. 그래야만 우리는 부활절을 경험할 수 있습니다. 그래야만 우리는 부활절의 기쁨을 경험할 수 있습니다.

빈 무덤이 의미하는 것

부활절의 기쁨, 그것은 어떤 기쁨인가요?
- 이 기쁨은 결코 작은 의미의 기쁨이 아닙니다.
- 이 기쁨은 결코 순간적인 의미의 기쁨도 아닙니다.
- 이 기쁨은 우주적인 의미에서의 기쁨입니다.
- 세상을 감싸는 한없는 기쁨입니다.

부활의 사람들로서 우리는 기뻐하고 가슴 벅차 하는 백성입니다. 왜냐하면 우리는
- 하나님이 모든 것을 통제하고 계시다는 것을 알기 때문입니다.
- 아무 것도 하나님을 좌절시킬 수 없다는 것을 알기 때문입니다.
- 예언자들의 모든 약속이 결국 이루어진다는 것을 알기 때문입니다.
- '새 하늘과 새 땅'이 있을 것임을 알기 때문입니다.

물론 우리에게는 슬픔 또한 있다는 것도 압니다. 그러나 슬픔 아래서도 우리는 즐거워하고 기뻐합니다. 왜냐하면
- 우리는 이야기의 결국을 알기 때문입니다.
- 우리는 구주 예수님이 살아나셨다는 것을 알기 때문입니다.
- 우리는 무덤이 비었다는 사실을 알기 때문입니다.

그리고 빈 무덤은 우리에게
- 세상 일들이 우리에게 달려 있지 않다는 것을 가르칩니다.
- 우리가 예수님을 돌볼 필요가 없다는 것을 가르칩니다.
- 우리가 예수님에 대해 걱정할 필요가 없다는 것을 가르칩니다.
- 예수님이 자신의 문제를 다 처리하실 수 있다는 것을 가르칩니다.
  이 얼마나 감사한 일인지요!

빈 무덤은 우리에게
- 우리가 예수님을 지켜야 할 필요가 없다는 사실을 가르칩니다.
- 우리가 예수님을 보호할 필요가 없다는 것을 가르칩니다.
- 우리가 예수님을 변호할 필요가 없다는 것을 가르칩니다.
- 우리가 마음 편히 기뻐할 수 있다는 사실을 가르칩니다.

여러분과 나는 우리의 '믿음'信仰을 위하여 열심히 노력합니다.
- 우리는 신앙에 대해 고민합니다.
- 우리는 신앙에 대해 갈등합니다.
- 우리는 하나님 나라의 도래가 우리에게 달려 있다고 생각합니다.

그러나 빈 무덤은 우리에게 이렇게 말해 줍니다.
- 하나님의 사람들이여, 긴장을 풀고 편안하게 앉으십시오.

- 하나님이 스스로 자신의 나라를 이루실 것입니다.
- 하나님은 자신의 시간과 자신의 장소에 자신의 나라를 세우실 것입니다.
- 당신들이 할 수 있는 일이라곤 아무 것도 없습니다!

특별히 열심 있는 그리스도인들에게 있어서, 긴장을 풀고 편하게 있는 것은 힘든 일일 것입니다. 다른 사람이 그렇게 있는 모습을 보는 것도 견디기 힘들지 모릅니다.

왜냐하면 우리는 마치 "오 주님, 나는 당신의 종입니다. 제발 저를 잊지 말아 주십시오. 제가 새벽녘에 태양을 떠오르게 할 것입니다"라고 기도하는 수탉과 같기 때문입니다.

긴장을 풀고 편하게 있는 것은 힘든 일일 것입니다. 왜냐하면 우리는 마치 "오 주님, 내가 집을 지키고 있습니다. 제가 여기 있지 않으면 누가 이 집을 지키겠습니까? 누가 당신의 양떼를 돌보겠습니까? 누가 저처럼 충성스럽게 집을 지키겠습니까? 주님과 저 외에 누가 '충실'이란 말의 의미를 이해하겠습니까?"라고 기도하는 개犬와 같기 때문입니다.

빈 무덤은 그러한 기도들과 노력들에 대한 하나님의 강력한 "NO"입니다. 빈 무덤은 우리에게

- 우리가 없다고 해도 태양계는 함몰陷沒하거나 꺼져 버리지 않는다
- 우리가 없다고 해도 교회가 쓰러지는 것은 아니다

라는 것을 말해 주고 있습니다.

우리는 예수님을 위해 무엇인가를 반드시 하고 싶어합니다. 우리에게는 그분을 변호해 드리고 싶은 마음이 강렬합니다. 우리는 그분을 잘 보살펴 드리기를 원합니다. 그러나 빈 무덤은 크게 선언합니다.

- 그런 일은 필요 없다!

- 우리는 예수님을 잘 보살펴야 할 필요가 없다.
- 예수님은 우리의 도움을 필요로 하시지 않는다
- 예수님은 스스로를 잘 추스르신다.

시작도 결말도 그분이 하신다

무덤이 텅 비어 있습니다.
- 가서 보십시오.
- 막달라 마리아와 함께 가 보십시오.
- 주의 날 이른 아침에 그녀를 따라 무덤으로 가 보십시오.
- 아직 어둠으로 덮여 있는 이른 새벽에 무덤으로 가 보십시오.

왜 마리아는 그곳에 갑니까? 예수님의 시신에 향유를 바르기 위해서가 아니었습니다. 이미 아리마대 요셉과 니고데모가 성 금요일에 향유를 발랐었습니다. 그들은 약 75파운드나 되는 몰약과 침향沈香을 주님의 몸에 발랐습니다. 그렇다면 마리아는 왜 무덤에 갔을까요?
- 애곡하러 간 것입니다.
- 가장 가깝고 가장 사랑했던 사람으로서의 의무를 행하기 위함이었습니다.
- 무덤 곁에 앉아 주님의 죽음을 슬퍼하기 위해서였습니다.
- 예수님을 위해 무엇인가를 하기 위해서 간 것이었습니다.

그러나 그곳에 이르렀을 때
- 그녀는 그렇게도 하기 원했던 일을 할 수 없다는 것을 알게 됩니다.
- 그녀는 이미 돌이 치워져 있으며, 시신이 없어졌다는 것을 알게 됩니다.

마리아는 무덤이 도굴되었다고 생각했습니다. 아리마대 요셉과 니고데모가 매우 값비싼 향료로 예수님의 시신을 쌌기 때문에 무덤 도굴꾼들이 이 값비싼 향료를 훔치기 위해 무덤을 열었을 것이라고 생각한 것입니다.

무덤이 빈 것을 발견한 마리아는 베드로와 요한에게로 달려갑니다. 그리고 소식을 전합니다. "사람들이 주님의 시신을 치웠습니다. 그들이 어디에 두었는지 모르겠습니다." 그러자 제자들이 무덤으로 급히 달려갔습니다. 왜냐하면

- 그들 역시 예수님을 위하여 무엇인가를 해야 한다고 생각했기 때문입니다.
- 그들은 예수님이 살아 계실 때 그분을 위해 하지 못했던 것을 지금이라도 하기를 원했기 때문입니다.
- 지금 그들은 돌아가신 예수님을 보호하기를 원하고 있는 것입니다.

베드로와 요한은 무덤에 도착하여 무덤이 텅 비었다는 사실을 발견하고 아연실색하지 않을 수 없었습니다. 그러나 완전히 텅 빈 무덤은 아니었습니다. 요한이 허리를 굽혀 무덤 안을 들여다보았을 때, 그곳에는 예수님의 몸을 쌌던 천과 머리를 싸매었던 천이 고스란히 놓여 있었습니다.

베드로도 무덤 안으로 들어가 동일한 것을 보았습니다. 예수님의 몸을 쌌던 천과 머리를 싸매었던 천이 푹 꺼져 있긴 했지만, 원래 싸맸던 모습 그대로 고스란히 그 자리에 놓여 있는 것을 보았습니다. 이것이 베드로와 요한이 본 것입니다.

- 그들은 예수님의 시신을 안치했던 넓적하고 두꺼운 석판石板을 보았습니다.
- 그들은 예수님의 몸을 쌌던 천이 그 자리에 그대로 있는 것을 보았

습니다.
- 그들은 예수님의 머리를 싸맸던 천이 그 자리에 그대로 있는 것을 보았습니다.
- 그들은 예수님의 시신을 쌌던 것들이 원래의 상태대로 놓여 있는 것을 보았습니다.
- 그러나 그들은 그것들이 더 이상 예수님의 몸을 싸고 있지 않음을 보았습니다.
- 예수님의 몸은 수의壽衣를 건드리지 않고 그대로 통과하셨던 것입니다.

빈 무덤과 텅 빈 수의에 관한 이야기는, 예수님을 인간의 보호와 구금拘禁과 관리 아래 두려는 모든 노력에 대한 하나님의 불호령 같은 "NO"입니다.

이 이야기는 마리아와 베드로와 요한에게 말씀하신 것처럼 우리에게도 말씀하십니다. "당신들은 예수님이 여러분의 도움과 보호를 필요로 한다고 생각하는 것 같은데, 천만의 말씀이오. 예수님은 여러분의 도움이 없어도 스스로를 추스르시는 분입니다!"

무덤은 비었습니다.
- 자, 이제 의자를 뒤로 젖히고 편하게 앉아 즐거운 마음으로 기뻐하십시오.
- 하나님의 백성이여, 서성거리지 말고 앉으십시오.
- 하나님은 자신의 때에, 자신이 원하시는 곳에 자신의 나라를 세우실 것입니다. 당신들이 할 수 있는 일이라고는 아무 것도 없습니다. 그분이 시작하시고, 그분이 진행하시고, 그분이 결말을 내십니다.

무덤에 남은 능력의 증거

빈 무덤이 선포하는 메시지, 빈 수의가 전하는 메시지는 한 단어로 요약될 수 있을 것입니다. 바로 '은혜' GRACE입니다.
- 은혜는 하나님이 우리를 위하여 베푸시는 것입니다.
- 은혜는 하나님이 우리에게 내려 주시는 것입니다.
- 그러므로 은혜는 종교와는 반대되는 것입니다.

왜냐하면 종교는 우리가 하나님을 위하는 것이기 때문입니다. 종교는 우리가 하나님께 드리는 것이기 때문입니다.
- 종교는 우리가 피우는 냄새가 좋다는 것을 하나님께 보여 드리려는 시도로써 그 의도는 좋으나 방향을 잘못 잡은 인간의 노력입니다.
- 종교는 하나님의 호의를 얻어내려는 우리의 제의祭儀와 의식儀式들과 의례儀禮들과 의무들과 도덕성들의 연락망이라 할 수 있습니다.
- 종교는 하나님의 면전에 올라가려는 인간의 '사닥다리' 입니다.

그러나 은총과 은혜는 그와 정반대입니다.
- 은혜는 하나님이 우리를 잡아 올리기 위해 내리시는 '밧줄' 입니다.
- 은혜의 삶이란 하나님이 모든 것을 정상적으로 움직여 가신다는 사실을 믿는 단순한 믿음의 삶입니다.
- 은혜의 삶은, 우리의 할 일이 오직 "감사합니다!"라고 말하는 것임을 단순하게 믿는 삶입니다. 그리고 입을 다무는 삶입니다.

요한과 베드로는 무덤으로 달려갔습니다.
- 그들은 예수님을 위해서 무언가 하기를 원했기 때문입니다.
- 그들은 예수님의 시신을 보호하고자 했던 것입니다.

빈 무덤이 선포하는 메시지, 빈 수의가 전하는 메시지는
한 단어로 '은혜'입니다. 은혜는 하나님이
우리를 위하여 베푸시는 것입니다.

그들이 도착하였을 때, 요한은 증거를 관찰했습니다. 그리고 재빨리 생각했습니다. 그리고 믿었습니다. 무엇을 믿었단 말입니까? 무덤 도굴꾼이 아니라 하나님이 일하신다는 것을 믿었습니다.

만일 도굴꾼들이었다면, 그들은 값비싼 향료를 훔치기 위해 예수님의 몸에서 수의를 벗겼을 것입니다. 그러다 보면 무덤 안은 온통 어지럽게 난장판이 되었을 것입니다. 그렇지 않으면, 아예 깨끗하게 시체를 가지고 도망갔을 것입니다.

그렇습니다. 무덤 안을 난장판으로 만들어 놓든지, 아니면 무덤 안의 모든 것을 다 가지고 나가든지 했을 것입니다. 그러나 그러한 일들은 벌어지지 않았습니다. 예수님의 시신을 쌌던 세마포는 그대로 가지런히 놓여 있었습니다. 요한은 자신이 기대했던 것을 보지 못했습니다. 요한은 인간의 욕심과 탐욕의 증거를 보리라 예상했었습니다.

그러나 지금 요한이 보고 있는 것은 '하나님의 능력의 증거' 입니다. 요한은 자신이 하고 싶어했던 일을 지금 할 수가 없습니다. 그는 죽은 예수님의 위엄을 보전하기를 원했었습니다. 그러나 하나님은 이미 이 문제를 다 처리하셨습니다.

이 이야기 중 이 시점에 이르러, 베드로와 요한은 배경 속으로 들어가고 그 대신 막달라 마리아가 부활절 아침의 빛 아래로 들어옵니다.

· 그녀는 무덤 밖에 서서 울고 있습니다.
· 그녀는 일곱 귀신 들렸던 자신을 고쳐 주신 분의 죽음 때문에 울고 있었습니다.

그녀는 울면서 무덤 안을 들여다보았습니다. 그리고 흰옷을 입은 두 명의 천사를 보게 됩니다. 그들이 물었습니다. "왜 여기서 우느냐?" 마리아는 "내가 여기에 온 목적을 이룰 수 없기 때문입니다. 내 주님의 죽음에 대해 슬퍼하고 있는 것입니다"라고 대답하였습니다.

이렇게 말한 후에 그녀는 뒤를 돌아다보았습니다. 눈물을 흘리는 그녀의 눈에 정원을 돌보는 사람처럼 보이는 한 사람이 들어왔습니다. 그가 또 묻습니다. "왜 여기서 우느냐?"

마리아는 앞서 천사들에게 말했던 대로 대답했습니다. "만일 당신이 주님의 시신이 어디에 있는지 알면 제발 이야기해 주십시오. 그러면 내가 이곳에 와서 하고자 했던 일을 할 수 있을 것입니다. 제가 그 일을 하기를 원합니다."

그녀의 요청에 대한 대답 대신 예수님은 그녀의 이름을 부릅니다. "마리아야!"

· 이것이 그분이 하신 말씀 전부입니다.

· 아니 이것이 그분이 그녀에게 말씀하셔야 했던 모든 것입니다.

마리아는 그 목소리를 절대 모를 수가 없었을 것입니다. 어떤 목소리입니까? 일곱 귀신을 쫓아내실 때 불렀던 그녀의 이름이 아닙니까? 그녀는 그 목소리를 어디에서 듣더라도 알 수 있었을 것입니다. 자신의 일생을 바꾸어 놓았던 그 목소리! 죽음의 세계에서 재생의 길로 들어서게 하셨던 그 목소리를 말입니다. 아, 어찌 그분의 목소리를 잊을 수 있으리오!

이제 그 목소리는 그녀의 가슴속을 꼭 막고 있던 슬픔의 무거운 돌문을 굴려 내고 있습니다. 그리고 그 목소리는, 예수님이 죽은 자들 가운데서 다시 사셨다는 것을 그녀에게 확신시켜 주고 있습니다.

이 장면이야말로 성경에 기록된 여러 감동적인 장면들 중에서도 단연 압권일 것입니다. 예수님은 마리아의 뒤에 조용히 서 계십니다.

부활하신 예수님이 정원지기인 줄 알고 그에게 간곡히 부탁하는 마리아의 탄원을 다시 들어 보십시오. "당신이 어디에 그분을 두었는지 제발 말씀해 주십시오. 내가 그분을 가져가겠습니다." 이후 들려온

- 부드럽고 매우 인간적인 예수님의 부르심, "마리아!"
- 마리아의 갑작스런 인식과 눈 뜸, "나의 랍비여!"
- 마리아의 외마디 외침, "나의 선생님!"
- 그리고 기쁨의 눈물
- 그리고 경배… 이보다 더 아름답고 이보다 더 부드러운 장면이 어디에 있겠습니까?

영원히 사라진 어둠

요한복음에는 저녁이나 밤의 장면들이 많이 나옵니다.
- 니고데모는 밤에 예수님을 찾아옵니다.
- 대제사장들과 바리새인들이 예수님을 죽이려는 음모를 꾸미고 있을 때, 예수님은 마리아와 마르다와 나사로의 집에서 저녁 식사를 하고 계십니다.
- 예수님이 자신이 배반당하실 것을 예보豫報하신 최후의 만찬 때에도 밤은 깊어 가고 있었습니다.
- 유다가 군인들을 이끌고 겟세마네 동산으로 예수님을 잡으러 왔을 때도 역시 밤이었습니다.
- 예수님이 십자가에 못 박히신 직후, 백일白日이 무광無光하며 천지를 덮었던 어두움을 기억할 것입니다.

이것들은 모두 어두움으로 덮인 장면들입니다.

그러나 그 어두움이 지나가면 더 이상 밤은 없습니다. 어두움은 과거입니다. 아무리 세상이 어두워 보인다 하더라도, 그리스도는 이 세상을 통제하고 계십니다.

볼 수 있는 눈을 가진 사람들, 그리고 믿을 수 있는 가슴을 가진 사람들에게 다시는 어두움이 없을 것입니다. 결코 그들에게는 진짜 어두움, 참으로 숨막히게 하는 암흑은 더 이상 존재하지 않을 것입니다.

 왜냐하면 빛이 어두움을 극복하였기 때문입니다. 왜냐하면 광명이 흑암을 정복하였기 때문입니다!

 · 이것이 부활의 메시지입니다.
 · 이것이 부활절의 약속입니다.

밤은 영원히 사라졌습니다. 태양과 같이 그리스도가 떠오르셨습니다.

마리아에게 나타나셨던 주 예수님,
그녀의 이름을 부르시고
그녀의 슬픔을 몰아 내신 주 예수님!
우리에게도 오셔서
우리의 이름을 불러 주십시오.
그러면 우리의 가슴속에 기쁨이 가득 찰 것입니다.
아멘.

희망 12

그 사람에게 미래가 있는가?
사도행전 3:1-10

시의 기도 시간이 되어서, 베드로와 요한이 성전으로 올라가는데, 나면서부터 못 걷는 사람을 사람들이 떠메고 왔다. 그들은 성전으로 들어가는 사람들에게 하려고, 이 못 걷는 사람을 날마다 '아름다운 문'이라는 성전 문 곁에 앉혀 놓았다. 그는, 베드로와 요한이 성전으로 들어가려는 것을 보고, 구걸을 하베드로가 요한과 더불어 그를 눈여겨 보고, 그에게 말하였다. "우리를 보시오!" 그 못 걷는 사람은 무엇을 얻으려나 하고, 두 사람을 빤히 쳐다보았다. 베드하기를 "은과 금은 내게 없으나, 내게 있는 것을 그대에게 주니, 나사렛 예수 그리스도의 이름으로 [일어나] 걸으시오" 하고, 그의 오른손을 잡아 일으켰즉시 다리와 발목에 힘을 얻어서, 벌떡 일어나서 걸었다. 그는 걷기도 하고, 뛰기도 하며, 하나님을 찬양하면서, 그들과 함께 성전으로 들어갔다. 사람들그가 걸어다니는 것과 하나님을 찬양하는 것을 보고 또 그가 아름다운 문 곁에 앉아 구걸하던 바로 그 사람임을 알고서, 그에게 일어난 일로 몹시 놀랐이상하게 여겼다.

Hope For The Beggar?

제 구시 기도 시간에 베드로와 요한이 성전에 올라갈 새,

나면서 앉은뱅이 된 자를 사람들이 메고 오니

이는 성전에 들어가는 사람들에게 구걸하기 위하여 날마다 미문이라는 성전 문에 두는

자라. 그가 베드로와 요한이 성전에 들어가려 함을 보고 구걸하거늘,

베드로가 요한과 더불어 주목하여 이르되

"우리를 보라" 하니 그가 그들에게서 무엇을 얻을까 하여 바라보거늘,

베드로가 이르되 "은과 금은 내게 없거니와 내게 있는 이것을 네게 주나니

나사렛 예수 그리스도의 이름으로 일어나 걸어라" 하고

오른손을 잡아 일으키니 발과 발목이 곧 힘을 얻고 뛰어 서서 걸으며

그들과 함께 성전으로 들어가면서 걷기도 하고 뛰기도 하며 하나님을 찬송하니

모든 백성이 그 걷는 것과 하나님을 찬송함을 보고

그가 본래 성전 미문에 앉아 구걸하던 사람인 줄 알고

그에게 일어난 일로 인하여 심히 기이히 여기며 놀라니라.

_ 사도행전 3:1-10, 개역성경

우리가 읽은 성경 본문은 태어나면서부터 앉은뱅이가 된 어떤 사람에 관한 이야기입니다. 참으로 불쌍한 사람입니다. 그것이 정신적인 것이든, 영적인 것이든, 아니면 육체적인 것이든, 어떤 장애를 갖고 이 세상을 산다는 일은 결코 쉽지 않습니다.

어찌 보면 성경에 기록된 장애인들의 삶은 우리의 자화상이며, 우리가 들어야 할 이야기이기도 합니다. 이것은 곧 성서를 신앙 공동체를 위한 정경 正經, Canon으로 받아들인다는 의미입니다. 성경에 기록된 장애인들은 구원이 절대적으로 필요한 사람들입니다. 희망을 상실하고 절망 가운데 있는 자들에게는 그러한 불행으로부터의 구출이 절실한 소원입니다.

한편 이 세상 모든 사람은 이런 저런 모양의 장애를 갖고 살아가고 있습니다. 때로는 자신이 가장 자랑스러워하는 장점이 자신을 옭아매는 장애가 되기도 합니다.

"아름다움은 신체 장애만큼이나 장애이다"라고 말한 미국의 문필가 프레드릭 뷰크너의 경구는 깊이 음미할 만합니다. 지체장애인이 사람들의 동정과 연민을 얻기 위해 아무런 노력을 하지 않아도 되는 것처럼, 미녀 역시 사람들의 찬사와 경탄을 얻기 위해 해야 할 일은 아무 것도 없기 때문이라는 말입니다.

그렇습니다. 지금 우리들은 장애인으로서 이 자리에 나와 앉아 있습니다. 하나님의 구원을 간절히 바라보면서 우리는 말씀을 들으려 하는 것입니다. 불쌍한 사람들의 이야기, 그들이 어떻게 그러한 장애를 극복하게 되었는지, 아니 어떻게 그러한 불행으로부터 구원받게 되었는지에 대해 들음으로써, 우리는 '진정한 구원'이 어디로부터 오며 어떻게 구원이 가능하게 되는지 배우게 될 것입니다.

앉은뱅이와의 만남

- 왜 누가는 두 번째 저술 안에 앉은뱅이에 관한 에피소드를 삽입하고 있는가?
- 왜 누가는 오순절 사건을 기술한 직후에 바로 거지에 관한 이야기를 하고 있는가?
- 왜 누가는 베드로의 위대한 설교를 기록한 후에 바로 '거지-불구자'에 관하여 말하는가?

우리는 장엄하고 경이로운 오순절 사건을 기록하고 있는 사도행전 2장을 기억합니다. 그 본문에는, 기독 교회의 탄생을 알리는 신호탄처럼 3,000명이라는 엄청난 숫자의 개종자를 얻은 당시 최대의 전도 집회가 기록되어 있습니다. 사도행전 2장에서 일어난 일은 분명 창세기 11장의 바벨탑 사건에 대한 위대한 반전反轉이었습니다. 창세기 11장의 '하나님의 내려오심' God's descending과 사도행전 2장의 '하나님의 내려오심'은 분명히 다른 의도와 목적을 가지고 있었습니다.

전자의 경우, 언어의 인위적인 하나 됨에도 불구하고 인류는 혼란과 혼돈을 맛보아야 했습니다. 그러나 후자의 경우, 언어의 혼란과 다양성에도 불구하고 교회는 새로운 공동체로서 완벽한 의사 소통과 질서를 선물로 얻게 되었습니다.

'하나님의 내려오심'으로 신앙 공동체는 '새로운 인류' new humanity로 태어나게 된 것입니다. 새로운 인류로서 교회는 더 이상 '바벨' Babel의 사람들이 아니라 '바이블' Bible의 사람들이 된 것입니다.

그들은 하나님의 말씀에 순종하는 백성이 되었습니다. 그들은 성령의 오심을 통하여 새롭게 태어난 사람들입니다. 이제 '그들에게 어떤 도전이 주어질 것인가? 그들에게 무슨 일이 발생할 것인가?' 하는 기대를 가지고 지켜보게 될 것입니다. 그렇습니다. 사도행전 2장 다음에 기록된 사건, 지금 우리가 살펴보는 앉은뱅이 걸인에 관한 이야기가 바로 그것입니다.

'앉은뱅이－거지'에 관한 에피소드는 분명 신앙 공동체를 향한 누가의 의도된 메시지임이 틀림없습니다. 그렇다면 누가의 신앙 공동체는 이 이야기를 통해 무슨 메시지를 듣고 있습니까? 누가가 봉사하고 있던 교회는 이 에피소드를 통하여 무슨 '말씀'을 들어야만 했습니까? 한 걸음 더 나아가, 오늘날 신앙 공동체는 불쌍한 한 거지에 관한 이야기를 통하여 성령의 어떠한 메시지를 들어야만 합니까? 이것은 우리가 이 말씀을 들어야 하는 태도이기도 합니다.

어느 날 베드로와 요한은 유대 관습에 따라 기도하기 위하여 성전을 향해 올라가고 있었습니다. 신실한 유대인들은 오전과 오후, 하루에 두 번씩 성전에서 기도하는 관습을 지켜 왔기 때문입니다. 그러나 오늘의 발걸음은 그들이 전혀 예기치 않았던 상황에 직면하게 만듭니다.

예루살렘 성전으로 가려면 사람들은 먼저 예루살렘 성으로 들어가야 합니다. 예루살렘 성 안에 성전이 위치하고 있기 때문입니다. 예루살렘 성에는 여러 개의 문들이 있습니다. 그 중의 하나가 본문에 언급되어 있는 '미문' 美門입니다.

사람들의 출입이 많은 성문 어귀에는 수많은 불구자들이 구걸하고 있었습니다. 성전에 기도하러 가는 사람들의 신앙심과 양심에 호소하기 위함이었습니다. 물론 적지 않은 사람들이 일말의 죄책감을 느끼면서 그들 앞을 지나쳤을 것입니다. 아니 '불구자－거지'들은 성전에 기도하러 가는 사람들에게 적지 않은 양심의 부담을 주었을지도 모릅니다. 아니면 깊은 죄책감을 자극하였을지도 모릅니다.

내가 16년이란 긴 외국 생활을 마치고 귀국한 어느 날이었습니다. 서울의 지하철을 타고 학교에 출근하는 중이었습니다. 서울의 지하철은 참으로 깨끗하고 좋습니다. 청결함에 있어서는 아마 세계적일 것입니다. 토요일이라 승객들은 많지 않았습니다. 잠시 후 지하철 내 어디에선가 잔잔한 복음성가가 들려 왔습니다. 외국에서 살 때 평소 좋아하던 노래였습니다. 뒤를 돌아보니 시각장애인이 복음성가를 부르며 구걸하고 있었습니다.

지난 16년 동안 전혀 보지 못했던 광경이었습니다. 마음 한구석에서 연민과 긍휼심이 일어났습니다. 나도 모르게 주머니에 손을 넣었습니다. 지폐가 여러 장 있었습니다. 그때만 해도 귀국한 지 얼마 안 되어 한국 돈의 가치가 피부로 느껴지지 않을 때였습니다. 그래서 그가 들고 있는 바구니에 여러 장의 지폐를 집어넣었습니다. 그리고 참 안됐다는 안타까움과 함께, 언제쯤 이런 불행들이 이 땅에서 없어질까, 무슨 일 때문에 저 사람은 시력을 잃었을까 등 이런 저런 생각을 했습니다. 조그마한 자선 행위에 어느 정도 만족을 느낀 나는 상쾌한 마음으로 지하철에서 내렸습니다.

며칠 후 또 지하철을 타게 되었습니다. 다시 걸인이 구걸하고 있는 광경을 목격했습니다. 지난 번 사람과는 달리 이 사람의 레퍼토리는 찬송가였습니다. "인애하신 구세주여 내 말 들으사…" 그 사람의 구성진 목소리는 적어도 내 마음에 큰 감동을 주었습니다. 물론 바구니를 들이미는 그가 결코 밉지 않아 보였습니다. 다시 주머니에 손을 넣어 잡히는 지폐를 건넸습니다.

그 후 이런 일들을 여러 번 경험하게 되었습니다. 점점 내 마음에도 변화가 왔습니다. 그뿐 아니라 나를 쳐다보는 주변 사람들의 시선이 예사롭지 않다는 것도 느끼게 되었습니다. 나중에 안 일이지만, 그런 걸인들에게 그렇게 큰(?) 지폐를 주는 것은 정상적인 일이 아니기 때문이라고 합니다.

내 마음과 태도의 변화는 나 스스로도 느끼기 시작했습니다. 그런 일은 그 후에도 몇 번 더 있었습니다. 그러나 몇 번의 경험 후에도 계속 내가 자선을 한 것은, 모른 체하기에는 양심이 아직도 숨을 쉬고 있었기 때문입니다. 일말의 죄책감을 면해 보겠다는 마음에서 하는 일이 되기 시작한 것입니다. 찬송가가 아니라 찬불가일 경우는 그래도 죄책감이 덜했던 것이 사실입니다. 한편 걸인이나 병자들을 볼 때마다 깊은 무력감에 어쩔 줄 몰라 하는 나를 발견하게 되었습니다. 저런 불행한 일들이 없는 사회가 언제나 도래할 것인가 하면서 말입니다. 나의 이런 경험과, 본문에서 성전에 기도하러 다녔던 수많은 사람들이 겪은 경험과는 많은 평행점들이 있을 것입니다.

베드로와 요한이 그날만 기도하러 성전에 갔다는 흔적은 없습니다. 전통적이고 경건한 유대인들로서 그들은 예루살렘에 있을 때에는 항상 규칙적으로 예루살렘 성전에 기도하러 갔을 것입니다. 그리고 대부분의 선량한 기도자 혹은 예배자가 그렇듯이 그들도 구걸하는 걸인들에게 때때로 돈을 주었을 것입니다. 물론 순수한 연민과 애정에서일 수도 있고, 또는 내 경험이 잘 말해 주듯이 체면 때문에 혹은 죄책감을 조금이라도 덜어 보자는 뜻에서일 수도 있습니다. 진실은 오직 하나님만이 아실 것입니다.

그러나 오늘만은 전혀 다른 상황이 발생하고 있습니다. 마치 베드로와 요한이 예루살렘 성전에 기도하러 올라가다가 처음으로 그 걸인을 만난 것처럼 누가복음은 그리고 있습니다. 분명히 어제도 그제도 그 걸인은 그곳에 앉아서 구걸하고 있었을 것이며, 베드로나 요한 역시 어제도 그제도 성전에 기도하러 올라갔을 것입니다. 그런데도 마치 최초의

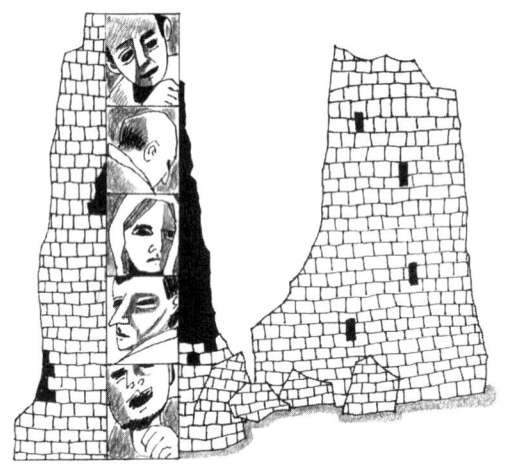

앉은뱅이는 분명히 육체적 불구자였습니다.
그러나 그에게 진정한 미래를 줄 수 없었던 사람들,
그를 성전 입구에 앉혀 놓았던 사람들도 모두 불구자들이었습니다.

조우나 되는 것처럼 이 사건을 회상하고 기록하는 성경 저자의 의도는 무엇입니까? 이것이 우리가 관심을 기울여야 할 내용입니다.

누가 진정 불구자인가

성경의 기록자는 베드로가 요한과 함께 예루살렘 성전에 기도하러 올라간 사건을 마치 성령 강림 사건이 끝나고 바로 발생한 것처럼 제시하고 있습니다. 다시 말해서, 오순절에 성령을 경험한 예수님의 제자들에게 새로운 일이 발생하고 있음을 보여 주고 있는 듯합니다. 따라서 우리는 다음과 같은 질문들을 던질 수 있습니다.

- 오순절을 경험한 그들에게 무슨 사건이 발생하였는가?
- 오순절을 경험한 그들에게 무슨 변화가 있었는가?
- 걸인 앞에서 행한 베드로와 요한의 말과 태도는 무엇을 반영하고 있는 것일까?
- 베드로와 요한으로 대표되는 초대교회, 즉 오순절을 경험한 초대교회는 어떤 신앙을 고백하고 있었는가?
- 오순절을 경험한 그들이 제시한 '세계'는 무엇이었는가?
- 그들이 걸인에게 보여 준 '세계'는 어떠한 것이었는가?
- 새로운 인생을 찾은 걸인을 바라보고 있던 주위 사람들의 반응은 무엇이었는가?
- 왜 그들은 놀라고 기이하게 여겼는가?

여기에 매우 불행한 사람이 있습니다. 그는 어찌 보면 불운이라는 덫에 걸려든 순진한 희생물처럼 보입니다. 태어날 때부터 앉은뱅이였던 것입니다. 그가 자신을 위해서 할 수 있는 일이라곤 아무 것도 없는 것처럼 보였습니다. 그의 인생은 자신의 제어와 통제 너머에 있는 듯 보였습니다. 부모도, 형제도, 친척도 그의 지속적인 후견인이 될 수 없었습니다. 이 사람의 비극은 너무도 오랫동안 계속되고 있었기 때문입니다.

버려진 삶 속에서 그가 발견한 인생의 지혜는 '체념'이었습니다. 물론 한때는 삶을 저주하기도 하고, 이런 모습으로 낳은 부모를 원망해 보기도 하였습니다. 그러나 그는 그런 일들조차 한낱 부질없는 일임을 알게 되었습니다. 결국 그는 체념 속으로 침잠沈潛하여 자폐적이 되어 버렸습니다. 그날그날 삶이 무의미하게 지나가고 있을 뿐이었습니다. 삶을 '사는' 것이 아니었습니다. 그의 삶은 그저 '살아져 가고' 있었습니다.

그는 자신을 들어다가 성전 문 앞에 놓고 구걸하게 하는 사람들에 대해서도 별로 관심이 없게 되었습니다. 한때는 고맙게 생각하기도 했고, 또 한때는 몹시 분노를 느끼기도 했습니다. 그러나 감사나 분노와 같은 인간적인 정서는 더 이상 그에게 아무런 영향도 발휘하지 않게 되었습니다. 그는 철저하게 체념을 배웠기 때문입니다. 초점 잃은 눈망울을 굴리며, 자기 앞에 오가는 예배자들에게 주문 외우듯 구걸할 뿐입니다. 그 목소리 안에는 어떤 격정도, 삶에 대한 애착도 전혀 들어 있지 않았습니다. 그는 그저 그곳에 앉아 있을 뿐이었습니다.

그를 들어다 성전 문 앞에 놓은 사람들이 누구인지 우리는 알 길이 없습니다. 그들이 무슨 목적과 의도로 그렇게 했는지 알 길이 없습니다. 또한 걸인 불구자가 벌어들인 돈을 그들이 어떻게 나누어 가졌는지도 알 길이 없습니다. 우리 가운데 그러한 수입이 정상적으로 운용되었다고 생각하는 사람은 많지 않을 것입니다. 인류의 역사가 시작된 이후, 돈은 사람을 부패시키고 재물은 사람을 위선자로 만드는 힘을 갖고 있기 때문입니다.

좌우간 우리의 불쌍한 '앉은뱅이 걸인'은 분명히 육체적 불구자였습니다. 그러나 그 사람에게 진정한 미래를 줄 수 없었던 사람들, 매일 그 사람을 성전 입구에 들어다 놓고 구걸하게 했던 사람들 역시 진정한 의미에서 모두 불구자들이었습니다.

어떤 사람이 불구자입니까?
- 삶은 공허하고 무의미하다고 생각하는 사람입니다.
- 삶에 대한 무관심으로 찌든 사람입니다.
- 인생은 반복되는 쳇바퀴에 불과하다고 생각하는 사람입니다.
- 삶을 풍요롭게 하기 위해 스스로 힘써야 할 일이 없는 사람입니다.
- 살아 온 습관과 전통에 의해 불구가 된 사람입니다.
- 종교적 관습과 전통에 갇혀 버린 사람입니다.
- 교회 안의 전통주의자, 형식주의자 등이 그런 사람입니다.
- 교회와 신앙의 차이를 분별하지 못하는 사람입니다.

영적인 불구자들은 누구입니까? 무엇이 사람을 불구자로 만듭니까? 무엇이 크리스천들로 하여금 하나님을 볼 수 없는 장애인이 되게 합니까? 본문의 이야기에 나오는 모든 사람이 다 구원을 필요로 하는 불구자들입니다. 먼저 그 '걸인-불구자'를 생각해 보십시오.
- 그는 종교 의식에 대해 잘 알았습니다. 예배 시간, 교회에 출석하는 사람, 교회의 절기 등에 관해 잘 알고 있었습니다.
- 그러나 그 자신은 한 번도 '성전 안'에 들어간 일이 없습니다.
- 진정으로 하나님을 만난 일도 없습니다.
- 하나님께 간절히 매달려 하나님의 은총과 자비를 사모해 본 일도 없습니다.
- 왜 사람들이 기도하러 가는지에 대해 생각해 본 적도 없습니다. 그는 자기 자신에게 가장 절실한 것이 무엇인지를 체념 안에서 망각한 사람입니다.

- 앉은뱅이가 일어선다는 것은 도저히 불가능하다고 생각합니다.
- 하나님을 제한하고 사는 사람입니다. 하나님이 하실 수 있는 일과 하실 수 없는 일을 미리 판정해 놓고 사는 사람입니다.

내게 은과 금은 없지만

그러나 놀라운 사실은, 성경은 이런 사람에 대해 비난하지 않는다는 것입니다. 그에게는 스스로를 구원할 수 있는 능력이 없기 때문입니다. 그가 많은 종교적 노력을 했다고 해서 그에게 구원이 오는 것은 아니기 때문입니다. 그는 구원을 절실하게 필요로 하는 사람입니다. 그에게는 채워져야 할 공간들이 많습니다. 희망을 상실한 채로 사는 사람은 진정으로 사는 것이 아닙니다. 그에게 필요한 것은 미래입니다. 그리고 그러한 미래를 주는 것이 구원입니다.

성경은 우리에게 말합니다.
- 구원은 우리가 전혀 생각하지 않은 곳에서 온다.
"성전 바깥에서 구원이 일어날 줄이야!"
- 구원은 우리가 전혀 기대하지 않았던 사람으로부터 온다.
"제사장이나 종교적 지도자가 아닌 평범한 갈릴리 사람들로부터 올 줄이야!"
- 구원은 우리가 전혀 기대하지 않은 시간에 온다.
"예배 시간이나 특별 기도 시간이 아니라, 일상적인 삶의 진부한 시간에 올 줄이야!"

그렇습니다. 그래서 우리는 구원을 '은혜'라고 부르는 것입니다.
구원, 무엇이 '걸인-지체장애인'에게 구원입니까? 그에게 구원은 무엇을 의미할까요? 이에 대한 대답은 베드로와 요한의 말 속에서 찾을 수 있습니다. "우리에게는 금이나 은이 없지만, 우리에게 있는 것으로 당신에게 줍니다. 나사렛 예수의 이름으로 명하나니 일어나 걸어라!" 오순절 이전의 베드로의 입에서는 감히 상상도 못할 말이었습니다. 그는 자신의 힘으로 하나님 나라를 보호할 수 있다고 믿었던 사람입니다.

여러분은 예수님이 잡히시기 전날 겟세마네 동산에서 일어났던 이야기를 기억하실 것입니다. 4명의 복음서 기자들은 모두 이 사건을 기록하고 있습니다(마 26:47-56; 막 14:43-50; 눅 22:47-53; 요 18:3-11).

예수님을 잡기 위해 유다가 로마 군인들 그리고 대제사장들, 바리새인들의 하인들과 함께 등·횃불·병기를 가지고 겟세마네 동산으로 오던 그 사건 말입니다.

그때 베드로는 칼을 갖고 있었는데, 그 칼로 말고라 하는 대제사장의 종을 쳐서 오른편 귀를 베어 버렸습니다. 그는 칼과 창으로 하나님의 나라를 방어할 수 있다고 믿었던 사람입니다. 그는 무력으로 하나님의 일이 계속 진행될 수 있다고 믿었던 것입니다. 칼과 창은 전쟁의 무기입니다. 전쟁에서 승리하기 위해서는 많은 칼과 창이 있어야 합니다. 그러나 구약 성경에서는 칼과 창을 의지하지 말라는 이야기를 부단히 하고 있습니다. 전쟁은 야웨께 속한 것이지 결코 칼과 창의 숫자에 달려 있지 않다는 것이 구약 신앙의 핵심이었습니다.

이스라엘의 사사 기드온이 미디안 족과 더불어 전쟁하려고 했을 때, 하나님은 이스라엘의 군사를 1만 명에서 300명으로 줄이게 하셨습니다. 하나님의 이유는 분명했습니다. "이스라엘이 나를 거스려 자긍自矜하기를 '내 손이 나를 구원하였다' 할까 함이다"(삿 7:2). 그렇습니다. 그래서 이스라엘은 전쟁에 나갈 때마다 "전쟁은 야웨께 속하였습니다! 우리는 칼과 창을 믿지 않습니다! 구원은 야웨께로부터 옵니다!"라고 신앙고백을 했던 것입니다.

구약의 하나님의 백성, 이스라엘은 이 사실을 힘들여 배웠습니다. 아니, 사실은 배우지 못했습니다. 입으로는 "전쟁은 야웨께 속했습니다"라고 외치면서도, 정작 전쟁에 임하면 허겁지겁 칼과 창의 숫자를 세었던 것입니다. 마치 우리들의 이야기를 듣는 듯합니다.

이와 마찬가지입니다. 베드로 역시 성령의 권능을 체험하기 전까지는, 아니 성령이 그에게 새로운 세계를 보여 주시기 전까지는 육에 속한 그리스도인이었습니다. 칼로 하나님 나라의 수문장이 되겠다고 장담한 사람이었습니다.

그러던 그가 "내게는 은과 금은 없지만 나사렛 예수님이 있다!"고 외치는 것은 놀라운 일이 아닐 수 없습니다. 성령 강림절 이후 베드로의 말입니다. 마치 구약 성도들이 칼과 창을 믿었던 것처럼, 초대교회 시대에 많은 크리스천들이 은과 금을 믿었습니다. 칼과 창이 한 국가의 운명과 미래를 보장해 줄 수 있다고 생각하는 것이나, 은과 금이 민족이나 사회, 가족의 미래를 보장해 줄 수 있다고 믿는 것은 동일한 생각입니다. 이에 대한 강력한 목소리가 있습니다. "우리는 은과 금을 믿지 않습니다. 우리는 나사렛 예수님을 믿습니다."

그러나 이 말은 단순히 성전 문 앞에서 한 베드로와 요한의 말을 넘어선 말입니다. 우리는 베드로와 요한의 말을 통하여, 신앙을 고백하고 있는 초대교회의 힘찬 음성을 들을 수 있는 것입니다. 그들은 무엇을 믿었습니까? 그들은 사람의 미래와 운명이 돈에 의해 결정되지 않는다는 것을 믿었습니다. 그들은 사람의 장래와 행복이 예수 그리스도라는 분에 의해 결정된다는 것을 믿었습니다.

베드로와 요한이 창조한 교회

그러나 불행하게도, 은과 금은 오늘날 삶에 있어서 가장 중요한 신神이 되고 있습니다. 아니 예수님 당시에도 그랬습니다. 돈의 위력이 사람의 삶에 얼마나 큰 영향을 끼치는지 아시는 예수님은 말씀하셨습니다. "너희는 하나님과 재물을 함께 섬기지 말라."

하나님의 반열에 오를 수 있는 전능한 신이 재물(돈)이라는 것입니다. 그렇습니다. '돈이 말하는' 세상에 우리는 살고 있습니다. 사람의 미래를 결정하는 신이 있다면 그것은 금신金神이라고 확신하고 있는 사회에 우리는 살고 있습니다.

교회는 그 초창기부터 이러한 세상적인 가르침에 끊임없이 저항하며 살아 왔습니다. 교회는 초기 광야 시절부터 하늘과 땅을 지으신 창조주 하나님, 인간의 미래와 운명을 결정하시는 구원자 하나님을 그리스도 안에서 믿고 생존해 왔습니다. 이것이 초대교회가 고백했던 신앙의 내용입니다.

그러나 교회는 굴곡 많은 역사를 통과하며 이러한 신앙 고백적 전통에서 종종 멀어지곤 했습니다. 중세 교황에게는 두 개의 방이 있었다고 합니다. 한 곳은 성호聖號를 그리면서 신의 축복을 선언하는 방이었고, 다른 하나는 거두어들인 은과 금을 쌓아 두는 방이었답니다. 그는 이 두 방 사이를 오가며 위험한 춤을 추고 있었습니다. 신성함과 신성모독을 함께 행하는, 야누스Janus의 얼굴을 가지고 성직을 수행했던 것입니다. 두 신을 섬기지 말라는 예수님의 말씀을 다시금 연상시키는 씁쓸한 모습입니다.

한 번은 교황이 에라스무스Erasmus와 함께 바티칸의 문들 바깥에 서 있었다고 합니다. 그런데 잠시 후 길게 이어지는 마차 행렬이 교황청에 바치는 일 년치 은금을 싣고 들어오는 것이었습니다. 칼과 창으로 경호를 맡은 군인들이 이 행렬을 인도하고 있었습니다. 그때 교황이 에라스무스를 보고 매우 만족스런 표정을 지으면서 말했습니다. "더 이상 거룩한 교회(로마 가톨릭교회)는, '내게는 은과 금이 없다'고 말해서는 안 되겠지?" 그러자 에라스무스가 빙그레 웃으면서 즉시 대답했습니다.

"그렇습니다. 맞아요. 그렇다면 교회는 더 이상 앉은뱅이에게 '일어나 걸으라'고 말할 수도 없을 겁니다!"

이러한 모습이 단순히 중세 교회에만 한정된 것은 아닙니다. 현대 교회의 모습은 어떠합니까? 현대 크리스천들의 삶의 방식은 어떠합니까? 우리들 대부분은 주일에 사도신경으로 신앙을 고백합니다. "나는 전능하사 하늘과 땅을 만드신 하나님 아버지를 믿습니다"라고 고백하지 않습니까? 그러나 예배를 마치고 교회당 문을 나서는 순간, 그들은 자신들의 삶의 현장—직장, 시장, 학교 등—에서 무엇이 자기들의 미래를 보장한다고 믿기 시작합니까? 뭐니뭐니해도 '머니' money가 있어야 한다고 속으로 중얼거리지 않습니까?

우리는 종종 "신앙 성공은 물질로 환산될 수 있다"고 믿는 유물론자들로 바뀝니다. 성경에서는 이런 자들을 가리켜 '실제적 무신론자' practical atheist라고 부릅니다. 오늘날의 신앙 위기, 교회 위기는 바로 이러한 '실제적 무신론자들' 때문에 발생합니다.

우리가 이번 장에서 읽은 본문은 강력하게 말씀하십니다.
· 은과 금이 사람의 운명과 미래를 결정하는 것이 아니다.
· 미래는 은과 금에 의해 창조되지 않는다.
· 교회는 은과 금을 신뢰하지 않는다.

금 신상을 섬기는 현대인들, 교회들은 이 말씀을 귀담아 들어야 할 것입니다. 절망하여 체념 가운데 사는 사람들에게 미래를 주는 교회, 그들이 가장 필요로 하는 것이 무엇인지를 분별하여 그것을 주는 교회, 앉은 자를 일으켜 걷게 하는 교회, 이것이 성령 강림을 경험했던 베드로와 요한이 창조하고 있던 교회, 즉 새로운 인류로서의 교회였던 것입니다.

교회는 그 초창기 때부터, 절망하는 인류에게 예수 그리스도를 통한 하나님의 은혜를 선포하고 제공하였습니다. 그들은 새로운 인생을 가능케 한 예수 그리스도를 값없이 주었습니다. 그들이 믿고 신뢰했던 것은 금과 은이 아니었습니다. 나사렛 예수라 불리는 하나님의 '은혜'만이 불구자가 된 인간에게 진정한 미래를 제공한다고 믿었습니다.

그들은 나사렛 예수 그리스도의 '이름'을 신뢰하는 자들이었습니다. 이름은 그분 자신을 가리킵니다. 그들은 자신들의 삶의 무게를 예수 그리스도께 맡기고 사는 사람들입니다. 그들은 부활 신앙을 가진 자들입니다. 성령을 통하여 부활하신 예수 그리스도가 그들의 삶에 구체적으로 나타나셔서, 인도하시고 보호하시고 섭리하신다는 것을 온몸으로 아는 자들입니다.

그들은 두려워하지 않습니다. 다른 사람에게 희망을 전합니다. 그리고 그 희망은 오직 부활하신 예수 그리스도밖에 없다고 담대하게 말합니다.

삶의 미래를 여는 은혜

초대교회의 경이는 바로 이렇게 강력한 신앙고백에서 출발했습니다. 아니 그들의 신앙고백은 앉은뱅이 걸인에게 위대한 미래를 창조해 주었으며, 이러한 기적은 그 걸인을 목격한 사람들의 마음속에 경이와 경탄을 자아냈습니다.

그렇습니다. 하나님의 은혜는 오직 경이로만 응답될 수 있습니다. 하나님의 은총은 오직 찬양과 감사로만 응답될 수 있는 것입니다. 걷기도 하고 뛰기도 하며 찬양하는 그 사람을 본 사람들은 놀랐습니다.

· 은과 금이 없는 저 사람, 어찌하여 그는 저렇게 행복할 수 있는가?
· 은과 금이 없는데도, 어떻게 그는 노래하면서 살 수 있단 말인가?
· 무엇이 그로 하여금 저런 이상한 삶의 방식을 살게 하는가?

· 그의 삶의 비밀은 무엇인가?

그의 삶의 비밀은 성령 가운데 사는 사람들 안에 있었습니다. "은과 금은 내게 없거니와 내게 있는 것으로 너에게 주노니, 나사렛 예수의 이름으로 일어나 걸어라"고 외쳤던 사람들의 신앙고백 안에 앉은뱅이 걸인의 삶의 비밀이 놓여 있습니다. 그렇습니다. 삶의 미래는 돈이 결정하는 것이 아닙니다. 삶의 미래는 부활하신 예수 그리스도를 믿는 일에 달려 있습니다.

그러므로 성령의 힘으로 사는 사람, 오순절을 경험한 사람, 부활을 경험한 사람은 결코 재물(은과 금)이 밝은 미래를 제공한다고 믿지 않습니다. 그들은 나사렛 예수만이 미래를 열어 주신다고 믿습니다. 그 복음은 한 사람의 미래를 근본적으로 바꾸어 놓았습니다. 구걸할 때 사용하던 침상과 기구들을 집어들고 미래를 향해 힘차게 걸어가는 그 사람의 뒷모습을 본 사람들은 경악하지 않을 수 없었습니다. 그리고 그들은 그 사실을 두고두고 마음에 새겼습니다. 기이하게 여겼습니다. 놀랐습니다.

그렇습니다. 하나님의 은총에 대해 놀라움과 경이보다 더 적절한 인간의 반응이 어디 있겠습니까? 아마 그들을 보고 계셨던 하늘의 하나님도 미소를 지으셨을 것입니다.

성전 문 앞에 앉아 구걸하던 그 사람에게 미래가 있었습니까? 네, 있었습니다. 오직 성령만이, 부활하신 예수 그리스도만이 그의 미래였습니다. 사도행전 2장을 경험했던 그리스도인들만이 3장의 기적을 이해할 수 있을 것입니다. 아멘.

기도 13

기도할 줄 모르는데
로마서 8:26-27; 누가복음 22:31-32

이, 성령께서도 우리의 약함을 도와주십니다. 우리는 어떻게 기도해야 할지도 알지 못하지만, 성령께서 친히 이루 다 말할 수 없는 탄식으로, 우리를 대신구하여 주십니다. 사람의 마음을 꿰뚫어 보시는 하나님께서는, 성령의 생각이 어떠한지를 아십니다. 성령께서, 하나님의 뜻을 따라, 성도를 대신하여 간구하기 때문입니다. "시몬아, 시몬아, 보아라. 사탄이 밀 까부르듯 너희를 체질하려고 너희를 손아귀에 넣기를 요구하였다. 그러나 나는 네 믿음이 꺾이지 않도록, 너를 위하여 기도하였다. 네가 돌이킨 뒤에는, 네 형제를 굳세게 하여라."

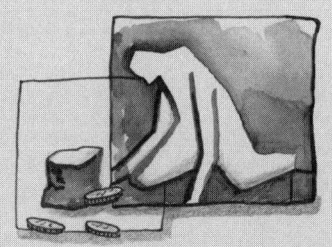

We Don't Know How To Pray

이와 같이 성령도 우리 연약함을 도우시나니

우리가 마땅히 빌 바를 알지 못하나

오직 성령이 말할 수 없는 탄식으로 우리를 위하여 친히 간구하시느니라.

마음을 감찰하시는 이가 성령의 생각을 아시나니

이는 성령이 하나님의 뜻대로 성도를 위하여 간구하심이니라.

_ 로마서 8:26-27, 개역성경

시몬아, 시몬아, 보라. 사단이 밀 까부르듯 하려고 너희를 청구하였으나,

그러나 내가 너를 위하여 네 믿음이 떨어지지 않기를 기도하였노니

너는 돌이킨 후에 네 형제를 굳게 하라.

_ 누가복음 22:31-32, 개역성경

일반적으로 한국 교회의 교회력에서 잊혀진 날이 있습니다. 승천일昇天日, Ascension Day이라 불리는 절기가 그것입니다. 우리는 승천일에 그리스도가 하늘로 올라가신 사건을 축하하며 기뻐합니다.

그렇다면, 왜 우리는 예수님의 승천을 기념하고 축하한단 말입니까? 왜 우리는 이 날을 축하하기 위해 교회에 간단 말입니까? 도대체 승천일이 그리스도인들에게 무슨 의미가 있는 절기란 말입니까?

하이델베르크 신앙고백서 Heidelberg Catechism에는 승천에 대해 말하는 내용이 있습니다. 승천하신 그리스도는 "하늘에서 우리를 위하여 하나님 아버지의 면전에서 간구하십니다"('주의 날' 18, 질문과 응답 49번). 무슨 의미입니까? 한 가지 의미는, 그리스도가 우리의 기도들을 하늘 아버지께 드리기 전에 먼저 그 기도들을 깨끗케 하고 정결케 하신다는 것입니다.

천장에 매달려 있는 풍선들

여러분과 나는 종종 많은 기도를 드립니다. 아침에 일어나서, 저녁에 잠자리에 들면서, 식사를 하면서, 아니면 이런저런 일들 때문에 늘 기도를 합니다. 그러면서 우리는 때때로 우리가 드리는 이 수많은 기도가 어떻게 될 것인가, 어디로 가고 있는 것일까, 어떤 결과를 가져올 것인가 궁금해 합니다.

어느 날 나는 교회당에 들어서면서 너무 놀라 소스라친 적이 있습니다. 왜냐하면 수많은 풍선들이 교회당 천장에 대롱대롱 매달려 있는 것을 '보았기' 때문입니다. 그리고 그것은 내가 드렸던 수많은 기도들, 그리고 교회에 출석하는 그리스도인들이 드렸던 수많은 기도들을 연상케 했기 때문입니다. 우리가 드렸던 기도들이 천장에 걸려 있는 풍선들처럼 교회당 천장 너머로 올라가지 못하고 있는 것은 아닌가 하는 생각이 들었던 것입니다.

벌써 바람이 빠져서 서서히 바닥으로 내려오고 있는 풍선들도 '보였습니다.' 나는 궁금했습니다.

'우리는 우리의 수많은 기도들이 저 천장 너머로 올라간다는 믿음을 갖고 기도를 드리고 있는가? 이 모든 기도가 하나님의 귀에 들릴 것인가? 하나님은 수많은 기도들을 일일이 들으시는가? 그분은 우리의 모든 기도를 기억하시고 생각하시는가? 굉장히 바쁘실 텐데 우리 같은 보통 사람들의 기도를 일일이 다 접수하고 들으시는가? 아니면 하나님은 소위 '기도빨(!)'이 센 사람들의 기도만 들으시는가? 물론 그렇게 편협하고 불공평한 하나님은 아니시리라! 좌우간 우리가 드리는 수많은, 온갖 종류의 기도들이 하나님께 전달될 것인가?'

우리는 한 가지는 확신합니다. 믿습니다. 우리가 드리는 모든 기도는 반드시 하나님께 전달될 것이라는 사실입니다. 하나님은 그 모든 기도를 일일이 들으실 것입니다. 그러나 그렇게 되기 전에 반드시 거쳐야 하는 과정이 있습니다. 그리스도가 그 기도들을 모두 거두고 추스르셔서 초점 맞는 기도가 되도록 다듬는 과정입니다. 그 다음에 하나님의 면전에 올라가게 됩니다.

바울이 말했듯이, 우리가 마땅히 기도할 바를 알지 못하기 때문입니다. 다시 말해서 우리는 기도를 올바로 드릴 줄 모르는 자들입니다. 그러므로 잘못되고 초점이 안 맞고 삐뚤어진 기도들을 누군가가 교정하고 다듬고 깨끗하게 해서 하나님께 드려야 한다는 말입니다.

그렇습니다. 우리는 하나님의 뜻에 맞추어 기도할 줄 모릅니다. 그런 이유 때문에 성령이 깊은 한숨을 쉬시면서 우리가 해야 할 말을 찾아 대신 중보자中保者의 기도를 드린다는 것입니다. "성령도 우리 연약함을 도우시나니 우리가 마땅히 빌 바를 알지 못하나 오직 성령이 말할 수 없는 탄식으로 우리를 위하여 친히 간구하십니다. 마음을 감찰하시는 분(하나님)이 성령의 생각을 아시니 이는 성령이 하나님의 뜻대로 성도를 위하여 간구하시기 때문입니다"(롬 8:26-27).

기도할 줄 모르는데 기도해야 하다니

성경은, 우리가 기도하는 일에 관해 많이 알지 못한다고 말하는 것 같습니다. 만일 그렇다면 성경은 왜 우리에게 기도하라고 권면한단 말입니까? 때때로 성경은 양쪽을 다 말하는 것 같습니다. 우리에게 기도할 줄 모른다고 하면서, 동시에 우리에게 기도하라고 하기 때문입니다. 어느 곳에서는 우리에게 쉬지 말고 기도하라고 하시면서(살전 5:17), 또 다른 곳에서는 우리가 마땅히 기도할 바를 알지 못한다고 말씀하십니다(롬 8:26).

도대체 어찌 된 것입니까? 기도를 하라는 것입니까, 하지 말라는 것입니까? 이렇게 해서 우리는 중간에 끼이게 된 것입니다. 우리가 어떻게 해야 할지 모르는 것이 우리가 반드시 해야 할 일이라는 것입니다.

복음서에서도 이와 비슷한 이야기를 들려줍니다. 베드로가 예수님을 부인하기 직전에 예수님이 베드로와 하신 대화입니다.

"주님." 베드로가 예수님께 말했습니다. "내가 주님과 함께 기꺼이 감옥에도, 죽는 곳에도, 갈 준비를 하였습니다." 그러자 예수님이 대답하셨습니다. "시몬아, 시몬아, 보아라, 사단이 밀 까부르듯 하려고 너희를 요청하였으나 그러나 내가 너를 위하여 네 믿음이 떨어지지 않기를 기도하였다"(눅 22:31-32).

베드로가 예수님을 저버리지 않도록 지탱해 준 원동력은,
그의 충성심이나 지조가 아닙니다.
베드로를 향한 예수님의 변함없는 성실과 애정이었습니다.

다시 말해서 예수님은 베드로에게 다음과 같이 말씀하신 것입니다. "사단이 너를 체 속에 넣어 흔들기를 원한다. 체질을 심하게 하여 곡식 알을 바깥으로 떨어뜨려 겨 외에는 아무 것도 남지 못하게 하기를 원한다. 베드로야, 내가 네게 경고하건대, 너는 결코 사단의 상대가 될 수 없다는 점을 기억해야 한다! 만일 사단이 마음만 먹고 너를 잡으려 한다면 너는 그를 당해 내지 못할 뿐만 아니라, 겨처럼 날아갈 수밖에 없을 것이다. 그러니 조심해야 한다!"

예수님은 "너의 믿음은 영웅주의를 넘어서야 한다! 나와 함께 고난을 받겠다는 의지나 결심만으로는 되지 않는다. 믿음은 그것 이상이다. 너의 믿음은 스스로 충족되지 못한다. 너의 믿음은 나의 중보가 필요하단 말이다. 그래서 너의 믿음이 실패하지 않게 하기 위하여 내가 너를 위해 기도해 온 것이다"라고 말씀하시는 것입니다.

베드로가 예수님을 저버리지 않도록 지탱해 준 원동력은, 예수님을 향한 베드로의 충성심이나 지조志操가 아닙니다. 베드로가 예수님을 배반하지 않고 따를 수 있었던 것은 베드로를 향한 예수님의 변함없는 성실과 애정 때문이었던 것입니다.

오직 예수님만이 충분히 아신다

베드로 인생의 영원한 버팀목은 예수님의 중보기도였습니다. 베드로 인생의 뒷면에는 예수님의 중보기도가 있었습니다. 예수님의 지속적인 중보기도가 있었기 때문에 베드로는 견고하게 설 수 있었던 것입니다. 우리는 베드로 인생의 앞면을 봄으로써, 그가 얼마나 변덕스럽고, 겁쟁이였고, 변절자였는가를 압니다. 자기 주인인 예수님을 부인하는, 그런 비열한 인간이었지 않습니까? 그러나 이것이 베드로의 전부는 아니었습니다. 그의 이야기 전체가 아니라는 의미입니다.

다시 말해서 베드로의 실패와 연약함, 약점과 오점들은 베드로의 전체 이야기 가운데 중요한 부분이 아닙니다. 중요한 부분은 이면에서 무슨 일이 일어나고 있었는가 하는 점입니다. 다른 쪽에서 일어나고 있던 사건이 있습니다. 그것은 그리스도가 베드로를 굳건히 붙잡고 있다는 사실입니다. 이것이 베드로라 불리는 한 사람의 삶의 이야기입니다. 이것이 우리가 놓쳐서는 안 될 중요한 이면인 것입니다.

만일 우리가 이러한 뒷면에 대해 알지 못하거나 보지 못한다면, 우리는 매우 피상적으로 보고 아는 것입니다. 우리의 삶을 안정되게 하고, 우리 인생이 흔들리지 않게 중심을 잡아 주고, 판지cardboard로 지은 집처럼 우리의 믿음이 붕괴되지 않도록 지탱해 주는 구심점은, 우리의 신앙이 넘어지거나 스러지지 않게 해 달라는 예수 그리스도의 중보기도입니다.

우리의 믿음이 아직도 살아 있다면, 그것은 우리가 예수님께 충성하거나 변절치 않고 그를 붙잡았기 때문이 아닙니다. 우리의 믿음이 아직도 살아 있는 절대적 이유는 예수님이 우리를 변함없이 신실하게 붙잡고 계시기 때문입니다. 우리의 신앙이 유지되고 지탱될 수 있는 것은, 우리가 그분을 붙잡았기 때문이 아니라 그분이 우리를 붙잡고 있기 때문인 것입니다. 베드로의 신앙이 넘어지지 않는 이유는, 예수님을 향한 베드로의 충실성loyalty 때문이 아니라 베드로를 향한 예수님의 충실성loyalty 때문인 것입니다.

예수님은 말씀하십니다. "베드로야, 네가 지금도 믿고 있는 이유가 있다면 그것은 내가 너를 위해 기도하고 있기 때문이다."

예수님이 말씀하시는 것은 마치 여러분이 어린 아기에게 걷는 법을 가르치는 경우와 흡사한 점이 많습니다. 아기가 넘어지지 않도록 여러분은 먼저 아기의 손을 꼭 붙잡을 것입니다. 아기가 걸을 수 있는 것은 그가 여러분의 손을 가냘프게 잡고 있기 때문이 아니라, 여러분이 그의 손을 굳게 잡고 있기 때문 아닙니까?

그리스도와 우리 사이의 관계도 이와 별로 다르지 않습니다. 그리스도가 우리의 약하고 힘없는 믿음을 붙잡으시고, 중보기도를 통하여 우리의 신앙을 굳세게 붙잡고 계십니다.

베드로에게 하신 예수님의 말씀은, 위에서 인용했던 바울의 로마서 말씀에 밝은 빛을 던져 줍니다. 베드로의 믿음은 약해지거나 넘어지지 않았습니다. 왜냐하면 예수님이 그를 위해 기도하셨기 때문입니다. 이와 같이, 우리의 믿음 역시 넘어지지 않습니다. 왜냐하면 우리가 기도할 때 성령님이 우리를 위하여 대신 기도하고 계시기 때문입니다.

우리는 어떻게 기도해야 하는지를 모른다고 바울은 말했습니다. 왜 우리가 기도할 줄 모른다고 말합니까? 그것은 '상황의 심각성에 대한 무지' 때문이라고 할 수 있습니다. 다시 말해서, 우리는 우리가 처해 있는 상황이 얼마나 심각하고 위중한가를 모른다는 것입니다. 우리는 마치 베드로와 같습니다. 베드로는 사단이 자신을 곡식 까부르듯이 까부르고 체질까지 하려 한다는 사실을 까맣게 모르고 있었습니다. 그는 자신이 믿음을 잃을 위험한 상황에 처해 있다는 사실을 모르고 있었던 것입니다.

우리도 베드로처럼 우리가 처한 상황, 우리의 궁핍의 크기와 깊이를 모릅니다. 그래서 우리는 무엇을 기도해야 하는지 모르는 것입니다. 종종 우리는 잘못된 것을 위해 기도합니다. 기도해야 할 것이 아닌 전혀 다른 것을 위해 기도하고 있는 경우가 많다는 말입니다. 게다가 하나님의 응답은 종종 우리가 알 수 없는 형태나 인식할 수 없는 방식으로 올 때가 있습니다.

우리가 마땅히 기도해야 할 바를 알지 못하는 두 번째 이유가 있습니다. 그것은 '영혼의 깊이에 대한 무지' 때문이라고 할 수 있습니다. 우리는 우리 영혼의 깊이를 알지 못한다는 말입니다. 물론 영혼에 대한 몇몇 일들이야 알 것입니다. 그러나 우리가 우리 영혼에 대해 안다고 말하는 것이, 겨우 빙산의 일각에 불과하다는 사실을 매우 잘 압니다. 우리가 알고 있는 것은 보이는 현상 정도에 불과합니다.

수면 밑에 있는 나머지 대부분의 것들, 혹은 우리의 의식 저변에 깔려 있는 것들에 대해서는 전혀 알지 못합니다. 그리고 우리는 우리 영혼의 잠재 의식 부분이 거칠고 걷잡을 수 없는 세계라는 사실도 알고 있습니다. 영혼의 깊은 세계는 마치 용암이 들끓고 있는 태고의 세계와도 같다고 할 수 있을 것입니다. 원초적 열망들과 격정적인 본능들과 욕망들이 끓어오르고 분출하는 세계입니다.

이런 것들이 실제로 우리의 의식 세계나, 우리가 선택하고 결정하고 사는 방식이나, 우리가 느끼고 생각하는 일들에 엄청난 영향을 미친다는 것 또한 우리는 잘 알고 있습니다. 인간 영혼의 무의식 부분이나 잠재 의식 부분은 너무나도 거칠고 깊고 예측 불가능한 세계이기 때문에, 오직 성령만이 그 전체 모습을 하나님 앞에 내보이실 수 있습니다.

우리가 연약할 때 도우시는 성령님

그리스도의 영은 우리의 의식 세계나 무의식 세계 혹은 잠재 의식 세계를 모두 알고 계십니다. 환한 불빛으로 밝혀져 있는 거실이나 우리의 어두운 지하실까지도 모두 알고 계십니다. 성령님이 우리 영혼의 모습을 전부 알고 계시기 때문에 그분은 우리 영혼의 가장 어두운 부분에서 살고 있는 것들마저도 하나님 앞에 내어 놓으며, 우리를 대신하여 도움을 청하실 수 있습니다.

이것이야말로 '좋은 소식' good news 입니다! 종종 우리는 영적인 고갈과 메마름을 경험합니다. 피부가 건조할 때, 소위 피부의 건성乾性 정도가 심해질 때 우리는 어려움을 겪습니다. 이와 같이 우리는 때때로 우리의 영적 피부가 너무도 메마르고 건조한 것을 느낍니다. 하늘을 향해 아무리 부르짖어도 단 한 방울의 비도 내 입술을 적시지 않는 것을 경험할 때가 있습니다. 가물어 메마른 심령에 단비를 갈구하여도 공허한 메아리만 돌아올 때가 있습니다.

영적으로 너무 메말라, 기도하면서도 그 기도가 천장 너머로 올라가고 있을까 의심이 들기도 합니다. 아니면, 종종 우리는 혼란스럽고 산만하여 기도를 올바로 드리지 못하는 경우도 있습니다. 자신이 시작한 기도가 어디로 가고 있는지도 모를 지경으로 우리의 영혼이 혼돈과 혼란 속에서 헤맬 때가 있습니다. 어떻게 기도해야 할지 몰라 당황하며 입에서 기도가 나오지 않을 때도 있을 것입니다.

어떤 경우든지, 여러분이 반드시 기억해야 할 사실이 있습니다. 성령님은 우리가 연약함 가운데 있을 때에 우리를 도우신다는 사실입니다. 우리가 너무 연약하여 삶의 바닥을 치고 있을 때, 인생의 등반登攀 길에서 추락했을 때, 영적 침체의 계곡 밑으로 더 이상 내려갈 수 없을 정도가 되었을 때, 우리가 너무 무지하여 어찌할 바를 모르고 있을 때, 성령님은 우리의 갈망과 영혼의 고민스런 바람—우리가 말로 표현할 수 없는 것들—을 가져다가 해석하고 번역해서 하나님 아버지의 귀에 들려드립니다.

승천일에 우리는 이것이 '그리스도가 우리를 위하여 중보하고 계신다'는 뜻임을 기억해야 합니다. 승천일은 무엇을 의미하는 말입니까? 우리의 주님이 우리를 위하여 천상에서 중보기도를 드린다는 것은 무엇을 의미합니까?

그것은 그리스도가 우리의 손을 놓지 않고 꼭 붙들고 계신다는 의미입니다. 그리스도가 우리를 위해 기도하시기 때문에 우리의 믿음은 결코 넘어지거나 쓰러지지 않을 것이라는 의미입니다. 그리스도가 우리의 기도들 속에서 우리와 함께 그리고 대신 기도하시며, 그 기도들이 하나님께 받아들여질 수 있도록 도우신다는 의미입니다.

우리의 믿음이 쓰러지지 않고 견고히 설 수 있는 것은 우리가 그리스도께 충실하기 때문이 아니라 그리스도가 우리를 향해 신실하시기 때문이라는 의미입니다. 아멘.

우리가 잘 아는 찬송(412장)이 이 장의 말씀을 잘 대변하여 노래하고 있습니다.

(1절)   우리는 주님을 늘 배반하나 내 주 예수 여전히 날 부르사
         그 참되신 사랑을 베푸시나니 내 형제여 주님을 곧 따르라

(2절)   주께서 풍성한 은사를 내려 내 영혼이 나날이 복 받으니
         주 예수를 그대도 구주로 섬겨 따르면 풍성한 복 받겠네

(3절)   무거운 짐 지고 애타는 인생 주 예수께 돌아와 곧 믿어라
         내 주 예수 그대를 돌보실 때에 참 복락과 안위가 늘 있겠네

(후렴)   주 널 위해 비네 주 널 위해 비네 주 널 위해 비네 늘 빌으시네

전쟁 14

정복 전쟁과 해방 전쟁
에베소서 6:10-18

끝으로 말합니다. 여러분은 주님 안에서 그분의 힘찬 능력으로 굳세게 되십시오. 악마의 간계에 맞설 수 있도록, 하나님이 주시는 온몸을 덮는 갑옷을 입으십시오. 우리의 싸움은 인간을 적대자로 상대하는 것이 아니라, 통치자들과 권세자들과 이 어두운 세계의 지배자들과 하늘에 있는 악한 영들을 상대로 하는 것입니다. 그러므로 하나님이 주시는 무기로 완전히 무장하십시오. 그래야만 여러분이 악한 날에 이 적대자들을 대항할 수 있으며 모든 일을 끝낸 뒤에 설 수 있을 것입니다. 그러므로 여러분은 진리의 허리띠로 허리를 동이고 정의의 가슴막이로 가슴을 가리고 버티어 서십시오. 발에는 평화의 복음을 전할 차비를 하십시오. 이 모든 것에 더하여 믿음의 방패를 손에 드십시오. 그것으로써 여러분은 악한 자가 쏘는 모든 불화살을 막아 꺼버릴 수 있을 것입니다. 그리고 구원의 투구를 받고 성령의 칼 곧 하나님의 말씀을 받으십시오. 온갖 기도와 간구로 언제나 성령 안에서 기도하십시오. 이것을 위하여 늘 깨어서 끝까지 참으면서 모든 성도를 위하여 간구하십시오.

War of Conquest and War of Liberation

종말로 너희가 주 안에서와 그 힘의 능력으로 강건하여지고,

마귀의 궤계를 능히 대적하기 위하여 하나님의 전신갑주를 입어라.

우리의 씨름은 혈과 육에 대한 것이 아니요

정사와 권세와 이 어두움의 세상 주관자들과 하늘에 있는 악의 영들에게 대함이라.

그러므로 하나님의 전신갑주를 취하라.

이는 악한 날에 너희가 능히 대적하고 모든 일을 행한 후에 서기 위함이라.

그런즉 서서 진리로 너희 허리띠를 띠고 의의 흉배를 붙이고,

평안의 복음의 예비한 것으로 신을 신고,

모든 것 위에 믿음의 방패를 가지고 이로써 능히 악한 자의 모든 화전을 소멸하고,

구원의 투구와 성령의 검 곧 하나님의 말씀을 가지라.

모든 기도와 간구로 하되 무시로 성령 안에서 기도하고

이를 위하여 깨어 구하기를 항상 힘쓰며 여러 성도를 위하여 구하라.

_ 에베소서 6:10-18, 개역성경

인생을 전투에 비유한 최초의 사람이 에베소서를 쓰고 있는 바울은 아닐 것이고, 삶을 전쟁에 빗대어 말한 마지막 사람도 역시 에베소서를 쓰고 있는 바울은 아닐 것입니다. 인생을 전쟁에 비유한 것은 어쩌면 인류의 역사만큼이나 오래 되었을지도 모릅니다. 왜냐하면 산다는 것은 치열한 전투요, 생존 그 자체는 격렬한 전쟁터에 있는 것과 같기 때문입니다. 이 사실은 인류의 보편적 경험입니다. 너무도 친숙한 비유요 익숙한 은유이지만, 진정한 의미에서 이것은 사실입니다. 마치 손바닥 위의 얼음처럼, 뺨을 스치며 내리는 눈雪처럼 실제적입니다.

사람이 산다는 것,
사람이 자란다는 것,
사람이 움직인다는 것,
사람이 무엇인가를 향해 되어 간다는 것,
이 모든 것은
많은 역경과 적대적 환경에 대항하여 치르는
일종의 전쟁일 것입니다.

예측불허의 인생 전쟁

그러나 이러한 전쟁은 우리가 알고 있는 전쟁과는 너무나 다릅니다. 일반적으로 개화된 사회를 가진 국가 간의 전쟁은 '선전포고'라는 최소한의 예전禮典을 거치기 마련입니다. 그러나 놀랍게도 인생이라는 전쟁의 경우는 대부분 선전포고 없이 치르기 일쑤입니다. 아무 때나, 어디서나, 언제라도 발발할 수 있는 전쟁이 인생이라 불리는 전쟁입니다. 그래서 삶은 불안하고 인생살이는 치열하기 마련인 것입니다.

더욱이 우리는 자신도 모르게 전쟁에 말려들게 됩니다. 본인들은 정작 원치도 않는데 전투에 참여하게 되는 것입니다. 이미 전투는 벌어졌고 싸움은 치열하기에 우리는 한가롭게 앉아서 그 전쟁의 이유와 발발 원인을 규명할 여유조차 갖지 못하기도 합니다.

그러다 보니, 지금 우리가 무엇을 위해 싸우는지, 무엇에 대항하여 전쟁을 치르고 있는지, 어떤 가치를 위해 전투에 참여하고 있는지, 무엇을 쟁취하려고 이렇게 싸우고 있는지 아무도 모릅니다. 그리고 아무도 전쟁의 시작을 공개적으로 선언하지도 않은 채, 아무도 전쟁의 이유도 밝히지 않은 채, 아무도 전투의 목적 또한 천명하지 않은 채 전쟁을 치릅니다.

그럼에도 불구하고 우리는 각 개인의 역사가 전쟁의 역사이며, 한 가문의 역사가 전투의 기록들이며, 한 국가의 역사가 피로 물든 전쟁의 연속이었다는 것을 잘 알고 있습니다. 예를 들어, 한 국가의 역사를 보면 진군과 후퇴, 전진과 퇴각, 협상과 결렬, 승리와 패배 등으로 점철되어 있습니다. 우리 각 개인의 삶도 그럴 것입니다. 전진하다가 장애에 부딪히면 퇴각하고, 다시 전열을 정비하여 진군하고, 그러다 복병을 만나면 일순간에 처절한 패배를 맛보며 후퇴합니다.

설교도 마찬가지로 보입니다. 설교자가 하나님의 나팔을 불고 진군의 깃발을 날리며 전진하면 여러분은 어떤 태도를 취합니까? 백기를 들고 항복하든가, 아니면 자기 방어의 참호 속으로 숨든가, 아니면 자신의 진지陣地 속으로 들어가 마음속으로 대 반격을 가하든가 할 것입니다. 그렇지 않습니까?

좌우간 우리는 수많은 깃발 아래, 수많은 함성 속에서 전투하듯이 인생을 삽니다. 그리고 일단 전쟁에 참여하는 한 승리해야 한다는 것을 온몸으로 압니다. 전쟁은 스포츠나 운동 경기가 아닙니다. 운동 경기에서는 비록 한 팀이 패배해도, 패배한 팀과 승리한 팀이 함께 살아 남아 경기장을 나갑니다. 그리고 관중들은 두 팀 모두에게 기립 박수를 보내기도 합니다.

그러나 인생은 결코 그러한 경기가 아닙니다. 죽고 사는 종말론적 결과만이 인생을 기다리는 것 같습니다. 아마도 이런 이유 때문에 사람들은 인생이라는 전쟁에서 모두 승자가, 생존자가 되려고 하는지도 모르겠습니다.

이 세상에는 두 종류의 전쟁이 있습니다. 프레드릭 뷰크너는 이 두 가지의 전쟁을 두고 하나는 '정복 전쟁' war of conquest, 또 다른 하나는 '해방 전쟁' war of liberation 이라 부릅니다.

'해 아래 한 자리'를 위한 정복 전쟁

첫 번째로 '정복 전쟁' 입니다. 정복 전쟁은 처절한 전투이며 피를 흘리는 전투입니다. 정복 전쟁은 정복을 위하여 치르는 전쟁입니다. 그렇다면 무엇을 위한 전쟁이란 말입니까? 무엇을 정복하기 위해 치르는 전투란 말입니까? 그것은 세상을 얻기 위한 전쟁이요, 세계를 정복하기 위한 전투입니다. 물론 여기서 말하는 '세상' 이니 '세계' 니 하는 용어는 단순히 문자적인 의미로 이해될 수 있는 성질의 것이 아닙니다. 단순히 물리적 세상을 가리키는 것만은 아닙니다.

정복 전쟁에 참여하는 사람들은 이 세상 안에서 '한 자리' 를 얻기 위해 투쟁합니다. 해 아래서 under the Sun '한 자리' 를 얻기 위하여 치열한 전투를 벌이는 것입니다. 어린 시절, 우리는 땅따먹기 놀이를 한 적이 있었습니다. 성인이 된 지금도 그 기억이 새롭습니다. 우리는 이 세상에서 좀더 많은 '땅'을 차지하기 위해, 그리고 해 아래서 '한 자리'를 차지하기 위해 치열하게 전쟁을 하고 있는 중인지도 모릅니다.

그렇습니다. '해 아래의 한 자리' 입니다. 우리가 바라는 것은 그늘 아래의 한 자리가 아닙니다. 그늘 속의 사람은 보이지도 않습니다. 아무도 그가 누구인지 알아주지도 않습니다. 세상에 알려지고자 하는 사람, 사람들에 의해 기억되고 인식되기를 바라는 사람들은 결코 그늘 아래의 한 자리를 원하지는 않을 것입니다. 그늘 속에서는 내 자신이 보이지도 않습니다. 그늘 아래 있으면 존경받지도 못합니다. 심지어 자신의 정체조차도 희미해 보일 수 있습니다. 정복 전투에 참여하는 사람들이 원하는 것은 지하철 속의 좌석이 아닙니다. 무대 아래의 관객석이 아닙니다. 경기장의 관중석이 아닙니다.

그렇습니다! 우리가 그렇게도 열망하고 희망하는 자리는 해 아래의 한 자리입니다. 우리 모두는 자신이 무대의 주연이기를, 스포트라이트를 받는 주인공이기를, 경기장 가운데 서 있는 유명 선수이기를 바랍니다. 그래서 바로 '그 자리'를 향하여, '그 위치'를 선점하기 위하여, '그 고지'를 탈환하기 위하여, 필사적인 정복 전투를 벌이며 살아가는 것입니다.

거리의 사람들을 쳐다보고 있노라면 그 사람이 그 사람입니다. 때로는 가을 바람에 뒹구는 죽은 잎새들처럼 사람들이 이리저리 쓸려 갑니다. 텅 빈 얼굴들, 패배한 얼굴들, 비어 있는 얼굴들, 마치 어릿광대의 분장한 얼굴처럼 보입니다. 많고 많은 사람들 중의 하나로 남기를 바라는 사람은 아무도 없을 것입니다.

우리는 사람의 마음 깊은 곳에 있는, '해 아래의 한 자리'를 향한 바람이 얼마나 강렬한지 스스로 잘 알 것입니다. 우리가 생각하는 것, 우리가 바라는 것, 우리가 꿈꾸는 것… 우리로 밤을 지새게 하는 바로 그것들은 모두 '해 아래의 한 자리' 입니다!

결국 해 아래, 태양 아래의 '한 자리'는 우리가 '보여지기 위한 자리'일 것입니다. 태양 아래 있는 환한 자리를 위하여 우리의 인생 전투는 점점 치열해지고 있는 것입니다.

- 가정에서의 내 자리
- 직장 내에서의 내 자리
- 사회 안에서의 내 자리
- 공동체 안에서의 내 자리
- 교회 안에서의 내 자리

다시 말해서 내 목소리가 들려질 수 있는 공간, 우리의 목소리가 들려질 수 있는 공간, 즉 '삶의 공간'을 위해 투쟁하는 삶을 정복 전투라 할 수 있습니다. 따라서 우리는 시간과 공간 속에서 '영토', '자리'를 정복하려 하는 것입니다.

신학교라는 공동체 안에 있는 신학자로서 나는 소스라치게 놀랄 때가 있습니다. 예를 들면, 교수실 배정을 두고 교수들 사이에서 발생하는 긴장감과 심지어 적대감들을 보게 될 때 그렇습니다. 그럴 때면 나는 내가 신학교 교수요 목사라는 사실이 정말 수치스럽고 창피하게 느껴지곤 합니다.

누가 좀더 넓은 방을 차지할 것인가, 누가 남향南向이면서 아늑한 방을 차지할 것인가 신경을 곤두세웁니다. 또 진급이나 보직이 결정되는 시즌이 되면, 나보다 늦게 들어온 사람이 나보다 먼저 진급하네, 저 사람은 아직 역량이 없는데 보직을 받게 되네, 저 자리는 내가 맡아야 하는데 등등 말이 많습니다. 가만히 보면 모두 '자리 다툼', '목소리 다툼' 뿐입니다.

마치 어리석은 제자들이 열을 올리면서 한 말, 아니면 은밀한 가운데 회심의 미소를 지으면서 마음속으로 한 말, "우리들 중 누가 하나님 나라에서 먼저 '한 자리'를 차지할 것인가?"가 생각납니다. 제자들이 이런 것 때문에 다투었다는 성경 말씀을 한 번도 들어보지 못한 사람들 같습니다!

우리가 싸워야 할 정복 전투가 이런 것들이라면, 우리가 싸워야 할 정복 전투의 상대는 '혈血과 육肉'일 것입니다. 결국 혈과 육을 가진 '사람', 즉 '동료 인간'이 우리 싸움의 대상이 된다는 것입니다. 이것이야말로 개가 개를 믹는 이전투구泥田鬪狗 아니겠습니까? 사람이 다른 사람을 향하여 피비린내 나는 전쟁을 치르고 있다는 말입니다. 그리고 그런 전투에 참가할 때 펄럭이는 깃발이

- "나를 위하여"
- "내 가족을 위하여"
- "내 교회를 위하여"
- "내 고장을 위하여"
- "내 민족을 위하여"라는 의미라면

이런 전쟁은 가장 처절하고도 잔인한 전쟁이 될 것입니다.
- 왜냐하면 '혈과 육의 싸움'은 먼저 시작하는 것이기 때문입니다.
- 반드시 승리해야 하는 전투이기 때문입니다.
- 권력을 쟁취하는 전쟁이기 때문입니다.
- 생존 여부가 달린 것이기 때문입니다.
- 다른 사람을 누르고 올라가는 것이기 때문입니다.

이런 정복 전투에서는 어떤 갑옷을 입어야 할까요? 하나님의 전신갑주는 아닐 것입니다. 결국 그곳에서는 사람의 전신갑주여야만 합니다! 무엇이 '인간적 전신갑주'일까요? 다음의 풍자를 한번 들어 보십시오!

우선, '지혜'라는 허리띠를 띠어야 합니다. 그래야만 정복 전투에서

승리할 수 있습니다. 어떤 지혜를 말합니까?
- 개犬가 개를 먹는 지혜
- 정글의 법칙에 대해 탁월한 이해를 가진 지혜
- 약육강식에 대해 높은 견해를 가진 지혜
- "뭐니뭐니 해도 '머니' money가 있어야 해"라고 말하는 지혜
- "하늘은 스스로 돕는 자를 돕는다"는 구호를 철저하게 신봉하는 지혜
- "피는 물보다 진하다"는 속담을 진리처럼 믿는 지혜
- 모든 자선慈善은 집에서부터 시작되어야 한다고 믿는 지혜 등을 말합니다.

'자기 확신'이라 불리는 흉배胸背가 있어야 정복 전쟁에서 승리할 수 있습니다.
- 자신을 가지십시오. 그러면 성공할 수 있습니다.
- 자신의 가치를 신뢰하십시오. 그러면 무엇이든지 성취할 수 있을 것입니다.
- 배짱이 좋아야 합니다.
- '적극적 사고방식' positive thinking은 세상을 변화시킵니다.
- '가능성의 사고방식' possibility thinking은 당신에게 뿌리 깊은 확신을 줄 것입니다.
- 가슴을 활짝 펴고 세상을 당당하게 사십시오.
- 아무리 다른 사람들이 당신의 가슴을 찔러도, 자신감을 갖고 가슴을 들이대십시오. 그러면 반드시 이길 수 있을 것입니다.

'성공의 복음'이라는 군화를 신으십시오. 그러면 정복 전쟁에서 반드시 승리할 것입니다.

- "믿는 자에겐 능치 못할 일이 없다"고 성경이 가르쳐 주고 있지 않습니까?
- 최선을 다해 노력하면 반드시 성공할 것입니다.
- 최선을 다해 투쟁하면 성공을 쟁취할 수 있습니다.
- "능력 주시는 자 안에서 모든 것을 할 수 있다"고 하지 않습니까?
- 하나님은 우리가 성공하기를 원하십니다.
- '건강과 번영'의 복음을 믿으십시오. 이것보다 더 좋은 약이 어디 있습니까?

'안전'이란 방패를 소유하십시오. 그러면 정복 전쟁에서 결코 부상을 입지 않을 것입니다. 이 세상이 어떤 곳입니까? 어떤 일이라도, 어떤 사건이라도 일어날 수 있는 위험천만한 곳이 아닙니까? 이러한 세상에서 '안전'이야말로 최상의 것이 아니겠습니까? 여러분은 안전 대책을 세워 놓으셨습니까? 비 오는 날을 위해 우산을 준비해 놓으셨습니까? 눈 오는 날을 위해 스노우 체인 snow chain을 준비하셔야 합니다. 어떤 안전 대책이냐고요? 어떤 안전감이냐고요?

- 은행의 예금이 가져다 주는 안전감
- 학위가 보장해 주는 안전감
- 기술이 주는 안전감
- 권력이 주는 안전감
- '끈' connection이 주는 안전감 말입니다!

그리고 '머리' brain라는 투구를 써야 합니다. 그러면 정복 전쟁에서 승리할 것입니다.

- 다른 사람보다 좀더 머리를 쓰십시오.
- 그리고 좀더 매력적인 사람이 되십시오.

· 부드러운 성격을 개발하십시오.
· 다른 사람들 머리 위로 뛰어 보십시오.
· 머리카락에 물도 들이시고 개성을 보여 보십시오. 그러면 다른 사람들을 능가할 수 있을 것입니다. 사람이란 원래 머리 하나밖에 차이나지 않기 때문입니다!

마지막으로 '기지와 해학'이라는 칼이 빠지면 전신갑주가 될 수 없습니다.
· 유려한 말솜씨
· 정곡을 찌르는 유머 사용
· 발랄한 기지 말입니다.

이런 것들은 피 흘리는 끔찍한 인생 전쟁을 마치 컴퓨터 게임처럼 만들 것입니다. 이러한 칼은 적군의 경계심을 늦추고, 그들의 무기를 내려놓게 하는 동시에 그들의 심장을 찔러 죽이는 양날 선 탁월한 무기가 될 것입니다. 꼭 이런 칼로 무장하십시오. 그러면 정복 전쟁에서 반드시 큰 성과를 얻을 것입니다.

자, 이상에서 제안한 전신갑주를 입으면 여러분은 정복 전쟁에서 반드시 승리할 것입니다! 그렇지 않습니까? 우리의 경험들은 위 제안들에 대해 다 동의하고 고개를 끄덕일 것입니다. 이러한 갑옷은 사람이 이 세상에서, 아니 해 아래서 '한 자리'를 얻기 위해 꼭 필요한 전신 갑주일 것입니다.

그러나 기억하십시오. 이것은 '사람의 전신갑주'요 '혈과 육'의 전신갑주이지, 결코 하나님의 것은 아니라는 사실을 말입니다!

고백하건대, 나도 이 전신갑주를 어느 정도 입고 있으며 여러분들도 입고 있을 것입니다. 부끄럽고 안타까울 뿐입니다.

회복과 해방을 위한 해방 전쟁

두 번째 종류의 전쟁이 있습니다. 이 전쟁은 혈과 육에 대항하는 전쟁이 아닙니다. "우리의 싸움은 혈과 육에 대항하는 것이 아닙니다"라고 성경은 말하고 있습니다. 그렇다면 어떤 종류의 전쟁이란 말입니까? 사도 바울은 이 전쟁을 다음과 같이 정의하고 있습니다.

우리의 씨름은 혈과 육에 대한 것이 아니요, 정사와 권세와 이 어두움의 세상 주관자들과 하늘에 있는 악의 영들에게 대함이라.

이 씨름, 이 싸움, 이 전투, 이 전쟁은 '정복하는 전쟁'이 아닙니다. 본문이 분명하게 드러내고 있듯이 이 전쟁은
- 온전하게 하는 전쟁이요
- 평화를 이루는 전쟁이요
- 해방을 위한 전쟁이요
- 샬롬Shalom을 이루려는 전쟁입니다.
- 그렇습니다! '해방 전쟁' 입니다.

잃어버린 자아를 회복하고, 어두움 가운데 갇혀 있는 우리의 삶을 해방시키기 위한 전투입니다. 다시 말해서 진정으로 인간이 되기 위한 전쟁입니다. 우리의 삶은 진정한 의미에서 갇혀 있습니다.
- 영적 어두움 가운데
- 욕심 가운데
- 자기 기만 가운데

- 앞을 보지 못하는 장애 가운데
- 어디로 가야 할지 모르는 방황 가운데
- 길을 잃어버린 상태 안에 말입니다.
- 우리는 우리 자신 안에서 스스로를 잃어버린 자가 된 것입니다.

바울은 수수께끼와 같은 자신의 삶을 탄식한 적이 있습니다.

나는 내가 하는 것을 이해하지 못합니다. 나는 내가 무엇을 하고 있는지 모르겠습니다. 나는 내가 원하는 것은 하지 않고 오히려 미워하는 것을 하고 있기 때문입니다. … 아, 나는 가련하고 불쌍한 자입니다! 누가 이 사망의 몸에서 나를 건져 낸단 말입니까?(롬 7:15, 24)

이 고백이야말로 모든 사람의 심장에서, 가슴속에서 들려오는 소리일 것입니다. 어두움에 갇혀 있는 자아를 해방하기 위해서는 갑옷이 필요합니다. 어두움의 세계를 장악하고 있는 악의 세력들과 전쟁하기 위하여 하나님의 전신갑주가 필요한 것입니다. 그것은 우리의 힘으로는 도저히 감당할 수 없는 전쟁이기 때문입니다.

이런 '해방 전쟁'에서는 어떤 갑옷을 입어야 하겠습니까? 하나님의 전신갑주입니다. 위에서 말씀드린 '인간적 전신갑주'가 아닌 하나님의 전신갑주 말입니다.

먼저 '진리'로 허리띠를 띠어야 합니다. 우리 자신의 허구와 거짓, 어두움과 어리석음을 드러내는 진리 말입니다. 우리에게는 유일한 진리가 있습니다. "내가 곧 '진리' 요…"라고 말씀하신 그리스도가 진리이십니다. 인간이 누구인지, 사람이 진정으로 누구인지 말해 줄 수 있는 진리는 오직 그리스도뿐입니다. 진정으로 인간이 되는 것이 무엇을 의미하는지, 그리고 하나님이 진정으로 어떤 분이신지 알려 주는 진리이십니다.

특별히 그분의 십자가는 어두움의 진정한 정체를 밝혀 줍니다. 십자가는 내 안에 있는 어두움, 세상 속에 있는 암흑이 무엇인지 알려 줍니다. 그리고 십자가는 하나님의 사랑의 정체성을 드러냅니다. 십자가는 내 속에 있는 하나님의 사랑이 무엇인지, 이 세상 안에 있는 하나님의 사랑이 무엇인지 알려 줍니다.

'의로움'의 흉배를 띠어야 우리는 진정한 해방의 의미를 맛보게 될 것입니다. 하나님이 우리를 의롭다고 하셨으므로, 이 세상의 어두움이 우리를 비난하거나 낙담시킬 수 없습니다. 우리의 추함에도 불구하고 하나님은 우리를 사랑하십니다. 우리의 일그러짐에도 불구하고 하나님은 우리를 사랑하십니다.

결국 의로움이란 하나님의 사랑입니다. 하나님의 사랑에 대한 확신은 비록 우리가 어두움 안에 있다 해도, 비록 우리가 악에 걸려 수없이 넘어진다 해도, 우리로 하여금 하나님이 주신 의로움의 확신을 가지고 담대하게 살 수 있게 만듭니다. 이럴 때 우리는 해방의 기쁨을 누릴 것입니다.

우리는 우리 속의 어두움을 싫어하고 경멸하는 동시에 하나님의 의로움을 확신하면서 우리 자신의 유익을 위해 기꺼이 그 어두움을 몰아내야 합니다. 그것이 우리 자신을 진정으로 사랑하는 것입니다.

마찬가지로, 다른 사람 속의 어두움을 싫어하고 미워하면서 하나님의 의로움을 확신하는 가운데 그 사람의 유익을 위해 기꺼이 그 어두움을 몰아 내려고 하는 것이 그를 사랑하는 것입니다. 보기 흉측한 것들 속에 있는 '진정한 사람'을 사랑할 때 비로소 우리는 그 사람을 아름답게 만들 수 있습니다.

'평안의 복음' 이라는 신발을 신으십시오. 복음은 우리를 진정으로 해방시키고 평안을 가져다 줍니다. 아니, 진정한 평안을 선포하는 것이 진정한 복음이라는 것을 확신하십시오. 분명히 전쟁은 평화가 없는 상태입니다. 해 아래 '한 자리' 를 차지하기 위해서 우리는 얼마나 평화 없이 살고 있습니까? 평화라고 번역되는 히브리어 '샬롬' 이야말로 좋은 소식입니다.

- 기근(배고픔) 속의 인생에게 포만(배부름)을 주는 것
- 기갈(목마름) 가운데 있는 사람에게 해갈(시원함)을 주는 것
- 부족했던 물 항아리가 가득한 상태
- 손상되었던 것이 온전하게 된 상태
- 깨졌던 관계가 회복된 상태
- 상처 입고 병들었던 것이 치유된 상태입니다. 이런 상태에 대한 소망과 기다림에서 흔들리지 말고 굳세게 서 있으라는 것입니다. 정말로 여러분이 해방되기를 원한다면 말입니다.

'믿음' 의 방패를 드십시오. 사단은 쉴새없이 우리를 공격합니다. 우리를 넘어지게 합니다. 유혹에 빠지게 합니다. 좌절하게 합니다. 그렇다면 어떻게 대적자의 공격을 막아 낼 수 있단 말입니까? 물론 믿음으로입니다. 그러나 누구의 믿음으로 하란 말입니까? 바로 하나님의 믿음으로입니다. 다시 말해서 하나님의 신실하심을 기억하라는 것입니다.

- 누가 우리에게 뭐라 말해도
- 우리 앞에 아무리 힘든 장애물이 놓여 있다 하더라도
- 어두움의 세력들이 아무리 그리스도인들을 비난한다 하더라도 우리는 하나님의 신실하심을 방패삼아 그 공격을 막아 낼 수 있습니다.

실제로 우리의 믿음이 좋아 보았자 얼마나 좋겠습니까? 우리가 어찌

믿음은 어둠 속에 서서 그 어둠 속에 있는
'어떤 손'을 잡는 것입니다.
믿음은 이처럼 전적인 신뢰이며 뿌리 깊은 확신입니다.

사단의 공격을 막아 낼 수 있겠습니까? 우리가 가진 믿음이 있다면, 사람으로부터 난生 믿음이 아닐 것입니다. 우리가 갖고 있는 믿음이 있다면 그것은 하나님의 신실하심과 성실하심, 그리고 그분의 변함없는 호의와 자비하심으로부터 기인한 신뢰일 것입니다. 그분의 신실하심이 진정한 의미에서 우리의 해방 전쟁에 강력한 방패가 될 것입니다.

믿음이란 하나님에 대해 이런 것, 저런 것을 믿는 것이 아닙니다. 믿음은 '내게로 오라'고 말하는 목소리를 듣는 것입니다. 우리는 그분의 목소리를 들으며 그분이 신실하시고 믿음직하신 분이라는 것을 알고 앞으로 나아갑니다. 무엇을 믿어야 할지, 그 목소리가 무엇인지, 또 우리 자신에 대해서도 잘 알지 못한 채로 앞으로 나아갑니다.

믿음은 어두움 속에 서 있는 것입니다. 그리고 어둠 속에 있는 '그 어떤 손'을 잡는 것입니다. 믿음은 이처럼 전적인 신뢰이며 뿌리 깊은 확신입니다. 그러나 동시에 믿음은 위로부터 내려온 하나님의 선물입니다. 그렇기에 방패가 될 수 있습니다.

머리에는 구원의 투구를 쓰십시오. 영적 전투에 참여하는 그리스도인들은 냉철한 영성으로 적군의 전략과 진로를 파악하고, 그들의 공격 전술과 대상에 대해 철저하게 알아야 합니다. 이 해방 전쟁은 근본적으로 '야웨의 전쟁'인 성전 Holy War이므로 "전쟁은 야웨께 속했다"는 강한 확신을 가지고 있어야 합니다.

다시 말해서 구원은 하나님으로부터 온다는 확고한 믿음으로 전쟁에 임해야 한다는 것입니다. 구원에 대한 이러한 확신을 가질 때, 우리는 구원이 인간의 업적이나 노력에 의하지 않은 하나님의 선물이라는 것을 온몸으로 알게 될 것입니다. 구원의 투구는 결국 하나님의 은총에 대한 흔들리지 않는 믿음이며, 이러한 확신과 믿음으로 우리는 어둠 속에 갇혀 있는 자신을 해방시킬 수 있을 것입니다.

해방 전쟁을 하는 데 필요한 마지막 무기는 '성령의 칼'입니다. 성령의 칼을 드십시오. 악한 영들, 공중의 권세 잡은 자들을 상대로 싸우는 전사戰士는 우리 자신이 아닙니다. 우리는 결코 악한 영들과 사단의 상대가 될 수 없습니다. 연약한 우리를 대신하여 그것들에 맞서 싸우는 용사는 성령이십니다. 그분은 우리를 하나님 앞에 고발하고 비난하는 사단에 맞서실 뿐만 아니라, 연약한 우리를 위하여 간구하시고 힘없는 우리를 대신하여 기도하십니다(롬 8:26-27).

그분은 하나님의 뜻을 온전히 알고 있기 때문에 하나님의 뜻을 좇아 우리를 도우십니다. 그분은 결코 홀로 일하시는 분이 아닙니다. 하나님의 말씀을 존중하여 그 말씀에 힘입어서 영적 전쟁을 치르십니다. 그러므로 우리가 영적 전쟁에서 승리하려면 반드시 성령이 하시는 방식대로 해야 합니다. 다시 말해서 성령이 하나님의 말씀을 칼로 삼아 공중의 세력들과 어두움의 영들을 물리치시듯, 하나님의 말씀에 따라 살아야만 진정 어두움의 세력들로부터 해방될 수 있을 것입니다.

하나님의 말씀은 어두움 가운데 비치는 빛입니다. 주님의 말씀은 캄캄한 곳을 지날 때 비추는 등불입니다. 길을 잃고 방황하는 내 영혼에 밝은 빛을 비추고 길을 보여 주는 것이 하나님의 말씀입니다. 어두움 가운데서도 길을 걸을 수 있다면 이것이야말로 진정한 해방을 맛보며 사는 것 아니겠습니까?

광야에서 사단의 집요한 유혹과 불같은 시험을 이기셨던 예수님은, 새로운 이스라엘인들의 전형典型이십니다(막 1:12-13; 마 4:1-11; 눅 1-13). 어떻게 영적 전쟁에서 승리할 수 있는가를 보여 주신 분입니다. 그가 그러한 영적 전쟁에서 승리할 수 있었던 것은 그 전쟁을 정복 전쟁이 아니라 해방 전쟁으로 인식하시고 치르셨기 때문입니다.

그는 자신의 영역을 확보하거나 자신의 자리를 얻기 위한 전쟁으로 인식하지 않으셨습니다. '살기' 위해, '자리'를 얻기 위해, '해 아래'에 있기 위해서가 아니었습니다. 그분은 어두움의 세력으로부터 진정으로 해방되기 위해 전적으로 '하나님의 말씀'에 복종하셨습니다.

그 길만이 진정으로 사단을 이기는 길이었습니다. 말씀에 대한 능동적 순종이 사단을 찌르는 검이었습니다. 이런 의미에서 그분은 성령에 이끌리어 광야로 들어가신 것입니다.

하나님의 토라(말씀)에 순종할 때, 사단을 물리칠 수 있고 광야는 에덴 동산으로 변합니다. 그분은 들짐승과 함께 계시면서 천사들의 수종을 받으셨습니다(막 1:13). 들짐승들이 해하지 않는다면, 그곳은 광야가 아니라 에덴 동산 아니겠습니까? 그분은 어두움의 한복판에서 해방의 참 맛을 보고 계신 것입니다. 그렇습니다! 해방 전쟁을 위한 마지막 무기는 하나님의 말씀입니다. 그 안에서 사람은 진정한 자유를, 참된 해방을 맛볼 것입니다.

마지막으로, "모든 때에 영 안에서 기도하라"는 권고가 있습니다. 해방을 위한 위대한 전쟁 때에 그분과 연결돼 있을 수 있는 유일한 통신 수단이 기도입니다. 진정으로 해방시키실 수 있는 '그분'과 연락을 취하는 것은 매우 중대한 일입니다.

· 전쟁의 포성이 아무리 크다 하더라도
· 전쟁터의 포연이 아무리 짙다 하더라도
· 전쟁의 공포가 아무리 크다 하더라도 그분과 연락을 해야 합니다!

그리고
· 그 가운데서 기도하는 것이 아무리 어렵다 하더라도
· 그 가운데서 기도하는 것이 무의미하게 보인다 하더라도
· 그 가운데서 기도하는 것이 공허한 일처럼 보여도

· 그 가운데서 하나님께 연락하는 일이 맥 빠지는 일처럼 보여도 말입니다.

어두움과의 전쟁에 어느 누구도 혼자 투입되지는 않습니다!
악한 자와의 싸움에 어느 누구도 홀로 임하는 것은 아닙니다!
이 어두움과의 전투에서 우리는 반드시 이길 것입니다!
왜냐하면 하나님이 우리가 이 전투에서 승리하기를 원하시기 때문입니다!
그렇다면 어떻게? 우리가 그분의 갑옷을 입으면 됩니다![1]

감사 15

아들 때문에라도
데살로니가전서 5:18

빼하십시오. 끊임없이 기도하십시오. 모든 일에 감사하십시오. 이것이 그리스도 예수 안에서 여러분에게 바라시는 하나님의 뜻입니다. 항상 기뻐하십시오. 이 기도하십시오. 모든 일에 감사하십시오. 이것이 그리스도 예수 안에서 여러분에게 바라시는 하나님의 뜻입니다. 항상 기뻐하십시오. 끊임없이 기도하십 모든 일에 감사하십시오. 이것이 그리스도 예수 안에서 여러분에게 바라시는 하나님의 뜻입니다. 항상 기뻐하십시오. 끊임없이 기도하십시오. 모든 일에 감사시오. 이것이 그리스도 예수 안에서 여러분에게 바라시는 하나님의 뜻입니다. 항상 기뻐하십시오. 끊임없이 기도하십시오. 모든 일에 감사하십시오. 이것이 예수 안에서 여러분에게 바라시는 하나님의 뜻입니다. 항상 기뻐하십시오. 끊임없이 기도하십시오. 모든 일에 감사하십시오. 이것이 그리스도 예수 안에 분에게 바라시는 하나님의 뜻입니다.

For a Son

항상 기뻐하라.

쉬지 말고 기도하라.

범사에 감사하라.

이는 그리스도 예수 안에서

너희를 향하신 하나님의 뜻이니라.

_ 데살로니가전서 5:18, 개역성경

상당한

세월 동안 나는 서양 문화에 접하며 살아왔습니다. 생각해 보면 결코 짧은 시간이 아닙니다. 그런데 어느 날 문득 '서양 사람들이 가장 많이 사용하는 말이 무엇일까, 어떤 말을 가장 많이 사용할까' 하는 점이 궁금해졌습니다. 즉시 두 가지 답이 나왔습니다. 하나는 "실례합니다" Excuse me이고, 다른 하나는 의심할 여지없이 "감사합니다", "고맙습니다" Thank you였습니다.

이 두 가지 말 습관이 한 사회의 도덕적 우수성을 가늠하는 척도가 아닐까 하는 생각이 들 때가 있습니다. 다른 사람들에게 피해를 끼치지 않겠다는 배려와 아울러, 타인의 배려에 대한 고마움의 표시를 할 수 있는 것은 인간 사회를 가장 인간답게 하는 일일 것입니다.

책을 가까이 하는 사람으로서 나는 종종 저자의 서문을 즐겨 읽습니다. 대부분의 저자들은 왜 그 책을 쓰게 되었는가에 대해서 밝힐 뿐만 아니라, 책의 전반적인 내용을 간략하게 제시하는 경우가 많기 때문입니다. 그리고 그 외에도 또 다른 한 가지 이유가 있다면, 그 책의 저자가 누구에게 감사할까 하는 개인적인 호기심 때문입니다. 그들은 친구, 스승, 가족―부모, 아내나 남편, 자녀―등에게 감사의 표현을 합니다. 그것은 참으로 좋은 전통인 것 같습니다.

그런데 이런 점에 있어서 우리 한국의 문화는 그리 달가워하지 않는 경우가 많이 있습니다. 감사하는 습관이 몸에 배 있지 못한 것이 아닌가 하는 씁쓸한 마음을 떨쳐 버리기 힘든 경우도 있습니다. 물론 감사나 사랑을 표현하는 일에 익숙하지 못한 나로서도 저서를 출판할 때마다 서문에 감사의 표시를 하는 것이 얼마나 부자연스럽고 어색하던지요! 그래도 용기를 내어 어머니께, 동생들에게 그리고 아내와 자녀들에게 고마움을 표현하고 나니 기분이 좋았습니다.

내가 아는 정 장로님이란 분이 있습니다. 그분은 일찍이 도미 하여 약 50년째 미국에 거주하고 계십니다. 생각이나 언행이 미국인처럼 되신 분입니다. 그분이 70년대에 겪었던 일입니다.

한번은 사업차 한국을 방문하게 되었습니다. 당시 사업하는 사람들이 다 그렇듯이, 거래처 사람들이 장로님을 요정에 데리고 갔습니다. 요정에서 시중 드는 아가씨들이 들어와 차를 따라 주자, 장로님은 얼떨결에 벌떡 일어나 허리를 굽히며 "감사합니다!"라고 했답니다. 장내는 한바탕 웃음바다가 되고…. 요정에서 일하는 아가씨 앞에서 벌떡 일어나 인사하는 사장님을 상상할 수 있겠습니까? 생각할수록 이 얼마나 '아름다운' 장면인지요!

모두 다 그런 것은 아니겠지만, 지금 우리 사회에는 감사하는 인사말이 정착되어 있지 않습니다. 식당에 가서도 종업원에게 반말투로 "야!" 하거나 어정쩡하게 "어이!"라고 부르는 모습은 쉽게 목격됩니다. 물 한 잔 갖다 주는 종업원을 향해 "고맙습니다" 하면 어디가 덧나나요? 사람을 직업으로 평가하고 외모로 판단하는 사회가 참으로 부끄러울 뿐입니다. 그 사람들도 집에 가면 한 남편의 아내요 한 아내의 남편이며, 아이들의 엄마요 아빠인데 말입니다.

교회에 가도 사정은 그리 크게 다르지 않습니다. 사람을 처음 만나면 마치 닭싸움이라도 하듯이 위아래로 먼저 한번 훑어 보고 그냥 지나칠 때가 많습니다. 그런데 한 가지 놀라운 사실은, 감사하는 풍속과 인사말이 널리 뿌리내리지 않았는데도 세계에서 감사 헌금의 종류가 가장 많은 교회가 한국 교회라는 것입니다.

생각해 보십시오. '백일 감사', '돌 감사', '생일 감사', '결혼 감사', '이사 감사', '개업 감사', '퇴원 감사', '결혼 기념 감사', '집들이 감사', '출장 감사', '입사 감사', '입학 감사', '승진 감사', '추수 감사', '맥추 감사', '부흥회 감사', '심방 감사'… 아마 여러분은 이 목록표를 더 길게 열거할 수도 있을 것입니다.

감사란 무엇인가

'감사'라는 말은 한국말에서 덕德 혹은 은덕恩德, 아니면 좀더 기독교적 용어인 '은혜'恩惠를 입고 산다는 의미입니다. 은혜를 입을 때 우리는 고마운 마음이 생깁니다. 그리고 고마운 마음을 표현하고 싶어집니다. 그것이 우리가 말하는 보은報恩, 혹은 감사라는 것입니다. 그리고 그러한 과정을 통하여 우리는 삶의 기쁨에 대해 조금씩 알아 갑니다. '은혜'와 '기쁨'이란 단어가 동일한 어원에서 출발한다는 사실은 결코 우연이 아닙니다. 은혜를 입고 살 때 우리의 가슴 깊은 곳에서 솟구치는 기쁨을 알게 되기 때문입니다.

사실 크리스천의 삶(생명)은 은혜와 은총으로 가득 차 있습니다. 여러분은 복음서에 기록되어 있는 달란트 비유를 기억하실 것입니다. 그 비유에는 세 종류의 사람들이 등장합니다. 다섯 달란트 받은 사람, 두 달란트 받은 사람, 그리고 한 달란트 받은 사람입니다. 이 비유의 초점은 어디에 있습니까? 얼마나 많은 이익을 남겼는가 하는 점입니까? 아니면 얼마나 성실하게 살았는가 하는 점입니까? 비유에 등장하는 인물 중 어떤 사람을 본받아야 하고 어떤 사람을 본받지 말아야 하는가 하는 점입니까?

이 비유의 초점은, 사람의 삶과 생명은 전적으로 '주어진 것'이라는 점입니다. 그렇습니다. 인생은 주어진 은혜요 선물입니다. 물론 양量의 차이는 있을 수 있습니다. 그러나 본질적으로 인생은 주어진 선물입니다. 가만히 생각해 보십시오. 여러분에게 주어진 것들, 생명, 인생, 건강, 자녀, 교회, 믿음, 구원 등등 모두 다 선물로 주어진 것들입니다. 그러므로 감사하고 살 수 있다는 것은 복 받은 상태입니다.

모든 환경에서 감사하라

그러나 문제는 "모든 환경(범사)에서 감사하라"는 것입니다. 참으로 어려운 명령 같습니다.
- 결혼 후 오랫동안 아이를 가질 수 없었던 한 부부가, 오랜 기다림과 간절한 기도 끝에 아이를 얻었습니다. 아마 이삭과 리브가가 그러했을 것입니다.
- 만년 과장이던 한 남편이 있었습니다. 그에게 이제 남은 길이라고는 '명예롭게' 퇴직하는 것밖에 없었습니다. 그런 남편을 위해 헌신적인 아내가 40일 새벽 기도를 드렸습니다. 그랬더니 승진하게 되었답니다.
- 많은 소시민적 크리스천들이 그렇듯이, 어떤 그리스도인이 16평에서 24평으로, 24평에서 34평으로, 34평에서 45평형의 아파트로 이사하게 해 달라고 기도했습니다. 어찌 된 일인지 아파트 청약에 일 순위로 당첨되어 바라던 대로 이사하게 되었답니다.
- 100일 작정 기도 덕분인지는 몰라도 자녀가 명문대학교에 입학하게 되었습니다.

참으로 감사할 일입니다. 아마 이런 사람들은 기도의 응답을 얻은 즉시 하나님께 감사했을 것입니다. 물론 입으로, 물질로 감사의 표현을 했을 것입니다. 여러 사람들에게 기도의 능력에 대해 간증했을 것이며, 그렇게 해 보라는 믿음의 권면 또한 잊지 않았을 것입니다. 이런 경우라면 감사하는 일이 그렇게 어렵지 않습니다. 어찌 보면 이런 경우에 감사하는 것은 자연스러운 인간적 반응입니다.

그러므로 이런 일에 감사하는 것은 그렇게 대단한 일이 아닙니다. 그러니 자신의 믿음을 자랑하거나 아니면 한 단계 높여 하나님의 선하심과 인자하심을 자랑하고 다닐 만한 일이 못 됩니다.

그러나 감사에 있어서 심각한 문제, 아니 대부분의 사람들이 고민스러워하는 실제적인 문제는 감사할 수 없는 환경에서 감사할 수 있겠는가 하는 것입니다. 사도 바울은 인간의 진솔한 고통을 모르고 이런 명령을 했단 말입니까? 어떻게 모든 일에, 모든 환경에, 무슨 일을 만나든지 감사하라고 명령하는 것입니까?

- 범사에 감사하라니요? 명령이니까 덮어놓고 감사해야 한단 말입니까?
- 목사님 혹은 부흥 강사가, 아니면 어떤 능력 있는 간증자가 하는 말대로 "나도 감사해야지"라고 작정하면 된단 말입니까?

그런 것은 아닙니다. 그럴 수가 없습니다. 그렇다면 감사할 수 없을 때 어떻게 해야 합니까? 솔직하게 터놓고 하나님께 토로吐露하십시오. 하나님께 탄원하고 불평하십시오. 시편 대부분의 탄식시가 우리에게 가르쳐 주는 진리가 이것입니다. 한번 들어 보십시오.

오 주님, 얼마나 오래도록입니까? 당신은 나를 영원히 잊으시겠습니까?
얼마나 오래도록 나에게서 당신의 얼굴을 숨기시겠습니까?
얼마나 오래도록 나는 나의 생각들과 씨름하며
매일 내 마음속에 슬픔을 지닌 채 살아야 합니까?
얼마나 오래도록 내 원수는 나를 누르고 승리할 것입니까?(시 13:1-2)

나의 하나님, 나의 하나님, 어찌하여 나를 버리십니까?

왜 구원해 주시지 않고 멀리 떨어져 계십니까?
왜 너무 멀리 계셔서 나의 울부짖는 소리를 듣지 못하십니까?
오 나의 하나님이시여, 내가 온종일 불러도 대답이 없으시며,
내가 밤에도 소리를 높여 외쳐 보지만 아무런 대답이 없으십니다(시 22:1–2).

사실상 이 세상에서 그리스도인이라고 하여 모든 일들이 '행복한 결말'을 맺지는 않는다는 것을 우리는 경험을 통하여 잘 알고 있습니다. 성경과 인류의 역사는 이러한 예들을 수없이 우리 앞에 전시해 놓고 있습니다.

- 잊혀진 사람 요셉은 3일이 아니라 2년 동안 억울한 옥살이를 합니다.
- 주의 사도 야고보는 톱에 잘려 죽었습니다.
- 베드로는 십자가에 거꾸로 달려 죽었습니다.
- 바울은 네로 황제에 의해 참수형을 당합니다.
- 한국 교회 초기, 천주교 박해 때에 수만 명의 그리스도인들이 학살되었습니다.
- 주기철 목사님은 출옥과 광복을 보지 못하고 순교하였습니다.
- 본 회퍼는 나치의 몰락을 목전에 두고 처형당해야 했습니다.
- 어떤 이들은 희롱과 채찍질, 결박과 투옥, 돌로 맞는 일 등을 당합니다.
- 어떤 이들은 양이나 염소의 가죽을 입고 광야와 산중, 토굴로 유리하며 방황하다가 이 세상을 떠났습니다.
- 우리는 솔제니친의 '수용소 군도'를 알고 있습니다.
- 우리는 아우슈비츠의 절규와 비참함을, 다카의 형극荊棘과 비명 소리를 기억합니다.
- 아벨의 피가 지금도 땅에서 울부짖고 있다는 사실을 우리는 기억하고 있습니다.

그런데 본문(살전 5:18)은 매우 명쾌하고 단도직입적으로 "모든 처지, 모든 환경에서 감사하라"고 합니다. 이 어찌 된 일입니까? 이 말씀을 어떻게 받아들여야 한단 말입니까? 참으로 삼키기 힘든 알약입니다.

· 회사에 부도가 나 넘어가는 때
· 친구가 돌아섰을 때
· 몸이 아파서 누웠을 때
· 가족들로부터 깊은 상처를 입었을 때
· 직장에서 나보다 늦게 입사한 사람은 승진하고 나는 탈락되었을 때
· 사랑했던 사람이 자신을 배반하고 다른 사람에게 가 버렸을 때
· 그렇게도 기다린 아기가 태 속에서 장이 썩어 죽어 갈 때
· 생의 반려자가 불치의 암으로 '정해진 인생'을 살아가야 할 때…

평생을 '삶' 과의 전투로, 그래서 자신을 투사fighter로 표현하는 한 여인의 진솔한 탄식을 들어 보십시오.

열 여섯 살이 됐을 때 온 세상은 깨져 나갔습니다. 홍역에 걸리기 시작하더니 그 후유증으로 체중이 줄고 힘이 빠져 갔습니다. 그 해 크리스마스가 되었을 때 나는 겨우 뼈만 남게 되었습니다. 홍역 바이러스는 내 췌장을 파괴하였고, 그 결과 나는 평생토록 당뇨 합병증들과 싸우지 않으면 안 되게 되었습니다….

나의 인생은 다시 한 번 갈가리 찢겨져 나갔습니다. 이번 것은 건강 문제보다 더 심각한 감성적 파열이었습니다. 남편이 나를 버리고 집을 나가서 우리가 인도했던 청년 그룹의 한 멤버와 결혼을 한 것입니다….

나의 삶은 건강을 지키기 위한 계속적인 투쟁으로 점철되어 왔습니다. 지난 15년 동안 나는 팔다리 수술을 수없이 많이 했고, 안과에서 레이저 광선 치료를 수백 번 받았습니다. 그리고 여덟 번의 대수술을 받았는데,

그 중에는 장중적(腸重積, 장 질병의 일종)으로 인한 장 절제와 자궁 적출 수술, 여러 조각으로 부서진 발을 다시 맞추는 수술, 그리고 두 번의 암 수술이 포함되어 있습니다. 그리고 망막 출혈이 있은 후 세 번의 눈 수술을 받았습니다. 이 수술들 중 두 번을 실패했고 그래서 한쪽 눈은 사실상 보이지 않습니다….

　내 신장들은 겨우 25%밖에는 제 기능을 발휘하지 못합니다. 또 장의 신경들이 죽었기 때문에 늘 네 종류의 약을 섞어서 복용해야만 겨우 그 기능이라도 발휘할 수 있습니다. 나는 다리를 절고, 뼈가 퇴행하고 있으며, 무릎 아래로는 신경들이 죽었기 때문에 걷는 것이 무척이나 고통스럽습니다. 암 수술을 했을 때 신경이 손상되었고, 또 관절염이 있기 때문에 늘 고통을 겪어야 합니다. 신장 약물로 인한 만성 기침은 천식으로 발전했고, 그것은 또 무시무시한 고통을 가져다 주는 흉곽 연골 염증을 유발시켰는데, 그에 대해서는 약도 사용하지 못하는 형편입니다. 왜냐하면 그 약은 신장에 너무 해롭기 때문입니다.

　매일 나는 여러 번의 인슐린 주사와 운동을 균형 있게 조절해야 하고, 신장을 보호하기 위해 이상한 식이 요법을 실천하며 처절한 싸움을 치러야만 합니다."[1]

자, 여러분은 이러한 환경에서 감사할 수 있겠습니까? 성경이 감사할 것을 명령한다고 해서 감사가 입에서, 가슴속에서 나올 수 있습니까? 천만에요! 막상 어려운 일을 만나면 우리의 본성으로는, 맨 정신으로는, 감사할 수도 없고 그럴 힘도 없습니다.

아직도 태양은 떠 있습니다

그럼에도 불구하고, 바로 이런 순간에 신비로운 일들이 일어나기 시작합니다. 바로 그런 순간에서도 우리로 하여금 "아버지! 그래도 나는 아직도 당신을 신뢰합니다. 당신의 선하심과 인자하심이 계속해서 나를 감싸시며 내게 있을 것이라고 나는 믿고 싶습니다!"라고 고백하지 않을 수 없게 만드시는 분이 곁에 있다는 것을 '경험' 하게 됩니다. 참으로 놀랍고 신비로운 일입니다. 어떻게 그런 기도가 나오는지요!

하나님을 향한 절규와 비탄의 외침은 아직도 그분이 나를 사랑하고 있고, 내가 그분을 사랑하고 있다는 또 다른 표현일지도 모릅니다. 아니, 나는 적어도 그렇게 믿고 싶습니다. 그리고 이러한 '연약한 믿음'의 불씨가 아직도 꺼지지 않고 내 안에서 타고 있다는 것을 생각하면 여간 신기하고 놀라운 게 아닙니다. 이것이야말로 성령님이 내 마음 안에 심어 주신 '뿌리 깊은 확신'이라 생각하면 그저 감사하지 않을 수 없습니다.

감사할 수 없는 환경 속에서 성령님이 우리에게 들려주시는 세미한 음성이 있습니다. "비록 지금은 비가 오고 바람이 불지만, 아니 짙은 구름이 끼어 앞이 보이지 않지만 반드시 지나간다"는 음성입니다.

나는 종종 비행기 타는 기회를 갖습니다. 한 번은 미국 캘리포니아 주 샌프란시스코에서 미시간 주의 디트로이트로 비행한 적이 있습니다. 당시 나의 영혼은 몹시 피곤했습니다. 가정적으로 도저히 견딜 수 없는 고통의 시간을 보내고 있던 중이었습니다. 나도 모르게 눈가에는 이슬이 맺혔고, 비행기 창 밖으로 보이는 도시들과 사람들을 향해 이유 없는 증오심이 불타올랐습니다. 감사할 이유가 없는 삶이었습니다. 잠시 후 비행기는 여유 있게 아름다운 샌프란시스코 공항을 이륙하여 구름 위로 치솟아 올랐습니다.

그리고 5시간이 지나 디트로이트 공항 가까이 오게 되었습니다. 기내 방송에서는 지금 디트로이트 지역에 비바람이 몰아쳐서 대낮이 밤처럼 어둡다는 내용이 나왔습니다. 잠시 후 비행기는 그 육중한 몸으로 시커먼 구름을 뚫고 하강하기 시작하였습니다. 구름 밑으로 보이는 도시의 가로수들이, 몰아치는 비바람에 몸을 추스르지 못하는 것처럼 보였습니다. 엄청난 폭우와 바람이었습니다. 그때 나에게 신비한 음성이 들려왔습니다. 아니, 너무도 자명한 진리가 번개 치듯이 뇌리를 스치고 지나갔다고 하는 편이 나을 것입니다. "아들아, 비록 비바람이 치고 구름이 칠흑처럼 두꺼워도 그 위에 태양이 있단다!" 이 사실은 그 후로 나에게 깊은 영적 안위를 주기 시작했습니다.

왜 감사할 수 있냐고요? 성경의 명령이기 때문이라고요? 아닙니다. 그렇게 간단한 것이 아닙니다. 우리는 좀더 넓은 관점에서 '감사'의 문제를 생각해야 합니다.

범사에 감사하라는 말씀의 넓은 의미는 무엇입니까? 하나님의 말씀이신 예수 그리스도가 하늘에서 이 땅에 내려오신 것처럼, 고난 속에서도 감사하라는 주님 말씀의 의미 역시 우주적이라 할 수 있습니다. 즉 이 세상에서 처하게 되는 모든 형편과 처지는, 결국 일시적이고 잠정적이라는 말입니다. 왜냐하면 우리의 삶은 이 세상뿐 아니라 장차 오는 세상, 즉 영원한 생명으로 이어지기 때문입니다.

비록 우리가 사는 현재적 삶이 흑 구름 밑에 있다 하더라도, 그래서 셀 수 없이 많은 폭풍과 폭우와 폭설, 한파와 추위, 배고픔, 고난과 절규 속에서 지내야 할지 모른다 하더라도, 이것들 위에는 아직도 '영원한 태양'이 떠 있는 것입니다. 우리의 생명은 결코 이 세상으로 끝나지 않는다는 것입니다.

영원으로 연결되어 있는 영생(영원한 인생)이 우리에게 주어졌기 때문에 우리는 시련을 '턱걸이하여' 넘어갈 수 있습니다. 그렇습니다. 하나님이 그의 아들 예수 그리스도를 믿는 사람에게 영원한 인생을 주셨으므로, 우리에게는 영원한 인생이 보장되어 있습니다. 그러므로 이 세상에서 처하게 되는 모든 형편—밝은 날이든 어두운 날이든, 최정상이든 깊은 계곡이나 수렁이든—을 이겨 나갈 수 있는 것입니다.

그러나 우리가 범사에 감사할 수 있는 이유는, 감사가 '성령의 선물'이기 때문입니다. 하나님이 자기 아들 예수 그리스도를 희생해 가면서 영원한 생명을 우리에게 주셨다면, 그렇게 놀라운 사랑을 베풀어 주신 하나님이 어떻게 이 세상에서 우리가 당하는 여러 형편에서 보호해 주시지 않겠는가 하는 마음의 확신과 신앙에서 나오는 것이 바로 감사입니다. 이러한 확신과 신앙이야말로 성령의 역사가 아니고 무엇이겠습니까!

아들 때문에라도

1993년경으로 기억합니다. 이탈리아에서 일어난 사건입니다. 미국 캘리포니아 주에 사는 한 부부가 마크라는 7살짜리 어린 아들을 데리고 이탈리아로 여행을 갔습니다. 미술을 좋아하는 아내를 위해 이탈리아를 찾은 것입니다. 그들은 북부 밀라노에서 출발하여 중부 로마로 향하는 자동차 여행을 하고 있었습니다. 그런데 불행하게도, 도저히 상상할 수 없는 일을 당하게 되었습니다. 어떤 미친 괴한이 고속도로 변에서 무차별적으로 쏘아 댄 총에 사랑하는 외아들이 맞아 절명한 것입니다. 급히 병원으로 갔으나 아이의 숨은 끊어진 후였습니다.

아이의 부모는 그 청천벽력 같은 불행의 와중에서 또 다른 고통스런 결정을 내리게 됩니다. 그것은 어린 아들의 장기를 떼어 기증하기로 한 것입니다. 그들은 아들의 장기를 6명의 이탈리아 어린아이들에게 이식해 주었습니다. 나는 아내와 함께, 그 부부가 이탈리아를 떠나면서 인터뷰하는 모습을 TV를 통해 우연히 보게 되었습니다. 그들의 인터뷰를 보면서 나와 아내는 눈시울을 적셨습니다.

나에게도 사랑스런 네 자녀가 있습니다. 그 중 어느 하나도 귀하지 않고 사랑스럽지 않은 자녀는 없습니다. 그러나 아무리 자녀를 가진 부모라 해도, 외아들을 객지에서, 외국 땅에서 잃고 떠나는 부모의 파열하는 심장을 어떻게 다 이해할 수 있겠습니까? 그들은 어린 아들을 자기들의 고국도 아닌, 타국에 남겨 두게 된 것입니다.

그들이 비행기 트랩에 오르기 전에 한 말, "우리는 결코 이 나라를 잊지 못할 것입니다!" we will never forget this country 가 내 귀에 쟁쟁 울렸습니다. 그것은 자신의 아들 때문에라도 그들의 또 다른 '여러 자녀들(장기 이식을 받은 이탈리아 아이들)'을 결코 잊을 수 없다는, 깨어지듯 아픈 부모의 마음 그 자체였습니다.

나는 이 사건을 통하여 깊은 영적 교훈을 얻었습니다. 그것은 하나님의 마음에 대한 이해였습니다. 아니 하나님의 깨어 부서지는 '부성적 심장'父性的 心臟에 대한 '앎'이었습니다. 하나님의 아들 예수 그리스도 역시 고국에서 죽은 것이 아니었습니다. 이 세상이라 불리는 '타국'에서, 앞뒤도 못 가리는 저열한 인간들에 의해, 하나님은 아들을 잃어버리셨던 것입니다. 그러나 그분은 다시 그 아들의 심장을 자기를 믿는 자들에게 이식하셨습니다. 아들의 죽음에 극도로 비통해 하며 얼굴을 돌리는 그 아버지의 일그러지는 심정을 우리가 어떻게 이해할 수 있겠습니까!

이제 그 하나님 아버지가 우리에게 말씀하십니다. 고통 가운데 있는 우리에게 말씀하십니다. "내가 너를 어찌 잊을 수 있단 말인가!" "내 너를 잊지 않으리라!" 자신의 아들 때문에라도 우리를 기억하시고 사랑하시겠다는 아버지의 처절한 절규를 들어 보십시오. 이 말씀은 우리에게 크나큰 힘과 용기의 원천이 됩니다.

사도 바울도 우리에게 호소합니다. "자기 아들까지도 아끼지 않고 우리 모두를 위해 내어 주신 분께서 그 아들과 함께 우리에게 모든 것을 은혜로 주지 않으시겠습니까?"(롬 8:32)

그렇습니다. 하나님의 '잊지 않으심', 하나님의 '기억하심' 이야말로 구원을 베푸는 은혜입니다.

> 어머니가 어찌 그 품속에 있는 아기를 잊겠으며,
> 그가 낳은 아이를 어찌 측은하게 생각하지 않겠는가?
> 혹시 어머니는 그의 아기를 잊을지 몰라도,
> 나는 너를 잊지 않을 것이다.
> 보라, 내가 너를 내 손바닥에 새겼고
> 너 시온의 성벽은 내 눈앞에 서 있느니라(사 49:14-16).

자, 왜 감사할 수 없는 환경에서도 감사할 수 있는 힘이 생깁니까? 그것은, 우리가 믿는 하나님 아버지가 자기의 외아들 예수님의 심장을 떼어 우리에게 주시고 우리를 자기의 자녀로 입양하셨기 때문입니다. 어찌 그 사랑하는 아들의 심장을 '받은 자'를 잊을 수 있겠습니까. 하나님은 자신의 아들 때문에라도 우리를 잊지 않겠다고 외치십니다. 자신의 아들을 생각해서라도 우리를 기억하시겠다는 겁니다. 로마서 5:8은 이 진리, 이 복음을 다음과 같이 표현하고 있습니다.

> 우리가 아직 죄인 되었을 때에 그리스도께서 우리를 위하여 죽으심으로 하나님께서 우리에 대한 자기의 사랑을 확증하셨느니라.

보은과 섬김의 삶을 향하여

감사는 하나님의 은혜에 대한 인간적인 반응입니다. 은혜는 하늘에서 내려오고, 보은은 땅에서 하늘로 올라갑니다. 감사는 그리스도인의 삶을 특징짓는 '삶의 방식'입니다. 그렇다면 하나님의 은혜로 말미암아 새로운 심장을 이식 받은 우리는 누구에게 감사해야 하겠습니까? 두말할 필요도 없이 하나님입니다. 그러나 어떻게 보이지 않는 하나님께 은혜를 갚는다는 말입니까? 보이지 않는 대상에게 어떻게 '갚을 것'인가 하는 이 문제가 크리스천의 삶과 깊은 관련이 있습니다.

성경은 우리에게 가르쳐 줍니다. 보이는 이웃을 사랑함으로써 보이지 않는 하나님을 사랑하는 것이라고. 하나님의 은혜를 나눠 주는 유일한 방식은 다른 사람을 향한 봉사와 섬김의 삶입니다. 그리고 우리는 다른 사람에게 사랑을 '줌'으로써 자기가 사랑을 '받는' 자임을 확인하게 됩니다.

미국 인디애나 주의 테리 호트Terry Heute라는 조그만 대학촌에는 인디애나 주립대학교가 있습니다. 이곳에 중년의 로벗 클라우스Robert Clause라는 사람이 살고 있습니다. 그는 그 대학의 역사학 교수인데, 교회에서 장로로 봉사하는 분입니다.

그러나 그의 삶은 그렇게 평탄하지 않았습니다. 그는 태어날 때부터 매우 심각한 심장병을 앓고 있었습니다. 고장 난 심장을 갖고 태어난 셈입니다. 이미 심장 수술을 여러 번 했습니다. 생사의 고비도 여러 번 넘겼습니다. 죽음과 삶의 경계를 수없이 오갔습니다. 그러나 여전히 그의 심장은 위험천만한 상태였습니다.

그는 근본적으로 새로운 심장을 이식 받아야만 했습니다. 그래서 그는 병원의 심장 이식 수술 대상자 명단에 이름을 올려놓고 초조하게 기다렸습니다. 새로운 심장이 공급되기를 기다려야 했던 것입니다. 미국 전역에 심장을 이식 받아야 할 사람은 많고 심장을 기증할 사람은 매우 적기 때문입니다.

1984년 어느 추운 겨울날 이른 새벽, 갑작스런 전화벨 소리에 그는 잠이 깼습니다. 심장 이식 수술을 하게 되었으니 준비하고 빨리 병원에 입원하라는 전갈이었습니다. 정신없이 병원으로 달려가 수술실 침대 위에 누웠습니다. 그리고 장시간의 수술 끝에 그는 새로운 심장을 이식받게 되었습니다. 그 후 그는 퇴원하였습니다.

그리고 수년이 지났습니다. 하얀 마스크를 쓰고 공동묘지의 비석 한가운데에 선 그의 사진이 내 눈에 들어 왔습니다. 미국의 저명한 복음주의 잡지인 *Christianity Today*의 겉표지에 실린 그의 사진이었습니다. 조금이라도 감기 바이러스에 감염되면 심장에 이상이 생겨 목숨을 잃을 수 있는 상태이기에 그는 늘 하얀 마스크를 쓰고 다녀야 했습니다. 늘 죽음과 삶의 경계를 오가는 경험을 하며 사는 것이었습니다(그래서 그는 인터뷰 사진을 공동묘지 비석들 사이에서 찍었습니다). 산다는 것이 기적이요, 신의 선물이라는 것을 절감하면서 말입니다. 그는 기자와의 인터뷰에서 자기의 신앙 내력에 대해 말했습니다.

"나는 50세가 넘어서야 비로소, 아니 더욱 정확하게 말하자면, 1984년 1월 27일 추운 겨울날 심장 이식을 받은 이후에야, 신앙의 참된 의미를 알게 되었습니다. 그 해 그날, 이곳에서 약 700km 떨어진 뉴욕 주의 버팔로 시에서 한 이름 모를 청년이 교통사고로 죽었습니다. 그 청년의 심장이 바로 이 가슴 속에서 뛰고 있습니다. 그 청년 때문에 나는 지금 제2의 인생을 살고 있는 것입니다…"

그리고 숨이 차던지 그는 잠시 말을 멈추었습니다. 공동묘지에도 시간은 흘러가고 있었습니다. 숨을 가다듬은 그는 잠시 후 다시 말을 이어 갔습니다.

"그렇습니다. 언젠가는 이 심장도 멈출 날이 있을 것입니다. 그러나 나는 믿습니다. 2000년 전 나에게 주어진 영원한 심장, 십자가에서 터진 그분의 심장은 나를 영원하게 할 것입니다. 비록 나의 육체적 삶은 생명과 죽음의 경계를 오가지만 나의 가슴 속에는, 아니 나의 심장 속에는 그분의 심장이 영원히 뛸 것입니다. 나는 깊이 머리를 숙여 그분께 감사하고 있습니다. 나의 심장에 심겨진 그리스도의 심장은 영원할 것입니다."

다시 말을 멈추었습니다. 잠시 침묵이 흘렀습니다. 그리고 그는 말했습니다.

"이제 제 여생은 봉사와 감사뿐입니다. 이 그리스도의 심장, 그 아들을 주신 아버지 하나님을 다른 사람에게 알리는 것이 내 삶의 가장 큰 목적입니다."

그리스도인들, 그들은 누구입니까? '감사하는' 사람들입니다. 모든 처지와 환경에서 감사할 수 있습니까? 네, 그렇습니다. 우리는 부활케 하시는 하나님을 믿기 때문입니다. 우리를 사랑하시고, 우리의 영원한 아버지가 되신 그분이 있기에 그렇습니다. 자신의 아들 때문에라도 그럴 것입니다.

하나님께 감사하며 사는 일, 하나님께 고마워하는 것은 결코 열등하기 때문이 아닙니다. 그것은 크리스천이 소유할 수 있는 삶의 우수한 특성입니다.

여러분과 나는 심장 이식 수술을 받은 사람들입니다. 감사할 조건이 충분히 있는 사람들입니다. 하늘을 우러러 "하나님 아버지, 고맙습니다" Thank you, Lord! 하며 미소 짓는 그리스도인들! 그들이야말로 이 세상이 정말로 감당할 수 없는 사람들입니다. 아멘.

길 16

강림절 속의 하이웨이
누가복음 2:1

지면, 강림절이란 첫째, 구약 성경 전체가 가리키고 기대하게 했던 하나님의 참 '메시야'(그리스도)와 그가 통치하는 나라의 도래에 대해 생각해 보고, 그렇게 약속했던 메시야가 정작 이 세상에 오게 되자 이 세상은 그분에 대해 어떻게 반응하고 응답하였는가를 살펴보며, 셋째, 하늘로 가신 그대로 다시 오실에 대해 그리스도인들은 어떻게 기다리고 있어야 하는지에 대해 깊이 생각해 보는 절기라 할 수 있습니다. 그리하여 이상의 세 가지 견해는 서로 동의나의 공통된 주제를 산출합니다. 강림절은 '하나님의 오심', 혹은 '하나님의 약속의 도래'와 관련을 맺는다는 사실입니다. 이것은 강림절을 종말론적으로야 함을 의미하기도 합니다. 아울러 강림절은 이러한 '하나님의 오심'에 대해 우리 그리스도인들이 어떻게 이해하고 반응하며 기대하고 기다려야 할 것인해 생각해 보는 성스러운 주간이기도 합니다.

Highway in Advent Season

이때에 시저 아구스도가 영을 내려 천하(로마 제국)로 다 호적하라 하였더니….

_ 누가복음 2:1, 개역성경

교회력에 의하면 성탄 주일 이전의 4주간을 가리켜 '강림절' Advent—강림 降臨이란 문자 그대로 '내려오심' 혹은 '도래' 到來라는 의미임—이라고 합니다. 그러나 이 절기에 지켜야 할 중심 주제에 대해서는 의견이 분분합니다. 무엇 때문에 강림절을 지켜야 합니까? 왜 강림절을 지킨다는 것입니까? 강림절을 통하여 그리스도인들은 무엇을 생각하고 어떠한 것들을 기대해야 합니까? 강림절을 바라보는 신학적 입장은 크게 세 가지로 요약할 수 있습니다.

첫째, 강림절은 메시아가 오시기 이전의 구원 역사 기간, 다시 말해서 옛 이스라엘이 메시아를 갈망하고 기대했었던 시기에 초점을 맞추는 절기이다.

둘째, 강림절은 메시아의 첫 번째 오심, 즉 예수 그리스도의 초림 初臨을 축하하고 기념하기 위한 준비 기간이다.

셋째, 강림절은 장차 '도래' 할 일들, 곧 마지막 날(예수 그리스도의 재림)에 일어나게 될 일들—세상의 마지막, 부활, 최후의 심판, 새 하늘과 새 땅—에 초점을 맞추면서, 그러한 일들을 어떻게 준비하고 기다려야 할 것인가에 관해 생각하는 절기이다.

위 세 가지 의견 가운데 하나를 선택한다는 것은 참으로 어렵습니다. 가장 좋은 방법은 위에서 언급한 세 관점을 순서대로 살펴보는 것입니다. 그러면 강림절의 의미를 충분히 이해할 수 있을 것입니다. 그것은 구원 역사의 전개 방식에 따라 이해하는 것과 같은 방식이기 때문입니다. '약속 → 성취 → 기대'라는 패턴, 이러한 방식으로 본 강림절의 의미는 매우 종말론적인 색채를 띠고 있습니다.

요약하자면, 강림절이란 첫째, 구약 성경 전체가 가리키고 기대하게 했던 하나님의 참 '메시아'(그리스도)와 그가 통치하는 나라의 도래에 대해 생각해 보고, 둘째, 그렇게 약속했던 메시아가 정작 이 세상에 오게 되자 이 세상은 그분에 대해 어떻게 반응하고 응답하였는가를 살펴보며, 셋째, 하늘로 가신 그대로 다시 오실 메시아에 대해 그리스도인들은 어떻게 기다리고 있어야 하는지에 대해 깊이 생각해 보는 절기라 할 수 있습니다.

그리하여 이상의 세 가지 견해는 서로 동의하는 하나의 공통된 주제를 산출합니다. 강림절은 '하나님의 오심' 혹은 '하나님의 약속의 도래'와 관련을 맺는다는 사실입니다. 이것은 강림절을 종말론적으로 이해해야 함을 의미하기도 합니다. 아울러 강림절은 이러한 '하나님의 오심'에 대해 우리 그리스도인들이 어떻게 이해하고 반응하며 기대하고 기다려야 할 것인가에 관해 생각해 보는 성스러운 주간이기도 합니다.

나는 이제부터 여러분들과 함께 강림절 여행을 떠나려 합니다. 이 여행의 출발점이 어디이든지 이 여정의 끝, 곧 여행의 목적지는 베들레헴이 될 것입니다. 강림을 생각하는 이 절기는 전 세계에 흩어져 있는 모든 그리스도인이 순결하고 깨끗한 마음으로 베들레헴, 즉 하나님의 귀하고 성스런 아드님의 출생지를 향해 길을 떠나는 기간입니다. 우리의 여행은 로마로부터 출발합니다.

첫 번째 여정: 로마로부터 시작된 하이웨이

이 아들로 말하면 육신으로는 다윗의 혈통에서 나셨고 성결의 영으로는 죽은 자 가운데서 부활하여 능력으로 하나님의 아들로 인정되셨으니 곧 우리 주 예수 그리스도시니라. … 로마에 있어 하나님의 사랑하심을 입고 성도로 부르심을 입은 모든 자에게 하나님 우리 아버지와 주 예수 그리스도로 좇아 은혜와 평강이 있기를 원하노라(롬 1:1-7).

헬라인이나 야만인이나 지혜 있는 자나 어리석은 자에게 다 내가 빚진 자라. 그러므로 나는 할 수 있는 대로 로마에 있는 너희에게도 복음 전하기를 원하노라. 내가 복음을 부끄러워하지 아니하노니 이 복음은 모든 믿는 자에게 구원을 주시는 하나님의 능력이 됨이라. 첫째는 유대인에게요 또한 헬라인에게로다. 복음에는 하나님의 의가 나타나서 믿음으로 믿음에 이르게 하나니 기록된 바 오직 의인은 믿음으로 말미암아 살리라 함과 같으니라(롬 1:14-17).

하늘의 왕께서 이 지구에 찾아 오셨을 때(말구유 탄생) 이 지구상에는 또 다른 왕이 보좌에 앉아 왕 행세를 하고 있었습니다. 그는 다름 아닌 시저 아우구스투스Caesar Augustus였으며 일곱 언덕에 우뚝 솟아 있던 그의 도시는 '로마' 라 불렸습니다.

누가복음 2장에 의하면, 시저 아우구스투스는 자기의 손안에 전 세계가 들어 있다고 생각했던 것 같습니다. 그래서 그는 천하에 영을 내려 자기 영토의 신민들과 백성들로 하여금 인구 조사에 참여하도록 하였습니다.

어린 주님 그리스도는 만왕의 왕이요, 만주의 주님으로서 모든 민족과 나라들이 그 발 앞에 무릎을 꿇게 될 그런 분이었습니다. 그러나 시저는 자기의 충성스런 백성 가운데에 이 베들레헴의 연약한 아기도 포함되기를 원했습니다. 어린 왕의 오심은 이처럼 두 왕국의 충돌을 의미하는 것이었습니다. 천상 왕과 지상 왕의 만남은 이처럼 일방적이었습니다. 그러면 누가 끝까지 견딜 것인가? 위대한 신전과 막강한 로마 군단을 거느린 시저가 진정한 왕으로서 승리할 것인가, 아니면 위험으로부터 전혀 보호받지 못하는 취약성을 그대로 간직한 연약한 어린 아기가 승리할 것인가?

어린 아기 예수님이 태어나시던 날, 서방의 모든 사람은 두렵고 떨리는 심정으로 로마를 향해 가고 있었습니다. 당시 로마에서는 황제(시저)가 신神으로 숭배되고 있었습니다. 그가 만왕의 왕이요, 만주의 주님이었던 것입니다. 바야흐로 전 세계 사람들의 삶을 다스리고 지배하는 법령들과 규례들이 선포되었습니다. 로마로부터 전 세계를 지배하고 장악하는 로마의 군단이 파송되었던 것입니다. 모든 길은 다 로마로 통하고 있었습니다.

전 세계 어디로든지 통하는 로마의 대로大路, highway들을 보십시오. 위엄 있고 권세 있는 로마의 권세자들을 보십시오. 전 세계 모든 신민들이 추앙하고, 로마인들이 자랑스럽게 누렸던 '로마의 평화' Pax Roma를 보십시오.

이것이 세상이 알고 있는 것이었습니다. 세상은 모든 길이 로마로 통한다고 믿고 있습니다. 인간의 권력과 제도를 통한 정복 전투에 의해 '평화' pax, peace, שלום가 실현된다고 사람들은 믿고 있습니다. 평화로 가는 길은 군화와 전차에 의해 닦여질 수 있다고 그들은 생각합니다. 그러나 정말 그럴까요?

강림절의 메시지는 모든 길이 로마로 통하는 것이 아니라고 말합니다. 모든 길들은 팔레스타인의 작은 고을 베들레헴으로 인도된다고 선언합니다. 로마의 길은 첫 번째 크리스마스의 소식을 전파하는 일에 커다란 도움이 되었을 뿐입니다. 로마의 길은 베들레헴으로 가는 길을 알려 주는 도우미가 되었을 뿐입니다. 장차 베들레헴의 한 구석에서 한 아기가 태어나 "내가 곧 길이다", "모든 권세와 권력이 나의 것이다",

"나의 평화를 너희에게 주노라"고 말하게 될 줄, 로마의 관료들과 권세가들 중 누가 꿈엔들 생각했겠습니까!

로마와 그 주인主은 베들레헴과 그 주님主에게 머리를 수그리게 되었습니다. 로마가 만들었던 모든 길은 결국 베들레헴으로 가야만 했던 것입니다. 베들레헴의 길은 결코 칼이나 창으로 닦여진 길이 아니었습니다. 만국의 현자賢者들이 어린 주님께 경배하기 위해 그곳으로 갈 줄은 아무도 몰랐습니다.

로마인들은 팔레스타인의 성읍 예루살렘뿐만 아니라 한적한 시골 마을 베들레헴까지도 지배하고 통제하기 위하여 길을 내었지만, 베들레헴에서 자라기 시작한 작은 나뭇가지가 그 길을 통해 로마까지 번창하여 덮치게 될 줄은 전혀 예상치 못했습니다.

본문 가운데 등장하는 거만하고 무례한 시저의 호령 속에서도 우리는 일개 군주의 자만과 위세를 압도하시는 하나님의 우주적 권위와 절대적 주권을 봅니다. 궁궐들과 권력의 도시 로마는 결국 유대의 작은 동네 베들레헴 앞에 무릎을 꿇게 되었습니다. 모든 길이 다 '로마로 통하는 것'이 아닙니다. 그 길들은 결국 베들레헴을 향하여 뚫려 있기 때문입니다.

우리는 한 예언자의 찬란한 환상을 기억합니다. 장차 언젠가는 모든 길이 시온으로 통할 것이라는 환상 말입니다.

마지막 날들이 오면
야웨의 성전이 서 있는 산이
모든 산 가운데서 으뜸가는 산이 될 것이며
모든 언덕보다 높이 솟을 것이니
모든 민족이 그리로 모여들 것이다.
많은 백성들이 와서 이르기를

"자, 야웨의 산으로 올라가자.
야곱의 하나님의 성전으로 가자.
하나님께서 그의 길들을 우리에게 가르치시리니,
우리가 그의 길들로 걸어갈 수 있을 것이다" 할 것이다.
율법이 시온에서 나오며
야웨의 말씀이 예루살렘에서 나올 것이다.
야웨께서 나라들 사이의 다툼을 판단하시고,
많은 민족들 사이의 분쟁들을 해결하신다.
그들이 칼을 쟁기로 만들고
창을 낫으로 만들 것이다.
다시는 나라들이 서로를 대항하여 칼을 들지 않을 것이며
더 이상 전쟁을 위한 군사 훈련도 하지 않을 것이다.
오너라, 야곱 집이여,
우리가 야웨의 빛 안으로 걸어가자(사 2:1-5).

그렇습니다. 강대국이나 약소국들, 유대인이나 이방인들, 세상의 모든 나라들과 민족들이 시온을 향하여 기나긴 순례의 행렬을 이룰 것입니다. 그리고 그곳에서 그들은 야웨의 가르침(토라)을 받을 것이며, 그 가르침이 지시하는 '길'로 가게 될 것입니다. 그럴 때에 비로소 그들은 칼을 쳐서 쟁기를 만들고 창을 녹여 낫을 만들어 평화로운 나라를 이루게 될 것입니다.

그렇습니다. 샬롬은 결코 칼과 창에 의해서 이루어지지 않습니다. 평화는 은과 금으로 얻어지는 것이 아닙니다. 유일한 '길'이신 예수 그리스도께로 나아오는 자에게만 진정한 평화가 있게 될 것입니다. 기독 교회 역사가 배출해 낸 위대한 신학자요 신앙인이었던 어거스틴이 말했듯, "내 영혼이 주님 안에서 안식을 얻기까지는 결코 진정한 안식이 없

었습니다"라고 고백하게 되는 것입니다.

로마가 놓은 길들을 통해서 베들레헴의 소식이 온 세계에 전파되었습니다. 사람(시저)이 계획하였지만 실제로 그 계획을 사용하시는 분은 하나님입니다. 지상에서 계획을 세우지만 최종적인 재가는 하늘에서 내야 합니다. 천상천하에 그분과 같은 통치자는 없기 때문입니다. 그러므로 모든 길은 로마로부터가 아니라 베들레헴에서 시작된다고 말해야 합니다.

전능하신 하나님 아버지,
당신은 우리를 소망의 백성,
기대의 백성으로 만드셨습니다.
고요함과 정적 속에서
우리로 하여금 당신을 기다리게 하시고,
당신만이 우리의 깊은 목마름과 필요들을
채워 주시는 분임을 알게 하소서.
이 강림절에 오직 우리의 발을
영원한 집으로 향하게 하는
'그 길'에 굳건히 세우시는 그분에게
우리의 생각이 집중되게 하소서.
아멘.

두 번째 여정: 아테네로부터의 하이웨이

바울이 아레오바고 가운데 서서 말하되, 아테네 사람들아 너희를 보니 범사에 매우 종교적이도다(행 17:22, 참조. 행 17:16-28).

베들레헴을 향한 우리의 여정은 강림절 두 번째 주간에도 계속됩니다. 우리의 출발지는 철학자들과 학자들, 작가들과 예술가들의 도시인 아테네입니다. 성경은 이 세상의 지혜(아테네의 지혜)와 하나님의 지혜를 극명하게 대조시킵니다.

세상 지혜의 발원지가 아테네라면 하나님의 지혜는 베들레헴에서 태동되고 있습니다. 바로 이곳 베들레헴에서 우리는 나사렛 출신의 랍비, 위대한 참 선생님을 만나게 될 것입니다.

소크라테스, 아리스토텔레스, 플라톤, 아르키메데스, 디오게네스, 호머, 알렉산더 대제…. 이들은 다 누구입니까? 우리는 위대한 인류 역사에 찬란히 빛나는 위대한 문명 중 하나인 그리스 문명을 기억할 것입니다. 수많은 철학자들, 신전들, 역사에 빛나는 시인들과 그들의 작품들은 모두 사람들의 '지혜' *sophia*를 자랑하였습니다.

그곳 그리스 문화의 위대한 도시 아테네에서 사람들은 '지혜'를 추구하고 숭상하였습니다. 수세기에 걸쳐 지속되었던 플라톤과 소크라테스의 유명한 아카데미가 있던 곳도 아테네였습니다. '아테네' Athens라는 이름이 원래 그리스 지혜의 신이었던 아테나 Athena에서 유래했다는 사실을 안다면, 그리스인들이 얼마나 지혜를 사모하고 추구했는가를 이해하게 될 것입니다.

바울이 이 문화와 예술, 학문과 지식의 도시에 도착하였을 때 그는 미신과 우상숭배가 만연하고 있음을 보고 아연실색하지 않을 수 없었습니다. 그는 담대하고 당돌하게 예수님에 관한 좋은 소식을 전파하였고 죽음을 극복하신 예수님의 능력을 찬양하였습니다.

그러나 아테네의 정교한 토론자들과 탁월한 이론가들은 바울이 전파하는 '십자가에 달리신 메시아' the crucified Christ, 그리고 '그의 부활'을 비웃기 시작하였습니다. 하나도 예외 없이 그들 모두는 하나님의 아들이 육체를 입고 세상에 왔다는 사상을 받아들일 수 없었을 뿐만 아니라

어리석다고 비웃었습니다. '기적'sign을 추구하던 유대인들에게는 '십자가에 달리신 메시아'가 하나의 '스캔들'(scandal, 걸려 넘어지게 하는 것)이었으며, '지혜'를 추구하던 그리스인들에게는 '어리석음'에 불과했습니다. 그리고 이러한 시각은 현대 세계에서 소위 지혜롭다는 사람들도 마찬가지일 것입니다.

인간 역사 속에로의 하나님의 '찾아오심'은 놀랄 만한 경이이지만 단순한 사실이기도 합니다. 그러나 이 세상에서 스스로 똑똑하다 하는 사람들에게는 어리석어 보이는 것입니다.

한 번은 예수님이 다음과 같이 말씀하셨습니다. "천지의 주재이신 아버지시여, 이것을 지혜롭고 슬기 있는 자들에게는 숨기시고 어린아이들에게는 나타내심을 감사하나이다"(마 11:25). 어린아이와 같은 '무모한 신뢰' reckless trust와 '천진난만한 즐거움' playful joy 없이는 하나님 나라에 들어갈 수 없다는 말씀입니다.

강림절은 우리가 어린아이 같지 않으면 하늘 나라를 이해하지도, 보지도 못할 것이라는 사실을 기억하게 합니다.

전능하신 하나님, 우리의 아버지여,
우리는 종종 이 세상이 가르치는 알량한 지혜의 빛에
눈먼 적이 있었음을 고백합니다.
이러한 어리석음 때문에
우리는 절망과 좌절, 어두움 속에 빠지곤 하였습니다.
우리가 아직 죄인이었을 때
우리를 향해 보여 주셨던 주님의 사랑,
십자가에 달리신 그리스도 안에 나타난 주님의 사랑이야말로
우리 믿음의 핵심이라고 이제 고백합니다.
예수님을 따르는 자들로서

우리가 주님만을 앙망하고 사모하게 하시고,

이 세상에 사는 동안 서로를 아끼고 사랑하게 하소서. 아멘.

세 번째 여정: 바벨론에서 베들레헴으로

헤롯 왕 때에 예수님께서 유대 베들레헴에서 나시매 동방으로부터 점성가들이 예루살렘에 왔더라…(마 2:1-12).

우리의 강림절 여정 중 세 번째 여행은 매우 신비롭고 이국적인 땅, 그러면서도 자만과 긍지의 나라로 알려진 바벨론에서 시작합니다. 전승에 의하면 지혜자The Wise Men들은 이곳에서부터 길고도 머나먼 신앙의 여정을 시작했다고 합니다.

누가 크리스마스 이야기 안에 바벨론의 자리가 있으리라고 상상이나 했을까요? 베들레헴과 바벨론이 무슨 상관이 있겠습니까? 바벨론은 고대 인류 문명의 발상지요, 위대한 신전들이 있던 곳입니다. 그러나 베들레헴은 인류가 만들어 낸 지도에는 나타나지도 않는 무명의 장소였습니다.

또한 우리가 알다시피 바벨론은 인류 초기 역사에서 심각한 문제와 잘못된 일들이 발생했던 바로 그 현장이기도 합니다(창 11:1-9). 바로 이곳 바벨에서 사람들은 하늘을 향해 반역하기 시작했으며 하늘의 별들과 그 너머에까지 이르는 위대한 탑을 세우기로 하였습니다. 하늘의 영역, 신의 영토를 침범하려는 인간의 자율과 자만은 그들이 쌓으려는 탑만큼이나 높았습니다. 하나님의 다스리심에 거역하고 스스로 신처럼 되고자 했던 최초의 인류처럼 그들 역시 그들의 '이름'을 높이 내려고 하늘까지 올라가려 했던 것입니다.

그러나 그들의 헛된 수고와 노력은 하나님에 의해서 여지없이 좌절

되었습니다. 그들의 교만을 책망하시고 그들의 언어를 혼란시키셨던 것입니다. 그때로부터 '바벨', (이후에는) '바벨론'은 창조주로부터의 인간 '소외' 疏外, alienation를 가리키는 상징어가 되었습니다.

이러한 소외는 민족들과 민족들 사이에, 언어들과 언어들 사이에, 균열과 단절과 공백을 초래했습니다. 그리고 하나님으로부터의 소외는 인간들끼리의 소외를 가속화시켰습니다. 이러한 전 세계적 소외와 균열 현상을 반전反轉시키는 과정은, 오직 오순절의 기적을 통해서만 시작될 수 있었습니다(행 2:1-13). 언어의 혼란을 통한 '흩어짐'(바벨탑 사건)은 언어의 통일을 통한 '하나 됨'(성령 강림 사건)에 의해 장엄한 대칭을 이루게 된 것입니다.

헬라인들이 "선생이여, 우리가 예수님을 보기 원합니다"(요 12:21)라고 말하기 오래 전에, 현자賢者들—이방 세계의 대표자들—은 이미 마음속으로 그러한 열망과 바람을 이루었습니다. 그들은 동방에서 보았던 '그 별'의 주인을 찾아 나선 것입니다. 그들이 출발했던 제국 바벨론은 난해하고 비밀스러운 종교들의 온상溫床이었으며 원시적 미신숭배의 부화장孵化場이었습니다. 성경에는 바벨론을 가리켜 하나님께 대항하는 반역의 심장부라고 특징짓습니다. 성경에서 '바벨론'이란 단어를 긍정적으로 사용하는 곳은 거의 없습니다. 바벨론은 인간의 가장 흉측한 비도덕성과 인류의 심각한 부패성을 가리키는 용어입니다.

그러나 예수님의 탄생 이야기는 우리에게, 하나님은 한 민족과 백성만을 사랑하신다고 말씀하지 않습니다. 또한 그분이 오직 한 가지 언어로만 말씀하시지도 않는다는 것을 이야기합니다. "하나님은 이처럼 세상을 사랑하셨습니다"(요 3:16). 다시 말해서 그는 바벨론의 어둠 속에 살고 있던 그의 백성을 사랑하신 것입니다.

우리가 바벨론에 대해 알고 있는 것을 생각해 볼 때, 동방으로부터 온 이 현자들의 신앙과 인내에 대해 우리는 경이롭다 하지 않을 수 없습니다. 사실상 그들은 점성술로 먹고사는 사람들이었습니다. 요즈음 말로 우대하여 말하자면 천문학을 연구하는 사람들이었습니다. 그래서 그 당시 그들은 사회적으로 지혜자 혹은 현자로 존경받기도 하였습니다. 그러나 유대인들이 볼 때 그들은 천체의 운동에 의해 인간의 운명이 결정된다고 믿었던 우상 숭배자들이며 어리석은 자들이었습니다.

그러한 그들이 하나님의 '희미한' 부르심에 자신들의 삶 전부를 걸고 머나먼 길을 떠났습니다. 지도도 없이 길을 떠났습니다. 이러한 그들의 헌신적인 여정은 마침내 보답되었습니다. 그들은 예루살렘에서 '그 말씀'으로부터 가르침을 받습니다. 그리고 그들을 교훈했던 그 말씀은 그들을 베들레헴까지 인도했습니다. 주님의 '토라'(율법, 교훈)에 의해 가르침을 받은 그들은 길을 끝까지 걸어가서 마침내 '왕'을 알현謁見할 수 있게 되었습니다. 그들은 진정한 의미에서 '지혜자', '현자'들이 된 것입니다.[1]

우리는 수많은 이방인들이 바벨론에서 베들레헴으로 줄지어 오는 날들을 그려 봅니다. 온갖 선물들과 수많은 예물들을 낙타 떼 위에 실은 대상隊商, caravan들이 왕께 경배하러 오는 날들을 상상합니다.

오, 바벨론아! 크게 즐거워하고 기뻐하라. 너희들의 왕들이 '왕 중 왕'을 찾았다!

우리를 사랑하시는 아버지,
현자들의 신앙에 대해 당신께 감사를 드립니다.
예수라는 선물을 우리에게 주셔서 진심으로 감사합니다.
우리도 신앙에 의해 움직여지고 감동을 받아
예수 그리스도께 우리의 사랑을 선물로 드리겠습니다.
그리고 무엇보다도 우리 자신을 주님께 바치겠습니다.
예수님의 이름으로 기도합니다. 아멘.

네 번째 여정: 아직 걷지 않은 길

헤롯 왕이 모든 대제사장과 백성들의 서기관들을 모아 그리스도가 어디서 나겠느뇨 물으니, 그들이 '유대 베들레헴이오'라고 대답하였다(마 2:4-5, 참조. 눅 2:8-20).

우리의 강림절 여정은 이번으로 마치게 됩니다. 우리는 이제 예루살렘에서 베들레헴으로 향하는 길을 가려고 합니다. 예루살렘에서 베들레헴까지의 거리는 매우 가깝지만 대부분의 사람들은 여행 일정 가운데 베들레헴의 마구간을 포함하지 않습니다. 그것은 매우 이상하고 불행한 일입니다.

크리스마스의 가장 큰 비극이 있다면 대부분의 사람들이 베들레헴으로 가는 길을 선택하지 않는다는 데 있습니다. 이런 일은 특히 처음 강림절을 맞이했던 예루살렘의 종교적·정치적 기득권 세력들이나 지도급 인사들의 경우에 더욱 그러했습니다.

동방으로부터 현자들이 왔습니다. 참으로 먼 거리를 온갖 위험을 무릅쓰며 왔습니다. 유대의 왕으로 태어나신 어린 아기를 찾기 위해서였습니다. 예루살렘에 도착하자마자 그들은 어린 왕이 탄생한 정확한 위치를 물었습니다. 헤롯 왕이 불러모은 서기관들과 제사장들은 구약이라 불리는 성경(당시는 아직 신약 성경이 없었습니다)을 알고 있었습니다.

서기관들은 요즈음 말로 하자면 탁월한 구약 학자들이었습니다. 그들은 하루 일과 중 대부분의 시간을 구약 성경 필사筆寫하는 일에 사용하였으므로, 구약 성경에 대해서는 해박한 지식과 암기력을 소유하고 있었습니다.

그들뿐 아니라 제사장들 역시 제사(예배)를 집전하고 토라(율법)를 백성에게 가르치던 자들이었습니다. 그들은 성경을 꿰뚫고 있었는데,

특히 메시아의 도래를 열망하고 있었으며 구약 성경 가운데 메시아에 관한 구절들은 장과 절을 대면서 외울 수 있는 사람들이었습니다.

동방에서 온 현자들—말이 현자들이요 박사들이지, 유대의 서기관들과 제사장들이 볼 때 실상 그들은 하나님 없이 사는 속된 이방인들이며 우상 숭배자들에 불과했다—이 메시아의 탄생 장소를 묻자, 이 예루살렘의 종교 지도자들은 단숨에 구약 성경 한 곳을 암송하면서 가르쳐 주었습니다. "유대 땅 베들레헴!" 너무나도 쉬운 질문에 대한 쉬운 대답이 아닙니까! 성경 암송 대회에 너무도 자주 출제되었던 문제가 아닌가요? 그들이 제사장 신학교를 졸업하기 위해 치렀던 성경 고사에 출제되었던 문제가 아닌가요? 이 대답을 듣고 동방의 현자들은 그 작은 마을로 가는 '그 길'을 걷게 된 것입니다.

그들이 갖고 있던 퍼즐의 마지막 조각을 끼워 넣어 맞추는 순간이었습니다. 그러나 예루살렘은 항상 그랬듯이 아무 일도 없었던 것처럼 일상 생활의 시계추에 따라 돌아가고 있었습니다. 동방으로부터 온 현자들의 뒤를 이어 순례자 행렬이 늘어서지 않았던 것입니다.

예루살렘의 무관심과 냉담한 반응은 참으로 고통스러운 현상입니다. 왜냐하면 기나긴 역사 속에서 예루살렘은 하나님과 그의 백성 사이의 로맨스 이야기 가운데 특별한 위치를 차지하고 있었기 때문입니다. 예루살렘은 하나님의 눈에 넣어도 아프지 않을 정도로 애지중지한 사랑의 대상이었습니다.

말 그대로 하나님의 눈동자였다고 하는 편이 옳을 것입니다. 아름다운 성전이 세워진 곳이었고, 수많은 노래와 이야기의 주제가 된 곳이기도 합니다. 무엇보다도 하나님의 놀라운 은총을 경험한, 영광과 위엄의 수혜자였습니다. 그러한 예루살렘이 무관심과 냉담으로 일관해 왔다는 것은 참으로 놀랍고도 가슴 아픈 이야기가 아닐 수 없습니다.

예수님은 지상 사역을 마치려 하셨을 때 예루살렘을 바라보고 우셨습니다. 이 도시가 예언자들을 돌로 치고 하나님의 경고를 무시했기 때문이었습니다. 예루살렘은 자신을 진정으로 평화롭게shalom 만드는 것들이 무엇인지 알지 못했습니다. 적어도 예루살렘은 이름 값— '예루살렘'이란 단어는 '평화의 기초'라는 뜻을 갖고 있다—도 못하는 어리석음을 범하고 있었던 것입니다. 이교도들인 동방의 현자들은 천체를 관찰하며 '때(시대)의 징조'를 읽고 있었습니다. 그러나 예루살렘 사람들은 눈을 들어 언덕조차도 바라보지 않고 있었던 것입니다. 글쎄, 땅만 바라보며 살았나 봅니다!

현대 예루살렘에 있는 이스라엘 박물관에는 네덜란드 시인 유스트 폰델Joost Vondel이 쓴 커다란 비문碑文이 있습니다.

> O, uitverkoren stad; O, moeder allersteden
> (오, 선택받은 도시여, 모든 도시들의 어머니여!)

구약의 한 시인도 예루살렘을 향한 애절한 심정을 다음과 같이 표현하고 있습니다.

> 오 예루살렘아, 내가 너를 잊는다면,
> 차라리 내 혀가 내 입천장에 달라붙을 것이다(시 137:5-6).

예루살렘은 우리 모두의 어머니입니다. 그러나 그곳 사람들은 베들레헴의 기적을 향하여 한 발짝도 떼지 않았습니다. 불행하게도 그 길은 '아무도 걷지 않은 길'이 되었습니다. 강림절을 위한 준비를 할 때 우리는 우리의 '샬롬'(예수님)을 향하여 열려진 그 길을 우리가 걷고 있는지 확인해야 할 것입니다. 아무도 걷지 않은 길이 우리 앞에 분명 놓여 있습니다.

하나님 아버지,
당신의 옛 언약 백성처럼,
우리들도 당신의 놀라운 복을 받은 자들입니다.
우리를 선대善待하시고 끝까지 인도하여 주십시오.
주님의 말씀에 귀를 기울여 그 메시지를 듣게 하시고
베들레헴으로 가는 길에 우리와 동행하여 주십시오.
당신의 영원하신 말씀이시며
사랑하는 마음의 기쁨이신 예수님의 이름으로 기도합니다.
아멘.

하나 됨 17

교회의 위대한 스캔들
요한복음 10:14-16; 에베소서 4:1-6

한 목자이다. 나는 내 양들을 알고, 내 양들은 나를 안다. 그것은 마치, 아버지께서 나를 아시고, 내가 아버지를 아는 것과 같다. 나는 양들을 위하여 내 ~~목숨을~~ 버린다. 나에게는 이 우리에 속하지 않은 다른 양들이 있다. 나는 그 양들도 이끌어 와야 한다. 그들도 내 목소리를 들을 것이며, 한 목자 아래에서 한 무리가 될 것이다. 그러므로 주님 안에서 갇힌 몸이 된 내가 여러분에게 권합니다. 여러분은 부르심을 받았으니, 그 부르심에 합당하게 살아가십시오. 겸손함과 ~~온유함으~~로 ~~깍듯이~~ 대하십시오. 오래 참음으로써 사랑으로 서로 용납하십시오. 성령이 여러분을 평화의 띠로 묶어서, 하나가 되게 해 주신 것을 힘써 지키십시오. ~~몸도 하나요,~~ 성령도 하나입니다. 이와 같이 여러분도 부르심을 받았을 때에 그 부르심의 목표인 소망도 하나였습니다. 주님도 한 분이시요, 믿음도 ~~하나요,~~ 세례도 하나요, 하나님도 한 분이십니다. 하나님은 모든 것의 아버지시요, 모든 것 위에 계시고 모든 것을 통하여 계시고 모든 것 안에 계시는 분이십니다.

Church's Greatest Scandal

나는 선한 목자다. 나는 내 양을 알고, 내 양은 나를 안다.
그것은 마치 아버지께서 나를 아시고, 내가 아버지를 아는 것과 같다.
나는 양들을 위하여 내 목숨을 버린다.
나에게는 이 우리에 속하지 않은 다른 양들이 있다.
나는 그 양들도 이끌어 와야 한다. 그들도 내 음성을 들을 것이며,
한 목자 아래에서 한 무리 양 떼가 될 것이다.
_ 요한복음 10:14-16, 표준새번역

그러므로 주님의 일로 갇힌 몸이 된 내가 여러분에게 권합니다.
하나님께서 여러분을 불러 주셨으니, 그 불러 주신 뜻에 합당하게 살아 가십시오.
언제나 겸손함과 온유함을 지니십시오. 사랑으로 서로 용납하면서 오래 참으십시오.
여러분은 성령이 여러분을 평화의 띠로 묶어서
하나가 되게 해 주신 것을 힘써 지키십시오.
여러분이 부르심을 받았을 때에 한 희망으로 부르심을 받은 것과 같이 몸도 하나요,
성령도 하나요, 주님도 하나요, 믿음도 하나요, 침례도 하나요, 하나님도 한 분이십니다.
그분은 만유의 아버지이시며 만유 위에 계시고
만유를 통하여 일하시고 만유 안에 계십니다.
_ 에베소서 4:1-6, 표준새번역

우리는
새로운 천년기의 벽두에 서 있습니다. 제3천년대는 제2천년대로부터 무엇을 물려받게 될까요? 우리는 다가오는 세대에 무엇을 유산으로 남겨 주게 될까요? 불명예스럽게도 우리는 어떤 스캔들만 다음 세대에 전수하게 되는 것은 아닐까요?

우리가 후세에 넘겨 줄 스캔들 중 하나는 부끄럽고 수치스럽게도 분열된 교회에 관한 스캔들입니다. 한국적 상황, 특별히 장로교회의 상황만을 염두에 두더라도 교회는 마치 세포 분열하듯 '분열의 역사'를 걸어 왔다 해도 지나친 관찰은 아닐 것입니다. 개신교 안에서 장로교회에 속한 교단들만 보더라도, 전 세계적으로 775개의 교단이 있다고 합니다. 최근에 나온 한 보고서에서 요셉 스몰Joseph D. Small은 말하였습니다. "장로(개혁)교회가 존재하는 세계 각 나라에서 교회들은 계속 분열되었습니다. 그리고 갈라진 교회들은 세포 분열하듯이 또다시 갈라졌습니다."

그리고 그는 그러한 분열의 대표적인 예로 한국 교회를 언급하고 있습니다. "전 세계의 수많은 장로(개혁)교회들 가운데, 한국에만 90개의 교단이 있고 미국에는 거의 50개의 교단이 있다"("Schism and Sacrament", Perspective [April 1998], 7). 아마 한국 장로교회가 군소 교단을 포함하면 90개 교단을 훨씬 상회한다는 사실을 알았더라면 그는 더욱 놀랐을 것입니다. 물론 분열과 분리의 역사가 감리교회나 루터교회 혹은 영국 국교회, 오순절 교회 등에 없는 것은 아닙니다. 그러나 그는 "이런 교회들에서의 분열 정도나 규모는 작고, 속도 역시 느립니다. 장로(개혁)교회들에 있어서의 분열은 최후의 수단이나 방편이 아니라 일차적인 본능이라 말할 수 있습니다"라고 결론 내립니다.

분열을 딛고 일치성을 보여 주라

　예수님이 생명을 내어 놓고 만드신 하나의 양 무리가 이제는 각기 흩어지고 수많은 그룹으로 나뉘어 제각기 신학과 단체와 조직을 만들어 내고 있습니다. 이러한 현실이야말로 신앙의 위대한 스캔들이 아닐 수 없습니다. 물론 나름대로 이유와 근거가 없는 것은 아닙니다. 또한 교리의 순결성과 정통성을 지키기 위해 수고한 노력들을 폄하하려는 것도 아닙니다. 그럼에도 불구하고 교회의 순결성과 교리적 정통성을 내세워 개인적인 이득과 정치적인 목적을 이루려던 많은 시도들이 있었다는 것을 우리는 부인할 수 없을 것입니다. 한국 교회가 지니고 있는 불행한 흔적stigma, 다시 말해서 교회의 신앙 스캔들은 '하나의 몸'이 수많은 조각으로 잘리고 나뉘어져 있다는 사실입니다.

　헬무트 틸리케Helmut Thielicke가 던졌던 질문을, 우리도 심각하게 묻지 않을 수 없습니다. "개신 교회는 새로운 천년을 맞이하면서 미래를 갖고 있는가? 개신 교회에 정말로 미래가 있는가, 아니면 막다른 골목에 들어서고 있는 것인가? 개신 교회는 역사의 지평선에 등장했던 하나의 사건에 불과하며 이제는 그 생명이 마지막 때에 이르렀단 말인가?"

　교회의 분열은 종교 개혁 시대 이후로만 그런 것이 아니었습니다. 교회는 모든 세기에 걸쳐 내적 분쟁 혹은 이단들과 분리의 고통을 겪어 왔습니다.

　그러나 한편으로는 신비스런 기적과 같은 일들을 체험하며 지내 왔습니다. 논쟁과 다툼으로 가득한 교회가 수많은 분리와 분열에도 불구하고 불멸의 활력을 지속적으로 지녀 왔다는 것입니다.

　교회는 이리저리 갈라지고 나뉘어진 동시에 우리의 상상과 사고를 훨씬 넘어서는 신비와 비밀을 그 안에 간직하고 있는 것입니다. 분파와 분당, 지역주의와 편 가르기, 이상한 가르침과 이단에 의한 상처로 낙심하기도 했지만, 그럼에도 불구하고 교회는 항상 교회의 하나 됨, 다시 말해서 교회 '일치성'unity에 대한 비전을 지속적으로 간직해 왔던 것입니다.

어떻게 그럴 수 있었을까요? 왜 교회는 사람들의 길로 가지 않은 것입니까? 왜 교회는 죽기를 거부했습니까? 무엇이 교회로 하여금 수많은 분열과 분리의 고통 가운데서도 생명력 있게 살아 남을 수 있게 했단 말입니까?

대답은 이것입니다. 하나님은 교회를 교회 되도록 하시기 때문입니다. 하나님은 교회가 살아 있도록 하시기 때문입니다. 왜냐하면 교회는 그리스도의 몸이고, 그리스도가 살아 계신 곳이며, 그리스도가 현존하심이 보여지는 곳이기 때문입니다. 그리스도는 교회의 모습으로 이 세상에 오셨습니다. 그리스도는 교회의 선포를 통하여 세상에게 말씀하십니다. 그리스도는 교회의 행위들을 통하여 이 세상에 복을 주십니다. 비록 교회가 너무나 인간적인 기관이기는 하지만, 하나님의 생명을 품어 자라게 합니다. 지옥의 권세도 이 신적神的 생명을 능히 이길 수 없습니다.

바울 사도는 '한 몸과 한 영'(엡 4:4)이 있다고 확신 있게 말합니다. 이 한 몸 안에서 이 한 영이 무엇을 행하고 있다는 말입니까? 살아 계신 그리스도의 영이 교회라는 몸 안에서 무슨 일을 하신다는 말입니까? 이 한 몸 안에 있는 이 한 영은 '일치성'을 창조하고 있는 것입니다. 교회는 그리스도의 몸입니다. 그리스도는 오직 한 몸만을 가지고 있습니다. 바울 사도는, 교회가 온전한 겸손과 온화함과 인내심과 사랑으로 서로를 받아들이는 모습을 보여 줌으로써, 믿지 않는 세상을 향해 '일치성'을 힘써 증거해야 한다고 말했습니다.

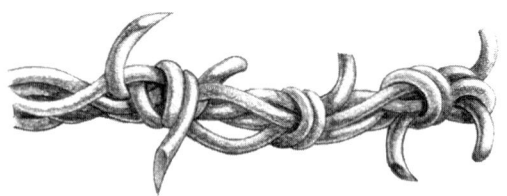

한국 교회의 분열 상은 민족 앞에서도 부끄러운 일입니다.
한국 교회는 먼저 수치스런 분열의 죄를 참회하고
겸손하게 하나님께 사죄의 은총을 구해야 할 것입니다.

바울은 세계의 모든 그리스도인에게 "분당과 분파를 극복하고 교회를 향한 그리스도의 뜻이신 교회의 '일치성'을 세상에 보여 주라"고 권고합니다. 교회의 일치성은 교회가 이룩해야 할 또 다른 추가적 성취가 아닙니다. 일치성은 우리가 전파하는 복음의 일부분이며 본질이기도 합니다. 일치성은 이 세상을 향해 교회가 보여 주는 증거입니다.

우리의 하나 됨을 통하여 우리는 세상에게 "하나님이 그리스도 안에서 모든 것을 하나로 묶어 통일되게 하셨다는 사실을 당신들이 믿지 못하겠다면, 우리를 한번 쳐다보십시오. 우리들은 미래에 나타날 '하나 됨'(일치성)을 여기에서 미리 보여 주는 '시사회'입니다. 장차 어느 날에는, 우리가 지금 여기서 보여 주고 있는 하나 됨과 똑같은 '하나 됨' oneness을 온 세상이 보여 주게 될 것입니다!"

한 무리 양떼와 한 명의 목자

세상이 알고 있는 환상 가운데 가장 희망적인 환상이 있다면, 세상 모든 것을 그리스도 안에서 하나로 묶는 하나님의 비전입니다. 늑대가 어린양과 함께 살고 어린아이가 독사의 굴에 손을 집어 넣는 세상에 대한 환상입니다(사 11:6-8). 그 어떠한 환상도 이보다 더 장엄하고 감동적이지는 않을 것입니다. 늑대는 어린양을 잡아먹고 어린이와 뱀은 서로 떨어져 있어야 한다는 사실을 우리는 누구보다도 더 잘 알고 있기 때문입니다.

우리는 로마 천주교와 장로(개혁)교회가 마리아 숭배에 관해 결코 합의할 수 없다는 것을 잘 알고 있습니다. 또한 장로교회 안에서도 여자의 안수 문제에 관해 의견 일치를 보지 못한다는 사실을 잘 알고 있습니다. 이러한 사실들에 대해 너무나도 잘 알고 있기 때문에, 불행하게도 우리들은 그것이 정상적이라고 생각합니다. 그러나, 글쎄요… 그렇지 않습니다. 하나님은 다른 세계를 꿈꾸고 계십니다. 분명히 그 세계가 도래할 것입니다. 그리스도는 우리가 알고 있는 그런 교회가 아닌 다른 교회를 꿈꾸고 계십니다. 분명히 그러한 교회가 도래할 것입니다.

"나는 내 양들을 위해 내 생명을 바치노라"고 그리스도가 말씀하십니다. "내게는 아직 우리에 들지 아니한 다른 양들이 있다. 그 양들도 데리고 들어와야 할 것이다. 그 양들도 내 목소리를 들어야 하리라. 한 무리의 양떼와 한 명의 목자가 있게 될 것이다"(요 10:15-16). 우리는 이러한 한 무리의 양떼가 한 목자 밑에 있다는 사실을 이 세상이 두 눈으로 보게 되기를 간절히 기도해야 할 것입니다.

한국 교회의 분열상은 민족 앞에서도 부끄러운 일입니다. 우리 국민이 그렇게 간절히 희망하는 남북한의 통일을 진정 원한다면, 한국 교회는 먼저 수치스런 분열의 죄를 참회하고 겸손하게 하나님께 사죄의 은총을 구해야 할 것입니다. 한국 교회의 분열은 상당히 많은 경우가 교단 정치적 이유, 혹은 헤게머니를 장악하려는 개인적 욕심이나 집단·지역적 이기주의, 혹은 자기 의 self-righteousness 적 태도의 표출에서 발생했습니다. 이것은 공공연한 비밀입니다.

남북 통일로 가는 첫 번째 도덕적 발걸음이 교회에 있다면, 그것은 갈라지고 찢어진 교회들이 하나 *una ecclesia*가 되는 것입니다. 이것이야말로 한국 교회(특별히 장로교회)의 영적·도적적 의무이며 특권이기도 합니다. 우리는 꿈과 환상을 가져야 합니다. 옛 예언자들이 보았던 환상, 사자와 양이 함께 눕는 그 환상을 꿈꿔야 할 것입니다.

신앙 18

신앙이란 무엇인가
하이델베르크 신앙고백서, 제7주일

무엇이 참된 믿음입니까? / 응답: 참 믿음이란 하나님께서 자기의 말씀을 통해 계시하신 것은 무엇이든지 참되다는 것을 아는 지식이며 신념입니다. 동시에 믿음이란 복음을 통하여 성령으로 말미암아 내 마음속에 창조된 뿌리깊은 확신이기도 합니다. 복음에 대한 이러한 확신은 우리를 위해 예수 그리스도가 행한 은혜로 말미암아 나의 죄가 용서되었고 하나님과의 올바른 관계가 영원히 수립되었으며 또한 구원이 나에게 주어졌다는 것을 믿는 믿음입니다. 이는 나뿐만 아니라 다른 사람에게도 마찬가지입니다.

Many Faces of Faith

질문 21: 무엇이 참된 믿음입니까?

응　답: 참 믿음이란 하나님께서 자기의 말씀을 통해 계시하신 것은 무엇이든지 참되다는 것을 아는 지식이며 신념입니다.

동시에 참 믿음이란 복음을 통하여 성령으로 말미암아 내 마음속에 창조된 뿌리깊은 확신이기도 합니다.

복음에 대한 이러한 확신은 우리를 위해 예수 그리스도가 주신 온전한 은혜로 말미암아 나의 죄가 용서되었고 하나님과의 올바른 관계가 영원히 수립되었으며 또한 구원이 나에게 주어졌다는 것을 믿는 믿음입니다.

이 사실은 나뿐만 아니라 다른 사람에게도 마찬가지입니다.

_하이델베르크 신앙고백서, 제7주일 중에서

16세기의 종교 개혁자 존 칼빈의 「기독교 강요」 안에는 '신앙'에 관하여 다루는 항목이 있습니다.[1] 그것은 매우 실질적이고 현실적인 내용들을 담고 있기 때문에 우리에게 많은 도움을 줍니다. 그에 의하면 신앙은 달려야 할 마라톤이 아니라 기쁨으로 받아들여야 할 '선물' gift이라고 합니다.

「기독교 강요」에서 신앙이 무엇인가 하는 문제를 다루고 있는 부분은, '신앙 입문서' 혹은 '신앙의 첫걸음을 위한 교본'이라 불릴 수 있을 것입니다. 기초적이면서도 실제적인 설명을 제공하고 있기 때문입니다. 그것은 우리 신앙의 기초는 무엇이며, 신앙을 흔들어 놓는 수많은 삶의 문제들에 직면함에 있어서 신앙은 도대체 무슨 의미를 지니는가 하는 문제를 다루고 있습니다.

신앙이란 몇 가지 명제들이나 원리들로 축소될 수 있는 성질의 것이 아니며, 소리 내어 암기할 수 있는 규칙들로 환원될 수도 없다고 말합니다. 그렇다고 몸으로 경험되는 감정이나 정서도 아닙니다. 신앙은 '신뢰의 관계' relationship of trust를 가장 중요시하며 강조합니다. 우리는 칼빈의 인도를 따라, 신앙이 무엇인가에 관해 다음과 같은 몇 가지 측면에서 이야기할 수 있습니다.

신앙은 말씀에 기대는 것입니다

칼빈은 신앙을 하나님의 말씀과 분리시켜 생각할 수 없다고 말합니다. 마치 태양 광선을 태양 자체로부터 분리해서 생각할 수 없는 것과 마찬가지라 하겠죠. 이것은 신앙이 그리스도께 의존한다는 것을 의미합니다. 그리스도는 하나님의 '말씀' Word이기 때문입니다. 또한 신앙은 성경에 기반을 두어야 함을 의미합니다. 성경 역시 하나님의 '말씀' word 이기 때문입니다. 하나님의 말씀이신 그리스도와 하나님의 또 다른 말씀인 성경은 분리할 수 없는 관계입니다. 성경을 통하여 우리는 그리스도를 만나기 때문입니다.

말씀이신 그리스도가 발견되는 장소는 말씀인 성경 곁입니다. 누가복음에는 이러한 사실을 감동적으로 보여 주는 두 가지 에피소드가 실려 있습니다. 하나는 예수님이 열두 살 되던 해에 그의 부모가 데리고 예루살렘에 올라갔다가 그를 잃어버린 내용입니다. 그리고 또 다른 하나는 누가복음서 마지막 부분에 기록되어 있는데, 예수님이 십자가에서 죽으셨다는 소식을 접한 후 심히 낙심하여 고향 엠마오로 내려가던 두 제자에 관한 것입니다.

예수님을 잃어버린 요셉과 마리아의 이야기는 참으로 황당한 면이 있습니다. 도대체 마리아는 자녀를 몇 명이나 두었기에 아들을 잃어버린 것도 몰랐을까요? 하룻길을 간 후에야 비로소 아들을, 그것도 큰아들을 잃어버렸다는 것을 알게 되었습니다. 좌우간 참으로 우스꽝스런 이야기입니다. 그들은 잃어버린 아들을 3일 만에 찾았습니다. 어디서 찾았을까요? 성전에서, 그것도 유대의 학자들, 선생들과 성경에 대해 토론하고 있는 예수님을 발견한 것입니다(눅 2:42-49).

한편 누가복음 마지막 부분에는, 낙심한 채 엠마오로 내려가던 두 제자에 관한 이야기가 실려 있습니다(눅 24:1-35). 그들은 행인을 가장한 부활하신 예수님을 만났지만 알아보지 못했습니다. 그러나 그들은 나중에 부활하신 예수님을 알아봅니다. 언제 그들이 부활하신 예수님을 알아봅니까? 그들의 고백 속에 그 대답이 들어 있습니다. "그가(부활하신 예수님) 성경을 풀어 줄 때에 마음이 뜨겁지 아니하더냐?"

두 가지 에피소드가 제시하고 있는 공통된 질문이 있습니다. "그리스도는 어디에서 발견되는가?" 답은, 그리스도는 성전에서, 성경에서, 성경 옆에서, 성경 안에서, 성경을 통해서 발견된다는 것입니다.

칼빈은 신앙이 말씀에 근거한다는 것을 설명하기 위하여 '성경은 마치 거울과 같다'고 하였습니다. 성경이라는 거울을 통하여 하나님을 본다는 것입니다. 하나님은 성경을 선택해서 신앙의 기초가 되도록 하셨습니다. 성경은 그리스도를 가리키기 때문입니다.

만일 우리가 성경이라는 거울을 쳐다보지 않는다면, 하나님을 볼 수 없을 것입니다. 성경은 마치 신앙의 건강을 위하여 날마다 조금씩 들이키는 강장제強壯劑와 같다고 말할 수 있습니다. 그런 이유 때문에 이전 세대의 신실한 그리스도인들은 우리들에게 날마다 성경을 읽고 생각하고 기도하는 훈련이 필요하다고 권고했던 것입니다. 성경은 우리의 신앙을 자라게 하고 강건하게 하기 때문입니다.

그러나 칼빈이 가르치고 있는 중요한 점은, 성경을 매일 반드시 읽어야 한다는 엄한 명령이 아닙니다. 우리의 신앙은 '말씀' Word이신 예수 그리스도와 또 다른 '말씀' word인 성경 안에 기대고 있어야 함을 말하려는 것입니다.

마치 우리가 소파에 발을 얹어 놓고 조용히 안정을 취하며 휴식하는 것처럼, 우리의 신앙도 그리스도와 성경에 편안하게 기대어 휴식을 취하는 모습이어야 한다는 말입니다. 즉 크리스천들은 우리를 향한 하나님의 사랑 안에서 평안함과 확신으로 가득 채워져 있어야 한다는 말입니다.

칼빈이 이러한 방식으로 표현한 것은, 구원에 대해, 성경을 어떻게 해석해야 하는가에 대해, 이단들에 대해, 어떻게 하면 도덕적으로 순결한 삶을 살 수 있는가에 대해, 이외 여러 신앙적인 문제들에 대해 걱정하고 염려하면서 마음을 졸이는 사람들이 있었기 때문인 것 같습니다. 이와 같은 것들이 매우 중요한 신앙적 문제이긴 하지만, 신앙의 자세는 무엇보다도 예수 그리스도께 기대어 그분 안에서 안식과 평온함을 얻는 것입니다.

신앙은 굳센 것입니다

칼빈의 신앙 입문서 항목에 있는 신앙에 관한 또 다른 정의는 다음과 같습니다. 신앙은 '확실하고 굳세다', 신앙은 '가득 차며 고정되어 있다.' 신앙은 확실합니다. 신앙은 우리의 '반석'이신 그리스도 위에 세워지기 때문입니다. 우리는 굳센 믿음을 가진 분들을 칭찬하고 존경합니다. 특별히 고통과 고난 가운데서도 선하고 사랑 많으신 하나님을 변함없이 신뢰하고 믿는 분들의 신앙은 참으로 아름답고 눈물겹기 때문입니다. 그들이 고통과 고난들을 견딜 수 있는 것은, 오직 자신들을 위해 궁극적으로 가장 좋은 것을 준비하시는 하나님을 믿기 때문입니다.

굳센 믿음, 불굴의 신앙에 관한 가장 감동적인 이야기는 아마 욥의 이야기일 것입니다. 욥은 거의 40장에 이르도록 자신이 겪어야만 했던 가장 불행하고 비참한 재난들을 되뇌고 있습니다. 참으로 너무도 끔찍한 재앙들을 연약한 한 인간이 감당해야만 했습니다. 그럼에도 불구하고 욥은 소위 경건한 친구들이 제시하는 상투적인 설명들을 받아들이기를 거절했습니다.

하나님은 재앙을 받을 만한 사람들에게 재앙을 주시는 분이라는 해석을 그는 받아들일 수가 없었던 것입니다. 하나님에 대한 욥의 신앙은 그들의 것보다 좀더 위대하고 신비로웠습니다. 그는 불굴의 모습으로 천추千秋에 우뚝 서 있습니다.

그러나 신앙은 의심을 포함합니다. 칼빈은 불굴의 신앙이 항상 굳세게 서 있는 것만은 아니라는 점을 인정합니다. 그의 말을 직접 들어 봅시다. "그리스도인들은 전혀 다른 것을 경험합니다…. 그들은 반복적으로 엄청난 공포와 두려움에 의해 흔들리곤 합니다… 신앙의 확신과는 거리가 먼 것처럼 보입니다"(3.2.17). 칼빈은 신앙이 종종 장애물에 부딪힌다는 사실을 인정했습니다. 의심과 회의가 신앙 속으로 끼어들기 시작합니다. 때때로 신앙은 시들어 버리기도 하고, 마치 썰물처럼 빠져 나가기도 합니다. '신앙의 불꽃' 이나 '타오르는 신앙' 과 같은 용어가 낯설 때도 있습니다.

칼빈은 이 점에 있어서 우리가 좀더 진실되고 정직해야 한다고 권면합니다. 때때로 믿기 어렵고 받아들이기 힘들더라도, 신앙에 의심이나 회의가 생길 때 그것을 정직하게 직면해야 합니다. '확실하고 분명한' 신앙 자세를 흔들어 놓는 일들은 종종 생깁니다. 소위 확신에 위기가 올 때 그렇습니다. 그러나 칼빈은 심지어 약한 믿음도 진짜 믿음이라는 것을 가르칩니다. 의심과 회의마저도 그 중심 부분에는 신앙이라는 알맹이가 들어 있다는 것입니다. 사도 바울이 말한 것처럼, 아무 것도 우리를 하나님의 사랑으로부터 끊을 수 없기 때문입니다.

식민지 시대였던 1740년대에 미국 동부 메사추세츠와 뉴욕의 원주민 (미국 인디언들) 선교에 짧은 생을 바쳤던 선교사 데이비드 브레이너드 David Brainerd, 1718-1747가 있습니다. 그는 열정적인 복음 전도자였지만 그의 일기에 반영된 그 영혼의 모습은 수많은 번민과 좌절, 회의와 의심의 안개 속에서 고통하고 있었음을 보여 줍니다. 그의 번민하는 목소리를 직접 들어 보십시오.

오늘 나의 영적 투쟁은 이루 형용할 수 없었다. 산보다 더 묵중하고 넘쳐 흐르는 홍수보다 더 무시무시한 것이었다. 하나님에 대한 모든 감정, 심지어 하나님의 존재를 믿는 믿음마저도 상실해 버린 것 같았다. 이는 나의 비참한 상태가 아닐 수 없었다. 저주를 받았다고 괴로워하는 것은 하나님에 대한 믿음을 잃은 데 있다고 생각된다(1743년 1월 14일).

나는 내적인 큰 시험으로 번민이 되었다. 하나님께서 더 이상 함께하시지 않는 것 같았다. 아, 하나님, 저를 도우소서(1743년 4월 1일).

다른 곳에서는 다음과 같이 절규하고 있습니다.

도대체 믿음이 무엇인지 알 수가 없다. 믿는다는 것이 무엇인지, 그리스도께 나온다는 것이 무엇인지 혼란스러울 뿐이다. 수고하고 무거운 짐을 진 자들에게 오라고 하신 그리스도의 부르심을 읽었지만, 그분이 오라고 하는 방향을 찾을 길이 없다….[2]

물론 브레이너드의 그 다음 일기문들을 읽어 보면 의심의 안개가 걷히고 다시 하나님의 은총과 자비를 확신하게 되었다는 내용을 읽게 됩니다. 그러나 그는 번민과 의심이 또다시 밀물처럼 돌아오곤 하였다고 진술하고 있습니다. 물론 우리는 그가 요즈음 말로 소위 '영적 침체' spiritual depression에 빠졌을 것이라고 생각할 수 있습니다. 그러나 우리가 이러한 경우를 통해서 알 수 있는 것은, 신앙의 사람들에게도 믿음의 기초를 흔들어 놓는 심각한 신앙적 위기들이 있다는 사실입니다. 그리고 이러한 현상들이 일어날 때에 '신앙은 의심을 포함한다'는 말을 기억할 필요가 있을 것입니다.

신앙은 신뢰하는 것입니다

건강한 가정에서 양육된 자녀들은 부모를 신뢰합니다. 그들은 부모님이 자신들을 사랑하고 항상 보호해 주신다는 사실을 압니다. 그들이 어려운 처지에 있을 때, 아버지가 항상 뒤에 서서 든든하게 그들을 지지해 주거나 용기를 주시고, 연약하여 낙심할 때 그들의 어깨를 두드리면서 격려해 주실 것이라는 사실을 그들은 압니다. 그들이 마음에 깊은 상처를 입고 괴로워하거나 힘을 잃고 낙담하고 있을 때, 어머니가 상처 입은 그들의 마음을 달래 줄 것이라는 사실을 그들은 압니다.

믿는 사람들 역시 삼위 하나님의 건강한 가정에 있는 자녀들과 같습니다. 크리스천들은 하나님의 사랑을 받고 보호받고 위로받으면서 성장하는 하나님의 자녀들입니다. 그러한 가정 속에서 그들의 아버지인 하나님을 신뢰하고 의지하고 그분의 지혜와 계획에 대해 확신을 갖고 따르게 됩니다. 그리고 그분의 사랑과 따스한 보살핌 속에서 안식을 얻으며 편안함을 누리게 됩니다.

칼빈은 이 사실을 매우 단순한 어조로 표현하고 있습니다. "신앙은 하나님께서 모든 일에 진실하시리라는 사실을 확신하는 것입니다"(3.2. 29). 만일 삶에 대한 깊은 의미를 찾기 위하여 자신을 신뢰한다면, 그것은 매우 어리석은 일입니다. 우리도 우리 자신에 대해 무지하다는 사실을 기억할 필요가 있습니다. 우리 자신을 신뢰하고 믿는다는 것은 절망과 근심으로 직행하는 길입니다.

하나님을 향한 우리의 신뢰는 창조주에 대한 신앙에 그 뿌리를 두고 있습니다. 하나님을 창조주로 고백하는 믿음은 신앙의 다양한 모습들 중 '신뢰' trust의 의미를 밝혀 줍니다.

창조주에 대한 신앙은 우리가 창조에 관한 기사를 신앙고백문으로 읽어야 한다는 것을 의미합니다. 즉 "땅과 거기 충만한 것과 세계와 그 중에 거하는 자가 모두 야웨의 것입니다"(시 24:1)라는 신앙고백으로 창조 기사를 읽어야 한다는 말입니다. 다른 말로 표현하자면, 우리가 알고 있는 모든 것, 우리가 인식하고 있는 모든 실체들이 다 창조주 하나님으로부터 나왔다는 것입니다.

창세기 1장은 창조주 하나님에 대한 밝고 화창한 이야기이며, 찬양의 노래이기도 합니다. 창세기 1장에는 인간들과 짐승들과 세상의 모든 것이 밝고 명랑하게 걸어가는 기나긴 행렬들이 나옵니다. 그 즐거운 행렬들을 위협하는 어떤 어두운 그림자나 위협의 세력은 전혀 보이지 않습니다.

선한 창조에 대한 믿음은, 지금도 하나님이 우리를 포함한 모든 세계를 선하게 유지시켜 주고 계시다는 신뢰를 만듭니다. 인간 존재의 깊은 곳으로 우리를 끌어가는 세력이 있다 하더라도, 수렁과 암흑 속으로 우리를 끌고 내려가는 힘이 작동한다 하더라도, 우리가 하나님을 창조주로 믿는 이상 그 세력이 우리를 넘보거나 이기지 못할 것입니다. 창조주에 대해 전적으로 신뢰해야 할 이유는 창세기 2장에서 더욱 심화되고 분명해집니다.

화란 자유대학교의 신학자였던 카이털트 Kuitert가 잘 지적하고 있듯이, 창세기 2장은 우리를 만들기도 하고 깨부수기도 하는 '세력' power 에 대해 말하고 있습니다. 이 '힘'과 '세력'은 진흙으로 사람을 만드시는 하나님의 모습 안에 반영되고 있습니다. 특별히 하나님을 도공陶工으로 묘사하는 기사를 통해서 그렇습니다(창 2장).

하나님은 도공이시며, 우리는 그 도공의 손 안에 있는 진흙이라는 것입니다. 이 사실은 특별히 창조주 하나님에 대한 신앙이, 질그릇과 같은 우리를 진정으로 '해방시켜 주는 신앙' liberating faith이라는 사실을 보여 줍니다. 우리가 그분 손 안에 있는 진흙이라는 사실, 그리고 그분이 만들어 놓은 도자기라는 사실을 인식하게 될 때(창조주 신앙), 그분만을 의지하고 신뢰해야 한다는 믿음이 우리에게 생기고, 이러한 신앙이야말로 우리를 진정 모든 불안과 초조, 죽음에 대한 걱정과 두려움으로부터 해방시켜 줍니다. 이것이 바로 "창조주 하나님에 대한 신앙은 '해방시켜 주는 신앙'이다"라는 말의 의미입니다.

하나님의 창조 질서가 아니었더라면, 우리가 그분의 손 안에 있지 않았더라면, 질그릇 인생의 운명은 너무나도 자명하지 않습니까? '깨어

짐', '부서짐' 이외에 달리 인간에게 주어진 운명이 있겠습니까? 전적으로 그분을 신뢰하고 그 손 안에 자신의 미래를 맡기지 않는다면 사람의 운명은 불 보듯 뻔합니다. 여러분은 손에서 떨어지는 도자기의 모습을 상상할 수 있을 것입니다.[3]

1980년, 미국 장로교 선교사였던 벤자민 와이어Benjamin Weir는 중동의 레바논에서 과격분자들에게 납치되었습니다. 그는 손과 발을 쇠사슬에 묶이고 눈을 가리운 채 어딘가로 끌려갔습니다.

그리고 자신을 누가 납치했는지, 왜 자신이 납치를 당해야 했는지, 어디로 끌려가고 있는지도 모른 채, 극한 두려움 가운데 수많은 암흑의 날들을 보내야 했습니다. 그때 성경 잠언의 말씀 한 구절이 마음에 떠올랐습니다.

"너는 마음을 다하여 야웨를 의뢰하고 네 명철을 의지하지 말라. 너는 범사에 그를 인정하라. 그리하면 네 길을 지도하시리라"(잠 3:5-6). 그는 기도했습니다.

"오, 주님, 여기에 제가 있습니다. 주님은 제가 어디에 있는지 아시지 않습니까? 주님은 제가 어떻게 여기에 와 있는지, 그리고 무슨 일이 일어날지 아십니다. 주님은 나를 사로잡은 인질범들이 누구인지 아시지 않습니까? 저는 이제 어찌할 바를 모릅니다. 주님의 손 안에 제 생명이 있습니다. 주님을 의지하고 신뢰하게 해 주십시오!"

그는 당시의 상황을 다음과 같이 기억하고 있습니다. "내가 기도하고 있을 때, 하나님은 내게 필요한 힘을 주셨습니다. 나는 노래하기 시작했습니다. 조용히 기쁜 마음으로 노래를 부르기 시작했습니다. '내 영혼아, 하늘의 왕을 찬양할지어다!'"[4]

가장 절망적이고 고독한 날들이 무한정 계속되는 것처럼 보이던 시간에, 와이어는 하나님을 향한 신뢰가 그 자신을 굳게 붙잡아 준다는 사실을 알게 되었던 것입니다.

신앙은 깊이 아는 것입니다

「이상한 나라의 앨리스」의 주인공 앨리스는 신앙과 지식에 관하여 백 여왕White Queen과 논쟁을 벌인 적이 있습니다. 여왕은 불가능한 일들을 믿을 수 있다고 주장했습니다. 그녀는 앨리스에게 조언했습니다. "한번 믿어 봐! 숨을 크게 들이쉬고 눈을 감아 보란 말이야." 그러나 앨리스는 머리를 흔들면서 대답했습니다. "그것은 쓸데없는 짓입니다. 사람은 불가능한 일들을 믿을 수가 없단 말이에요!" 그러나 여왕의 대답은 좀더 단호했습니다. "너는 한번 해 보려고 시도도 하지 않는구나! 나는 너만한 나이였을 적에 항상 하루에 반 시간씩 그렇게 했단다. 숨을 들이쉬고 눈을 감는 일 말이다. 어떤 때 나는 아침 식사를 들기 전, 많게는 여섯 가지의 불가능한 일들을 믿었던 적도 있어!"

어떤 사람들은 백 여왕처럼 크리스천들도 불가능한 것들을 믿어야만 한다고 생각합니다. 그러나 칼빈은 신앙이란 불가능한 것들을 맹목적으로 믿는 것이라고 생각하지 않습니다. 신앙이란 깊이 아는 것입니다. 다시 말해서 신앙이란 '확고하고 분명한 지식' a firm and certain knowledge 이라고 칼빈은 말합니다. 물론 칼빈을 비평하는 사람들은, 신앙에 대한 칼빈의 정의를 비판하면서, 그의 신학은 너무 지적이고 머리에만 쏠려 있다고 결론짓습니다.

그러나 지식에 관한 칼빈의 이해는 그렇지 않습니다. 그가 말하는 '지식'(앎)이란 머리와 가슴을 포함하는 것입니다. 그는 "신앙은 우리를 향하신 하나님의 자비와 은덕에 대해 확실하게 그리고 분명하게 아는 것(지식)을 말합니다. 이 지식은 그리스도를 통하여 값없이 주어진 약속이 진실이라는 사실에 기초를 둡니다. 그리고 이 지식은 성령을 통하여 우리의 인식 기관mind에 계시되고 우리의 가슴heart 속에 도장을 찍게 된 것입니다"라고 말합니다. 성령은 그리스도에 대한 진리를 우리 마음mind에 나타내시고, 그것을 우리의 가슴heart에 도장 찍어 각인시키신다는 말입니다. 이것이 신앙입니다.

신앙은 선물입니다

신앙은 결코 우리의 노력을 통해 얻는 업적이나 성취가 아닙니다. 신앙은 우리의 노력의 결과나 결심이나 선택이 아닙니다. 믿음은 선물입니다! 하나님이 우리에게 주시는 구원이 선물인 것처럼, 신앙도 하나님이 우리에게 주시는 선물입니다. 그리고 우리는 이 신앙이라는 선물을 가지고 구원이라는 선물을 받는 것입니다. 칼빈은 성령에 관해 말하면서 신앙이 성령의 '주된 일'이라고 한 적이 있습니다. 성령이 하시는 일들 가운데 가장 중요한 일은, '신앙'을 우리에게 주시는 일이라는 말입니다. 성령이 하시는 작업 할당 목록 가운데 제일 먼저 나오는 것이 '신앙'이라는 말입니다.

신앙에 관한 많은 논의 가운데, 칼빈이 우리에게 당부하는 말이 있습니다. 그것은 하나님에 대한 모든 지식(앎)과 사랑과 이해—이것이 다 신앙이다—는 전적으로 성령의 일이라는 것입니다. "성령은 도장seal과 같습니다. 다시 말해서 우리의 인식 기관에 깊은 인상을 남겼던 바로 그 약속들에 대해서 다시 우리 마음 안에 그 약속들이 확실하고 믿을 만하다는 사실을 확신시켜 줄 뿐만 아니라, 그 약속들이 확인시켜 주고 견고하게 세워 주는 보증guarantee 역할을 합니다"(3.2.36).

칼빈은 처음부터 마지막까지 성령이 신앙 안에 임재한다고 가르칩니다. 성령은 우리의 생각에 신앙의 확실성에 대해 분명한 각인을 남겨 줍니다. 그리고 성령은 우리의 가슴속에 신앙에 대한 약속을 도장 찍어 놓습니다. 이처럼 성령은 머리와 가슴을 포함하는 신앙을 우리에게 확실히 보증해 주는 것입니다.

신앙을 이렇게 정의하면, 우리가 흔히 저지르는 두 가지 잘못된 인식에서 벗어나게 됩니다. 첫째, 신앙은 단순히 지적인 활동이거나 머리로만 아는 행위라는 잘못된 인식에서 벗어나게 됩니다. 신앙은 결코 머리의 기능이 아닙니다. 둘째, 신앙은 감정적인 행위나 표현이라고 생각하는 잘못된 인식에서 벗어나게 됩니다. 신앙은 단순히 가슴의 감격이나 따스한 정서의 표현이 아닙니다. 신앙은 우리의 가슴 깊은 곳에 뿌리를 내리고, 그것으로부터 우리의 머리와 인식 체계 속으로 가지를 뻗어 올라가, 사랑으로 만개滿開하여 봉사의 열매들을 맺는 것입니다.

신앙은 웃음입니다

신앙은 웃음이라고 말하면 여러분에게는 매우 이상하게 들릴지도 모릅니다. 물론 칼빈이 이 점을 말하고 있지는 않지만, 내가 볼 때 칼빈도 이 점에 관해서는 동의하리라고 믿습니다. 신앙은 미소와 웃음과 환희를 포함한다는 말입니다. 여러분은 하나님이 아브라함에게 그의 아내 사라가 곧 임신하게 될 것이라고 말하자, 아브라함이 웃었다(창 17:17)는 에피소드를 기억하실 것입니다. 칼빈은 아브라함의 웃음에 대해 다음과 같이 말하고 있습니다.

"그가 하나님의 약속을 우습게 여겼거나, 아니면 그것을 허황된 이야기라고 생각한 것이 아닙니다. 아브라함의 웃음은 하나님의 약속을 전적으로 무시했다는 뜻도 아닙니다. 전혀 기대하지 않은 일들이 발생하면 종종 그런 것처럼, 아브라함의 웃음은 한편으로는 기쁨에 들떠서, 다른 한편으로는 깜짝 놀라서 터진 것입니다." 한국어로 표현하자면, 아브라함은 기가 막혀서 '허허!' 하고 웃은 것입니다. 그렇습니다. 여러분은 하나님이 예측치 못한 일들로 우리를 기막히게 하시고, 경탄과 놀람의 웃음을 만들어 내신다는 사실을 경험해 보지 않았습니까?

아브라함을 방문한 세 명의 나그네를 통해서 하나님이 이 소식을 다시 말씀하시자, 사라가 천막 뒤에서 웃었습니다(18:12). 아마 이 사건은 성경에 기록된 에피소드들 중에 가장 코믹한 이야기일 것입니다. 하나님이 사라에게 "네가 웃었다"고 하자, 사라는 "아닙니다. 저는 웃지 않았습니다"라고 대답했습니다.

그러자 하나님은 다시 "네가 웃었어!"라고 말씀하셨습니다. 사라의 웃음이 무엇을 의미했는지는 차치해 놓고서라도, 본문은 독자들의 미소를 자아냅니다. 이미 출산의 때를 한참 넘긴 할머니가 아이를 출산할 것이라는 충격적이고 예측치 못한 소식이 사라의 웃음을 터뜨렸던 것입니다. 아니, 웃음은 충격적인 좋은 소식에 대한 인간의 반응일 뿐입니다.

아브라함과 사라 사이에 이삭이 태어나자, 사라는 말하였습니다. "이 일(사라가 아이를 낳았다는 사실)을 듣는 사람은 모두 나와 함께 웃을 것이다"(창 21:6). 이삭이라는 이름의 뜻은 '웃음' laughter입니다.

왜 이 두 늙은이들이 웃었을까요? 프레드릭 뷰크너는 이 사실을 시적인 산문체로 유쾌하게 이야기하고 있습니다:

그들은 웃었습니다. 왜냐하면 무덤에 한 발을 들이고 있는 한 노파가 또 다른 한 발을 분만실에 들이게 될 것이라는 사실을 믿을 사람은 오직 바보들밖에 없기 때문이었습니다. 그들은 웃었습니다. 왜냐하면 하나님은 그들이 어쨌거나 믿을 것이라고 기대하셨기 때문이었습니다.

그들은 웃었습니다. 왜냐하면 하나님도 그것을 믿으시는 것처럼 보였기 때문이었습니다. 그들은 웃었습니다. 왜냐하면 그들은 그것을 절반만 믿었기 때문이었습니다. 그들은 웃었습니다. 왜냐하면 우는 것보다는 웃는 것이 더 나았기 때문이었습니다.

그들은 웃었습니다. 왜냐하면 만일 정말로 그 사실이 현실로 이루어진다고 생각하면 웃지 않을래야 않을 수 없었기 때문이었습니다. 그리고 그런 생각만 해도 웃음이 나오지 않을 수 없었기 때문이었습니다.

그리고 뷰크너는 또 너무도 멋진 말을 남겼습니다. "신앙은 웃음이라 불리는 자녀에 관한 약속에 대해 웃는 것입니다" Faith is laughter at the promise of a child called laughter.[5]

돌이켜 보면 아브라함과 사라의 웃음은 불신앙이 아니라 신앙에 그 뿌리를 두었다고 할 수 있을 것입니다. 그와 같이 충격적이고 놀라운 소식에 웃음보다 더 적절한 반응이 어디 있겠습니까? 웃음이야말로 가장 적절한 반응이 아니겠습니까? 웃음은 하나님의 선하심과 위대하심을 인정하고 받아들이는 가장 적절한 행위입니다. 동시에 웃음은 하나님의 예측불허 방식들에 대한 인정이기도 합니다. 하나님의 창조적인 자비들과 기가 막힌 애정들에 대해 즐거워할 때 웃음은 자연스런 표현일 것입니다. 웃음은 하나님의 계획과 목적들에 대한 확신과 믿음을 표현하는 무언無言의 방식입니다.

그렇습니다. '믿음'은 참으로 음미할 만한 가장 중요한 신앙의 주제입니다. 우리는 우리를 향하신 하나님의 사랑에 대한 확실한 앎과 신뢰를 부단히 흔들어 놓는 수많은 회의와 의심에도 불구하고 말씀이신 그리스도께 끈질기게 기댈 수 있습니다. 신앙은 성령이 우리에게 주시는 선물입니다. 그리고 우리는 성령이 우리의 삶 속에서 신선하게, 그것도 우리의 예측을 뛰어넘어 치료하시고 일하시는 것을 바라보면서 웃을 수 있을 것입니다.

틀 19

성경과 신학과 삶

그리스도만이 지상 교회의 진정한 주님이시며, 우리는 그분의 '종'으로 부르심 받았다는 사실을 겸허하게 인식해야 할 것입니다. 그러므로 그리스도가 죽 하나님께 순종하고 섬김으로써 만유와 교회의 주님이 되신 것처럼, 우리도 그분의 순종과 섬김을 본받아 '종의 사역'으로 부르심 받은 것을 다시 한 번 자 합니다. 그리스도인들의 사역과 관련하여 우리는 먼저 크리스천의 삶을 구성하는 세 가지 근본적인 주제들, '성경'과 '신학'과 '삶'에 대해 살펴보고 다. 이 세 가지 주제들은 서로 긴밀하게 연결될 뿐만 아니라 그리스도인들의 사고와 생각, 삶의 형태와 미래를 구성하는 기본 주제들이기 때문입니다. 그 세 주제들의 순서, 즉 '성경→ 신학 → 삶'의 순서는 매우 중요합니다.

Scripture, Theology, Life

성경과 신학과 삶은 마치 삼중주를 연상케 하는 황금의 체인이다.

하나님의 말씀으로써 성경은

우리의 신학적 체계를 비판하고 정련하고 구성하고 지배한다.

신학은 우리의 삶의 질과 방향을 제공해 준다.

그리고 우리의 삶은 하나님의 다스림을 충만하게 반영하는 거울이어야 한다.

_본문 중에서

조국 교회는 바야흐로 전환기에 서 있습니다. 새 천년기의 문턱에 서 있는 조국 교회는 지금 안팎으로 근본적인 변화와 지속적인 갱신을 요구받고 있기 때문입니다. "개혁 교회는 지속적으로 개혁되어야 한다"Ecclesia reformate semper reformanda est 는 종교 개혁 운동의 정신을 되새겨야 할 중요한 시점에 이르렀다고 생각됩니다. 그 동안 교회가 시름시름 앓고 있던 병적 현상들이 이제는 심각한 정도에 이르렀으며, 그 현상들이 조금씩 추하고 일그러진 몰골을 드러내기 시작한 것입니다.

그리고 받아들이기 힘들겠지만, 불행하게도 이러한 영적 중병 현상의 대부분은 종교 지도자들이라 자처하는 우리들의 죄와 욕심, 무지와 탐욕으로부터 기인한 것입니다. 이것은 인정하지 않을 수 없는 사실입니다.

중병 앓고 있는 한국 교회

어떤 영적 중병들입니까? 어떤 형태로 나타나고 있습니까? 교회지상주의, 교파주의와 교권주의, 교권에 대한 탐욕, 물량적 성장 제일주의, 타락한 교계 선거, 학벌 지향적 목회자, 망국적 지방색, 계파와 파벌 의식, 교회의 계급주의적 제도, 무기력한 평신도, 목회 세습 문제, 대형 교회 지향적 목회관, 교회의 자기 과시와 허세, 자기 만족을 위한 교회 행사, 중세교회의 사제들처럼 점점 무지해져 가는 사역자들, 행사 위주의 교회 프로그램, 교회 지도자의 부도덕성, 헐리우드적 목회관, 목회자 개인의 경건과 영성 황폐화, 카리스마적 목회자에 의한 교회의 사교화

私敎化, 혹은 목회자 한 사람을 추앙하는 사교화邪敎化, 교회의 대對 사회적 신뢰도 추락 등등… 열거하기 힘들 정도로 많습니다.

사려 깊은 사람들은 이러한 예들이 무엇인가를 암시하고 있다는 사실을 알아차릴 것입니다. 즉, 이러한 내적 문제들에 대해 싸워 해결해야 할 목회자들이 사실상 해결자가 아니라 그런 문제들을 구성하는 '문제 자체'가 되었다는 사실입니다. 바로 여기에 문제의 심각성이 있습니다. 이것은 목회자가 새롭게 변화되고 갱신되지 않는 한—새롭게 태어나지 않는 한, 즉 중생重生하지 않는 한—새로운 교회, 새로운 미래는 꿈꿀 수 없다는 의미이기도 합니다.

더욱이 우리가 살고 있는 이 시대는 다양한 적 그리스도 세력들로 가득 차 있다고 해도 과언이 아닙니다. 성경은 이런 세력들을 "정사와 권세와 어두움의 세상 주관자들, 하늘의 악의 영들"(엡 6:12)이라 부릅니다. 소위 '시대 정신' Weltgeist이라 불리는 것이 그것입니다. 세속주의, 배금주의拜金主義, 종교다원주의, 향락주의, 개인주의 등등 온갖 종류의 현대적 '바알주의' Baalism가 정통 기독교의 신앙과 삶을 끊임없이 위협하고 있습니다.

한편 우리는 주님의 교회가 지금까지 그토록 수많은 내적·외적 도전과 시련에도 불구하고 존속할 수 있었던 것은, 전적으로 하나님의 절대 불가항력적 은혜 덕분이었다는 사실을 간과해서는 안 됩니다. 그리고 우리의 죄악과 잘못, 실수와 부족에도 불구하고 하나님이 우리들에게 조국 교회를 섬길 수 있는 특권과 명예를 주셨다는 사실을 떨리는 마음으로 받아들여야 합니다.

또한 우리는 그리스도만이 지상 교회의 진정한 주님이시며, 우리는 그분의 '종' servant으로 부르심 받았다는 사실을 겸허하게 인식해야 할 것입니다. 그러므로 그리스도가 죽기까지 하나님께 순종하고 섬김으로써 만유와 교회의 주님이 되신 것처럼, 우리도 그분의 순종과 섬김을 본받아 '종의 사역' ministry of servanthood으로 부르심 받은 것을 다시 한 번 천명하고자 합니다.

그리스도인들의 사역과 관련하여 우리는 먼저 크리스천의 삶을 구성하는 세 가지 근본적인 주제들, '성경'과 '신학'과 '삶'에 대해 살펴보고자 합니다. 이 세 가지 주제들은 서로 긴밀하게 연결될 뿐만 아니라 그리스도인들의 사고와 생각, 삶의 형태와 미래를 구성하는 기본 주제들이기 때문입니다. 그리고 이 세 주제들의 순서, 즉 '성경 → 신학 → 삶'의 순서는 매우 중요합니다.

오직 성경, 전체 성경

16세기 종교 개혁 운동의 근본 정신은 "성경으로 돌아가자" Back to the Bible였습니다. 당시 로마 가톨릭 교회는 교회의 가르침과 전통을 성경 위에 놓거나 아니면 성경과 동일한 권위를 갖는 것으로 가르쳤습니다. 그러자 하나님이 보내신 개혁의 나팔수들—예를 들어, 마틴 루터, 존 칼빈—은 한 목소리로 성경만이 크리스천의 신앙과 삶에서 유일한 권위를 갖는다고 외쳤습니다. 교회의 전통이나 교리가 아니라, 성경만이 기독교인들의 신앙과 삶을 위한 유일한 규범이며 우리의 신앙 체계와 인생관을 형성하고 구성하는 규범적 책이라고 말입니다.

이처럼 개혁주의 신학은 처음부터 성경에 의한 신앙이었습니다. 성경의 권위와 우위성을 강조하는 종교 개혁 운동은 특별히 두 가지 구호를 통해 그 특징을 드러냅니다. "오직 성경" *sola scriptura*과 "전체 성경" *tota scriptura*입니다.

16세기 종교 개혁 운동 전체를 놓고 볼 때 '오직 성경'이라는 주제는 일반적인 현상이었습니다. 물론 성경에 대한 이러한 관심과 강조는 그 시대의 학문적인 흐름에서도 설명될 수 있을 것입니다. "원전으로 돌아가자!" *ad fonte*가 그것입니다. 학문의 원천인 원어 연구를 중요시 여겼던 당시의 인문주의는, 신학에서 믿음의 원천인 성경 원문을 깊이 연구하도록 자극했습니다.

개혁 신학의 중심지였던 스위스 취리히와 제네바에서 설교자들은 회중들의 삶을 위해서 성경으로부터 직접("오직 성경으로"), 그리고 구약과 신약을 통틀어서("성경 전체로") 하나님의 말씀을 풀어 설교하였습니다. 기록된 하나님의 말씀인 성경으로부터 직접 설교를 이끌어 냄으로써, 오랜 기간에 걸쳐 왜곡되었던 교회의 가르침을 갱신하고 개혁할 수 있게 된 것입니다.

어느 학자가 잘 말했듯, 종교 개혁에서 '개혁'이라는 개념의 기본적인 출처는 다름 아닌 하나님 말씀으로서의 성경이었습니다.[1]

이처럼 성경이 매우 특별한 조명과 대우를 받게 된 것은 특별히 개혁주의 신앙 전통에서였습니다. 이 사실은 루터 교회와 개혁 교회를 비교해 보면 좀더 분명해질 것입니다. 루터 교회가 종교 개혁 운동의 '내용적 원리' material principle라 할 수 있는 이신칭의('믿음으로 말미암아 의롭다 함을 받는다')에 강조점을 두었다면, 개혁 교회들은 종교 개혁 운동의 '형식적 원리' formal principle인 '성경의 권위'에 강조점을 두었습니다. 그리고 성경의 권위에 대한 강조는 자연스럽게 '성경 전체'에 대한 포괄적인 이해를 추구하게 만들었습니다. 성경의 일부분이 아닌 성경 전체의 빛 아래서 하나님의 뜻을 추구해야 한다는 것입니다.

종교 개혁자 칼빈이 잘 말했듯, 성경의 진실성과 권위에 관해 말할 때 우리는 성령의 신비로운 내적 증거에 대해서도 같이 말해야 합니다. 우리는 성경을 하나님의 말씀으로 받아들일 뿐 아니라 마음으로 그것을 존중하고, 그에 대한 모든 인간적 의심을 버려야 합니다.

성경은 믿는 이들에 대해 온전한 권위를 갖고 있기 때문입니다. 언제 그러한 권위를 갖게 됩니까? 성경을 하늘로부터 내려온 것으로 여길 때입니다. 다시 말해서 마치 우리가 하늘에서 하나님의 살아 있는 말씀들을 듣고 있는 것처럼 성경을 생각할 때, 성경은 믿는 이들에게 온전한 권위를 갖는 것입니다. 좀더 분명하게 말하자면, 하나님이 성경의 저자라는 사실을 의심없이 받아들이고 설득될 때 비로소 우리는 성경의 메시지를 믿게 될 것입니다.[2]

이처럼 성경과 성령은 뗄 수 없는 관계를 형성하고 있습니다. 우리는 성령의 인도하심과 조명하심 없이는 성경을 알 수도, 이해할 수도, 하나님의 말씀으로 받아들일 수도 없습니다. 그래서 성경을 읽을 때마다, 성경을 강론하고 선포할 때마다, 성령의 조명을 간구하고 기도하는 것입니다.

이러한 성경과 성령의 관계에 대해 개혁주의 전통의 신앙고백 문서들 역시 동일한 목소리를 내고 있습니다. 성경의 권위 문제와 연관하여 성령의 역할을 강조하고 있는 벨기에 신앙고백서 Belgic Confession 역시 다음과 같이 말하고 있습니다. "기독 교회가 성경을 거룩하고 정경正經적인 문헌으로 받아들이고 승인했기 때문이라기보다는, 특별히 성령님이 우리의 마음속에 이 성경은 하나님으로부터 온 것이라고 증거하고 있기 때문이다"(제5조항).

웨스트민스터 신앙고백 역시 동일한 어조로 말하고 있습니다. "성경의 무오한 진리와 그 신적 권위에 대해 우리가 철저하게 수긍하고 확신을 갖게 되는 것은, 성령의 내적 사역으로부터 기인합니다. 다시 말해서 '말씀'을 통하여, '말씀'을 가지고, 우리의 마음속에 증거하고 계시는 성령의 사역 때문입니다"(I, 5).

이처럼 성경은 하나님이 그의 백성에게 자신의 뜻과 목적을 말씀하시는 권위 있고 구속력 있는 방편입니다. 성경은 우리의 철학이나 신학, 혹은 교리나 신조를 확인시켜 주는 도구가 아닙니다. 성경은 우리의 생각과 사고, 철학과 신학이 구체적인 형태를 갖추도록 하고, 우리의 윤리관을 결정하며, 우리의 삶의 방식을 형성하는 유일한 동인動因입니다.

이것이 우리가 성경을 하나님의 말씀이라고 하는 진정한 의미입니다. 우리의 사역이나 삶의 형태는 성경의 치밀한 검사 과정을 통과해야 합니다. 그러기 위해, 우리는 먼저 성경의 메시지를 귀담아 들어야 합니다. 성경이 스스로 이야기하기까지, 성경이 드러내고 있는 하나님이 분명하게 우리 앞에 서실 때까지, 그리고 우리가 경외와 경이로 그분 앞에 엎드릴 때까지 성경의 음성을 지속적으로 경청해야 합니다.

> 하나님의 말씀은 살아 있고 운동력이 있어 좌우에 날선 어떤 검보다 예리하여 혼과 영과 및 관절과 골수를 찔러 쪼개기까지 하며 또 마음의 생각과 뜻을 감찰하나니 지으신 것이 하나라도 그 앞에 나타나지 않음이 없고 오직 만물이 우리를 상관하시는 자 앞에서 벌거벗은 것같이 드러나기 때문입니다(히 4:12).

조국 교회는 다시 성경으로 돌아가야 합니다. 성경의 하나님께로 돌아가야 합니다. 우리는 아집과 거짓, 교만과 위선의 늪에서 나와 진리이신 하나님께로 돌아가야 합니다. 그것은 성경으로 돌아가는 것입니다. 성경을 통해서만 우리는 창조주이시고 구원자이시며 만물의 유지자이신 하나님을 진정으로 알 수 있습니다.

그러므로 우리는 먼저 성경의 가르침이 무엇인지 알아야 합니다. 성경을 사랑하는 교회로 알려진 조국 교회가 성경을 인질로 잡는 어리석음을 범해서는 안 됩니다. 집단의 이념이나 개인의 목적을 이루기 위하여 성경이 착취되거나 남용되거나 오용되는 일이 없어야 합니다. 우리의 교회는 더 이상 바리새주의적 '성경주의자' biblicist로 전락해서는 안 될 것입니다.

신학, 부르심 받은 우리

개혁주의적 전통에 선 목회자는 정통적 신학으로 무장해야 합니다. 정통적 신학이란 성경에 의해 체계화된 신학을 말합니다. 이 신학은 '하나님 중심적 신학'을 의미합니다. 신학은 '하나님에 관한 학문' theo + logos입니다. 결코 인간에 관한 학문이 아닙니다. 동시에 신학은 하나님이 이 세상을 어떻게 다루고 계신가를 체계적으로 이해하려는 인간의 노력입니다. 그러므로 신학은 언제나 겸허하게 하나님의 말씀인 성경에 복종하고 언제나 그 가르침에 열려 있어야 합니다. 그렇지 않으면 부정적인 의미에서 도그마(dogma, 독단적 주장)가 되는 것입니다. 그렇다면 성경이 제시하고 있는 포괄적 신학 체계는 무엇입니까? 개혁주의 신학은 네 가지 초석으로 구성되어 있습니다.[3]

첫째, 개혁주의 신학은 하나님의 '선한 창조' Good Creation를 믿습니다. 이 세상은 본질적으로 하나님의 지혜로 선하게 창조된 '피조 세계'입니다. 하나님의 경륜과 섭리로 유지되고 다스려지는 세계입니다. 이 세상 그 어느 곳도 하나님의 통치에서 벗어난 영역은 없습니다. 그리스도인들은 이 선한 창조 세계의 보호자요 관리자로 부르심 받았습니다.

우리에게는 '성'聖과 '속'俗이라는 이원론적 세계관이 합당치 않습니다. 개혁주의 그리스도인들은 사람의 영혼뿐만 아니라 육체에도, 교회뿐만 아니라 사회에도, 사람뿐만 아니라 창조 세계에도 관심을 가져야 합니다. 이것이 하나님의 선한 창조에 대한 일원론적 신학 체계를 갖는다는 의미입니다. 이것은 우리가 우주적 cosmic 그리스도인, 세계적 worldwide 그리스도인, 지구촌 global 그리스도인들이 된다는 것을 의미합니다.

둘째, 개혁주의 신학은 선한 창조의 '타락'을 말합니다. 첫 인류와 그의 후손은 창조주께 도전함으로써 죽음의 길을 자초하였을 뿐만 아니

하나님은 자신의 창조 세계가 죄로 인해
오염되고 부패되기를 원치 않으십니다.
인간이 깨어진 샬롬을 회복할 수는 없습니다.
샬롬의 창조자이신 하나님만이 회복하실 수 있습니다.

라 하나님의 선한 창조 세계를 오염시켰습니다. 다시 말해서 개혁주의 신학은 죄의 심각성을 인식한다는 말입니다. 첫 인류는 그들의 자발적 죄로 인하여 샬롬의 파괴범이 되었습니다. 그 후로 죄가 있는 곳마다 창조 세계와 인류를 위한 하나님의 샬롬은 파괴됩니다. 그러므로 하나님의 샬롬을 회복하기 위하여 우리는 이 세상 온갖 종류의 죄들에 대해서 피 흘리기까지 싸워야 합니다(히 12:4).

교회는 겸허한 심정으로 개인적 죄들, 공동체의 죄들, 구조적 죄들, 제도적 죄들, 사회와 국가의 죄들에 대해 예언자적 경고의 나팔을 불어야 합니다. 또한 우리는 깊은 성찰과 함께 소위 종교적 죄들을 넘어서서 인종주의racism, 계급주의classism, 성차별주의sexism와 같은 반反 창조 신학적 죄들을 배척해야 합니다. 그리고 이러한 일들은 독선과 자기 의義에 의해 성취되는 것이 아니라 오직 하나님의 은총을 힘입을 때 이루어진다는 사실을 기억해야 할 것입니다.

셋째, 개혁주의 신학은 '하나님의 구원' Redemption을 믿습니다. 하나님은 자신의 창조 세계가 죄로 인해 오염되고 부패되기를 원하지 않으셨으며 지금도 그러하십니다. 부패하고 오염된 인간이 깨어진 샬롬을 회복할 수는 없습니다. 샬롬의 창조자이신 하나님만이 깨어진 샬롬을 다시 회복하실 수 있습니다. 어떻게 회복하셨단 말입니까? 하나님은 인간이 저지른 죄의 값인 죽음을 또 다른 죽음, 즉 예수 그리스도의 죽음으로 대신 갚으셨습니다.

구속이란 본디 '값을 지불한다'는 의미입니다. 그리스도를 통하여 새로운 세계가 도래한 것입니다. 이것이 "무엇이든지 그리스도 안에 있으면 새로운 피조물(창조 세계)이라 이전 것들은 지나갔으니 보라 새 것이 되었도다"(고후 5:17)는 바울 사도의 말 뜻이기도 합니다. 그렇습니다. 우리는 지금 새로운 시대, 예수 그리스도가 세우신 하나님의 나라, 죄를 미워하고 정의와 공의로 다스려지는 하나님의 나라에 살기 시작한 것입니다. 그러므로 우리는 이 땅 위에 하나님의 통치 방식인 '공법이 강물과 같이, 정의가 시냇물같이 흐르도록' (암 5:24) 정의와 공의의 사역자로 부르심 받았다는 사실을 기억해야 합니다.

넷째, 개혁주의 신학은 '구원의 완성' Consummation을 믿습니다. 우리는 역사가 돌발적인 사건들이나 우연에 의하여 이루어지는 것이 아니라 창조주이시며 구원자이시며 역사의 섭리자이신 하나님에 의해 경영되고 있다고 믿습니다. 그리스도를 통해 시작하신 하나님의 재창조 사역은 하나님의 피조물 전체에 해당할 것입니다.

구원을 시작하신 분이 하나님이시라면 그 구원을 완성시키시는 분도 동일한 하나님이십니다. 이러한 확신이 있기 때문에 우리는 역사 속에서 일어나는 온갖 모순과 부정, 어두움의 그림자와 악의 세력에도 불구하고 최종적인 승리를 확신하는 것입니다. 하나님의 진리는 반드시 모든 것을 극복할 것이며, 하나님의 정의는 반드시 승리할 것입니다.

우리는 새 하늘과 새 땅이 영광스럽게 도래할 것을 앙망하고 소망하는 사람들입니다. 우리는 정의와 공의로 다스려지는 사회, 고아의 눈에서 더 이상 눈물이 보이지 않고 과부의 울부짖음이 더 이상 들리지 않는 새 하늘과 새 땅을 기대하며 사는 사람들입니다. 그리고 우리는 그러한 희망과 용기, 영감과 감동을 우리가 사역하는 사람들에게 불어넣도록 부르심을 받은 사람들이기도 합니다.

삶, 샬롬을 지향하는 충만함

성경과 신학은 본질적으로 인간의 삶과 관계를 맺습니다. 창조주 하나님이 인류를 위해 의도하시고 목적하신 삶의 상태, '샬롬'에 관하여 성경과 신학은 관심을 가져야 합니다. 이것은 우리의 사역이 '샬롬을 향한 사역'이 되어야 한다는 말입니다. 그렇습니다. '샬롬을 향한 사역'

Ministry for Shalom입니다! 샬롬은 전쟁이나 불행과 같은 부정적인 삶의 상황이 없는 상태만을 가리키지 않습니다. 샬롬은 적극적인 삶의 충만입니다. 만물을 충만케 하시는 분의 충만으로 가득 차 있는 삶의 상태를 말합니다. 하나님과의 관계가 충만한 의미에서 건강한 삶, 사람과 사람 사이의 관계가 충만한 의미에서 가득 찬 삶, 사람과 자연과의 관계가 충만한 의미에서 조화로운 삶 등이 샬롬의 삶이며, 이러한 삶을 위하여 부르심을 받은 사역자들이 우리들입니다.

이러한 삶은 신의 선물이지, 인간의 업적이나 성취가 아닙니다. 생명으로 가득 찬 삶, 의미로 가득 찬 삶, 건강으로 가득 찬 삶 등등, 이런 것들은 하나님이 그리스도를 통하여 우리 인간에게 주시는 선물입니다.

그러나 이러한 선물을 향유하는 길은 오직 토라를 중심으로 사는 삶밖에 없습니다. 여기에 "우리는 어떻게 살아야 할 것인가"라는 질문에 대한 답이 있습니다. 이곳에 우리의 사명과 부르심이 있습니다.

그렇습니다. 우리는 우리 사역자들의 삶과 봉사하도록 부르심을 받은 그리스도인들의 삶이 한결같이 하나님의 토라를 중심으로 구성되어야 할 것이라고 믿습니다. 아시다시피 노예 되었던 애굽에서 인도함을 받아 광야로 들어갔던 이스라엘 공동체는 비로소 시내 산 밑에서 하나님의 백성으로 세움을 입었습니다.

하나님은 그들과 언약을 체결하시고 그들을 자신의 언약 백성으로 삼으셨습니다. 만국 중에서 그들만을 자신의 '소유'로 삼으시고, 하나님께 대하여 '제사장의 나라'와 '거룩한 민족'이 되게 하신 것입니다(출 19:6).

하나님의 백성은 하나님과 세상에 대해 살아 있는 증거물입니다. 세상은 우리가 하나님의 소유임을 알아야 합니다. 아니 우리는 세상으로 하여금 우리가 하나님의 귀중한 소유물임을 알도록 해야 합니다. 우리는 세상을 위해 중보하는 제사장으로 부르심 받은, 구별된 백성이라는 사실을 기억해야 합니다. 이러한 독특한 정체성, 즉 이 세상에서 '하나님의 백성이 된다'는 의미를 구현하기 위해 주어진 것이 토라입니다. 다시 말해서 토라는 구원받은 하나님의 백성의 삶을 구성하는 원리로서 주어졌습니다. 토라는 하나님의 백성의 '삶의 원리', '생활 규범'으로 주어진 것입니다.

특별히 광야에서 토라가 주어졌다는 사실은 우리에게 시사하는 바가 많습니다. "무엇을 먹을까, 무엇을 마실까, 무엇을 입을까" 걱정하기에 가장 최적의 장소가 광야가 아니겠습니까? 이방인들이 구하는 이러한 질문들이(마 6:31-32) 반복적으로 제기되는 곳이 광야였습니다. 바로 이러한 광야에서 토라가 이스라엘 백성에게 주어졌다는 것은, 광야야말로 진정으로 누가 하나님의 백성이고 누가 이방인인가를 결정짓는 곳이라는 증거이기도 합니다.

이곳에서 하나님의 백성은 '사람이 떡으로만 사는 것이 아니라 하나님의 입으로부터 나오는 모든 말씀으로 사는 줄을' 배워야 하는 것입니다. 다시 말해서 토라야말로 하나님 백성의 진정한 경건을 구성하는 원리라는 말씀입니다.

조국 교회는 다시 '토라—경건', '토라—영성'을 회복해야 합니다. 또한 토라가 광야에서 주어졌다는 것은 토라야말로 길이 없는 곳(광야)에 '길'을 보여 주고 '길'을 안내해 준다는 것입니다. 길을 잃어 버리고 방황하는 조국 교회에 길을 보여 주고 길을 안내해 주는 것은 오직 토라밖에 없다는 사실을 기억해야 합니다.

"내가 곧 길이요 진리요 생명이라"고 말씀하신 하나님의 진정한 토라, 예수 그리스도를 우리는 압니다. 우리는 하나님의 말씀에 전적으로 순종하여 사신 그리스도를 우리의 주님으로 고백하는 자들입니다. 우리는 그리스도를 통하여 나타난 하나님의 나라와 하나님의 의를 추구해야 합니다(마 6:33). 하나님이 정의와 공의로 다스리는 나라를 갈망하는 그리스도인들과 교회들, 그리고 진리와 진실을 추구하도록 부르심을 받은 사역자들과 신앙 공동체, 이런 하나님의 백성이 있을 때 조국 교회의 앞날은 결코 어둡지만은 않을 것입니다.

우리는 다시 16세기의 종교 개혁주의 신학적 유산이 무엇인지를 음미하고 새롭게 이해해야 합니다. 성경과 신학과 삶은 마치 삼중주를 연상케 하는 황금 체인과 같습니다. 하나님의 말씀으로써 성경은 신학적 체계를 비판하고 정련精練하고 구성하고 지배합니다. 신학은 우리의 삶의 질과 방향을 제공해 줍니다. 더불어 우리의 삶은 하나님의 다스림을 충만하게 반영하는 거울이어야 합니다.

그렇습니다! 사역자들은, "하나님은 지금도 다스리신다"는 '하나님의 왕국 신학' Kingdom Theology을 바탕으로 '우주적 일원론적 세계관'을 갖고, "하늘에 있는 자들과 땅에 있는 자들과 땅 아래 있는 자들로 모든 무릎을 예수의 이름에 꿇게 하여야 할 것"(빌 2:10)입니다.

교회는 하나님 나라를 위한 충성스런 종의 역할을 감당해야 합니다. 예수님이 가르쳐 주신 "하나님의 나라가 임하옵소서!"라는 간구는 지금도 우리가 간절하게 드려야 할 기도 중의 기도인 것입니다.

금식 20

금식과 믿음과 기근
이사야 58:6-7

죄의 고백과 깊은 연관을 갖고 있습니다. 금식은 진정으로 통회하고 자복하는 구체적 증거였습니다(욜 1:13). 따라서 '금식'은 '기도'와 연결되는 것입니다. ...이란 '행동하는 기도'입니다. 마치 말과 행동이 한데 어울려지듯이 기도와 금식은 동일한 것을 말하고 있습니다. 기도와 금식은 모두 하나님께 간청하는 ... 다른 말도 그렇지만 금식도 하나님 나라의 도래와 잘 조화를 이루어야 합니다. 예수님이 말씀하신 잔칫집의 포식飽食은, 메시아의 좋은 소식이라고 부...는 새 포도주를 담는 새 부대와 같습니다. 그러나 신랑이 데려감을 당하게 될 때는 금식하는 것이 더욱 적당할 것입니다. 금식을 통하여 제자들은 자기... 를 나타낼 수 있기 때문입니다. 예수님은 금식을 상대화시키고 계십니다. 다시 말해 예수님은 금식을 하나님 나라의 도래에 맞추어 상대적으로 평가하...다. 즉 금식은 하나님의 나라와 하나님의 정의를 추구하는 일(마 6:33)에 공헌하는 정도에 따라 행해질 것인가 말 것인가가 결정된다는 것입니다. 금식...님의 정의'와 깊은 관련을 맺고 있다는 말입니다.

Fasting, Faith, Poverty

내가 기뻐하는 금식은, 부당한 결박을 풀어 주는 것, 멍에의 줄을 끌러 주는 것,

압제받는 사람들을 놓아 주는 것, 모든 멍에를 꺾어 버리는 것,

바로 이런 것들이 아니냐?

또한 굶주린 사람에게 너의 양식을 주는 것,

떠도는 불쌍한 사람을 집에 맞아들이는 것이 아니냐?

헐벗은 사람을 보았을 때에 그에게 옷을 입혀 주는 것,

너의 골육을 피하여 숨지 않는 것이 아니겠느냐?

_ 이사야 58:6-7, 표준새번역

다이어트가 일상생활화되고 있는 사회, 너무나도 풍요로운 사회, 잉여 곡물들을 주체하지 못하는 사회, 거리 양편으로 늘어서 있는 음식점들, 소비적 삶이 유일한 낙이 되고 있는 사회, 전 국토가 음식물로 가득한 사회… 이러한 사회에 살고 있는 현대인들에게 '금식'에 대하여 이야기한다는 것은 구시대적 설교처럼 매우 어색하게 들릴지도 모릅니다. 영양 과잉인 요즘 시대에 다이어트가 이토록 전 세계적인 현상으로 퍼져 나가는 이유는, 현대인들이 남녀노소를 불문하고 육체적인 건강·외형적인 모습·현세의 삶에 지극한 우선권과 가치를 두고 있기 때문입니다. 다이어트는 사실상 자기 자신에 대한 관심으로부터 시작됩니다. 자기 중심적인 관심으로부터 시작되는 것입니다.

다이어트처럼 금식도 음식과 음료 섭취를 거절하는 행위입니다. 그러나 최소한 성경적인 관점과 하나님 나라의 관점에서 살펴볼 때, 금식은 다이어트와는 근본적인 차이가 있습니다. 다이어트가 자아에 대한 관심으로부터 기인하는 것이라면, 금식은 동료 인간과 하나님에 대한 관심으로부터 시작된다고 말할 수 있습니다.

자아를 위하는 것은 자연적인 성향입니다. 아마 그런 이유 때문에 금식하는 일보다는 다이어트하는 것이 우리에게 더 자연스러울 것입니다. 이런 이유 때문에 오늘날 자기 삶의 방식을 단순화시키기 위하여 금식하는 사람들보다는, 자기 몸무게를 염려하는 눈으로 다이어트하는 사람이 많아진 것입니다.

오늘날 가상하게도 금식을 하는 경우가 있습니다. 그런데 그 금식도 두 가지 경우 중 하나입니다. 첫 번째 유형의 금식은 어떤 일이 이루어지도록 간청하는 수단으로 사용하는 것입니다. 종종 금식을 통하여 사람은 자기가 갈망하는 변화가 이루어지도록 합니다. 두 번째 유형의 금식은 잘 충족되고 풍요한 삶을 누리는 사람이 먹지 못하는 사람들을 먹이려는 동기에서 시작되는 경우입니다. 이 두 가지 경우를 살펴보면, 성경에서는 그 나름대로의 이유와 정당성을 부여하고 있습니다. 그러나 때때로 이 두 가지 경우는 불완전하기도 하고 부적합하기도 합니다.

오늘날 우리는 "금식을 할 것인가", "하지 않아도 되는 것인가" 혹은 "한다면 왜 해야만 하는가"에 대하여 올바른 견해와 이해를 가져야 합니다. 물론 이러한 이해가 성경의 가르침에서부터 나와야 할 것임은 두말할 나위도 없습니다.

먼저 성경에서는 금식을 무어라 정의하고 있는지 살펴보는 것은 중요합니다. 윤리의 궁극적 실체인 하나님의 말씀에 귀를 기울이는 것이 첫 번째 과제입니다. 그리고 두 번째로, 성경의 가르침은 오늘날 우리의 삶 속에 어떻게 적용되고 실행되어야 할 것인가 살펴보아야 할 것입니다.

금식과 기도

초기 이스라엘 사회에서는 금식이 종종 슬픔과 비탄을 표현하는 행위였습니다. 예를 들면, 나쁜 왕이었던 아합은 나봇이라는 사람의 포도원을 갖고 싶었으나 그렇게 할 수 없게 되자 비탄에 빠져 음식 먹기를 거절한 일이 있습니다. 하나님의 마음과 통했던 다윗 왕도 충실한 부하 아브넬이 살해되자 위대한 전사를 잃어버린 슬픔에 빠져 금식했던 일이 있습니다. 이미 구약 시대에도 금식은 내면적 슬픔과 비탄을 외형적으로 표현하는 행위였습니다. 경건한 사람이든지 경건치 못한 사람이든지 자기의 슬픔을 표현하기 위한 수단으로 금식했던 것입니다.

그러나 시간이 흐르면서부터 금식은 하나님의 마음을 움직여 행동하시도록 하는 수단이 되었습니다. 다윗은 밧세바와의 사이에서 태어난 아기가 심한 병에 걸려 고통하자 금식하였습니다. 그러나 아기가 죽자 다윗은 일어나 음식을 먹었습니다. 다윗의 이러한 이상한 행동에 대해 의아해 했던 신하들에게 다윗은 그 이유를 설명해 주었습니다: 아기가 살아 있을 때에는 아직 기회가 있어서 하나님께 간절히 금식하며 기도함으로써 그분의 마음을 움직여 아기를 살려 달라고 할 수 있었으나, 이제는 아기가 죽었으니 더 이상 금식할 이유가 없다는 이야기였습니다. 금식을 통한 시도는 실패로 돌아갔으나 이제 자기의 생명은 계속되어야 한다는 것이었습니다.

금식은 죄의 고백과 깊은 연관을 갖고 있습니다. 금식은 진정으로 통회하고 자복하는 구체적 증거였습니다(욜 1:13). 따라서 '금식'은 '기도'와 연결되는 것입니다. 금식이란 '행동하는 기도'입니다. 마치 말과 행동이 한데 어울려지듯이 기도와 금식은 동일한 것을 말하고 있습니다. 기도와 금식은 모두 하나님께 간청하는 것입니다.

하나님을 기쁘시게 하는 금식

이사야 선지자가 활동하던 당시의 금식은 예배의 한 행위로서 매우 널리 실행되고 있었던 것 같습니다. 그러나 하나님을 움직여 행동하시게끔 하는 일은 실패했습니다. 이사야 선지자는 사람들이 금식을 통하여 하나님을 움직여 보려는 시도들을 생생하게 묘사하고 있습니다. 또한 그들의 시도가 결국 실패로 돌아가고 말았다는 사실도 기록하고 있습니다(58:1-12).

이사야 선지자는 이스라엘의 금식이 실패로 돌아간 이유에 대하여 말합니다. 그들은 자기들만의 쾌락을 추구했고 서로 다투고 싸웠으며,

외형적으로는 금식을 하면서도 내면적인 금식은 하지 않았으며, 노동자들을 착취하고 압제하였다는 것입니다. 한 마디로 그들은 거짓말쟁이이며 위선자였습니다. 그들의 금식은 자기 과시이며 자기 위장에 불과한 것이었습니다.

여기서 우리가 간과하지 말아야 할 사실은, 이사야 선지자가 지금 이스라엘의 사회적 죄들을 끄집어내고 있다는 것입니다. 그들의 금식이 실패하게 된 것은 그들이 우상숭배를 했기 때문이 아니라 '정의'를 행하는 것을 게을리했기 때문이었습니다. 그들의 문제는 하나님과의 관계성이 아니라 이웃과의 관계 속에 자리잡고 있었던 것입니다.

하나님을 기쁘시게 하는 금식에 대하여 이사야는 생생한 언어로 묘사하고 있습니다.

> 나의 기뻐하는 금식은 흉악의 결박을 풀어 주며 멍에(속박)의 줄을 끌러 주며 압제당하는 자를 자유케 하며 모든 멍에를 꺾는 것이 아니겠느냐. 또 주린 자에게 네 식물을 나눠주며 유리하는 빈민을 네 집에 들이며 벗은 자를 보면 입히며 또 네 골육을 피하여 스스로 숨지 아니하는 것이 아니겠느냐(사 58:6-7).

다른 말로 표현하자면, 하나님을 기쁘시게 하는 금식은 궁핍과 곤고한 지경에 처한 자들에게 생활에서 가장 기본적인 것들을 공급해 주는 '사회적 정의' social justice라 할 수 있습니다.

금식과 하나님의 나라

예수님 당시 예수님의 제자들은 '금식 논쟁'에 빠진 일이 있었습니다(마 9:14-17). 예수님은 자기의 제자들이 금식하지 않는 이유를 대변하여 말씀하셨습니다. 예수님은 그들이 마치 신랑의 친구들과 같아서 신랑이 있는 동안에는 금식하지 아니하고 오히려 마음껏 포식한다고 하셨습니다. 왕이 오시는데 어찌 금식해야겠느냐는 것이었습니다.

다른 일도 그렇지만 금식도 하나님 나라의 도래와 잘 조화를 이루어야 합니다. 예수님이 말씀하신 잔칫집의 포식飽食은, 메시아의 좋은 소식이라고 부를 수 있는 새 포도주를 담는 새 부대와 같습니다. 그러나 신랑이 데려감을 당하게 될 때는 금식하는 것이 더욱 적당할 것입니다. 금식을 통하여 제자들은 자기들의 슬픔을 나타낼 수 있기 때문입니다.

예수님은 금식을 상대화시키고 계십니다. 다시 말해 예수님은 금식을 하나님 나라의 도래에 맞추어 상대적으로 평가하고 계십니다. 즉 금식은 하나님의 나라와 하나님의 정의를 추구하는 일(마 6:33)에 공헌하는 정도에 따라 행해질 것인가 말 것인가가 결정된다는 것입니다. 금식은 '하나님의 정의'와 깊은 관련을 맺고 있다는 말입니다.

그래서 초대교회는(행전 13:3) 바울과 바나바를 선교사로 보내기 전에 금식하는 것이 마땅하다고 생각했습니다. 사도들 당시에는, 매우 중요한 결정을 내려야 할 경우 하나님의 백성이 마땅한 방법으로 반응하는 데 금식이 도움을 준 것 같습니다.

그러나 1세기 후반에 들어서면서 교회는 금식이 오직 하나님 나라의 도래를 위해서 사용되어야 한다는 사실을 망각하기 시작하였습니다. 교회는 금식을 일반화시켰으며 심지어 의무화시키기도 하였습니다. 금식은 하나님의 은총을 받는 수단인 동시에 하나님의 은총을 얻어 내는 데 필요한 공로로 인식되었습니다. 금식을 공로로 쌓기 위하여 사람들은 육체를 낮추고 영혼을 높여 소위 '영적이신' 하나님의 호의를 얻어 내는 일도 있었습니다.

이러한 종류의 금식은 16세기에 들어와 오직 은총의 복음만을 선언한 종교 개혁자들의 공격을 받았고, 그 설자리를 잃어버리게 되었습니다. 금식이 퇴조하게 된 것입니다. 그들이 반대했던 것은 금식에 대한 오용 내지는 남용이었지 결코 금식 자체는 아니었습니다. 그러나 불행하게도 금식은 종교 개혁 이후로 그 빛과 자리를 상실하게 되었습니다. 금식은 이제 다시 교회에서 그 자리를 회복해야 합니다. 그 본래의 의도대로 믿음의 행동이 되어야 합니다. 왜냐하면 믿음에서 나지 아니하는 것은 죄이기 때문입니다. 특별히 금식은 '사회 정의'라는 측면에서 그 동기가 유발되어야 합니다. 무엇보다도 하나님 나라를 추구하려는 행위여야 한다는 것입니다.

금식과 기근

오늘날 전 세계에서 가장 크고 풍요로운 빵 바구니가 있는 곳에 사는 하나님의 백성은 마땅히 금식 문제에 대하여 도덕적인 결정들을 내려야만 할 것입니다. 특히 교회는 최소한 일 년에 한 차례씩은 금식의 날을 정하는 것이 마땅하다고 생각합니다.

이사야 시대와 같이 오늘날에도 사람의 깊은 곳을 감찰하시는 하나님을 기쁘시게 하는 금식은 '우리의 내면적인 관심을 진정으로 나타내 보이는 것'입니다. 만일 외형적인 형식에 그친다면 하나님에 대한 모욕이며 동시에 굶주리는 동료 인간을 더욱 비참하게 만드는 일입니다.

이사야의 시대와 같이 오늘날에도 금식은 마땅히 사회적 정의 차원에서 인식되고 시행되어야 합니다. 금식은 우리가 이웃의 복리와 안정을 추구하고 있다는 징표가 되어야 합니다. 성경적인 용어로 나타난 사회 정의 그 자체가 금식이었습니다.

예수님 당시처럼 오늘날에도 금식은 하나님 나라의 도래와 연관이 있어야 합니다. 하나님의 나라가 요청하는 것이 '의'라는 사실을 우리는 잊지 말아야 합니다.

금식이야말로 과잉 영양 공급된 사람들과 사회가 궁핍한 자들을 위하여 그 과잉 소비를 기꺼이 줄일 수 있다는 것을 보여 주는 좋은 길입니다. 누가 뭐라 해도 현재 우리 대부분은 부유합니다. 문자적으로 하루 세 끼를 걱정하는 사람은 우리 가운데 많지 않습니다.

그러므로 전 세계적인 빈곤과 기근의 시대에 우리는 좀더 단순한 삶을 살아야 합니다. 폴 스콜텐보어 Paul G. Schortenboer라는 신학자가 간결하게 표현하였듯이, "그들이 단지 목숨만이라도 유지할 수 있으려면, 우리는 단순한 삶을 살아야 할 것입니다" We must live more simply, that the poor may simply live.

금식은 곧 '자기 부인'입니다. 예수님과 바울의 말씀에 의하면, 자아 부인이란 그리스도인의 삶에 절대적으로 필요한 측면입니다. 아니 자기를 부인하는 일이 곧 예수님의 제자가 되는 길입니다. "누구든지 나의 제자가 되려거든 자기를 부인하고 자기 십자가를 지고 나를 따르라"고 하신 예수님의 말씀을 진지하게 받아들이는 정신으로 금식은 행해져야 합니다.

금식은 마음의 변화를 나타내는 징표여야 하고, '생활 방식'이 갱신되었다는 사인이어야 하며, 새로운 삶의 방향을 잡았다는 표현이어야 합니다. 이렇게 금식을 행할 때 비로소 우리는 먼저 하나님 나라의 임재를 추구하고 있다는 사실을 나타내 보이는 것입니다.[1]

가난 21

가난과 믿음과 하나님 나라
신명기 15:11

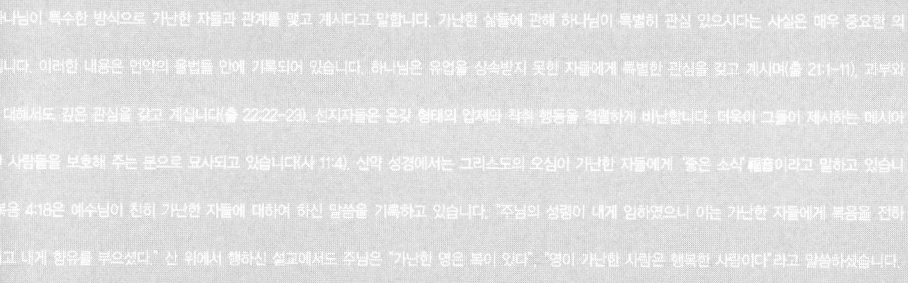

하나님이 특수한 방식으로 가난한 자들과 관계를 맺고 계시다고 말합니다. 가난한 삶들에 관해 하나님이 특별히 관심 있으시다는 사실은 매우 중요한 의미입니다. 이러한 내용은 언약의 율법들 안에 기록되어 있습니다. 하나님은 유업을 상속받지 못한 자들에게 특별한 관심을 갖고 계시며(출 21:1-11), 과부와 고아에 대해서도 깊은 관심을 갖고 계십니다(대상 22:22-23). 선지자들은 온갖 형태의 압제와 착취 행동을 격렬하게 비난합니다. 더욱이 그들이 제시하는 메시아는 이 사람들을 보호해 주는 분으로 묘사되고 있습니다(대하 11:4). 신약 성경에서는, 그리스도의 오심이 가난한 자들에게 '좋은 소식 福音'이라고 말하고 있습니다. 누가복음 4:18은 예수님이 친히 가난한 자들에 대하여 하신 말씀을 기록하고 있습니다. "주님의 성령이 내게 임하셨으니 이는 가난한 자들에게 복음을 전하게 하려고 내게 향유를 부으셨다." 산 위에서 행하신 설교에서도 주님은 "가난한 영은 복이 있다", "영이 가난한 사람은 행복한 사람이다"라고 말씀하셨습니다.

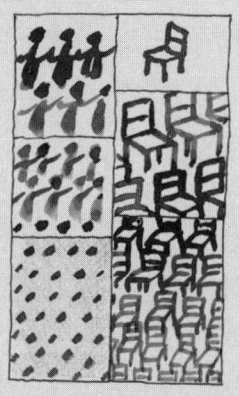

Poverty, Faith, The Kingdom of God

땅에는 언제든지 가난한 자가 그치지 아니하겠는고로

내가 네게 명하여 이르노니,

"너는 반드시 네 경내 네 형제의 곤란한 자와

궁핍한 자에게 네 손을 펼지니라."

_ 신명기 15:11, 개역성경

사람들 가운데 가난한 것을 좋아할 사람은 없을 것입니다. 이왕이면 경제적으로 풍족하고 넉넉하면 좋을 것입니다. 그런데 모든 사람의 바람처럼 그렇게 모든 사람이 부유한 것은 아닙니다. 세상에는 부자보다 가난한 사람이 더 많을 겁니다.

가난은 왜 오는 것일까요? 게을러서일까요? 부모를 잘못 만나서일까요? 가정 경영—'경제' economy라는 단어는 헬라어 *oikos*('집')와 *nomos*('법')의 합성어에서 온 것으로 문자적으로는 '집의 법'이란 뜻이다. 즉 집을 잘 다스리는 것이 경제라는 말이다—을 잘못해서일까? 가난한 것이 죄의 결과로 찾아 든 형벌일까요? 아니면 아무런 이유 없이 찾아온 불행인가요? 이러한 질문들에 대해 일일이 답하려는 것이 본 글의 목적은 아닙니다. 우리의 관심은 성경이 가난을 통해 우리에게 무엇을 말씀하려는가에 있습니다.

가난에 대한 여러 가지 성경적 의미

성경은 하나님이 특수한 방식으로 가난한 자들과 관계를 맺고 계시다고 말합니다. 가난한 삶들에 관해 하나님이 특별히 관심 있으시다는 사실은 매우 중요한 의미를 가집니다. 이러한 내용은 언약의 율법들 안에 기록되어 있습니다. 하나님은 유업을 상속받지 못한 자들에게 특별한 관심을 갖고 계시며(출 21:1-11), 과부와 고아들에 대해서도 깊은 관심을 갖고 계십니다(출 22:22-23).

선지자들은 온갖 형태의 압제와 착취 행동을 격렬하게 비난합니다.

더욱이 그들이 제시하는 메시아는 가난한 사람들을 보호해 주는 분으로 묘사되고 있습니다(사 11:4). 신약 성경에서는 그리스도의 오심이 가난한 자들에게 '좋은 소식' 福音이라고 말하고 있습니다. 누가복음 4:18은 예수님이 친히 가난한 자들에 대하여 하신 말씀을 기록하고 있습니다. "주님의 성령이 내게 임하였으니 이는 가난한 자들에게 복음을 전하게 하시려고 내게 향유를 부으셨다." 산 위에서 행하신 설교에서도 예수님은 "가난한 영은 복이 있다", "영이 가난한 사람은 행복한 사람이다"라고 말씀하셨습니다.

성경에서는 '가난' 혹은 '빈곤' 이란 단어가 여러 가지 의미를 지니고 있습니다.

첫째로, 빈곤과 가난은 게으름 때문에 생기는 악이라는 것입니다. 잠언 6:6-11에 나타난 '게으름'에 관한 잠언은 다음과 같은 말로 그 결론을 맺고 있습니다.

> 좀더 자자, 좀더 졸자, 손을 모으고 좀더 눕자….
> 그러면 빈궁貧窮이 강도같이 오고
> 네 궁핍이 무장한 사람처럼 올 것이라(참조. 잠 6:10, 11).

둘째로, '가난'은 하나님으로부터 온 '형벌'을 의미할 수도 있습니다(레 26:14-26). 포로로 잡혀가는 것은 어떤 의미에서 보면 매우 극심한 가난 속으로 들어가는 것입니다. 포로로 잡혀가는 이유는 그들의 죄 때문이었습니다. 따라서 가난은 죄로 인해 하나님으로부터 받게 되는 형벌이라고 성경은 말합니다.

이상의 첫 번째와 두 번째에서 말하고 있는 의미는, 가난과 빈곤이 타락한 세상 속에 자리잡고 있는 '악'이며 '혼란'이라는 사실을 보여 주고 있습니다. 하나님이 '선한 창조 세계' good creation를 원하셨다는 사실에 비추어 볼 때, 빈곤이 하나님의 뜻에 반대되는 것임을 우리는 알 수 있습니다. 이와 같은 사실을 우리는 반드시 기억해야 합니다. 종종 많은 사람들, 심지어 그리스도인들마저도 가난을 낭만적으로 미화시켜 마치 빈곤 그 자체가 선한 것처럼, 우리가 추구해야 할 덕목인 것처럼 생각하기 때문입니다. 그러나 빈곤은 근본적으로 악한 것이라는 사실을 망각해서는 안 됩니다.

셋째로, 성경에서는 가난과 빈곤을 하나님의 구원 역사와 연관시켜서 이해하고 있다는 사실을 기억해야 합니다. 성경에 의하면, 하나님은 가난한 자들을 향한 특별히 예민한 감수성을 가지셨을 뿐만 아니라 가난한 자들은 메시아와 매우 밀접한 관련을 맺고 있습니다. 빈곤과 가난이 고난의 한 형태라면, 그것이 메시아와 어떠한 관련성을 갖게 되는가 하는 문제는 매우 분명해질 것입니다. 이사야 53장과 같은 구약의 성경들은 가난과 빈곤이란 단어를 사용하고 있을 뿐만 아니라 빈곤한 가운데 사는 사람들의 전형적인 모습을 생생하게 그려 주고 있습니다.

"그에게는 고운 모양도 없고 풍채도 없으며, 그의 외모에는 우리가 보기에 흠모할 만한 아무 것도 없으며… 그는 멸시를 받았고…."

이러한 묘사는 빈곤과 가난 가운데 있는 사람들의 전형적인 모습입니다.

신약 성경에서 그리스도는 자기 자신을 늘 가난한 자들과 동일시하셨습니다. 그분의 출생 이야기는 바로 이 사실을 반영해 주고 있습니다. 마태복음 25:34-46에는 옷이 필요한 자들에게 옷을 주고 주린 자들에게 먹을 것을 준 기사가 나오는데, 그분이 가난한 사람들과 자기를 동일시하고 계시다는 사실을 반영하고 있습니다. 후에 신약 성경은 예수님의 성육신—성육신은 예수님이 우리와 연대하셨다는 것을 보여 줍니다—사건을 빈곤이라는 말로 요약해 주고 있습니다.

"우리 주 예수 그리스도의 은혜를 너희가 알거니와 부요하신 자로서 너희를 위하여 가난하게 되심은 그의 가난함을 인하여 너희로 부요케 하려 하심이라"(고후 8:9).

구원의 역사에서 빈곤이란 주제가 이처럼 중심적 동기로 사용되었다는 것은, 메시아가 인간의 궁핍과 고난을 자기 것으로 삼으시고 인간과 깊은 연대 관계solidarity를 맺으셨음을 강조하는 것입니다.

이 사실만 보아도 가난과 빈곤 자체가 '선한 것'이 아님을 알 수 있으며, 더욱이 빈곤과 가난은 일종의 사회적 고난의 형태로써 그리스도는 기꺼이 이러한 사회적 고난을 감당하시고 그곳에서 해방을 추구하셨던 것입니다.

넷째로, 빈곤을 메시아적 고난의 한 측면으로 이해함으로써, 빈곤은 기독교인들의 생활 속의 '덕'德으로 나타나게 됩니다. "가난한 자들은 복이 있나니…." 여기서 '가난한 자'란 그들의 빈곤을 통하여 행복을 받아들이는 사람들을 가리킵니다.

물론 '가난'을 일종의 '덕'이라고 설명하기는 쉽지 않습니다. 그러나 다음과 같이 생각해 봅시다. 예수님은 사회적 상황으로서의 빈곤과 한 개인이 지니게 되는 도덕적·영적 성향으로서의 빈곤을 말씀하시면서 이 두 가지를 매우 밀접하게 연결시키고 있습니다. 물론 사회적 상황으로서의 빈곤을 찬양하고 있는 것은 아닙니다. 사회적 상황으로서의 빈곤은 도덕적 갱신의 바람을 일으킬 여건이 되기도 하지만, 동시에 도덕적 부패를 가속화시킬 수도 있는 것입니다.

그런데 메시아의 오심과 빈곤을 서로 연결시켜서 말씀하고 있는 이유는, 빈곤이 하나님 나라에서 매우 중요한 도구적 기능을 갖고 있음을 보여 주기 위해서입니다. 빈곤과 가난은 은총에 대한 민감성, 하나님을 향한 의존성을 더욱 예민하게 느끼게 하는 감수성 등을 일으키는 조건입니다. 즉 가난하게 되면 은총과 은혜를 더욱 갈망하게 되고 하나님만을 간절히 의지하게 된다는 말입니다. 사회적으로 부와 권력이 있을 때보다는 가난 속에 있을 때, 사람은 하나님의 은총과 하나님께 대한 의존에 있어서 더욱 간절하게 된다는 말입니다.

프레드릭 뷰크너는 한 에세이에서 '빈곤'의 영적 유용성에 대해 말한 적이 있습니다.

> 예수님이 "수고하고 무거운 짐 진 자들아, 다 내게로 오라 내가 너희를 쉬게 하리라"(마 11:28)고 말씀하셨을 때, 가난한 사람들은 지금 예수님이 무슨 말씀을 하고 계시는지 그 누구보다도 더 잘 알고 있었을 것입니다. 그리고 그들은 예수님이 지금 바로 자기들을 향해서 말씀하시고 있다는 사실을 피부로 느꼈을 것입니다. 절박한 심정으로 그들은 예수님의 제안을 받아들여야겠다는 생각까지 했을지도 모릅니다. 아마 이런 이유 때문에 예수님은 여러 경우에 걸쳐 그들을 가리켜 특별히 복된 사람들이라고 하신 것입니다.[1]

다섯째로, 빈곤과 부富의 관계성을 생각해 봅시다. 성경에서는 부를 직접적으로 죄와 동일시하지는 않습니다. 사실상 사회적으로 높은 지위에 있던 사람들이 예수님의 설교를 들었습니다.

아리마대 요셉은 상당한 재산을 갖고 있는 사람이었습니다. 비록 예수님이 재물과 부유함 속에 도사리고 있는 영적·도덕적 위험성들에 대하여 경고하셨지만(막 10:17-25에 기록된 부자 청년에 관한 이야기를 기억하십시오), 부와 재물 자체를 배척하신 것은 아니었습니다. 그러나 예수님은 부유한 자들에게 부에 대한 모든 조건적인 집착을 포기하라고 훈계하셨습니다.

부와 하나님 나라

　부나 빈곤에 대한 영적 · 도덕적 특성을 결정짓는 데 있어서 가장 중요한 기준은 '하나님의 나라'입니다. 예수님 안에서, 예수님을 통하여 도래하는 하나님 나라는 진정한 정의와 의로움의 회복을 의미합니다. 가난한 사람은 하나님의 나라에서 행복과 축복을 얻습니다. 왜냐하면 빈곤이라 불리는 불의가 극복되기 때문입니다. 하나님 나라의 능력은 곧 모든 의로움과 정의를 실현시키는 능력입니다. 부요한 사람은 하나님의 나라 밖에 있는 자들이 아닙니다.

　오히려 하나님의 나라 안에 있기에 그들은 진정한 정의를 실현하기 위해 동참해야 할 것입니다. 그리스도인들은 하나님의 나라에서 기대되고 요구되는 정의를 실현한다는 증거로 재물과 부를 기꺼이 희생하도록 부르심 받는 자들입니다. 그리스도 안에서 제시된 이상적인 사회는 모든 사람에게 필요한 모든 것이 잘 공급되는 사회, 모든 소유물이 공평과 정의를 이루기 위한 도구로 사용되는 사회입니다.

빈곤에 대한 요약적 결론

　첫째, 빈곤은 그 자체로 덕이 아닙니다. 그러나 하나님 나라를 기대하는 소망을 갖도록 하는 조건일 수는 있습니다. 가난한 자들은 정의와 공평을 갈망합니다. 빈곤을 통한 고난, 그리고 정의가 실현되기를 바라는 갈망이 서로 한데 어우러져 하나님의 나라를 물려받을 수 있는 영적 분위기와 조건이 만들어집니다.

　둘째, 부자가 하나님의 나라에 들어가는 것은 매우 어렵다고 예수님은 말씀하셨습니다(막 10:25). 부와 재물에 대한 유혹의 세력에 대하여 성경은 경고하고 있습니다(마 6:24; 신 32:15). 이러한 사실은, 부자는 특별히 정의를 앙양昻揚하고 증진시키는 일에 중대한 책임을 지니고 있다는 진리를 가르치고 있습니다. 소위 우리가 말하는 '제자도'discipleship에 관한 것입니다. 그렇지 않으면 재물은 우리를 부패시키고 말 것이기 때문입니다.

셋째, 물질적인 소유를 올바로 사용하기 위해서는 분명한 목적과 목표가 있어야 합니다. 그 목표란 가난한 사람들과 연대 의식을 갖는 일이며, 물질적 자원들을 분배함에 있어서 정의를 실현하는 것입니다. 소위 '분배의 정의' distributive justice가 그것입니다.

넷째, 젊은 부자 청년에게 하셨던 모든 재물을 포기하라는 요구는, 자기를 부인하는 급진적 행동을 가리킵니다. 이러한 행동은 풍요롭지만 정의롭지 못한 사회를 향한 저항의 행동으로 그 기능을 감당할 수 있으며, 가난한 자들을 향한 연대 의식의 증표가 될 수 있습니다.

마지막으로, 복음이 말하는 정의를 증거하기 위한 개인 혹은 집단의 전략들은, 단순히 저항하는 증표들이나 가난한 자와의 연대 의식 고취만으로는 충분하지 않습니다.

기독교 공동체는 마땅히 각 개인의 무능력과 무관심 속에 그 뿌리를 두고 있는 원인들뿐만 아니라 정치·경제적으로 정의롭지 못한 사회 구조들 속에 자리잡고 있는 원인들도 뿌리뽑도록 해야 합니다. 바로 이것이 크리스천들의 사회적 책임과 소명입니다.

신학 22

모짜르트와 타자기, 그리고 신학

공부하는 일을 사적私的인 선택이나 개인적 소명 차원으로 바라보는 것은, 나무는 보되 숲은 보지 못하는 격이 아닐까 생각합니다. 공부하는 일은 개인적인 성취 여부와는 별개로 공적公的인 차원을 가지고 있습니다. 그러므로 신학을 공부하는 것은 단순히 좋은 신바른 신학을 배우고 정립하겠다는 개인적 생각 이상이어야 한다고 믿습니다. 나는, 신학을 공부하는 사람들 - 신학자들, 목사들, 전도사학생들 - 가운데 고정관념이나 구태의연한 사고방식을 벗지 못하는 사람들이 적지 않은 것을 자주 경험합니다. 이미 자신이 터득한 개인과 사적인 신학의 틀 안에서 모든 것을 이해하려는, 억지스런 경우를 종종 보기 때문입니다. 그것도 이미 몸에 배어 무의식적으로 말 신학을 한번 잘못 배워 놓으면 다시 시작한다는 것은 매우 어려울 뿐만 아니라(거의 불가능에 가까울지도 모릅니다) 다른 사람들에게 을 끼칠 수도 있다는 생각이 갈수록 커져만 갑니다.

Mozart, Typewriter, Doing Theology

신학을 한다는 것은 공적인 일이며,

공개적이며 공중적인 일입니다.

한 사람의 신학이 편견이나, 오해, 무지, 독선으로 경직화될 때,

그 영향은 자신의 개인적인 일로만 끝나는 것이 아니기 때문입니다.

신학을 공부하는 것은

피아노를 연주하거나 타이프를 치는 것과는 매우 다른 일입니다.

_본문 중에서

20여 년 전, 내가 외국 유학을 결심한 이유는 매우 소박한 소망 때문이었습니다. 그것은 쇼팽을 알고 모짜르트를 치고 베토벤을 연주하기 위해서였습니다.

어린 시절에 다니던 시골 교회에는 풍금 한 대가 있었습니다. 당시 나와 가장 가까운 사이면서도 라이벌(?)이었던 한 친구—어른들만 라이벌이 있는 것이 아니라 천진난만해 보이는 어린아이들에게도 라이벌이 있다는 사실을 아시는지! 역시 우리는 모두 죄 가운데 태어난 인종임에랴!—가 풍금을 칠 줄 알았고 또한 대예배의 유일한 반주자였습니다. 초등학교 5학년생이었지만 우리들은 시골 교회의 장래 희망들이었고, 꿈나무들이었습니다.

그러나 풍금에 관한 한 우리 둘 사이에는 자신감과 열등감의 명암이 엇갈리곤 했습니다. 겨우 초등학생 신분으로 교회의 반주를 맡고 있는 그가 그렇게 부러울 수 없었습니다. 무척이나 그 풍금을 치고 싶은 심정과는 달리 나는 감히 그에게 풍금 치는 법을 물을 수가 없었습니다. 내 자존심—어린아이들일지라도 자존심이 얼마나 강한지!—이 그것을 허락하지 않았기 때문이었습니다.

모짜르트와 풍금

부러움과 시기, 오기와 존경 사이를 오가며 나는 드디어 결심을 굳혔습니다. 나는 대예배 시간에 교회당 마룻바닥 멀찍이 앉아서 그 친구의 손놀림을 보기 시작한 것입니다. 물론 그가 눈치채지 않게 다른 곳을 보는 척하면서 말입니다. 나는 눈으로 그의 손의 움직임과 방향을 유심히 쳐다보며 풍금의 건반을 익혔고, 머리 속으로 풍금의 상큼한 하얀색, 검정색 건반들을 그리면서 상상하기 시작했습니다. 그리고 드디어 아양과 바른 인사성을 동원하여 풍금 열쇠를 가진 사찰 집사님의 호의를 사는 데 성공하였습니다. 풍금 열쇠를 처음 받아 들었을 때의 그 기분! 그 기쁨! 나는 천하를 얻은 듯했습니다. 그리고 위풍당당한 개선장군처럼 어깨를 으스대며 교회당에 들어가 풍금의 건반을 누르며 페달을 힘껏 밟았습니다.

그러던 어느 날 오후 아주 어색한 일이 벌어졌습니다. 그 친구가 갑자기 교회당에 나타난 것이었습니다. 나는 무척 당황했습니다. 그래서 허둥지둥 풍금을 덮고 그 주위에서 무엇인가를 잃어버린 양 이리저리 찾는 시늉을 하였습니다. 얼마나 부끄럽고 어색했던지! 그도 나에게 아무 것도 묻지 않았습니다. 그와 나는 서로를 너무나 잘 알고 있었기 때문입니다.

좌우간 그렇게 해서 나는 풍금을 배웠습니다. 그것도 어깨 너머로! 찬송가를 독학으로 치기 시작하면서부터는 악보를 거의 외우다시피 하였습니다. 그리고 찬송가의 각 조마다 일정한 화음을 내는 서너 개의 코드가 있다는 사실도 그리 많은 시간을 소요하지 않고 알아냈습니다. 그러나 불행하게도 내 열 손가락은 나도 모르는 사이에 점점 굳어져 가고 있었습니다. 내가 쉽게 터득한 방식으로 점점….

악보도 보지 않고 마음대로 연주하고, 그것도 음조까지 바꿔 가면서 變調 찬송가를 치는 나를 보고 주위 사람들은 매우 놀랐습니다. 그러나 나에게는 그들에게 말못할 비밀이 생기고 말았으니, 그렇게 자유자재로(?) 찬송가를 치면서도 정작 쇼팽이나 베토벤, 그리고 내가 가장 좋아하는 모짜르트를 칠 수 없다는 것이었습니다. 그 불행을 그들이 어찌 알리요! 찬송가 코드로 굳어져 버린 내 열 손가락에 대해 그들은 모르니!

좀더 자라서 성년이 된 후에 나는 남몰래 피아노 학원의 문을 두드렸습니다. 한 가지 소망, '모짜르트를 칠 수만 있다면' 하는 바람 때문이었습니다. 그러나 그것은 도저히 불가능했습니다.

물론 시간적·물질적 여유가 없는 힘든 시기이기도 했지만, 무엇보다도 그런 고전 음악을 연주하기에는 내 손이 내 방식대로 벌써 굳어져 버렸기 때문이었습니다. 이미 때늦은 것이었죠. 차라리 내가 음악, 아니 피아노에 대해 전혀 문외한이었더라면 처음부터 단계적으로 훌륭한 선생님 밑에서 정식 교육을 잘 받을 수 있었을 것입니다. 그러나 나는 이미 때가 늦었다는 것을 알게 되었습니다(언제나 후회는 앞서지 않는다는 사실을 깨달을지어다!). 나의 손가락은 굳어져 있었습니다. 그것도 내 방식대로 말입니다.

타이프와 두 손가락

컴퓨터 앞에 앉아서 원고를 치고 있는 나의 손놀림을 보는 사람이면, 열에 열 명은 다 경악을 금치 못합니다. 첫째는 많고 많은 열 손가락을 두고 오직 두 손가락만을 사용한다는 사실 때문이고(소위 독수리 타법이라 불리던가? 얼마나 경제적인가!), 두 번째는 두 손가락만을 움직여도 광속을 능가하는 초고속으로 타이프를 친다는 사실 때문입니다.

물론 이런 실력으로, 즉 오직 두 손가락만으로 나는 400페이지나 되는 방대한 영문 저서를 완성했습니다. 얼마나 위대한 업적인가요! 그러나 사람들은 나의 고충을 모를 것입니다. 정녕코! 두 손가락만 사용하는 내 어깨에는 언제나 모든 힘이 실리게 되며―마치 피아노 건반을 손가락으로 칠 때 그런 것처럼―이렇게 하루 종일 컴퓨터 앞에 앉아 있던 날이면, 온몸을 늘씬하게 얻어맞은 것처럼 파김치가 되어 침대에 쭉 뻗기 일쑤입니다.

쇼팽과 모짜르트는 치지 못해도 상관없습니다.
타이프를 열 손가락으로 치지 못해도 관계없습니다.
그러나 신학을 공부하는 일은 다릅니다.
그것은 결코 개인적인 일이 아니기 때문입니다.

이러한 말못할 고통을 덜기 위해 열 손가락으로 타이프 치는 법을 배우기로 하였습니다. 그러나 이것 역시 도달할 수 없는 불가능에의 도전이었습니다. 왜냐하면 내 나머지 손가락들은 이미 두 손가락에게 모든 권한을 위임한 뒤였기 때문이었습니다. 힘들이지 않고 편안하게 타이프를 오랫동안 칠 수 있는 방법이라며 아내는 나를 설득해 보기도 했습니다. 타이프 교본을 가지고 열 손가락을 다 사용하는 법을 배우라는 애정 어린 권고였습니다.

그러나 오랜 세월 동안 몸에 밴 악습은 이 일을 성취하지 못하게 했습니다. 열 손가락을 사용하기에는 두 손가락에 너무나도 익숙해 있었으며, 이미 내 손은 내 방식대로 굳어져 버린 뒤였기 때문입니다. 차라리 타이핑에 대해 전혀 문외한이었더라면 나는 처음부터 정식으로 잘 배울 수가 있었을 것입니다. 그러나 나는 이미 때가 늦었다는 것을 알게 되었습니다. 내 손가락이 굳어졌기 때문이었습니다. 그것도 내 방식대로 말입니다.

신학을 공부하는 일

피아노를 배우는 일, 타이프를 치는 일, 그리고 신학을 공부하는 일이 무슨 관련이 있는가 하고 의아해 하는 사람들이 있을지도 모릅니다. 그러나 적어도 나는 처음의 두 가지 경험들을 통해서 신학을 공부하는 의미의 중요성을 깨달은(터득했다고 함이 옳을지도 모르겠습니다) 사람입니다. 나는 적어도 내 일생의 한 가지 영역만은 잘못 배운 피아노와 타이프처럼 내 몸에 잘못 잠식되지 않도록 해야 한다는 강한 의식에 사로잡혔습니다.

그것은 바로 신학이라는 영역이었습니다. 내가 독학으로 터득한 피아노 주법이나 타이핑 타법은 어느 정도는 내게 도움을 주었습니다. 그러나 그 너머로 건너가려는 순간부터 그것은 더 이상 나의 도구가 아닌 거대한 장애물이 되었습니다. 지금까지 내 몸에 익숙했던 바로 그 '편리함'이 이제는 나의 앞길을 가로막는 적대적 세력으로 화한 것이었습니다. 내가 구축해 놓고 그 안에서 안주하며 편리함을 느꼈던 세계, 그 세계 안에다 나는 스스로를 가두어 버렸던 것이었습니다.

신학을 공부하는 일을 사적私的인 선택이나 개인적 소명 차원으로 바라보는 것은, 나무는 보되 숲은 보지 못하는 격이 아닐까 생각합니다. 신학을 공부하는 일은 개인적인 성취 여부와는 별개로 공적公的인 차원을 가지고 있습니다. 그러므로 신학을 공부하는 것은 단순히 좋은 신학, 올바른 신학을 배우고 정립하겠다는 개인적 생각 이상이어야 한다고 믿습니다.

나는, 신학을 공부하는 사람들—신학자들, 목사들, 전도사들, 신학생들—가운데 고정관념이나 구태의연한 사고방식을 벗지 못하는 사람들이 적지 않은 것을 자주 경험합니다. 이미 자신이 터득한 개인적 경험과 사적인 신학의 틀 안에서 모든 것을 이해하려는, 억지스런 경우를 종종 보기 때문입니다. 그것도 이미 몸에 배어 무의식적으로 말입니다.

신학을 한번 잘못 배워 놓으면 다시 시작한다는 것은 매우 어려울 뿐만 아니라(거의 불가능에 가까울지도 모릅니다) 다른 사람들에게 큰 해악을 끼칠 수도 있다는 생각이 갈수록 커져만 갑니다.

신학생들은 유일한 주인이시며 선생 되신 예수 그리스도의 심성과 삶의 방식을 배울 필요가 있습니다. 그것도 정통적authentic인 방법으로 말입니다. 흔히 신학 공부하는 사람들은 편견이 심하고 독선적이며 '터널 비전' tunnel vision을 갖고 있다는 소리를 합니다.

자기 방식대로, 자기의 굳어진 두 손가락 방식대로 신학을 하기 때문 아니겠습니까. 지도자의 음치는 모든 회중을 음치로 만드는 것을 누가 모르나요! 제대로 배우지 못한 채로, 아니 제대로 배우지 않은 채로 면

허증을 발부받아 운전을 한다면 그 사람은 비윤리적일 뿐만 아니라 반사회적인 사람이라 할 수 있을 것입니다.

목사 자격증을 양산하려는 교단이나 신학교들, 그것에 편승하여 목사만 되면 된다는 식의 무사안일주의를 가진 자들이 있으면 안 됩니다. 그것은 단순히 개인적인 문제가 아니라 공적인 문제요, 비윤리적일 뿐만 아니라 반사회적이기도 하다는 사실을 기억할 필요가 있습니다. 우리는 "너희 중에 많이 선생이 되지 말라"고 하신 사도 야고보의 권면을 귀담아 들어야 하지 않을까요? 물론 가르칠 자격도 없지만, 나는 적어도 다른 사람들에게 피아노는 가르치지 않습니다. 또 아무리 효율적이고 빠르다 해도 나는 아들에게 내가 치는 방식으로 타이프를 치라고 가르치지 않습니다.

쇼팽과 모짜르트는 치지 못해도 상관없습니다. 나 혼자만의 아쉬움이요 안타까움이기 때문입니다. 타이프를 열 손가락으로 치지 못해도 관계없습니다. 불편한 것은 나 혼자일 뿐이기 때문입니다. 어깨가 뻐근한 것도 나 혼자만의 일입니다. 그러나 신학을 공부하는 일은 다릅니다. 다른 정도가 아니라 차원이 틀립니다. 신학을 공부하는 것은 결코 개인적인 일이 아니기 때문입니다.

신학을 한다는 것은 공적인 일이고, 공개적이며 공중적公衆的인 일입니다. 한 사람의 신학이 편견이나 오해, 무지, 독선으로 경직될 때, 그 영향은 개인적인 문제로만 끝나는 것이 아니기 때문입니다. 신학을 공부하는 것은 피아노를 연주하거나 타이프를 치는 것과는 매우 다른 일입니다. 이 글을 타이프하고 나니 온 몸이 욱신거립니다. 어깨죽지가 뻐근합니다. 그래도 모짜르트를 들으면서 즐거운 마음으로 마무리합니다. 신학을 공부하는 일은 피아노를 치거나 타이프를 치는 일과는 결코 같지 않다는, 아니 전혀 다르다는 사실을 음미하면서 말입니다.

고백 23

"불편을 끼쳐 드려 죄송합니다"

매일같이 숨 가쁘게 하셔야 할 일들이 이처럼 많은데, 나머지 그분을 복잡하게 만든다면, 이 어찌 그분에게 불편을 끼쳐 드리는 일이 아니리오! 이렇게 된 것이죠. 나도 역시 그랬습니다. 주를 위해 이런 일 저런 일을 분주하게 하면서 적지 않은 잘못을 저질렀습니다. 그러나 그때마다 내가 주를 위한 봉사를 그러했으니 주님이 눈을 슬쩍 감아 주시면 좋지 않겠나는 마음이 슬그머니 일어나곤 했습니다. 그리고 "하나님 불편을 끼쳐 드려 죄송합니다. 이것은 본의가 아니었습니다"라고 말하고 싶어지곤 했습니다. 그러나 그것은 변명이지 고백이 아닙니다. "하나님, 당신께 불편을 끼쳐 드려 죄송합니다" 하는 것과 "하나님, 당신을 향해 범죄하였나이다"라고 말하는 것은 전혀 다른 것입니다. 죄의 고백은 용서의 은총과 사죄의 환희를 가져다 주지만, 죄의 변명은 불쾌감과 분 노만 살 뿐이기 때문입니다.

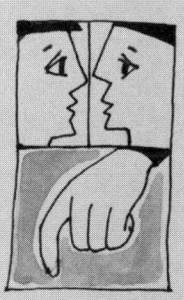

Sorry for Inconvenience

"하나님! 불편을 끼쳐 드려 죄송합니다.
이것은 본심이 아니었습니다!' 라고 말하고 싶어지곤 했습니다.
그러나 그것은 변명이지 고백이 아닙니다.
"하나님, 당신께 불편을 끼쳐 드려 죄송합니다" 하는 것과
"하나님, 제가 당신을 향해 범죄하였나이다" 라고 말하는 것은
전혀 다른 것입니다.
죄의 고백은 용서의 은총과 사죄의 환희를 가져다 주지만,
죄의 변명은 불쾌감과 분노를 촉발시킬 뿐이기 때문입니다.

_본문 중에서

학기말

시험이 끝나면 학생들은 즐거운 방학에 들어가는 반면 교수들은 며칠 간 힘겨운 나날들을 보내야 합니다. 학생들의 성적을 산출해 내야 하기 때문입니다.

그 동안 내주었던 과제물들을 읽고 채점하는, 그야말로 교수에게 있어서 지루하기(?) 그지없는 시간인 그 며칠간, 몸 안의 에너지를 모두 소비해야 한다는 사실을 학생들은 모를 것입니다. 표현이 지나쳤다면 용서하시길! 내가 학생들이 제출한 과제물 읽는 일을 지루한 작업이라고 부르는 데는 그만한 이유가 있습니다.

너무나 많은 학생들의 것을 읽어야 하는 중압감 때문에도 그렇지만, 너무나 단조로운 사고의 틀 속에서 전개되는 글들의 내용 때문입니다. 다 그런 것은 아니지만 주입식 교육에 깊이 젖어 있는 우리네 교육의 현주소로 인해, 대부분의 글들은 '그' 틀 속에서 맴돌고 있는 것이 사실입니다.

따라서 나는 그것을, 우리가 전수받은 원죄처럼 어쩔 수 없는 '죄의 열매들'로 생각하며 스스로 위안을 삼습니다. 그러나 한편으로는 그것이 신학과 목회 안에 뿌려진 비극적 씨앗이라고 침울하게, 그리고 비관적으로 말하지 않을 수 없습니다.

어느 봄 학기, 그래도 "월척을 낚아 올릴지 누가 알겠는가?" 하는 심정으로 지루함과 싸우면서 잠시 내려놓았던 리포트들을 다시 주워 들었습니다. 6월말의 따가운 햇살이 점심 후의 식곤증과 함께 연구실 창문을 타고 들어올 때쯤, 반쯤 내려 깔리기 시작하던 눈꺼풀에 갑작스레 경련이 일기 시작하였습니다.

똑같은 두 개의 리포트

"분명히 조금 전에 보았던 글인데, 꿈속에서 일어난 착각인가 아니면 사실인가? 얼마 전에 분명히 보았던 겉표지인데…." 정신을 차리고 다시금 리포트들을 뒤적였습니다. 환영幻影이 아니었습니다! 그것은 명백한 사실이었습니다. 정확하게 똑같은 두 편의 리포트를 나란히 놓아 보았습니다. A4 용지에 컴퓨터로부터 인쇄되어 찍힌 제목부터 마지막 페이지까지 단 한 글자도 다르지 않은 복사본이었던 것입니다. 가슴이 쿵쿵거리기 시작했습니다. "아니, 이럴 수가 있나!" 표지를 다시 들여다보았습니다. 틀림없이 서로 다른 두 사람의 과제물이었습니다.

이제 문제는 어느 것이 원본인가를 가려내는 일이었습니다. 분명히 하나는 원본이고 또 다른 하나는 사본일 것입니다. 원본과 사본을, 원본과 복사본을 가려내는 일은 본문 비평학textual criticism의 일차적 임무입니다! 그러나 이번의 사본 비평학 문제만큼은 그렇게 쉬워 보이지 않았습니다. 본문 비평학의 권위자로 자타가 인정하는(?) 나로서도 해결이 불가능해 보였기 때문입니다.

전통적인 본문 비평학에 의하면, 사본은 원본보다 길게 쓰여질 가능성이 있고 lectio brevior, 또한 원본의 이해하기 어려운 구절들을 쉽게 풀어 쓸 가능성이 높습니다 lectio difficilior. 이것은 경험적 추측에 의한 사본 비평학 원리들 중에서 대표적인 것들입니다. 이처럼 본문 비평학을 적용할 수 있는 가장 기본적인 상황은 두 개의 사본이 서로 상이할 경우입니다.

그러나 내 앞에 벌어진 지금의 상황은 전혀 다릅니다. 현대 첨단 과학의 부산물로 생산된, 풀기 어려운 본문 비평학적 문제였습니다. 한 디스켓에 담긴 한 내용을 두 사람이 아무런 가감 없이 그대로 출력하여 동일한 원고로 제출했기 때문이었습니다.

- 누구의 원고가 원본인가? 누가 누구에게 준 것일까?
- 아니면 두 사람이 복사한 또 다른 '원본'이 있는 것일까?
- 누가 누구에게 부탁을 한 것일까? 은근한 강요에 의한 것일까?
- 누구에게 잘못이 있는 것인가?
- 준 사람인가? 달라고 한 사람인가? 아니면 두 사람 모두에게 있는 것일까?
- 둘 다에게 잘못이 있다면 그 잘못은 동일한 것인가?
- 아니면 한 사람이 다른 사람보다 더 큰 잘못이 있는 것일까?
- 어떤 기준을 적용해야 할 것인가?
- '동등한 정의' equal justice를 적용해야 할 것인가?
- 아니면 '차별적 정의' distributive justice를 적용할 것인가?
- 이러한 상황에서 은총과 용서의 자리는 어디에 있는 것인가?
- 은총을 적용한다 하더라도 값비싼 은총 costly grace으로 할 것인가?
- 아니면 값싼 은총 cheap grace으로 할 것인가?

질문의 질과 양은 점점 더 길어져 갔습니다. 갈수록 태산이었습니다. 나는 몸 둘 바를 모를 지경이 되었습니다. 이제는 그들이 저지른 범죄(?) 때문이 아니라 나의 신학적 체계가 적나라하게 노출되어 시험 당하는 순간이 시작되었기 때문이었습니다. 웃음도 나왔습니다. 물론 이중적인 웃음이었습니다. 한편으로는 씁쓰레한 웃음이요, 또 한편으로는 기가 차서 나오는 웃음이었습니다.

"수많은 학생들이 쓴 수많은 분량의 리포트를 꼼꼼히 읽을 교수가 어디 있겠는가?"

"지금까지 우리들의 경험에 의하면 그런 교수는 없었다."

이것은 '추측'이 아니라 그들의 '주장'이기도 했습니다. 이것을 생각하니 정말로 마음이 서글퍼졌습니다. 사실 감당할 수 없는 엄청난 분량의 리포트 앞에서 황금 같은 초여름날의 시간을 죽여야 하는 것을 탄식하지 않을 교수가 얼마나 될까 생각해 보니, 점점 부끄럽고 씁쓸해졌습니다. 학생들의 뇌리에 그렇게 각인되어 있는 교수상이라면 이미 교육은, 아니 적어도 신학 교육은 그 자리를 잃은 것이 아니겠는가 하는 생각이 들었습니다. 그러나 또 다른 생각에 의해 이 심각한 우울 증세도 어느 정도 사그라지기 시작했습니다.

"아니, 이렇게 멍청하긴….".
"조금만 똑똑해도 이런 식으로 제출하지는 않았을 텐데."
"글씨체를 신명조에서 샘물이나 고딕체로 바꾸지."
"문장이나 문체를 조금씩만 고쳤더라면…."
"제목을 다르게 붙였더라면…."
"쯧쯧… 조금만 머리를 썼더라면, 정말 안 됐구먼….".
"섣부른 도둑이 첫 날 밤에 걸린다더니…."

힘겹게 내린 본문 비평의 결과를 철저하게 신봉하기로 결심한 나는 확신을 가지고 혐의자 한 사람을 호출하였습니다. 물론 해당되는 당사자 두 사람 모두에게 낙제점을 주려고 하였으나 그렇게 하는 것은 나의 윤리관, 특별히 '정의론'에 위배되었기 때문에 그렇게 할 수는 없었습니다. 혐의자는 혐의자일 뿐 아직 범죄자는 아닙니다. 물론 우리 나라의 경우에는 정반대의 현상이 일어나지만, 서구 선진국에서는 어떤 사람이 혐의자로 지목되어도 그가 유죄로 판명되기 전까지는 무죄로 인정합니다.

좌우지간 나도 그 혐의자를 무죄로 인정하고 그렇게 대우하려고 마음을 굳게 다짐하였습니다. 그리고 출두 명령을 내릴 만한 적당한 때와 기회를 기다리고 있었습니다. 드디어 그 기회는 왔습니다! 그러나 그 시기, 그 날짜는 전혀 예기치 못한 아주 어색한 때가 되어 버리고 말았습니다. 하필이면 전체 학생들이 모이는 졸업 예배일일 줄이야!

놀랍게도 그 혐의자는 학생회의 임원이었으며, 졸업 예배 중에 졸업생 대표로서 인사말을 하기로 배정되어 있었습니다. 물론 교수로서 나도 그 자리에 참석하고 있었습니다. 나는 순서지를 보고서야 그에게 한 순서가 맡겨져 있는 것을 알게 되었습니다. 오늘이 체포하는 날인데, 국회가 열리는 회기 중이라는 말 아닙니까! 적어도 순서가 진행되고 있는 한 그에게는 면책의 특권이 주어졌습니다.

"불편을 끼쳐 드려 죄송합니다"

어쨌든 그가 강단에 서서 후배들을 향해 "성령에 사로잡히는 사역자가 되라"는 열변을 토하는 순간, 나는 위장에서 토할 것 같은 메스꺼움을 느꼈습니다. 그의 열변은 훈계조의 사자후獅子吼였는데, 마치 기도만 열심히 하고 성령 충만하기만 하면 그리고 그것이 교회 성장의 열쇠만 된다면 사역자로서의 명예와 권위가 뒤따르게 될 것이라는 내용이었습니다. 또 다른 역겨움이 내장 속에서 치밀고 올라왔습니다.

우아하지 못하게도 품위를 잃은 나는 예배 후에 즉시 그를 불러냈습니다. 그는 나를 보는 순간 무엇인가 마음에 걸리는 것이 있었음을 직감하는 듯 보였습니다.

"혹시 내가 왜 불렀는지 기억나는 일이 있습니까?"

"잘 모르겠는데요?"

모든 죄인들이 그렇듯이 그는 먼저 생각나지 않는다고 하였습니다. 이제 칼끝을 그의 심장에 들이댔습니다.

"지난 학기에 리포트는 당신이 작성한 것입니까?"

"…"

침묵이 흘렀습니다. 대답이 없었습니다. 아니 대답이 없었던 것이 아니라 대답을 준비하고 있었던 것입니다.

"사실은…." 그는 말끝을 잇지 못하고 얼버무렸습니다.

"사실은요?"

이것은 그의 양심을 향한 나의 의도된 질책과 꾸중의 질문이었습니다. 그러나 그것 이상으로 계획된, 회개에로의 초청이기도 하였습니다. 그러나 놀랍게도 내가 그 자리에서 들은 것은 죄의 고백이 아니라 변명이었습니다. 눈물을 기나렸으나 당당한 변명이었고, 꿇은 무릎 대신 빳빳한 목만 보였던 것입니다.

"지난 몇 주 전에 교회에서 수양회가 있었습니다. 얼마나 바빴던지…. 리포트 쓸 시간적 여유가 없어서 그만…. 교회가 크다 보니 왜 그리 할 일이 많은지, 공부하랴, 목회하랴, 교인들 돌보랴…."

갈수록 점입가경漸入佳境이었습니다. 인내의 창고에서 마지막 기름 한 방울까지 다 동원한 내 얼굴은 점점 윤기를 잃어 가고 있었습니다. 얼굴이 점점 굳어지기 시작한 것입니다. 이러한 경우를 만났을 때 우아하고 품위 있게 대처하려고 얼마나 다짐하고 또 노력하였던가? 그러나 바싹 말라 버린 침을 억지로 모아 꿀꺽 삼키려는 순간, 나도 모르게 비명을 지를 뻔했습니다.

"교수님, 불편을 끼쳐 드려 죄송합니다."

이것은 전혀 예기치 못한 갑작스런 타격이었습니다. 아니, 어찌 보면 의도된 타격이었을지도 모릅니다.

'불편을 끼쳐 드려 죄송합니다' 라니!

불편이라니! '불편' inconvenience과 '잘못' wrongdoing의 차이는 하늘과 땅, 동과 서의 간격이라고 나의 신학은 가르치고 있지 않은가! '불편' 과 '잘못' 을 의미론적 차이가 없는 것으로 이해했다면, 그는 어떠한 방식으로 '죄론' 罪論을, '그리스도론' 을, 그리고 '속죄론' 과 '은총론' 을 배웠단 말인가!' 아니 불편과 잘못을 혼동하고 있다면, '불편' 과 '죄' 도

분명히 혼동하고 있을 것임에 틀림없습니다. 죄에 대한 올바른 인식 없이 어찌 하나님의 정의와 은총에 대한 올바른 이해에 도달할 수 있겠습니까! 물론 '불편', '잘못', '범죄' crime, 그리고 '죄' sin 는 의미론적으로 어느 정도 겹칠 수는 있을 것입니다. 그러나 그것들은 매우 분명하게 구별되어야 할 성질의 것들이 아닙니까!

그리스도인들 중에도 잘못과 죄를 고백함에 있어서, 단순히 하나님께 불편을 끼쳐 드렸다는 심정으로 하는 이들이 있는지 모르겠습니다. '세상의 온갖 일들을 매일같이 처리하셔야 하는 하나님은 얼마나 분주하고 복잡하실까? 민족간의 다툼, 황폐화되는 자연, 우주의 순조로운 운영, 조금도 한눈을 팔 수 없는 자연계의 흐름, 태어나도록 허락해야 할 수많은 생명들, 하늘로 데려가야 할 사람들의 명단 작성, 시절을 따라 바람과 비와 태양을 적절하게 보내야 하는 일정 등등… 그분이 매일같이 숨 가쁘게 하셔야 할 일들이 이처럼 많은데, 나마저 그분을 복잡하게 만든다면, 이 어찌 그분에게 불편을 끼쳐 드리는 일이 아니리오!' 이렇게 생각하는 것이죠.

나도 역시 그랬습니다. 주를 위해 이런 일 저런 일을 분주하게 하면서 적지 않은 잘못을 저질렀습니다! 그러나 그때마다 내가 주를 위한 봉사 때문에 그러했으니 주님이 눈을 슬쩍 감아 주시면 좋지 않겠냐는 마음이 슬그머니 일어나곤 했습니다. 그리고 "하나님! 불편을 끼쳐 드려 죄송합니다. 이것은 본심이 아니었습니다!"라고 말하고 싶어지곤 했습니다.

그러나 그것은 변명이지 고백이 아닙니다. "하나님, 당신께 불편을 끼쳐 드려 죄송합니다" 하는 것과 "하나님, 제가 당신을 향해 범죄하였나이다"라고 말하는 것은 전혀 다른 것입니다. 죄의 고백은 용서의 은총과 사죄의 환희를 가져다 주지만, 죄의 변명은 불쾌감과 분노를 촉발시킬 뿐이기 때문입니다.

죄와 고백 그리고 용서

또 다른 초여름이 찾아 왔습니다. 오늘도 수많은 리포트들을 책상 위에 쌓아 놓고 한 편 두 편 읽어 내려가기 시작합니다. 물론 몇 해 전 초여름과는 다른 기분으로 읽고 있습니다. 그때와는 달리 내 연구실에는 화분도 있고 음악도 있습니다. 그러나 그것이 내가 다른 기분으로 리포트를 읽는 주 요인은 아닙니다. 몇 해 전 내 연구실에서 일어났던 그 사건은 나에게 '죄'와 '고백', 그리고 '용서'의 상관관계에 대해 깊은 신학적 성찰을 할 수 있는 기회를 주었기 때문입니다. 그리고 이제 나는 범죄자로 지목하였던 그 학생에게, 조심스럽게 그리고 우아하고 품위 있게 고백할 말을 가지게 되었습니다.

"S학생, 그 사건 이후로 당신은 나의 위대한 스승이 되었습니다. 정말로 고맙습니다. 그리고 이제 와서 보니, 당신이나 나나 똑같이 하나님의 용서를 받아야 할 죄인이었답니다. 당신이나 나 한때는 모두 죄인Sinner이었습니다. 그러나 하나님의 용서를 받은 후에 비로소 우리는 '함께' 성자Saint가 되었답니다. 이제는 리포트를 제출하지 않아도 되는 여름을 마음껏 즐기십시오. 부디 건강하고 훌륭한 목사님이 되십시오."

(본 수필은 사실에 기반을 둔 '이야기' 입니다. 그리고 본문에 등장하는 주인공을 위해 여러 부분 각색하였습니다. 특별히 성경학에 관심을 둔 학도들이라면 '사실 보고' 와 '사실에 기반을 둔 이야기' 사이의 차이점은 잘 알고 있으리라 믿습니다.)

나는 여러분이 다음의 질문들에 대해 한번 생각해 보길 바랍니다.
1. '불편' 과 '죄' 는 어떤 관련성이 있습니까?
2. 죄를 지은 사람들이 보여 주는 일반적인 패턴은 무엇입니까?

3. 우리에게 죄 지은 자들은 어떤 식으로 대우해야 합니까?
4. '죄'와 '용서'의 관계에 대해 논의해 보시오.
5. '죄'와 '은총'과의 관계에 대해 말해 보시오.
6. '값비싼 은총'과 '값싼 은총'과의 차이에 대해 논의해 보시오.
7. "당신이나 나나, 그놈이 그놈입니다"라는 구절이 갖는 신학적 의미에 대해 논의해 보시오.

부활 24

"땅에 심었어요"
하이델베르크 신앙고백서, 주의 날 42번

구원, 이 문제는 기독교 신앙에서 가장 절실하게 질문되어야 하는 본질적인 문제입니다. 그러나 많은 사람들이 죽음의 문제에 대해 외면하고 있습니다. 때문입니다. 그에 대해 말하는 것조차 두려워합니다. 의도적으로, 의식적으로 고개를 돌립니다. 그러나 죽음은 언제라도 어디서라도 일어날 수 있는 불청. 그러므로 죽음은 결코 우리 인간의 친구이거나 인간 삶의 자연스런 한 부분일 수 없습니다. 죽음은 물리쳐야 할 원수요, 극복해야 할 장애물입니다. 죽이 가장 어색하게 만나야 하는 적이요, 인생의 가장 부자연스런 상대입니다. 결코 죽음을 삶의 한 부분이라고 말하지 마십시오.그렇습니다. 죽음은 서글 니다. 죽음은 인생의 비극입니다. 그러나 죽음이 결코 최후의 언어일 수는 없다는 것이 성경의 구문법syntax입니다. '낳고→살고→죽다'로 연결되는 편의 문법을 넘어서, 또 다른 특수한 문법이 있다는 것입니다. 신앙의 문법이 그것입니다.

Planted!

어린이는 어른의 아버지이다.

(The Child is father of the Man)

_ 윌리암 워드워즈

우리의 죽음은 영원한 생명으로 들어가는 입구입니다.

_ 하이델베르크 신앙고백서, 주의 날 42번

봄은 죽음에 관해 말하기에 가장 부적절한 계절입니다. 유치원에 입학하는 어린아이에게 죽음에 대해 말하는 것처럼 어리석게 들릴지도 모르기 때문입니다. 그러나 우리가 부인하고 싶어도 부인할 수 없는 엄연한 현실은, 죽음은 어디서든지 어느 때든지 입을 벌리고 기다리고 있다는 사실입니다. 죽음은 인간의 지속적인 동반자요, 인간이 죽음에 이르는 확률은 100%입니다. 성경에 기록된 최초의 족보는 이 사실을 웅변적으로 말해 주고 있습니다.

창세기 5장에 실려 있는 인류 최초의 태고적 족보에는 모두 10명의 사람들이 등재되어 있습니다. 무슨 연유로 10명인가 하는 질문이 있겠지만, 아마 가장 안전한 대답은 히브리인들의 숫자 사용에서 그 답을 찾을 수 있을 것입니다. 히브리인들에 의하면, 10이란 숫자는 종종 완전한 상태, 혹은 가득한 상태를 가리키는 데 사용되곤 합니다.

따라서 10명의 등장인물은 인류 전체를 가리키는 포괄적인 숫자라고 보는 게 좋을 것입니다. 게다가 10명을 통하여 성경 저자는 인류 역사의 시대를 구분하고 있는 것 같습니다. 즉 최초의 인간 아담에서 시작하여 새로운 인류의 조상으로서 노아 때까지를 포함하고 있다는 말입니다.

신앙의 문법에서 봐야 할 죽음

결국 족보는 모든 인류에 관한 이야기입니다. 그리고 특별히 성경의 족보는 사람들에 관한 본질적인 이야기를 들려주고 있습니다. 그래서 우리는 족보를 가리켜 '축약된 인간 역사' condensed human history라고 부릅니다. 창세기 5장을 주의 깊게 읽는 독자라면 누구든지 족보의 간결성과 반복성을 발견할 것입니다.

"누가 몇 살에 누구를 낳고, 몇 살을 살다가 몇 살에 죽었더라." 수많은 변수와 이질적인 요소에도 불구하고 족보는 기본적으로 인간을 가리켜 '낳고 살고 죽는 존재'라고 가르칩니다.

그러나 문제는 항상 죽음이 '마지막 말'이라는 것입니다. 죽음이 항상 최종적인 권위를 행사한다는 것입니다. 족보는, 인생들 중에 이러한 잔인한 악순환에서 열외例外가 되는 사람은 한 사람도 없다는 엄연한 현실을 웅변적으로 선포하고 있습니다. 이렇게 해서 성경 최초의 족보는 우리로 하여금 구원을 소망하고 열망하게 하는 것입니다. 족보는 구원을 향한 인류 전체의 목소리를 대변하고 있습니다.

· 누가 나를 이 사망의 몸에서 건져 낼 수 있을 것인가?
· 구원은 어디로부터 오는가?
· 어떻게 해야 우리는 구원을 얻을 수 있는가?

'죽음과 구원', 이 문제는 기독교 신앙에서 가장 절실하게 질문되어야 하는 본질적인 문제입니다. 그러나 많은 사람들이 죽음의 문제에 대해 외면하고 있습니다. 두렵기 때문입니다. 그에 대해 말하는 것조차 두려워합니다. 의도적으로, 의식적으로 고개를 돌립니다. 그러나 죽음은 언제라도 어디서라도 일어날 수 있는 불청객입니다.

그러므로 죽음은 결코 우리 인간의 친구이거나 인간 삶의 자연스런 한 부분일 수 없습니다. 죽음은 물리쳐야 할 원수요, 극복해야 할 장애물입니다. 죽음은 인간이 가장 어색하게 만나야 하는 적이요, 인생의 가장 부자연스런 상대입니다. 결코 죽음을 삶의 한 부분이라고 말하지 마십시오.

그렇습니다. 죽음은 서글픈 현실입니다. 죽음은 인생의 비극입니다. 그러나 죽음이 결코 최후의 언어일 수는 없다는 것이 성경의 구문법 syntax입니다. '낳고→살고→죽다'로 연결되는 인류의 보편적 문법을 넘어서, 또 다른 특수한 문법이 있다는 것입니다. 신앙의 문법이 그것입니다. 이러한 신앙의 문법은 보통 사람이 이해하지도, 깨닫지도, 듣지도, 상상치도 못하는 문법입니다. 아마 어린아이와 같지 않고는 말할 수도 없고, 이해할 수도 없는 그러한 어법일 것입니다.

나를 깨우친 아들의 신앙 어법

이러한 신앙의 어법에 관한 한 이야기를 들어 보십시오.

내가 네덜란드에 유학하고 있었던 어느 해 봄날이었다. 봄과 함께 동네마다, 집들마다 정원 가꾸기가 한창이었다. 꽃과 풍차와 수로水路의 나라로 불리는 네덜란드에 살면서 자그마한 정원이라도 자기 손으로 가꾸었으면 좋겠다는 아내는, 심은 지 여러 주간이 지나 한창 피어오르는 꽃들을 즐기기 위해 그날 집 앞쪽 정원에 나가 있었다. 네덜란드의 대명사라 할 수 있는 튤립이 형형색색으로 싱그럽게 피어오르고 있었다.

초등학교 1학년에 다니고 있던 막내아들 성현이가 학교를 마치고 집으로 돌아오는 모습이 내 눈에 들어왔다. 이층 서재에서 내려다보니 집 뒤 정원에 붙어 있는 조그만 창고에 등하교용 자전거를 집어넣고는 심각한 얼굴로 들어오는 모습이 보였다. 들어오더니 "엄마" 하고 부른다.

"성현이 왔니?" 내가 물었다.

"네" 하고 이내 다시 엄마를 찾는다.

"엄마 어디 있어요?"

"응, 앞마당에서 튤립 꽃이 나오는 것을 보고 있단다."

허겁지겁 엄마를 찾는 것이 이상하기도 해서 이층 반대쪽 방으로 가서 아래를 내려다보았다. 이곳에서는 정원을 가꾸는 아내의 모습이 쉽게 눈에 들어오기 때문이었다.

"성현아, 오늘 학교 재미있었니?"

엄마의 질문이었다.

안쓰럽고 안타까운 마음에서 던진 질문이었다. 미국에서 태어나 그곳에서 자랐던 아이가 엄마 아빠를 따라 이곳 네덜란드로 온 것은 아이가 유치원 다니던 때였다. 일 년이 지나면서 새로운 언어 네덜란드어를 배우고 새로운 친구를 사귀기는 했지만 그 과정이 적지 않게 힘들었기 때문이었다. 아래서 성현이와 아내가 대화하는 소리가 들려왔다.

"엄마, 이 튤립은 어떻게 났어요?"

"응, 작년에 튤립 뿌리를 심었는데, 봄이 되자 이렇게 예쁘게 나왔지."

"씨앗을 심으면 다시 나요?" 성현이가 다시 물었다.

성현이는 작년에 아내와 함께 정원에 튤립 뿌리를 심은 경험이 있었다. 전국이 수로로 연결되어 있는 네덜란드에서는 국민 대부분이 수영을 할 줄 안다. 물과 특별한 인연을 지니고 있는 그들로서는 수영을 한다는 것이 숨을 쉬는 것처럼 자연스러운 일이기도 하다. 특히 모든 초등학교 학생들은 학교에서 반드시 수영을 배우도록 되어 있다. 그래도 사고는 나는 법이다.

이틀 전 성현이가 다니는 학교에서 불상사가 일어났다. 성현이와 같은 반 어린이가 자전거를 타고 집으로 가다가 수로에 빠져 익사한 일이 발생한 것이다. 오늘은 그 아이의 장례식이 있던 날이었다. 성현이도 담임선생님, 반 친구들과 함께 죽은 친구의 장례식에 다녀왔던 모양이다.

그리고 생전 처음 묘지에 안치되는 관을 보았다. 이미 깊이 파인 묘지 자리 속으로 관이 들어가는 모습을 성현이는 보았던 것이다. 푸른 잔디와 수많은 관상수로 잘 조성된 서구의 묘지는 한 폭의 그림 같다. 그 어느 곳에서도 죽음의 어두운 그림자를 찾아보기 힘들다. 잘 정렬된 나무들, 비석 사이로 보이는 꽃들, 온갖 사연을 간직한 비석들은 한 어린 소년의 눈에 그저 또 하나의 정원으로 보일 뿐이었다.

"성현아, 오늘 학교에서 어땠니?"

"재미있었어?" 엄마가 다시 묻는다.

"엄마, 오늘 내 친구를 땅에 심었어요."

"뭐라고? 친구를 땅에 심었다고?"

"아니, 그게 무슨 소리니?" 아내가 놀란 듯 다그쳐 묻는다.

이층 창문 곁에서 아래를 내려다보며 아들과 엄마의 대화를 듣고 있던 나 역시 놀라기는 마찬가지였다. 성현이는 아직 한국어도, 영어도, 네덜란드어도 모두 서툴다. 미국에서 태어나 그곳에서 자랐지만 집에서는 한국어를 사용했고, 이곳 학교에서는 네덜란드어를 사용했기 때문이다. 세 가지 언어를 차분하게 제대로 배울 틈도 없이 이 나라 저 나라로 돌아다니고 있는 중이었던 것이다.

그런 그가 이상한 한국어를 구사하는 것은 전혀 놀랄 일이 아니었다. 오히려 아들에게 미안하기도 하고, 측은하기도 한 마음이 들었다. 그러나 아이의 "친구를 땅에 심었어요"라는 말은 이야기 전체를 듣기 전까지는 전혀 감을 잡을 수 없는 난해한 말이었음을 나중에 알게 되었다.

친구를 땅에 묻고 온 경험을 그는 그렇게 표현한 것이었다. 그러나 그 어색한 표현은 사실상 그의 마음속에 새로운 세계를 창조하고 있는 시인의 언어였다. 무엇인가를 땅에 심으면 움이 트고 새싹이 돋아나 아름다운 꽃으로, 싱싱한 나무로 자라는 세계를 그는 그리고 있었던 것이다. 그래서 그는 "씨앗을 심으면 다시 나요?"라고 물은 것이었다.

그의 눈에 죽음은 전혀 죽음이 아니었다. 죽음은 어른들이 생각하는 것처럼 그렇게 슬픈 것만도 아니었다. 이제 땅에 심었으니 다시 난다는 것이었다. 그의 세계에서는 '묻는 것'과 '심는 것'이 전혀 다른 것이었다.

사람의 장례를 "땅에 묻었다"라고 말하는 대신
"땅에 심었다"라고 하면 얼마나 신선하고 충격적일까,
땅에 심긴 후 부활한다는 소망처럼 즐거운 일이 세상에 또 어디 있을까.

성현이의 그런 기상천외한 말에 아내와 나는 한바탕 웃었다.

"성현아, 그것은 한국말로 '심는다'라고 말하지 않고 '묻는다'라고 말하는 거야." 아내가 아이의 한국어를 교정해 주었다. 그러나 아들은 아직 아내의 말에 설득되지 않는 표정이었다. 그의 주장은, 땅에 심었으니 심었다는 것이고, 아내는 땅에 묻었으니 묻었다는 것이었다.

이층 창문으로 내려다보고 있었던 나는 어린 아들이 어른들의 '신앙 어법' Grammar of Faith을 교정해 주고 있다는 사실에 깜짝 놀랐다. 마치 어린 아들이 하나님이 보내신 천사처럼 느껴졌다. 그리고 나는, 인간의 깊은 비밀을 발견한 만족감과 안도감 때문에 하늘을 향해 미소 지었던 미하엘처럼(톨스토이의 「사람은 무엇으로 사는가」에 등장하는 천사 청년) 그날 푸른 봄날의 하늘을 향해 씩 웃었다.

이제부터 사람이 죽어 장례를 치를 때 "땅에 묻었다"라고 말하는 대신 "땅에 심었다"라고 하면 얼마나 신선하고 충격적일까, 사람이 땅에 심긴 후 사순절이 지난 부활절 이른 아침에 다시 일어난다는 소망 가운데 사는 일처럼 즐거운 일이 세상에 또 어디 있을까 생각해 보았다. 신학자인 성현의 아빠는 어린 막내아들로부터 가장 신선한 신학을 그날 아침 값없이 거저 배웠던 것이다. "아들아, 고맙다!"[1]

그렇습니다. 아들과 함께 나는 믿습니다. 그의 말대로 땅에 심긴 그의 친구는 다시 일어날 것입니다. 화창하고 청명한 부활절 이른 아침에 튤립처럼 아름답게 일어날 것입니다. 물론 봄은 죽음에 대해 말하기에 썩 좋은 계절은 아닙니다. 새로운 탄생에 관해, 입학에 관해, 결혼에 관해, 목련과 개나리, 철쭉과 진달래에 관해 말하는 계절입니다. 그러나 봄에 새로운 탄생으로 들어가는 죽음에 관해, 영원한 생명으로 들어가는 입구인 죽음에 관해 말하는 것은 우리에게 하나님의 은혜를 얻게 하는 즐거운 화두입니다.

죽음이 사시사철 언제라도, 어디에서라도 찾아온다면, 죽음의 쇠사슬을 끊고 찾아오시는 하나님의 은혜 역시 사시사철 언제, 어디에서라도 가능하기 때문입니다. "어린아이와 같지 않으면 하나님 나라에 들어갈 수 없다"는 예수님의 말씀이 오늘도 새롭게 들려오는 것입니다.

구원 25

구원이란 무엇인가
헨리 스토브*

군인들, 도둑들 그리고 예수님, 물론 모두가 동일한 방식으로 말하고 있었던 것은 아니지만 좌우지간 이들 모두는 '구원'에 대해 말하고 있었던 것입니다. 이들 사이의 유사점들뿐만 아니라 상이점들 역시 매우 뚜렷했으며 특징적이었습니다. 그러나 비록 서로 다르다 할지라도 단 한 가지 분명한 것은 그들 모두가 구원에 대해 말하고 있었다는 점입니다. 구원에 대한 이러한 집착은 본문이 드러내는 매우 특이한 현상이긴 하지만, 그렇다고 놀랄 만한 것은 아닙니다. 즉 그들 모두가 동일한 개념을 가지고 있었다는 것은 놀랄 만한 일이 아닙니다. 파멸, 비극, 불안 그리고 죽음의 목전에서 모든 사람은 구원에 대해 생각해야만 합니다. 인생의 모든 불행들과 비극들로부터 구원받아야 한다는 것은 인류가 끊임없이 몰두해 온 지속적인 집착이기 때문입니다. 모든 곳, 모든 시대의 인간은 이 문제에 매달려 왔습니다. 모든 곳, 모든 시대의 모든 인류는 항상 위험천만한 세상 속에, 붕괴 일보 직전의 세계 속에 서 있어 왔기 때문입니다.

What is Salvation?

해골이라는 곳에 이르러 거기서 예수를 십자가에 못 박고
두 행악자도 그렇게 하니 하나는 우편에, 하나는 좌편에 있더라.
… 저희가 그의 옷을 나눠 제비를 뽑을 새 백성은 서서 구경하며
관원들도 비웃어 가로되, "저가 남을 구원하였으니 만일
하나님의 택하신 자 그리스도여든 자기도 구원할지어다!"
하고 군병들도 희롱하면서 나아와 신 포도주를 주며 가로되,
"네가 만일 유대인의 왕이어든 네가 너를 구원하라" 하더라.
그의 위에 '이는 유대인의 왕이라' 쓴 패가 있더라.
달린 행악자 중 하나는 비방하여 가로되,
"네가 그리스도가 아니냐? 너와 우리를 구원하라!" 하되
하나는 그 사람을 꾸짖어 가로되,
"네가 동일한 정죄를 받고서도 하나님을 두려워 아니하느냐?
우리는 우리의 행한 일에 상당한 보응을 받는 것이니
이에 당연하거니와 이 사람의 행한 것은 옳지 않은 것이 없느니라" 하고
가로되, "예수여, 당신의 나라에 임하실 때에 나를 생각하소서!"
예수께서 이르시되, "내가 진실로 네게 이르노니
오늘 네가 나와 함께 낙원에 있으리라" 하시니라.

_ 눅 23:33-43, 개역성경

* 헨리 스토브는 저명한 기독교 철학자이며 윤리학자다. 글의 출처는 Henry Stob, *Sin Salvation and Service* (Grand Rapids: CRC Publications, 1983), chapter 3.

예수님의 십자가 앞에 서 있던 자들은 다름 아닌 십자로에 선 인류였습니다. 그곳에는 통치자들도 있었고 피지배자들도 있었습니다. 질서의 유지자인 군병들도, 질서의 파괴자인 도둑들도 있었습니다. 그곳에는 로마도 예루살렘도, 국가도 교회도, 적대적인 사람들도 우호적인 사람들도, 그리고 무관심한 사람들도 모두 있었습니다. 한 마디로 그곳에는 인간의 대표격이라 할 수 있는 이들이 다 서 있었습니다. 그들 모두는 그곳에 서서 단 한 가지 생각에 몰두했습니다.

그것은 구원에 대한 생각이었습니다. 그들의 눈앞에서 전개되고 있는 이 엄청난 사건이 제기하는 가장 중요한 문제는 '구원'이었으며, 그들은 그것에 대해 모든 집중을 하고 있었습니다.

구원 : 모든 이의 공통적인 생각

인류는 아직도 십자가 앞에 서 있습니다. 물론 그들은 더 이상 십자로에 서 있는 것은 아닙니다. 이제는 모든 인류가 십자가 둘레에 무리지어 서 있다고 할 수 있습니다. 십자가는 인류 앞에 수직적으로 서 있는 것입니다. 그리스도가 죽으신 이후 골고다라 불리는 언덕의 시야로부터 벗어난 사람은 단 한 사람도 없습니다. 이 말이 뜻하는 바는, 사람은 반드시 십자가를 향한 자신의 태도를 정하도록 되어 있고, 더욱이 인간 존재의 단순 명료한 한 가지 목적, 즉 인간은 구원의 필요성과 십자가의 상관성을 반드시 숙고해야 하는 위치에 놓여지게 되었다는 것입니다.

앞에서 골고다 언덕에 서 있는 모든 사람은 구원에 관해 생각하고 있었다고 말한 바 있습니다. 이러한 주장의 근거로, 누가복음 23장에 나오는 '구원'이란 단어와 그것의 동족어가 여러 번 반복적으로 등장한다는 사실에 주목하려 합니다.

35절에서, 관리들은 중얼거림 속에서 이 구원이라는 주제에 관한 그들의 생각을 드러내고 있습니다. "그가 다른 사람을 구원했다니 이제 자기 자신이나 구원해 보지!"

그리고 37절에서 그리스도를 향하여 큰 소리로 비아냥대는 군인들의 외침도 그들이 이 주제에 대해 깊은 관심을 갖고 있다는 것을 보여 줍니다. "네가 유대인의 왕이어든 네 자신을 구원하라!"

39절에서도, 회개치 않는 한 사나이가 동일한 생각을 드러내고 있습니다. "네 자신과 우리를 구원하라."

이 말이 떨어지자마자 곧바로 다른 도둑이 예수님을 향해 후대에 길이 남는 말을 합니다. "당신 나라에 임하실 때 나를 기억(구원)하소서"(42절).

이 말을 듣자 예수님은 자신이 구원의 능력을 갖고 있음을 드러내시는 말씀을 하셨습니다. "오늘 네가 나와 함께 낙원에 있으리라."

관리들, 군인들, 도둑들 그리고 예수님, 물론 모두가 동일한 방식으로 말하고 있었던 것은 아니지만 좌우지간 이들 모두는 '구원'에 대해 말하고 있었던 것입니다. 그들 사이의 유사점들뿐만 아니라 상이점들 역시 매우 뚜렷했으며 특징적이었습니다. 그러나 비록 서로 다르다 할지라도 단 한 가지 분명한 것은 그들 모두가 구원에 대해 말하고 있었다는 점입니다.

구원에 대한 이러한 집착은 본문이 드러내는 매우 특이한 현상이긴 하지만, 그렇다고 놀랄 만한 것은 아닙니다. 즉 그들 모두가 동일한 개념을 가지고 있었다는 것은 놀랄 만한 일이 아닙니다. 파멸, 비극, 불안 그리고 죽음의 목전에서 모든 사람은 구원에 대해 생각해야만 합니다. 인생의 모든 불행들과 비극들로부터 구원받아야 한다는 것은 인류가 끊임없이 몰두해 온 지속적인 집착이기 때문입니다. 모든 곳, 모든 시대의 인간은 이 문제에 매달려 왔습니다. 모든 곳, 모든 시대의 모든 인류는 항상 위험천만한 세상 속에, 붕괴 일보 직전의 세계 속에 서 있어 왔기 때문입니다.

이 사실은 우리의 관심과 주의를 요합니다. 우리는 출생시부터 임종시까지 구출되어야만 하는 위협들과 위험들에 부단히 노출됩니다. 자연과의 관계, 사회와의 관계 그리고 하나님과의 관계성에 있어서 우리들은 안전하지 못합니다. 따라서 우리들은 그것들 모두로부터 그리고 그들에 대하여 구원되어야 할 것입니다.

자연과 인간의 관계

첫째로, 자연에 대한 인간의 관계성을 살펴보기로 합시다. 우리는 여러 면에서 자연을 관리하고 돌보도록 위탁받은 자인 동시에 그 자연으로부터 혜택을 받는 자이기도 합니다. 그러나 불행하게도 우리는 자연으로부터 소외되었고, 이 소외 안에서 자연이 인간에 대해 적대적이고 비우호적이라는 것을 경험상 잘 알고 있습니다. 우리는 여름의 작렬하는 태양, 겨울의 추위, 기근, 가뭄, 질병, 번개, 홍수, 지진, 부식, 부패, 닳아 버림, 그 밖에도 수많은 자연적 현상들로부터 자신들을 보호해야만 합니다.

이러한 위험들과 위협들이 너무나도 사면에 두루 퍼져 있기 때문에, 우리는 직접적으로든 간접적으로든 물리적 환경에서부터 기인하는 수많은 위협들과 불편들로부터 구원받아야 하는 문제에 날마다 신경 써야 합니다. 식품의 경작자와 분배자들, 주택 건축자들, 질병을 예방하고 통제하는 의사들, 비와 바람으로부터 부식하기 쉬운 나무들을 보호하는 페인트공들, 경이적인 기술 혁신들을 맡고 있는 과학자들과 발명가들, 이들 모두는 자연의 적대적 공격들과 파괴들로부터 인간을 구원하려는 공통의 노력을 하고 있습니다.

그러나 이러한 것들에 대해 후회스럽게 생각할 필요는 없습니다. 이러한 일들은 반드시 필요할 뿐만 아니라 유익을 가져오기도 하기 때문입니다. 자연은 우리의 안전을 위협합니다. 따라서 우리는 이러한 자연에 대해 여러 방도들을 강구해야 할 것입니다. 다시 말해서 우리는 자연으로부터 구원받아야 한다는 것입니다.

또한 우리는 경계를 게을리 해서도 안 됩니다. 왜냐하면 혹시라도 우리가, 구원이란 기껏해야 '자연으로부터의 자유' 외에 아무 것도 아니라는 생각을 삶 중에 가져서는 안 되기 때문입니다. 사람은 건강 상태가 좋을 때, 걸칠 옷이 해결되었을 때, 거주할 집이 있을 때, 홍수나 화재보험에 들어 있을 때, 안전하다고, 구원받았다고 생각하기 쉽습니다. 이것은 농작물 창고가 가득 찬 것에 만족해 하고 흐뭇해 했던 그 어리석은 사람이 저지른 실수였습니다. 또한 십자가 상의 죽어 가는 예수님 앞에서 자신의 건강한 육체에 자신감을 보였던 관원이 범한 실수이기도 합니다.

그리고 이것이 '강한 손과 철두철미한 정신, 가득 찬 지갑이 있기 때문에 나는 안전하다'고 생각하는 현대인이 저지르는 실수이기도 합니다. 강하게 무장하고 있기 때문에 안전하다, 구원받았다고 생각하는 현대 국가가 범하는 실수이기도 합니다.

물리적 환경을 굴복시키는 것이 인간의 유일한 의무이며, 육체적 죽음과 같은 자연의 파괴적인 세력들이야말로 우리들의 평화와 행복을 위협하는 최종적인 위험들이라고 믿는 몇몇 과학자들이 저지르는 실수이기도 합니다. 그들은 인간이 물리적 환경에 잘못 방향 설정되어 있는 것이 더욱 심오한 질병의 한 가지 증상에 불과하다는 사실을, 또한 자연 세력의 희생물이 되는 것보다 더 치명적인 사건이 인간에게 발생할 수도 있다는 사실을 인식하지 못하는 어리석음을 범하고 있는 사람들입니다.

자연과 사회의 관계

자연에 대한 것이 사실이라면 사회에 관한 것 역시 그렇습니다. 우리는 사회와 불편한 관계에 놓여 있습니다. 종종 자신들뿐만 아니라 이웃들에 대해서도 화해하지 않은 불편한 상태로 남아 있기 일쑤입니다. 때때로 열정과 정열의 희생물이 되곤 합니다. 또 다른 경우에는, 동료들의 의지와 야망에 의해 위협받기도 합니다.

이것들로부터 우리는 구원받아야 할 것입니다. 이것을 인식할 때 우리는 전반적인 사회적 조정들을 수립해야 하는 방향으로 노력을 쏟습니다. 이러한 목적을 증진하기 위해 학교를 설립하고, 심리학을 공부하고, 실험들을 행하고, 사회적 법률을 제정하고, 유익과 호의의 정신을 격려하며 육성하기도 합니다. 이러한 일들에 대해 그 어떠한 반대도 있을 수 없습니다. 사실상 이것이 우리들이 마땅히 감당해야 하는 의무이기 때문입니다.

그러나 우리는 경계를 게을리 해서는 안 될 것입니다. 이런 일들을 행할 때에, 마치 구원이 기껏해야 '사회적 갈등으로부터의 자유' 외에 아무 것도 아니라는 생각을 지니게 될지도 모르기 때문입니다. 사람은 자기 자신이 단지 대중적이거나, 친절하거나, 이웃들과 좋은 관계를 유지하고 있거나, 혹은 좋은 평판을 받고 있을 때 '안전하다', '구원받았다', '안녕하다'라고 생각하기 쉽습니다.

이것이, 모든 계명을 다 지켰다고 주장했지만 재산을 다 팔고 예수님을 따를 수는 없었던 한 젊은 부자 관원이 저지른 실수입니다. 그리고 범죄자의 죽음으로 고통하고 있는 그리스도에 대해, 총독에게 비난받지 않을 만큼 존경할 만하고 명예로운 시민들로서 자신들을 높게 평가했던 관원들이 범한 실수였습니다.

이것은 항상 사회적으로 합당하게 행동하면 안전하다고 생각하는 우리들이 저지르는 실수입니다. 그리고 우리들의 모든 불행은 사회적으로 방향이 잘못 설정되어 있기 때문에 발생한다고 믿고, 우리들의 구원은 공동체 안의 갈등들을 제거하는 것이라고 믿는, 몇몇 사회학자들이 범하는 실수이기도 합니다. 그들은 모두 사회적 갈등들이 더 심오한 만성적 질병의 한 가지 증상에 불과하다는 사실을, 또한 법망에 걸리는 일이나 혹은 사회적 불쾌감의 대상이 되는 것보다 더 치명적인 사건이 인간에게 발생할 수도 있다는 사실을 인식하지 못하는 어리석음을 범하고 있는 사람들의 표본입니다.

그분으로부터, 그분을 향하여

문제는 우리가 반드시 자연과 사회로부터, 그리고 자연과 사회를 향해 구원받아야 할 뿐 아니라 하나님으로부터, 그리고 하나님을 향하여 구원을 받아야 한다는 점입니다. 우리는 원래 그분과 좋지 못한 상태에 있었으며, 그에 의해 파멸당하는 위험 가운데 서 있는 존재들입니다. 여기에 진정 가장 크고, 근본적이고, 궁극적으로 유일한 위험이 가로놓여 있습니다.

자연의 희생물이 되는 것, 예를 들어 지진, 홍수, 화재, 질병이나 죽음 등과 같은 것들은 단 한 가지 일에 불과합니다. 사회적 편견이나 정치적 압제 아래 희생물이 되는 것 역시 또 다른 한 문제에 불과할 뿐입니다. 그러나 살아 계신 하나님께 불순종하여 타락으로 빠져 들어가는 것—이것은 말로 표현하기에는 너무나 끔찍한 일이기는 하지만—은 가장 심각한 문제입니다.

하나님은 소멸하는 불이십니다. 그의 분노는 폭발적으로 터집니다. 그는 이방들을 기업으로 소유하시고, 땅의 끝 부분까지도 소유하고 계십니다. 그는 그들을 쇠막대기로 깨뜨리시며, 토기장이의 도자기처럼 산산조각 내 버리시기도 합니다. 그분의 원수는 먼지처럼 날리게 될 것입니다. 그는 입술의 막대기로 땅을 내리치실 것이며 입술의 기운으로 악한 자들을 죽이실 것입니다. 누가 감히 그의 오시는 날을 견딜 수 있으며, 우리가 어떻게 감히 그분의 진노로부터 구원을 얻을 수 있단 말입니까? 우리가 어떻게 감히 하나님의 진노로부터 구원을 받을 수 있단 말입니까?

인간은 자연과학이나 사회공학에서처럼 종교에서도 많은 자원들을 갖고 있다고 자부해 왔습니다. 자연의 과정들을 포착하여 인간의 유익을 위해 바꾸는 기술들을 개발한 것처럼, 아니면 사회적 개혁 혹은 개량 프로그램을 만들어 인간의 분노들을 억제해 온 것처럼, 인간은 하나님을 기쁘시게 하려는 온갖 일들을 해 왔습니다. 그들은 종교들을 세웠습니다. 종교들과 함께 인간은 성전들을 건축하였고, 기도를 드리며 금식하기도 하고, 거룩한 절기들을 지키기도 하며, 자신들에게 매우 엄격한 도덕적 행동들의 양생법을 부과하기도 하였습니다.

물론 우리는 성전, 기도, 금식과 같은 것들에 대해 절대 반대할 이유가 없습니다. 그것들은 매우 적절한 제도들이며 때로는 당연히 지켜야 할 규례들이기도 합니다.

그러나 특별히 교회를 받들고 봉사하는 일에 열성적인 사람들, 그리고 온갖 신성한 절기들과 규례들을 엄격하게 지키는 사람들은 종종 자신이 단순히 종교적이고 경건하기 때문에 구원받을 것이라는 생각에 자신도 모르게 빠져들 수 있습니다. 이것이 이스라엘 백성이 종종 저지른 실수였습니다.

이에 대해 하나님은 "내가 너희의 제물들을 즐거워하지 않는다"고 말씀하신 것입니다. 또한 이것은 바리새인들이 종종 저지른 실수이기도 했습니다. 그들은 스스로를 교회의 기둥이라 자칭하면서 자신들은 저기 멀리 서 있는 세리들과는 다르다고 자화자찬하던 사람들이었습니다. 이것은 십자가 아래 서 있었던 관원들이 종종 저지른 실수였습니다. 그들은 감히 안식일을 더럽히고 종교적·교회적 전통들을 가볍세 취급하였던 한 갈릴리 사람에 대해 자신들을 우월적으로 비교하였던 사람들입니다.

이것은 종종 우리가 저지르는 실수이기도 합니다. 올바른 행동들, 규례들을 엄수하는 것이 어느 정도 구원하는 효력을 갖고 있다고 생각하는 자들이 우리들이기 때문입니다. 이것은 또한 우리가 교회를 하나님의 나라로 잘못 동일시할 때, 그리고 사람에게는 회당에서 출교 당하는 일보다 더욱 비극적인 일이 일어날 수 있다는 사실을 인식하지 못할 때 저지르는 실수이기도 합니다.

침묵으로 죽음을 받아들이신 메시아

이제 다시 십자가의 장면으로 돌아가 보겠습니다. 십자가 앞에 서서 구원에 관해 입을 연 최초의 사람은 세상의 관원들이었습니다. 그들의 특징은 자만과 냉소였습니다. 그들은 자만하였습니다. 고개를 떨구고 고통하는 예수님과는 대조적으로, 그들은 적어도 한동안만이라도 스스로 안전하고 안녕하다고 느꼈기 때문입니다.

그들은 자연에 적응하고 있었습니다. 비가 쏟아지고 땅이 흔들거렸어도, 그들은 아프지도 않고, 고열로 고통하지도 않았습니다. 그들의 손과 발에는 못이 박혀 있지 않았으며, 더욱이 죽어 가는 형편에 처한 것도 아니었습니다. 그들은 평안하였고, 건강하였으며, 모든 것이 정상적이었습니다. 다시 말해서 구원의 필요성을 못 느끼는 상태에 있던 사람들이 바로 그들이었습니다.

또한 그들은 사회에서도 잘 적응된 사람들이었습니다. 그들은 사회에서 내버림 당한 자들이 아니었습니다. 범죄를 저질러 형벌의 심판이 선언된 자들도 아니었습니다. 그들은 사회 공동체 안에서 좋은 평판을 받고 있던 명예로운 관원들이었습니다. 그들은 지도자의 위치를 부여받고, 사회적 책임을 그 어깨에 위탁받은 인물들이었습니다. 바나바를 석방해 달라고 소리치는 백성이 높은 존경으로 바라보았던 그런 지도급 인물들이었습니다.

그들은 또한 하나님과도 평화를 이루고 있었습니다. 그들은 성스러운 율법들을 부지런히 해석하고 엄격하게 준수하였을 뿐만 아니라, 그 율법의 기준에서도 전혀 결격 사유가 없는 자들이었습니다. 근엄한 예복을 입은 채로 자주 기도하였으며, 기도할 때마다 매우 길게 하였고, 매우 엄숙하게 하였습니다. 심지어 백향과 박하의 십일조도 드렸으며 규칙적으로 금식도 하였습니다. 그렇게 함으로써, 그들은 하나님이 자신들을 감싸 안아 주시리라고 생각했습니다. 그들은 구원이 전혀 필요 없었던 온전한 사람들이었습니다.

오히려 구원이 필요한 사람은 예수님이라고 그들은 생각하였습니다. 그리고 실질적으로 구원이 필요한 사람은 예수님처럼 보였습니다. 십자가에 못 박혀 매달려 있는 그분의 육체는 점점 죽어 가고 있었습니다. 이제 대중적 인기도 사라지고 있으며, 평판은 산산조각 나고 있었습니다. 심지어 하나님마저도 자신을 버리셨다고 그분은 절망적으로 느끼셨을 뿐만 아니라, 심지어 그렇다고 고백할 것입니다. 예수님은 분명히 잃어버린 바 되었습니다. 온 우주가 그 머리 위에서 산산조각 나고 있었습니다.

자연, 사람, 그리고 하나님이 함께 그를 부수고 있었던 것입니다. 그들의 합산된 무게를 지탱하지 못하여 그분은 일그러져 가고 있었습니다. 이 무게로 결국 무너져 내려 죽으실 것입니다. 그분을 향해 쏟아진 사람들의 냉소적인 언사가 이제는 사실인 것처럼 보였습니다. "그가 다른 사람은 구원하였으나 자신은 구원하지 못할 것이다!"

바로 이러한 행위와 언사를 통하여 관원들은 스스로 안위를 얻었던 것입니다. 그들은 예수님이 하나님께 선택받은 자, 즉 스스로 메시아라고 주장하는 것을 신성모독이라고 정죄하였습니다. 만일 그들이 틀렸다면, 예수님은 자신의 무죄를 입증해야만 했습니다. 그래서 그들은 말합니다. "만일 네가 그리스도이거든, 하나님의 선택받은 자라면, 스스로를 구원해 보시지!" 그러나 예수님은 자신을 구원하시지 않았습니다. 이 사실은 그들에게 큰 만족을 주었습니다. 그들이 그분을 향해 고소하고 비난하던 내용이 이제 분명히 사실로 성립되고 있기 때문이었습니다. 이렇게 해서 법적인 선고가 확인되었던 것입니다.

십자가 앞에서 구원에 대해 언급한 그 다음 사람은 회개치 않는 강도였습니다. 군인들이 예수님을 모독하였고, 관원들은 예수님을 향해 빈정대었으며 강도는 조롱을 퍼부었습니다. "네가 그리스도냐?" 그가 물었습니다. "그럼 너와 우리를 구원해 보시지!" 물론 그는 예수님이 그 자신을 구원할 것이라고는 기대하지 않았습니다. 그러나 만일 예수님이 구원하셨더라면 아마 그 강도마저도 포함되었을 것입니다. 강도가 다시 돌려받기를 원했던 것은 그의 옛 삶이었습니다. 그가 추구하였던 것은 용서가 아니라 물리적 존재였습니다. 그는 죽음이 인간의 주된 원수라고 생각하였습니다.

바로 그러한 인간의 가멸성可滅性으로부터 그는 구원받기를 원했던 것입니다. 그러나 그는 인간이 구원받을 수 있다는 사실을 상상할 수가 없었습니다. 그에게는 아무런 소망도 없었습니다. 관원처럼 그는 예수님이 아무런 실행 능력도 없는 허풍쟁이, 위선자일 뿐이라고 생각하였습니다. 그는 폭도들의 비난을 그리스도께 던졌습니다.

   예수님은 이에 대해 아무런 답변도 하지 않으셨습니다. 그는 그 어느 곳에도 진정한 판단력과 이해가 없다는 것을 아셨기 때문입니다. 그 어떤 경우든지 교훈과 훈계의 때는 이미 지났다는 것을 아셨기 때문입니다. 예수님과 함께 십자가에 달렸던 두 명의 범죄자가 있다는 것을 여러분은 아실 겁니다. 바로 이 순간에 그들 중 두 번째 행악자가 입을 열었습니다. 그는 먼저 동료의 범죄를 꾸짖습니다. 그리고 예수님에 관해 다음과 같은 진술을 하였습니다. "이 사람은 아무런 잘못도 행하지 않았다."

   아무런 잘못을 행하지 않았다니요? 정말로 그가 그런 의미로 그렇게 말했을까요? 그가 말한 것은, 예수님은 재판에서 스스로 주장하였던 바로 그 메시아라는 의미였습니다. 즉 그는 세상의 구세주로 하나님의 택함을 받은 분이 바로 이분이라고 말한 것이었습니다.

   그의 말은, 비록 예수님이 죽음에 무릎 꿇어 지옥에 내려간다 할지라도, 그는 다시 살아나 결코 사라지지 않는 극락의 영역 가운데서 다스리실 것임을 선언하고 믿는다는 의미였습니다. 따라서 우리는 다음과 같은 간청의 기도를 듣게 됩니다. "예수여, 당신의 나라에 임하실 때에 나를 생각하소서." 이러한 요청에 대해 예수님은 즉시 응답하셨습니다. "내가 진실로 말하노니 오늘 네가 나와 함께 낙원에 있으리라."

   이 대화에서 발생하고 있는 것을 말로 표현하기에는 너무나도 놀랍습니다. 여기 한 범죄자가 있습니다. 그는 자신이 공정하게 형벌을 받고 있다고 시인하고 있습니다. 그리고 죽음의 문턱에서 그는 예수님의 정체와 사명을 기적적으로 인식하게 됩니다. 그리고 그분에게 자신을 죽음과 무덤을 통과시켜 영원한 생명 안에로 옮겨 달라고 간청하고 있는 것입니다.

예수님은 조롱하는 배반자들 앞에서 간청하는 도둑과 함께 고통스럽고 혼란스러운 죽음으로 가고 있었습니다. 바로 그 예수님은 도대체 어떠하셨습니까? 자신을 조롱하고 모독하는 자들이 충동하였던 대로 자신을 구원하실 수 있었겠습니까? 사도적 증거에 의하면 그분은 자신을 구원하실 수 없었습니다.

자신을 구원해야 한다는 생각이 십자가에 달린 예수님께 한순간 스쳐 지나갔던 적이 있긴 합니다. 십자가의 처형을 내다보면서 그분은 다음과 같이 기도한 일이 있습니다. "아버지여, 이 잔을 내게로부터 지나가게 하소서." 그러나 "그러나 나의 뜻대로 마옵시고 당신의 뜻대로 하옵소서"라고 기도를 끝맺었습니다. 바로 이 마지막 문장이 모든 문제를 해결했습니다. 임박한 죽음에 직면하여 자신을 아버지의 방식에 내맡김으로써 그분은 스스로 자신을 구원할 뜻도 없었고 그렇게 되기를 바라지도 않았던 것입니다.

그러므로 사람들이 예수님이 감히 명령하실 수 없을 것이라고 믿는 하나님의 능력을 한번 보여 달라고 유혹할 때, 오히려 예수님은 철저하게 십자가에 매달려 계셨습니다. 만일 그분이 사람들이 유혹하는 대로 하나님의 능력을 보여 주려 하셨다면, 언약을 깨뜨리는 대신 죽음을 피할 수 있었을 것입니다. 그러나 세상은 구세주 없는 세상, 버려진 세상이 되었을 것입니다. 그러나 예수님은 주어진 능력을 행사하지 않으셨습니다. 자신과 아버지가 세상을 향해 지녔던 사랑 때문에, 그 조롱과 유혹을 무시하고 죽음을 받아들이신 것입니다.

근원적인 갈등은 하나님과의 갈등

내가 지금까지 언급했던 사람들 중 참회하는 도둑 이외에는 그 누구도 골고다에서 무엇이 발생하고 있었는지 진정으로 이해하지 못했습니다. 가운데 있었던 십자가는 실제로 제사장을 매달고 있었으나, 사람들은 그를 단순히 처형자라고만 생각했습니다. 그들은 피를 보았습니다. 그러나 사람이 일단 그 안에 몸을 담그면 영원히 씻김 받을 수 있는 강물임을 그들은 보지 못했던 것입니다.

그들은 번민과 고통을 보는 눈은 있었으나, 부드럽게 열려져 있는 낙원의 문들을 볼 수 있는 눈은 없었습니다. 그들은 예수님이 자기를 묶고 있는 결박을 풀 수 없다는 것은 알았습니다. 그러나 십자가에서 죽으시는 목적의 강인함을 단순한 연약함으로 잘못 알았습니다. 그분을 십자가에 달리게 한 것은 못이나 법적 선고가 아니라 예수님 자신의 긍휼, 그리고 그 아버지의 긍휼이었다는 것을 그들은 인식하지 못했던 것입니다. 그들은 여기에 매달려 있는 사람이 구원을 필요로 하는 한 인간이 아니라, 불쌍한 죄인들을 구원하시는 하나님-인간이시라는 사실을 인식하지 못했던 것입니다.

그러나 참회하는 도둑은 이 모든 것을 바라볼 수 있었습니다. 비록 성경에서 가르침을 받고 있는 우리들처럼 모든 것을 바라볼 수는 없었다 하더라도, 그는 진실로 이 모든 것을 바라볼 수 있었던 것입니다. 바라보는 순간, 그는 그리스도와 함께 하나님의 낙원에 들어갔습니다. 잃어버린 바 되었고, 또한 아무 것도 이룬 게 없었던 그는 이제 예수님이 과학적·사회학적·종교적 기구들을 통하여 재난을 막고 구원을 성취하려던 사람이 아니었음을 알게 되었습니다. 그가 본 예수님은 다름 아닌, 어느 날 끔찍한 죽음에 직면하여 자연의 위협들과 인간의 분노 그리고 하나님의 진노를 철저하게 짊어지신 그리스도였습니다. 또한 살아 있는 믿음 안에서 그와 연합한 자들에게 던져진 자연과 인간과 하나님의 위협들을 영원히 제거하시는 그리스도였습니다.

우리는 이 사실로부터 중요한 진리들을 배울 수 있습니다. 삶의 본질적인 갈등은 인간과 자연 사이에, 혹은 인간과 다른 인간 사이에 있지 않다는 점입니다. 사람에게 있어서 근원적인 갈등은 사람과 하나님 사이에 있다는 점입니다. 이 갈등은 다른 것들과는 달리 경험론적으로는 확인될 수가 없습니다. 따라서 많은 사람들은 이 사실을 잘 인식하지 못합니다. 그러나 이것은 근원적인 갈등입니다.

이것을 인식하는 사람들은 모든 악의 근저에 있는 것은, 그 본성상 신체적이거나 물리적이거나 사회적인 것이 아니라 도덕적이며 영적이라는 것임을 알게 됩니다. 그러므로 그것을 제거하는 길은 과학적 기술이나 사회·정치적 정책들이 아니라 오직 '하나님의 돌입突入, divine incursion'임을 그들은 압니다. 악은 죄가 외형적으로 나타나는 것일 뿐입니다. 그것을 제거하고 취소시킬 수 있는 분은 오직 은혜로우신 하나님뿐입니다. 우리가 믿건대, 바로 그분이 그리스도 안에서 이것을 행하셨고, 또한 진심으로 하나님을 부르는 자 모두를 위해 그리스도 안에서 그것을 행하실 것입니다.

그리스도가 다시 오시기 전까지 그리스도인들은 타락하고 깨어진 세상의 자연적 악들에게 계속적으로 노출되어 있을 것입니다. 그러나 그들은 또한 도끼의 날이 이미 악의 뿌리에 놓여 있다는 것을 알고 있습니다. 하나님이 역사 안에 활동하시면서 모든 것을 최종적 완성을 향하여 인도해 가고 계시다는 것도 압니다. 그들은 하나님이 이사야의 예언의 성취를 향하여 움직이고 계시다는 것을 압니다.

"보라, 내가 새 하늘과 새 땅을 창조하노니 곡하는 소리와 부르짖는 소리가 더 이상 들리지 않을 것이다…. 그때에 늑대와 양이 함께 먹을 것이며 사자가 소처럼 풀을 먹을 것이라…. 그들은 더 이상 나의 거룩한 산에서 해를 끼치지 않을 것이며 파괴하지도 않을 것이다."

이것을 믿는다면, 우리는 이제 하나님이 이루셨고 지금도 계속적으로 이루어 가시는 그 구원 안에서 즐거워하고 기뻐해야 할 것입니다.

보은 26

어떻게 살 것인가

헨리 스토브*

예수님을 따른다는 것이 무엇을 의미하는 것일까에 대해 모두 말하자면 이 세상에 담을 수 있는 책들보다 더 많은 책들이 필요할 것입니다. 그러나 예수님을 따른다는 것에 대한 원칙적이며 본질적인 의미는 몇 마디 말로 간단히 설명할 수 있습니다. 예수님을 따른다는 것은 예수님과 함께 아버지의 방향으로 나아가는 것이며, 창조주를 향하여 우리의 얼굴을 돌고 애정을 그분께 고정시키는 것입니다. 따라서 이것은 피조물로부터 떠나는 것을 의미하며, 창조 세계 안에서 우리를 유혹시키고 유혹하는 것이 무엇이든 상관없이 그것들과 단절하는 것입니다. 또한 이것은 우리를 예속시키는 모든 피조물과의 연결 고리를 끊어 버리고 예수 그리스도께 완전히 그리고 전적으로 우리 자신을 묶는 것을 의미합니다. 그러므로 예수님을 따른다는 것은 그분 외에 다른 주님을 갖지 않는다는 것을 의미합니다.

How Then We Shall Live?

어떤 사람이 주께 와서 가로되,

"선생님이여, 내가 무슨 선한 일을 하여야 영생을 얻으리이까?"

예수께서 가라사대, "어찌하여 선한 일을 내게 묻느냐? 선한 이는 오직 한 분이시니라.

네가 생명에 들어가려면 계명들을 지키라."

그가 가로되, "어느 계명이오니이까?"

예수께서 가라사대, "살인하지 말라, 간음하지 말라,

도적질하지 말라, 거짓 증거하지 말라,

네 부모를 공경하라, 네 이웃을 네 몸과 같이 사랑하라 하신 것이니라."

그 청년이 가로되, "이 모든 것을 내가 지키었사오니 아직도 무엇이 부족하니이까?"

예수께서 가라사대, "네가 온전하고자 할진대 가서 네 소유를 팔아 가난한 자들을 주라.

그리하면 하늘에서 보화가 네게 있으리라. 그리고 와서 나를 좇으라" 하시더라.

_ 마태복음 19:16-21, 개역성경

---

* 헨리 스토브는 저명한 기독교 철학자이며 윤리학자다. 글의 출처는 Henry Stob, *Sin Salvation and Service* (Grand Rapids: CRC Publications, 1983), chapter 3.

본문의 이야기는 매우 이해하기 어려운 말씀입니다. 참으로 어려운 말씀입니다. 예수님이 다음과 같이 말씀하셨습니다.

- 만일 종교적으로 풍부한 사람이 되기를 원한다면 물질적으로는 가난한 사람이 되어야 한다.
- '영적 이득'을 원한다면 물질적 손해를 감수해야 한다.
- '천국'을 상속받기 원한다면 지금 이 '땅'을 포기해야 한다.
- 돈과 재물을 소유하고 있으면서 '영광의 문'을 통과하기를 바라는 것보다는 차라리 낙타가 바늘 구멍으로 들어가기를 기대하는 것이 훨씬 쉽다.

우리는 먼저 주님의 말씀에 귀를 기울여 들어야 할 것입니다.
주님은 부자 청년에게, 그리고 그와 비슷한 우리들 모두에게 말씀하고 계십니다.

- 너희가 온전해지기를 원한다면
- 적어도 너희들이 이미 도달해 있는 지점을 넘어서 온전해지기 원한다면
- 너희들이 지금 서 있는 도덕적·영적 지평 위로 일어서기 원한다면
- 외형적 율법 준수를 넘어서기 원한다면
- 가족과 친구들만 사랑하는 것을 넘어서기 바란다면
- 인습적인 '의'義를 벗어나 하나님의 자녀로 일컬어지기 원한다면
  너희들이 해야 할 세 가지 일이 있다.
  ― 너희들의 소유를 팔아서

― 가난한 자들에게 나눠 주고
― 나를 따르라.

예수님을 따른다는 것의 의미

이 가르침의 내용은 표면상 명백합니다. 예수님을 따르려면 당신은 하늘에 보화를 쌓아야 합니다. 우리들의 이름으로 있는 재산이나 재물을 가지고는 그분을 따를 수 없습니다. 먼저 재산을 팔고 돈은 남에게 준 다음에야, 예수님을 따를 수 있고 그 제자로 여겨질 수 있을 것입니다. 이것이 본문이 말하고 있는 의미처럼 보입니다. 그러나 이것이 정말로 예수님이 의도하셨던 것이겠습니까?

만약 본문이 이것을 말하고 있지 않다면, 오히려 이것이 속세의 물욕을 뿌리째 뽑으려 했던 석가모니의 가르침이며 그러한 욕망을 성화^{聖化}시켰던 예수님의 가르침이 아니라면, 적어도 다음과 같은 내용을 말하고 있는 것입니다. '빈곤'과 '복 받은 상태' 사이에는 엄밀한 상호관계가 있고, 빈곤의 측정은 축복의 측정과 함수관계를 맺고 있으며, 비록 천국에 들어가는 것은 소유의 적음에 있지 않다 할지라도 천국에서의 상급은 소유의 적음에 달려 있다고 말씀하고 있는 듯합니다.

그러나 본문이 의미하는 것이 이것도 아니라면, 만일 이것이 빈곤 서약을 한 후 누더기 옷을 입은 수도승의 가르침이지, 긴 옷을 입고 값비싼 향유로 자신의 발을 씻기도록 허용하신 예수님의 가르침이 아니라면, 도대체 본문은 무엇을 말씀하고 있는 것일까요?

분명히 본문은 예수님을 따른다는 것이 무엇을 의미하는지에 관해 말하고 있습니다. 그리고 예수님을 따른다는 것이 돈이나 우리가 소유하고 있는 것과 관련이 있다고 본문은 말하고 있습니다. 그렇다면 그것이 무엇일까요? 특별히 예수님을 따른다는 것은 무엇을 의미하는 것입니까?

'예수님을 따른다는 것이 무엇을 의미하는 것일까'에 대해 모두 말하자면 이 세상에 담을 수 있는 책들보다 더 많은 책들이 필요할 것입니다. 그러나 예수님을 따른다는 것에 대한 원칙적이며 본질적인 의미는 몇 마디 말로 간단히 설명할 수 있습니다. 예수님을 따른다는 것은 예수님과 함께 아버지의 방향으로 나아가는 것이며, 창조주를 향하여 우리의 얼굴을 들고 애정을 그분께 고정시키는 것입니다. 따라서 이것은 피조물로부터 떠나는 것을 의미하며, 창조 세계 안에서 우리를 현혹시키고 유혹하는 것이 무엇이든 상관없이 그것들과 단절하는 것입니다. 또한 이것은 우리를 예속시키는 모든 피조물과의 연결 고리를 끊어 버리고 예수 그리스도께 완전히 그리고 전적으로 우리 자신을 묶는 것을 의미합니다. 그러므로 예수님을 따른다는 것은 그분 외에 다른 주님을 갖지 않는다는 것을 의미합니다.

인간은 늘 무엇인가에 묶여져야 하는 그러한 존재입니다. 인간은 근본적으로 무엇인가에 부착되어 있지 않으면 안 되는 존재입니다. 본래적으로 유한한 존재로서 인간은 근본적으로 이것이든 저것이든 그 무엇에든 위탁되고 삶의 중요한 전환기에 그것에 의해서 통제되고 지배됩니다.

에덴 동산에서 인간은 하나님께 맡겨졌습니다. 그러나 타락 이후 죄 가운데, 인간은 어떤 다른 피조물, 즉 인간 스스로가 신적인 지위를 부여하여 우상으로 만든 일시적인 피조물에 맡겨졌습니다.

인간이 스스로를 위탁했던 피조물이 그 자체로 악한 것은 아닙니다. 하나님 손에 지음을 받은 피조물이기에 피조물 존재 자체는 선합니다. 그러나 비록 선할지라도 피조물은 인간이 자기 자신을 위하여 위탁할 만한 대상이 아닙니다. 왜냐하면 피조물 자체는 궁극적인 선도 아니고 궁극적인 선이 될 수도 없기 때문입니다. 또한 그렇게 간주될 수도 없기 때문입니다.

피조물은 결코 하나님으로 여겨질 수 없습니다. 피조물은 사용되고 향유될 수는 있습니다. 그러나 그것이 경배될 수는 없습니다.

그러나 이것은 구속되지 못한 죄인이 늘 하고 있는 행태입니다. 그는 창조주를 섬기고 그분의 면전에서 사용되고 향유되도록 지음 받은 피조물을 경배합니다. 이것이 그의 죄이며, 그의 비참함이기도 합니다.

이것이 그의 죄라고 하는 까닭은, 그가 하나님을 다른 것과 대치시켜 놓았기 때문입니다. 그리고 이것이 그의 비참함이라는 말은, 피조물은 그것이 무엇이 되었든 상관없이－물건이나 식물, 동물, 인간 등 무엇이든 상관없이－죄인이 그 피조물 위에 놓았던 무거운 짐을 지탱할 수 없기 때문에 결국 인간에게 비참함을 가져온다는 뜻입니다. 피조물은 항상 인간을 실망시킵니다. 피조물은 그에 대한 인간의 믿음을 지탱해 주지 못하고, 그에 대한 인간의 소망도 정당화시키지 못하며, 그에 대한 인간의 사랑에 보답하지도 못합니다.

사람은 궁극적으로 사람이나 군주에게, 혹은 명예나 직위에게, 혹은 두뇌의 지혜나 신체적 건강에, 혹은 돈이나 소유물에 의존할 수 없습니다. 시간의 진행 속에, 또는 그러한 진행에 관련된 사물 위에 우리의 최종적 소망을 세울 수는 없습니다. 우리가 진정으로 사랑받을 수 있고 절대적으로 사랑할 수 있음을 발견할 수 있는 곳은, 아버지의 집 외에는 없습니다. 세상이란 결코 영원한 보화를 생산할 수도 없고 보증할 수도 없는 곳입니다. 세상에서 발견할 수 있는 것은 부패케 하는 좀과 벌레이며 구멍을 뚫고 도적질하는 도적들뿐입니다.

그러므로 모든 인간에게 요구되는 것은 피조물로부터 돌이켜 하나님께로 향하는 것입니다. 피조물로부터 돌이켜 하나님께로 향하는 일은 예수 그리스도 안에서 그리고 그분을 통해서만이 일어날 수 있고 또 일어납니다. 이러한 이유 때문에 예수님은 우리에게 자기를 따르라고 분부하시는 것입니다.

예수님을 따른다는 것은 이전에 잘못 놓여진 우리의 믿음을 언제나 신실하신 하나님께 놓는 것을 의미합니다.

예수님을 따른다는 것은 우리의 소망을 매우 안전하게 자리잡게 하는 것이며, 이러할 때 우리의 소망은 시간의 모든 어둡고 불확실한 변화 위로 우뚝 솟아오르게 됩니다.

예수님을 따른다는 것은 너무도 귀중한 '객체' object를 소유하게 되는 것을 의미할 뿐만 아니라, 우리를 사랑하시고 우리의 응답을 촉구하시는 '주체' subject를 얻게 된다는 것을 의미합니다. 그리고 하나님의 사랑하는 '아들'이 갔던 길로 우리를 점진적으로 이끌어 결국에는 영광 중의 하나님과 단절되지 않는 영원한 교제 속으로 들어가게 하는 것을 의미합니다.

이제 예수님을 따른다는 것은 이중적 관계, 즉 세상과의 관계, 그리고 세상이 지니고 있는 모든 것과의 관계를 포함합니다.

한편, 예수님을 따름으로써 그리고 마음과 정신을 하나님께 헌신함으로써, 크리스천은 내적으로 세상과 그 속의 모든 것으로부터 떨어지게 됩니다. '아버지'를 향해 나아감으로써 크리스천은 모든 유한한 것과 피조물에 대한 집착을 풀고, 그를 붙잡고 있는 것들을 깨뜨립니다.

크리스천이 되기 전에 우리는 사물에 부착되어 있었습니다. 사물들에 마음이 전당잡혀 있었습니다. 그러나 이제는 그의 마음이 구속되었고, 사물에 대하여 자유롭게 되었습니다. 그는 사물들의 속박을 벗어 던졌습니다. 사물들은 더 이상 크리스천의 보화가 될 수 없습니다. 왜냐하면 크리스천들은 엄청난 가치의 진주를 보았기 때문입니다. 그들은 이 진주를 확보하기 위하여 이전에 소중하게 생각했던 모든 것을 희생하고 소모한 사람들입니다.

주 예수 그리스도를 아는 지식의 탁월성을 얻기 위하여 크리스천들은 그 외의 모든 것들을 기꺼이 손해로 간주합니다. 그들은 돈, 토지, 소유물, 즐거움, 직위, 명예를 옆으로 제쳐놓습니다. 더 이상 그것들을 사랑하지 않습니다. 그것들을 큰 것으로 간주하지도 않습니다.

모든 것에 대해 이렇게 전적으로 포기하고 부정하는 길이 곧 그리스도에 대한 헌신을 의미합니다. 성경은 이것을 가리켜 세상을 미워하고 거절하는 것이라고 특징지어 줍니다. 즉 세상 안에 있는 모든 것을 포기하고 항복하는 것, 단순히 물건들뿐만 아니라 사람들―심지어 우리와 가장 가까운 사람들―과 우리 자신들마저도 포기하는 것을 의미합니다.

"누구든지 나에게로 오려거든, 아버지와 어머니 그리고 아내와 자녀들, 형제들과 자매들, 심지어 자기 자신의 생명까지도 미워하지 않으면 그는 나의 제자가 될 수 없다"고 예수님은 말씀하시는 것입니다.

그러나 만일 크리스천의 제자도가 땅을 상실하고 세상의 것을 잃어버리는 것이라면, 또 다른 한편의 그것은 우리가 포기한 모든 것을 다시금 소유하는 것이기도 합니다. 바로 이것이 크리스천 신앙의 역설적인 본질입니다.

주님의 놀라운 법칙이 있다면, 우리가 이 세상의 좋은 것들을 포기하고 버리는 순간, 우리가 버리고 포기했던 그것을 다시금 우리 손 안에 되돌려 주신다는 것입니다. 왜냐하면 '자기의 생명을 잃은 자는 그것을 찾을 것'이기 때문입니다. 그리고 세상을 버린 자는 새롭고 좀더 나은 방법으로 그것을 다시 되돌려 받게 될 것이기 때문입니다.

이상과 같은 사실로부터 우리는 피조물들과 창조 세계에 대해 집착하지 않고, 오히려 느슨하게 잡고 있는 것이 실상 그것들 위에 진정으로 군림하는 것이라는 사실을 배울 수 있습니다. 한 영혼이 하나님을 향하기 위하여 세상을 피한다고 했을 때, 그것이 땅의 것들을 거만하게 무시한다거나 멸시한다는 뜻은 아닙니다. 오히려 성령의 능력 안에서 그것들을 초월하게 되는 것입니다. 세상을 거절하는 것은 하나님이 만드신 것을 전적으로 상실한다는 것을 의미하지는 않습니다.

상실하는 것이 있다면 그것들을 절대적으로 간주하고 생각했던 사고방식과 삶의 태도입니다. 다시 말해서 절대적인 것으로서의 그것들을 상실한다는 뜻입니다. 예수님과 젊은 부자 관원 사이의 대화에서 드러나는 진리가 있다면, 크리스천은 지상의 것들에 대한 모든 관심을 상실해야 한다는 게 아닙니다. 그가 상실해야 하는 것이 있다면 그 지상의 것들에 대한 '궁극적인 관심'입니다. 이것을 잃어 버려야 합니다. 그리스도를 붙잡는다는 것은 지상적 물건들이나 재물들을 없애 버린다는 것을 뜻하지 않습니다. 그리스도를 따른다는 것은 사랑이라는 최고의 목적에 지상적 재물들을 전적으로 그리고 급진적으로 굴복시키고 종속시키는 것을 의미합니다.

예수님께 나아와 영원한 생명을 얻을 수 있는 방법을 물었던 부자 청년은 이 진리를 이해하지 못했습니다. 그는 자기가 모든 계명을 지켰다고 생각했습니다. 그는 자기 얼굴을 하나님께로 향했고, 세상 것들에 대해서는 등을 돌렸다고 생각하였습니다. 그러나 예수님은 그의 손이 그의 돈 위에 있었을 뿐만 아니라 그것을 양손으로 움켜쥐고 있었다는 것을 알고 계셨습니다. 움켜쥐고 있는 손이 예수님의 마음에 걸렸던 것입니다.

예수님은 부자 청년의 움켜쥔 손이 펴져야 한다고 생각하셨습니다. 먼저 손을 펴서 그가 갖고 있는 모든 것을 내어 놓아야 한다는 말입니다. 그래서 예수님은 부자 청년에게 움켜쥔 손을 펴라고 명하신 것입니다. "가라, 그리고 너의 소유를 처분하라. 그리고 그것을 가난한 자들에게 주어라." 그러나 그 명령은 이행되지 않았습니다. 그 명령에 그는 주의를 기울이지 않았습니다. 그리스도를 선택할 것인가, 아니면 자기의 많은 재물을 선택할 것인가 하는 갈림길에서 그 청년은 크리스천의 길들을 따르기를 거절했던 것입니다.

내가 믿건대, 우리 모두는 크리스천의 길을 따르겠다고 고백하고 또한 그것을 원할 것입니다. 그러나 그 길을 따른다는 것이 무엇을 의미하는지 우리들은 올바로 이해해야 합니다. 이 땅과 세상의 모든 것들에 대해, 움켜쥐고 있는 우리의 손들을 펴야 합니다. 그러한 모든 것들은, 숫자도 많고 그 종류도 다양합니다. 그러나 그것들이 무엇인지 그 이름들을 다 들먹일 시간도 없고 그것들을 다 묘사할 필요도 없습니다. 그것들 중에 우리의 돈과 소유물들이 있다는 사실을 아는 것만으로도 충분합니다. 우리는 이러한 것들과 기꺼이 결별할 준비가 되어 있어야 합니다.

때가 이를 것입니다. 그때에는 심지어 망설이던 자들마저도 그것들과 결별하여야 할 것입니다. 죽음은 우리의 손 안에서 그것들을 뒤틀어 빼앗아 갈 것입니다. 그러나 주님은 우리가 그런 것들에 대해 너무 집착하지 말 것을 요청하십니다. 이제 열려진 손, 준비된 손을 가지고, 가난한 자들과 궁핍한 자들 가운데 서서 선물을 나누어 줄 것을 요구하십니다.

이제 한 가지 중요한 질문이 떠오릅니다. 정말로 내가 가진 것을 팔아서 가난한 자들에게 나눠 주어야 한단 말인가? 내가 가지고 있는 자동차, 피아노, 옷가지들, 그리고 냉장고에 저장해 놓은 음식들, 은행에 저금해 놓은 돈들을 모두 내어 놓아야 한단 말인가?

물론 특별한 상황이나 매우 드문 경우에 이러한 행동들이 필요할지도 모릅니다. 그러나 이러한 질문에 대한 대답은 분명히 "아니오"입니다. 예수님이 부자 청년에게 명하신 것을 문자적으로 받아들인다면, 그 명령은 모든 사람에게 적용될 수 있는 보편적 요구 사항이라고 간주할 수는 없을 것입니다. 자신이 소유하고 있는 모든 것을 다 팔아 가난한 자에게 주는 사람이 있다면 그 사람 자신이 자선과 구제의 대상이 될 것이며, 더 이상 그는 너그럽고 자비로운 행동을 구체적으로 하지 못하게 될 것입니다. 더욱이 가난한 자를 포함하여 모든 사람이 자기들의 모든 소유를 포기하고 다른 사람에게 주어야 한다면 도대체 누구에게 이러한 재물들이 가야 한단 말입니까?

주님이 우리에게 말씀하신 것은 그런 것이 아닙니다. 그는 우리에게 경제 정책을 제안하시는 것이 아닙니다. 그가 우리에게 보여 주시는 것은 영적 원리입니다. 그가 우리에게 부탁하고 권하신 것은 우리가 갖고 있는 소유와 재산들을 개인의 소유물로 뿐만 아니라 공적인 위탁물a public trust로 간주하라는 뜻입니다.

우리의 소유물을 공적 위탁물로 간주하는 것은 경제 원리의 '법적 소유권' 개념과 상충되지 않습니다. 그러한 소유권은 우리의 재산과 소유물에 대한 책임성 있고 관용적인 행사를 위해서 선행되어야 할 조건입니다. 우리가 소유하고 있을 때 우리는 줄 수 있습니다. 우리가 좀더 많은 것을 획득할 때 좀더 풍성하게 줄 수 있습니다. 그러므로 이것은 실질적으로 그리스도가 저항하신 경제 원리인 '개인 재산권'과도 대치되지 않습니다. 그가 저항하신 것은 대중에 대한 무관심과 이기심에 대한 것이며, 한 걸음 더 나아가 '소유권'에 대한 잘못된 이해에 있었던 것입니다.

물론 진정한 의미에서, 크리스천은 아무 것도 '소유' own하지 않지만 모든 것을 '빚지고 있는' owe 사람입니다. 그리스도의 길로 들어온 사람은 그가 소유하고 그가 획득할 수 있는 모든 권리들을 하나님께 대해 상대적으로 포기한 사람입니다. 그는 자신의 명예를 '맘몬'(돈, 金)과 함께 나누지 않으실 주님께 그것들을 기꺼이 드립니다. 그러나 마음속으로 우리가 포기한 것들을 다시 계속해서 지니고 있을 수 있도록 주님이 허락하신다면, 그것은 그분이 우리를 청지기로 사용하기 원하신다는 뜻이며, 그분에게 진정으로 속한 것을 우리가 잘 다루고 집행하기를 원하시기 때문일 것입니다.

  그분의 재산 얼마를 우리 자신을 위해 사용하는 것에 대해 그분이 반대하지는 않으십니다. 그러나 우리 자신을 위해 쓰는 것에 대해 우리는 하나님께로부터 그 정당성을 인준받아야 할 것입니다. 우리가 사용하고 있는 것은 그분의 돈입니다. 우리가 다루고 집행하도록 위탁받은 것들에 대해, 우리가 책임성 있게 다루는지에 대해, 그분은 우리에게 책임을 물으실 것입니다.

  물론 우리는 그분의 뜻이 무엇인지 알고 있습니다. '서로 사랑하라'고 그분은 말씀하셨습니다. '서로에게 종이 되라'고 말씀하십니다. "다른 사람이 너에게 해 주기를 원하는 대로 너도 그에게 그렇게 해 주어라… 너희가 정녕 온전하기를 원한다면 가서 네 가진 것을 팔아 가난한 자들에게 주라. 그러면 너는 보화를 하늘에 쌓아 놓는 것이다. 그리고 와서 나를 따르라. 그러므로 자신을 부인하고 가진 것을 포기하지 아니하는 자는 나의 제자가 될 수 없다."

  그러나 사도의 충고를 우리는 다시 기억해야 할 것입니다. "내가 가진 모든 것으로 가난한 자를 먹이기 위해 내놓는다 하더라도, 사랑이 없으면 나에게 아무런 유익도 없다."

환희 27

위대한 댄스
프레드릭 뷰크너*

로 우리 모두에게 좋지 못한 일들을 저지릅니다. 우리도 역시 이 세상을 향해 나쁜 일을 합니다. 이 세상뿐 아니라 서로에게, 그리고 자기 자신에게 나쁜 ...다. 그러니 눈부시게 빛나는 물 속에서 반짝이는 고래가 태양 속으로 몸을 내던질 때 바로 그때 우리가 본 것은 기쁨이었습니다. 우리가 속해야 하는 ...입니다. 기쁨은 고향입니다. 우리가 그리워하는 고향 말입니다. 그때 우리 눈에 흘러 내렸던 눈물은 무엇보다도 고향을 그리워하는 눈물이었음을 나는 도 ...합니다. 향수에 젖은 눈물 말입니다. 하나님은 우리를 기쁨 가운데 창조하셨고 또한 기쁨을 추구하라고 창조하셨습니다. 그러므로 결국 이 세상과 우리 자 ...존재하는 모든 어둠의 세력은 우리를 그 기쁨으로부터 떼어놓을 수 없는 것입니다. 왜냐하면 하나님이 우리를 그의 형상대로 창조하셨다는 말의 진정한 ...엇이든 간에, 우리는 우리가 그것을 믿지 못하고 명적으로 파산되어 하나님에 의해 버림받았다고 느낄 때조차도 그분의 존재가 우리 마음 깊은 곳에 남 ...듯한다고 생각하기 때문입니다. 우리는 혈관 속에 하나님의 기쁨을 지니고 있는 것입니다.

Great Dance

그때에 예수께서 제자들에게

"얘들아, 무얼 좀 잡았느냐?" 하고 물으셨다.

"못 잡았습니다" 하고 그들이 대답하니,

예수께서 그들에게 "그물을 배 오른쪽에 던져라.

그러면 잡을 것이다" 하고 말씀하셨다.

제자들이 그물을 던지니,

고기가 너무 많이 걸려서 그물을 끌어올릴 수가 없었다.

예수께서 사랑하시던 그 제자가 베드로에게

"저분은 주님이시다" 하고 말하였다.

시몬 베드로는 주님이라는 말을 듣고서

벗은 몸에 겉옷을 두르고 바다로 뛰어 내렸다.

그러나 나머지 제자들은

배를 탄 채로 고기가 든 그물을 끌면서 해안으로 나왔다.

그들은 육지에서 백 자 남짓밖에 떨어지지 않은 곳에 들어가 있었다.

그들이 땅에 올라와서 보니,

숯불도 피워 놓았는데, 그 위에 생선이 놓여 있고, 빵도 있었다.

_ 요한복음 21:1-13, 표준새번역

* 프레드릭 뷰크너는 미국의 저명한 문필가이며 목사이다. 글의 출처는 Frederick Buechner, *The Longing for Home: Recollections and Reflections*(San Francisco: Harper-SanFrancisco, 1996), 125-132 ("The Great Dance").

몇 년 전
겨울, 아내와 스무 살 된 딸 셜미Sharmy와 함께 플로리다 올랜도 근처에 있는 씨 월드Sea World라는 멋진 관광지에 놀러 간 적이 있습니다. 그곳에는 신나고 활기차고 흥미로운 것들이 많았습니다. 수많은 사람들, 시끄러운 음악 소리, 미키마우스 티셔츠 등등. 그러나 우리의 관심을 끌었던 것은 다른 데 있었습니다. 그것은 수정같이 맑은 청록색 물이 들어 있는 커다란 물 탱크 속에서 펼쳐지는 고래 쇼였습니다. 노천극장 한쪽 끝에는 물 속으로 뻗쳐진 무대가 설치되어 있고 그 무대 위에는 수영복을 입은 예쁘고 잘생긴 젊은 남녀들이 고래의 묘기를 진행하고 있었습니다.

고래쇼에서 엿본 천국의 기쁨

그날은 구름 한 점 없었고 플로리다의 밝은 햇빛이 물살에 반짝이며 반사되었습니다. 하늘이 우리의 머리 위에 차양처럼 찬란하게 활짝 펼쳐져 있었습니다. 노천극장은 사람들로 꽉 차 있었습니다.

시작 신호와 함께 그 젊은이들은 우리가 살인 고래라고 불렀던 (그들은 우리를 무엇이라 부를까 궁금하군요) 대여섯 마리의 고래를 탱크 속에 들여보내는 것으로 쇼를 시작하였습니다. 그리고 원을 그리며 빙빙 돌아가는 그 고래들은 결코 살인 고래라 불릴 것 같지 않았습니다.

눈부신 하늘과 태양, 무대 위의 아름다운 젊은이들, 부드러운 남풍, 그리고 탄성을 지르며 그들의 연기를 지켜보고 있는 수많은 군중들, 그들의 기쁨만큼이나 즐겁게 연기하는 고래들, 이 모든 것들로 인해 그

하나님은 우리를 기쁨 가운데 그리고 기쁨을 추구하기 위해
창조하셨습니다. 그러므로 이 세상과 우리 자신 안에 존재하는
모든 어둠의 세력은 우리를 그 기쁨으로부터 떼어 놓을 수 없습니다.

쇼는 마치 모든 창조 세계—남자, 여자, 동물, 태양, 물, 땅, 하늘, 내가 알고 있는 모든 것, 그리고 하나님—가 상상할 수 없는 아름다움을 지닌 채 하나의 거대하고 환희에 찬 '춤' 가운데 사로잡혀 있는 것 같았습니다. 그때 그 쇼가 한창 진행되는 가운데 나는 내 눈에 눈물이 가득 찬 것을 발견하고는 깜짝 놀랐습니다.

쇼가 끝나고 옆자리에 앉아 있는 아내와 딸에게 내게 일어난 일을 말하려고 했을 때, 그들도 눈물을 글썽거렸다고 말하였습니다. 그 후 몇 년이 지난 뒤 우연한 기회에 워싱턴에 있는 설교자 학교the College of Preachers에서 열린 세미나의 강사로 초빙된 나는, 그때 그 사건에 대해 이야기하게 되었습니다.

세미나가 끝나자 한 사람이 몇 주 전에 자신이 설교한 글을 좀 봐 달라고 청했습니다. 나중에 알고 보니 이 사람은 영국 셀리스버리 성당의 수석 사제였습니다. 그가 쓴 설교 내용은, 그가 최근에 플로리다 올랜도 근처에 있는 씨 월드라는 곳에 어떻게 가게 되었으며, 그곳에서 아주 특별한 쇼를 보는 도중 눈에 눈물이 가득 고여 있음을 발견하고 놀랐던 경험에 관한 것이었습니다.

아내와 나, 딸 셜미, 셀리스버리 성당의 수석 사제. 우리는 모두 왜 그곳에서 눈물을 흘렸는지 알고 있습니다. 우리가 눈물을 흘린 것은, 그곳에서 평화로운 천국을 어렴풋이 보았기 때문이며 그것이 우리 마음을 감동시켰기 때문이었습니다. 짧은 순간이었지만 우리는 그때 그곳에서 에덴 동산을 보았으며, 창조의 절정에 해당되는 장엄한 댄스의 한 일원이 되었던 것입니다. 또 우리가 눈물을 흘린 이유는 삶은 바로 이렇게, 아니 이렇게 되기 위하여 창조되었구나 하는 생각과 함께 현재의 삶이 그와 같지 못하다는 자괴감이 언뜻 머리 속을 스쳐 지나갔기 때문이었습니다.

우리는 욥기에서 묘사한 대로 세상이 처음 만들어졌을 때 '새벽 별들이 함께 노래를 부르고 하나님의 모든 아들들이 기뻐 소리친' 그 이유를 깨달았던 것입니다. 그리고 우리는, 사도 바울로 하여금 감옥에 있을 때나 심지어 죽음 앞에서도 "주 안에서 항상 기뻐하십시오. 내가 다시 말하지만, 기뻐하십시오"라고 쓰게 했던 그 모든 것에 대해 깨닫게 되었던 것입니다. 아니면 "지금 애통하고 있는 자는 복이 있나니 너희가 나중에 웃게 되리라"는 예수님의 말씀에 대해 우리는 적어도 그것이 갖는 의미를 어느 정도 엿볼 수 있었기 때문이었습니다.

플로리다 올랜도의 그 여행에서 우리가 포착했던 그 느낌은 바로 이런 것이었습니다. 즉 이 세상은 어둠으로 가득 차 있지만, 그 암흑의 심연 속에서도—누가 이런 걸 믿을 수 있을까?—상상할 수 없는 기쁨이 존재한다는 것입니다.

이 세상은 우리 모두에게 좋지 못한 일들을 저지릅니다. 우리도 역시 이 세상을 향해 나쁜 일을 합니다. 이 세상뿐 아니라 서로에게, 그리고 자기 자신에게 나쁜 일을 합니다. 그러나 눈부시게 빛나는 물 속에서 반짝이는 고래가 태양 속으로 몸을 내던질 때 바로 그때 우리가 본 것은 기쁨이었습니다. 우리가 속해야 하는 기쁨 말입니다. 기쁨은 고향입니다. 우리가 그리워하는 고향 말입니다. 그때 우리 눈에 흘러 내렸던 눈물은 무엇보다도 고향을 그리워하는 눈물이었음을 나는 또한 확신합니다. 향수에 젖은 눈물 말입니다.

하나님은 우리를 기쁨 가운데 창조하셨고 또한 기쁨을 추구하라고 창조하셨습니다. 그러므로 결국 이 세상과 우리 자신 안에 존재하는 모든 어둠의 세력은 우리를 그 기쁨으로부터 떼어놓을 수 없는 것입니다. 왜냐하면 하나님이 우리를 그의 형상대로 창조하셨다는 말의 진정한 의미가 무엇이든 간에, 우리는 우리가 그것을 믿지 못하고 영적으로 파산되어 하나님에 의해 버림받았다고 느낄 때조차도 그분의 존재가 우리 마음 깊은 곳에 남아 있음을 뜻한다고 생각하기 때문입니다. 우리는 혈관 속에 하나님의 기쁨을 지니고 있는 것입니다.

예배에서 환희를 맛보십시오

이 기쁨이야말로 우리가 흘린 눈물의 의미를, 우리가 믿는 신앙의 의미를 설명할 수 있는 모든 것입니다. 지금 행복에 대해 말하는 것이 아닙니다. 기쁨에 대해 말하고 있는 것입니다. 행복은 일이 뜻대로 잘 진행될 때 생깁니다. 그러나 그것은 우리의 가는 길을 멈추어 세우는 일들이 발생할 때 불가피하게 수반되는 불행의 전조일 뿐입니다.

이와는 달리 기쁨은 어떤 일이 일어나거나 또는 일어나지 않았기 때문에 오는 것이 아닙니다. 때때로 기쁨은 단순히 우리가 살아 있구나 하는 사실만으로도 솟아오릅니다. 기쁨은 하나님이 만드신 풍요로운 세상에 내가 일부분이 되어 살고 있다는 사실로부터 올 수 있지만, 동시에 기쁨은 나라고 하는 존재가 두려운 이 세상의 한 부분이 되어 살고 있다는 사실로부터도 솟아납니다.

예수님은 자신의 죽음이 다가오고 있다는 사실을 아시고 제자들과 함께 마지막 식사를 하셨을 때, 어떤 의미에서든 결코 행복하지 않으셨습니다. 그리고 그같은 상태에서는 그와 함께 있던 제자들뿐만 아니라 지금의 여러분과 나에게도 행복을 나누어 줄 수 없을 것입니다. 그분이 줄 수 있는 것은 행복보다 더 값지고 귀중한 것입니다. 왜냐하면 그것은 주거나 빼앗을 수 있는 세상의 힘을 넘어서는 것이기 때문입니다. 그것이 무엇입니까? 기쁨이라고 불리는 것입니다.

그분은 말씀하십니다. "내가 너희에게 이것을 말하노니, 나의 기쁨이 너희 안에 있을 것이다." 슬픔만큼이나 애절한 그 기쁨 말입니다. 그 어느 날 오후 사람들로 가득한 노천극장에서 내 눈에 눈물을 흐르게 했던 그 기쁨과 감격 말입니다.

이러한 우리를 바라보면서 그 누가 일요일마다 교회에 나가서 드리는 예배의 중심에 기쁨이 존재한다는 것을 상상할 수 있을까요? 또 우리가 올랜도에서 경험했던 그 강렬한 체험의 옷자락을 주님의 날에 느낄 수 있겠습니까? 그렇게 되기를 나는 희망합니다. 또 그렇게 되기를 기도합니다. 어쩌면 제단에 올려진 꽃들의 신선함과 그것이 내뿜는 향기 속에서, 그리고 타고 있는 촛불 속에서 그 찬란한 환희를 어렴풋하게나마 보게 될지도 모릅니다.

아니면 인간이라는 한 존재로서 우리가 확신하지 못하는 어떤 것을 갈망하고 그것을 향해 손을 뻗으려 할 때, 우리 안에서 그 여운을 느낄 수 있을지도 모릅니다. 또 어쩌면 맛있는 포도주가 우리 혀를 자극하듯이, 이따금씩 무언가 기쁨 같은 것이 우리 마음을 휘저어 감동시킬지도 모릅니다. 아니면 찬양할 때, 혹은 기도할 때, 혹은 설교를 들을 때 갑자기 어느 한 구절이 한 순간 살아 움직여 우리 마음을 어루만지게 될지도 모르는 일입니다.

햇살을 흠뻑 품어 아름다운 자주색, 녹청색을 뿜어 내는 스테인드 글라스 유리창도 때론 보석처럼 그 섬광에 관해 이야기해 줄지도 모릅니다. 그러나 정직하게 고백하건대, 몇 년을 교회에 다니는 동안 나는 한 번도 거대한 고래가 하늘로 치솟아 오를 때 느꼈던 것과 같은 그런 기쁨을 맛본 적이 없었습니다.

우리는 무엇보다도 사랑받을 존재입니다. 이것이 복음의 말씀입니다. 우리가 사랑받음은 일요일마다 가장 좋은 옷을 차려입고 교회에 나가고, 선한 행동을 하며, 최선을 다해 살아 가는 것으로 말미암는 게 아닙니다. 우리가 가장 강하고 가장 아름다운 동시에 가장 연약하고 보잘 것없는 존재라는 사실을 깨달아 알기에 우리는 사랑받을 만한 것입니다. 이러한 복음이 정말 사실일지도 모른다고 믿는 사람들과 함께 하는 것은 마치 아이리시 경마장에서 내기에 이긴 사람들이 함께 행동하는 것과 같을 것입니다.

활력 있는 기쁨 가운데 친구를 만나는 것과 같을 것입니다. 즉, 우리는 교회 자리에 앉아 있는 사람 하나하나가 낯설거나 잘 모르는 얼굴들이 아니라 오랫동안 잃어 버렸던 우리의 형제요 자매임을 발견하게 된 사람들처럼 서로 얼싸안고 기뻐해야 한다는 것입니다.

왜냐하면 우리 모두가 비록 각기 다른 정원을 걸으며 다른 무덤 앞에서 무릎을 꿇고 있다는 사실에도 불구하고, 인간적으로 말해 우리 모두는 같은 장소에서 왔으며 우리 앞에 기다리고 있는 똑같이 축복된 신비스러운 장소로 함께 향하고 있기 때문입니다. 이것이 바로 교회에서 예배드릴 때 뿐만 아니라 우리 자신의 삶 가운데에서도 놓치기 쉬운 그 기쁨인 것입니다.

이 기쁨은 어쩌다 한두 번쯤 진실로 인생은 성스럽다고 믿는 데서 생기는 것이 아닙니다. 실제로 내 아내와 딸 그리고 그 영국 사제와 내가 공유했던 그 빛나던 광채의 순간과 우연히 마주치게 되는 그런 정면 충돌의 방법으로 인생의 성스러움과 직접 부딪칠 때 생기는 바로 그것입니다. 이 성스러움이야말로 우리가 무엇보다도 갈망해 왔던 것일 거라는 생각이 듭니다.

사랑하지 않을 수 없는 그분

요한복음 마지막 장에 씨 월드에서의 순간과 똑같은 경험을 말해 주는 또 다른 장면이 나옵니다. 그곳에도 물이 있었고 물고기가 있었으며, 태양과 하늘이 있었습니다. 그리고 내 추측이 틀리지 않는다면, 그 사건이 일어났을 때 그곳에 있던 자들의 눈에도 눈물이 흘렀을 것입니다. 물은 디베랴 바다였으며 그곳에서 어부인 제자들이 물고기를 잡고 있었습니다. 그보다 일주일 전에 예수님의 십자가 죽음이 있었습니다.

그 이후로 예수님은 몇몇 제자들 앞에 나타나 보이셨고 그들에게 말씀과 약속을 하셨습니다. 도마는 그분의 손을 만져 보기까지 했었습니다. 그러나 또 다시 그분은 모습을 감추셨습니다.

그러던 어느 날 밤, 베드로는 친구 여섯 명과 함께 고기잡이를 나갔습니다. 그들은 아무 것도 잡지 못하였습니다. 그러나 어쩌면 그들은 물고기를 낚았다기보다는, 그들이 잃어버린 '그분' 없는 또 다른 하룻밤을 그저 지내고 있었는지도 모릅니다.

그때, 그들은 요한이 말하는 '날이 새어 갈 때에' 100m 정도 떨어져 있는 해변가에 숯불이 타오르고 있고 그 옆에 한 사람이 서 있는 것을 보았습니다. 그들은 그분이 누구인지 처음에는 알지 못하였습니다. 그 사람은 그들에게 고기를 많이 잡았는지 물었고 그들이 고기가 없다고 대답하자 그물을 배 오른편에 던지라고 명령했습니다. 그들이 그렇게 했더니 이번에는 운 좋게도 153마리나 되는 많은 고기를 끌어올렸습니다. 요한은 마치 그때 잡은 고기를 실제로 세어 보고 그 숫자를 결코 잊을 수 없었던 것처럼 말하고 있습니다.

그때 제자 중 한 사람이 해변의 그분이 예수님이심을 알아보았고, 그것을 베드로에게 말했을 때 베드로는 마치 고래처럼 물 속으로 자기 몸을 던졌고 그 누구보다도 먼저 헤엄을 쳐 해변가로 기어올랐습니다. 그가 예수님과 나눈 짤막한 대화는 결코 마음속에서 지울 수 없는 것이었습니다. 왜냐하면 베드로는 우리가 그곳에 있었다 해도 여러분과 내가 말할 수밖에 없었을 그런 말을 했기 때문이며, 예수님은 우리 모두에게 말씀하시는 것과 거의 똑같은 말씀을 베드로에게 하셨기 때문입니다.

예수님은 베드로에게 자기를 사랑하느냐고 물으셨고, 베드로는 그렇다고 대답했습니다. 그는 예수님을 사랑한다고 말합니다. 우리가 그분을 한 번도 뵌 적이 없을지라도 그분을 조금이라도 사랑하지 않기란 힘듭니다.

그분이 누구인지, 그분에 관해 무엇을 믿어야 하는지, 당신이 확신할 수 없을 때조차도—하나님 보시기에 당신이 그분 따르는 일을 능숙하게 잘 해 내지 못하고 있을 때조차도, 그것이 무엇을 의미하든 간에— 그런 때라도, 반쯤은 혼란스럽고 반쯤은 비밀스러운 방식으로라도 그분을 사랑하지 않고는 배길 수 없다고 나는 생각합니다. 예수님이 세 번 물으셨을 때 베드로는 그때마다 그분을 사랑한다고 대답했고, 그때마다 예수님은 거의 같은 방식으로 그에게 말씀하십니다. "나의 어린양을 먹이라", "나의 양을 치라", "나의 양을 먹이라."

"와서 조반을 먹으라"

나는 우리들에게 눈물을 흐르게 했던 그 기쁨과 예수님이 서로를 먹이라고 말씀하셨을 때의 그 의미와는 서로 밀접한 관계가 있다고 생각합니다.

이 세상에는 말 그대로 먹을 것이 없어서 굶는 사람들도 있겠지만, 또 다른 한편의 사람들은 우리가 그들에게 해 줄 수 있는 어떤 일이든지 그 안에 담긴, 하나님만이 아시는 작지만 생명을 회복시킬 수 있는 친절함과 이해가 부족함으로 인해 굶어 죽어 가고 있을지도 모릅니다. 문자 그대로 혹은 비유적으로 당신과 내가 서로를 먹이고 서로의 필요를 살피고 서로를 돌본다는 것은,—시편에 의하면—바다들이 손뼉치고 언덕들이 기쁨으로 노래 부르며, 남자와 여자와 물과 짐승들이 한데 어울려 추는 춤의 일부가 되어 가는 일일 것입니다.

하늘에 처음 나온 태양 빛이 부채꼴로 퍼지기 시작할 때, 예수님이 베드로에게 "내 양을 먹이라"고 말씀하셨습니다. 그러나 그보다 먼저 무언가 다른 말씀을 하셨습니다. 다른 여섯 명이 배를 타고 해안에 올랐을 때에 그들은 숯불이 피어오르는 곳으로 다가갔습니다. 그들은 거기에 서 계신 분이 예수님이라는 사실을 알았지만 확실히 안 것도 아니었고 그렇다고 그 사람에게 그들이 확신하고 있는 그분인지 물어 볼 수 있는 용기도 없었습니다.

그분은 그들에게 잡아 온 물고기를 가져오라고 말씀하셨고 그리고 —내가 추측컨대—그들의 눈에 눈물을 흐르게 한 어떤 말씀을 하셨던 것입니다. 하나님의 어린 양, 평화의 왕이 거기 그렇게 서 계시며 말씀하셨던 것입니다. 저 멀리 저 높은 곳으로부터 날이 밝아 오기 시작하였습니다. 그러나 이 순간에 아주 심오하고 특별한 말씀을 하실 것이라는 모두의 예측을 깨고 그분은 이렇게 말씀하셨습니다. "와서 조반을 먹어라."

나는 그분이 이 말씀을 우리 모두에게 하고 계신다고 믿습니다. 분명히 그의 양들, 그의 어린양을 먹이라는 것입니다. 그러나 그분은 우리에게 먼저 먹도록 하십니다. 그분 자신만의 특별한 무언가로 우리를 먹이실 것입니다. 포도주 한 모금과 빵 한 조각으로, 태양과 물과 하늘의 춤으로, 우리를 가장 필요로 하고 또 우리가 가장 필요로 하는 사람들의 얼굴로, 숯불 위에서 요리되고 있는 아침 식사의 냄새로, 그분은 우리를 먹이실 것입니다.

우리가 어디에서 그분을 발견하게 될지, 또는 발견한다 해도 우리가 그분을 알아볼 수 있을지 누가 알겠습니까? 그분이 정말 어떤 분이신지, 그 진실에 다가가는 것이 무엇인지 그 누가 알겠습니까? 그러나 나는 기도합니다. 우리 모두가 그분을 어딘가에서 어떻게든지 발견할 수 있게 되길, 그리고 그분이 우리의 빈 마음을 채울 수 있는 그의 생명력과 우리 안의 어두움을 몰아 낼 수 있는 빛을 우리에게 주시기를 간절히 소망하는 바입니다.

설교 28

설교를 통해 하나님을 뵙는 일
코넬리우스 플랜팅가*

의 주된 기능들 중의 하나는 언제나 '최초의 청중'인 설교자를 포함하여 모든 청중에게 하나님을 실제화 real시키는 것입니다. 물론 교회 안에 있는 그렇게 생각하든 그렇지 않든, 그들의 생각과는 상관없이 하나님은 실재하십니다. 그러므로 한 편의 설교를 행함으로써 하나님을 '움직이시게' 한다는 주 각은 교만으로 가는 지름길이 될 것입니다. 그러나 설교는 다른 방식으로 청중에게 하나님을 실제화시킵니다. 이는 곧 건강한 설교에서는 하나님의 온 이 명백하게 나타난다는 뜻입니다. 이러한 특성들은 마음속에서 느껴지고, 의식적으로 고양되며, 가슴으로 수긍되어집니다. 하나님의 뜻에 순종하는 삶 하나님을 의식하는 삶이고, 설교자는 청중에게 하나님을 재차 설명함으로써 그들의 삶을 자극합니다. 이것이 효과적으로 행해졌을 때, 설교자의 선한 성령의 능력(설교중의 예기치 못한 변수 혹은 '미지의 요소')으로 활력을 갖게 되었을 때, 하나님은 청중에게 다시 한번 중요시 발하시게 됩니다. 그러나 설교는 하나님의 말씀을 담고 있기 때문에 청중의 반응을 요구합니다. 생동감 있는 설교는 인간의 마음속을 휘저어 놓습니다. 교를 들었을 때, 사람들은 자신들 안에서 믿음이 자라는 것을 느끼게 됩니다. 자신들 안에서 열정이 솟아오르는 것도 느끼게 되고, 무엇인가를 '하고 이 솟구칠 수도 있습니다.

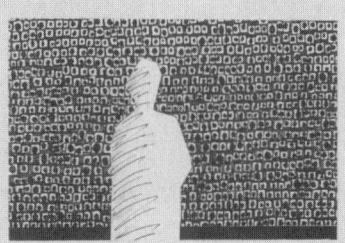

Seeking God Through Preaching

설교의 주된 기능들 중 하나는
언제나 '최초의 청중'인 설교자를 포함하여
모든 청중에게 하나님을 실제화시키는 것입니다.
물론 교회 안에 있는 사람들이 그렇게 생각하든 그렇지 않든
그것과 상관없이 하나님은 실재하십니다.
한 편의 설교를 함으로써 하나님을 '움직이시게' 한다는
주제넘은 생각은 교만으로 가는 지름길입니다.

_ 본문 중에서

* 플랜팅가 박사는 미국 칼빈신학교의 교장이며 조직신학 교수다. 글의 출처는, Cornelius Plantinga, "Seeking God Through Preaching," in *Reading and Hearing the Word: From Text to Sermon*, Essays in Honor of John H. Stek, ed. by Arie C. Leder (Grand Rapids: Calvin Theological Seminary & CRC Publications, 1998), 219-232. 번역된 저서로는 「기독 지성의 책임: 크리스천 지식인의 목적과 사명」(서울: 규장, 2004)이 있다.

웨일스 출신의 탁월한 설교가 엘람 데이비스Elam Davies는 자신이 목회했던 시카고 제4장로교회에서, "우리가 확신할 수 있는 하나님"[1]이라는 제목의 은퇴 설교를 한 적이 있습니다. 그 설교에서 그는 평생 잊지 못할 한 감동적인 사건에 대해 말합니다. 데이비스 목사와 그의 아내 그레이스는 시카고에서 지내는 동안 휴가철이 되면 종종 그들의 고향인 웨일스를 찾곤 하였습니다.

그들은 종종 올미Orme라는 마을의 '큰 바위'라 불리는 해변을 찾아가곤 했는데, 그 곳은 오른쪽 육지 끝에 있었으며 사람들이 저녁놀을 보기 위해 모여드는 곳이었습니다. 맑게 갠 밤이면 수평선 전체가 만화경처럼 변화되는 가운데, 노란 태양이 구름의 가닥 가닥들을 뒤쪽에서 비추면서 백랍 빛 바다 속으로 천천히 빠져 들어가는 것을 볼 수 있었습니다. 일몰을 구경하는 사람들은 그 장관에 압도되곤 했습니다. 감성적인 웨일스 인들답게 그들은 종종 눈물을 흘리곤 했습니다.

서론

어느 날 저녁이었습니다. 데이비스 부부는 수평선 너머로 지는 붉은 태양에 도취되어 차를 세우고는 넋 놓고 쳐다보고 있었습니다. 바로 그 때 아주 낡은 차 한 대가 옆으로 다가와 나란히 섰습니다. 그 차 안에는 나이가 지긋한 노부부와 아들처럼 보이는 한 남자가 있었습니다. 그 아들은 사고를 당했는지 병 때문인지 심한 지체장애자였는데, 매우 무기력하게 보였습니다. 자동차의 뒷자리에 축 늘어져 누워 있는 그의 모습은 육체의 불구 안에 갇혀 지칠 대로 지친, 거의 탈진 상태에 있는 불쌍한 영혼이었습니다.

거대한 화염 덩어리가 수평선 너머로 내려가기 시작할 때, 노인 부부는 낡은 차 밖으로 나와 뒷좌석 쪽으로 갔습니다. 그리고 뒷좌석에 누워 있는 아들을 끌어올려 차 창가로 당겨 앉혀 놓았습니다. 그리고 데이비스에 의하면, 태양이 절정의 화염을 발하고 마지막으로 그 찬란한 영광을 드러내며 수평선 아래로 떨어지려는 그때, 그 노부모는 아들의 턱을 손으로 괴어 받쳐 주고 머리를 세워 주면서 수평선 쪽을 바라보도록 손가락으로 가리켰습니다. 수평선을 가리키는 그 노부모의 손가락을 상상해 보십시오.

"나는 그 순간에 알았습니다"라고 엘람 데이비스는 자신의 설교에서 말합니다. "하나님께서는 우주의 모든 장엄함으로 우리를 어리둥절하게 만드실 수 있습니다. 그러나 그 우주의 '비밀'은 우리가 연약하고 궁핍할 때 우리에게 다가오는 그 '사랑' 안에 있었습니다."

물론, 하나님의 영광은 그날 저녁 그 일몰 속에 있었습니다. 그것이 바로 모든 사람이 올미에 와서 보려고 하는 것이었습니다. 그러나 그보다 더 위대한 하나님의 영광은 노부모의 마음속에 있었고, 그 아들의 턱을 들어올린 손가락 끝에 있었습니다. 그리고 이 영광의 단순한 이름은 '사랑'이었습니다.

설교는 무엇을 하는가

자! 이렇게 말해 봅시다. "설교란 설교의 권위를 부여받은 사람이 특정한 때에 특정한 사람들에게 하나님의 말씀을 제시하는 것이다." 다른 사람들에게 자신의 영적 체험을 이야기하는 것과 같이(몇몇 기독교인들은 그것을 '나눔' sharing 이라고 하거나 혹은 '그저 함께 나누는 것'이라고 말합니다.) 훌륭한 설교는 인격적이고 구체적입니다. 설교는 강의가 아닙니다. 그러나 엘람 데이비스같이 매우 인격적이고 구체적인 설교자라 할지라도 아무 것도 없는 백지 상태에서 설교를 창조하지는 않습니다. 설교자는 신앙 공동체의 책, 바로 '성경'을 가지고 설교를 준비합니다.

물론 그가 자신의 메시지에 대해 개인적으로 어떻게 느끼는가 하는 점이 어느 정도 문제가 될 수는 있을 것입니다. 그러나 이 문제는 그가 자신의 메시지를 얼마나 충실하게 전달할 수 있는가 하는 문제보다는 중요하지 않습니다. 결국 그도 자신의 설교를 듣는 사람들과 같은 태도로 자신의 메시지를 전해야 하기 때문입니다.

그러므로 그가 준비한 메시지는 단지 청중들뿐 아니라 그 자신에게도 전하는 것입니다. 사실, 설교의 메시지는 설교자로 '부터' from 오는 것이 아니라, 설교자를 '통하여' through 옵니다. 그리고 설교는 설교의 메시지와 그 메시지를 보내신 하나님께 집중됩니다. 사도 바울은 이렇게 기록하고 있습니다. "우리는 우리 자신을 전파하지 않습니다. 우리는 예수 그리스도가 주님이라고 전파할 뿐입니다"(고후 4:5).

그리고 나서 바울은 다음의 말씀을 덧붙입니다(6-7절). "왜냐하면 우리의 마음속에 하나님의 영광—예수 그리스도의 얼굴에 있는—을 아는 빛을 비추어 주신 분은 '어두움 속에 빛이 있어라'고 말씀하신 하나님이시기 때문입니다. 그러나 우리는 이 보배를 질그릇 속에 가지고 있습니다. 따라서 이 특별한 능력은 하나님께로부터 나오는 것이지 우리에게서 나오는 것이 아님이 명백해집니다."

자, 이 본문으로 설교 준비를 하는 설교자를 한번 상상해 보십시오. 그는 한동안은 고전적인 방식—본문에 귀를 기울여 보고, 질문도 해 보고, 또 여러 각도에서 살펴보면서—으로 설교 본문을 연구합니다. 설교자는 그가 다루는 본문을 성경에 나타나는 다른 유사한 본문들과 비교해 보고, 성경 학자들은 그 본문과 유사한 본문에 대해서 뭐라고 말하고 있는지 찾아서 읽어 보기도 합니다. 또한 설교자는 설교 본문에 대한 해석을 성경적으로나 신학적으로 자신이 이해할 수 있는 범위에서 시도하게 되므로, 설교 자체는 설교자 자신이 이해하는 본문상의 맥락으로 의미를 가지게 됩니다.

그리고 설교자는 설교를 준비하는 동안 줄곧 본문의 메시지를 청중에게 전달하기 위한 전략이나 '동작들'―적절한 설명, 극적인 대조, 설교를 일관성 있게 하나로 맞추는 후렴구 같은 말의 사용―을 연구합니다. 그리고 어느 주일엔가 그 설교자는 회중 앞에 서서 이 본문을 설교하게 됩니다.

어떻게 그렇게 되는 것입니까? 고전적으로 말하자면, 어떤 특정한 본문을 가지고 설교한다는 것은 그 본문이 의미하는 바를 '다른 말로 바꾸어서' 전달하는 것입니다. 설교자는 설교 본문에 의지하여 회중에게 어느 주일에는 경고를, 그 다음 주일에는 위로를 줄 수도 있습니다. 설교자는 예언을 할 수도 있고, 충고를 할 수도 있으며, 가르치기도 하고 꾸짖기도 할 수 있습니다. 그리고 만약 설교자가 선택한 본문이 너무 자극적일 경우에는 사람들을 화나게 할 수도 있습니다. 설교자는 청중이 갖고 있는 대중적 의견이나 견해에 도전하는 것으로 시작해서 그 도전을 극대화시키는 말로 설교를 마칠 수도 있습니다.

그러나 그러한 도전은, 대중적인 여론을 세상에 대한 성경적 관점으로 보았을 경우에만 가능합니다. 설교자는 자기 설교의 많은 부분을 반복적인 질문으로 바꿈으로써, 질문 형식으로 된 성경 본문을 재생산해 낼 수도 있을 것입니다.

만약 설교자가 고린도후서 4:6을 설교하고 있다면, 아마도 그 설교자는 자신의 청중에게, 올미에 있었던 사람들 중의 한 사람에게 하듯이 이야기하게 될 것입니다. 그 이유는, 단순히 그 이야기 자체가 영감을 주기 때문이 아니라 설교 본문이 주는 영감과 똑같은 노선을 따라서 그 이야기가 청중에게 영감을 주기 때문입니다. 이 구절은 장엄한 창조에서 감격적인 구원으로 흘러가는 구절로, 그 처음과 끝에서 "빛이 있어라"고 말씀하시는 하나님을 우리들에게 보여 줍니다.

우리는 '구속'이라는 것이 얼마나 힘든 작업인지 알아야 합니다. 구속에 있어서 하나님은 상쾌한 출발을 하실 수 없습니다. 하나님은 이미 오랜 동안 죄와 비참함으로 형편없이 일그러져 온 인류를 구원해야만 하기 때문입니다. 이러한 원상 회복 프로젝트가 어려운 이유는, 아마도 그 프로젝트에 따르는 고통 때문일 것입니다. 즉, 사악함을 온전히 흡수함으로써 보복의 악순환이라는 고리를 끊어야만 했던 하나님의 아들 예수 그리스도의 죽음, 그리고 그분이 스스로에게 부여한 자발적 고난, 그것이 가져온 심한 고통 등이 이 프로젝트가 어려운 이유로 꼽힐 수 있다는 것입니다.

모든 신실한 설교자들이 알고 있는 것처럼, 예수 그리스도의 죽음과 부활은 인류 역사의 중심을 차지하며 기독교 설교의 중심을 차지합니다. 그리스도의 죽음 안에서, 하나님은 또 다른 죽음으로 죽음을 물리치시는 이독제독以毒制毒의 전략을 채택하십니다.

그리고 하나님은 그리스도의 죽음에 따른 이익을 예수님의 제자들에게 넘겨주시기 위해 비슷한 전략을 취하십니다. 놀랍게도 하나님은 그들—그들의 청중만큼이나 상처 받고 어리석은 인간들—에게 그리스도를 전하기 위해 다른 인간들을 대리자로 임명하심으로써 인간들을 구원하기로 결심하십니다.

고린도후서 4:7에서 바울은 설교자(바울은 자기 자신을 염두에 둡니다)를 질그릇에 비유합니다. 그런 소박하고 보잘것없는 것에서 사랑의 불꽃을 발견하는 일—데이비스가 어느 날 밤 올미에서 발견한 것처럼 사람의 마음속에서 하나님의 영광의 불꽃을 발견하는 일—은, 일종의 기적을 발견하는 것과 같습니다.

또한 그날 밤 데이비스가 발견한 것은 1급 설교 예화를 제공해 줍니다. 이것은 설교자가 하는 일이 단순히 성경 본문을 반복하는 것이 아니라 본문을 회중의 귀에 잘 맞추는 것임을 의미합니다. 설교는 본문이 하고 있는 말을 다른 언어로 새롭게 말하는 것입니다.

그러나 그것이 전부는 아닙니다. 물론 설교자는 본문이 말하는 것을 다른 말로 이야기하는 사람입니다. 잘 단장하고 모양을 내고 색깔을 입히고 확대를 함으로써, 설교되고 있는 본문을 사람들이 들었을 때 '지금 우리는 우리를 향해 말씀하시는 하나님의 음성을 듣고 있구나'라는 생각을 갖도록 하는 것입니다.

예를 들어, 그들은 죄에 대해 다음과 같이 말하는 것을 들을 수 있습니다. "죄란 하나님과 이웃에 대한 공격일 뿐만 아니라 일종의 자기 학대이다." 또한 그들은 그들 자신이 자신에게 속하지 않았으며, 또한 자신이 자신의 창조자도 그렇다고 중심점도 아니라는 설교를 들을 수 있습니다. 놀랍게도 이런 설교가 청중에게 위안을 줄 수도 있습니다.

또 다른 예를 들어 봅시다. 우상 숭배자들은 자신의 신들을 자신들의 등에 업고 가야 하지만, 성경의 하나님은 도리어 우리를 업고 가신다는 설교를 들을 수도 있습니다. 그러면 청중은, 종교의 중심적인 문제가 "누가 누구를 인도하는가?" "누가 누구를 업고 가는가?"라는 사실임을 알게 될 것입니다.[2]

설교가 원래의 목적과 의도대로 작용할 때, 그 결과는 다양하게 나타납니다. 사람들은 설교를 통해 마음에 찔림을 받거나, 하나님의 보호하심을 느끼거나, 때로는 은혜를 체험하기도 합니다. 사람들은 주님의 성만찬에 참여하거나 세례식에 참여했을 때와 같이, 이런 종교적 사건에 의해 자신들이 하나님께 다가가 있다는 것을 느끼게 됩니다. 실제로 기독교인들은 이미 선포되고 전해진 한 편의 설교를, '들을 수 있는 성례'(어거스틴이 처음 사용한 어구라고 합니다)와 같은 것으로 간주합니다.[3] 성례는 하나님과 그리스도인들 간의 언약의 인대요 언약의 끈이라고 말할 수 있습니다.

설교는 그리스도인들이 하나님을 들을 수 있도록 해 줌으로써 자연스럽게 그들을 하나님께 묶어 줍니다. 또한 한 편의 설교는 사람들을 서로서로 묶어 주기도 합니다. 잘 설계된 한 편의 설교는, 불신자나 구도자 또는 너무나 의식적으로 하나님에 대해 갈등하기 때문에 자기 자신을 어떻게 불러야 할지 도무지 알지 못하는 이중적인 사람들에게 하나님을 잘 들을 수 있는 길을 보여 줄 수도 있습니다.

하나님을 절실히 느끼게 하는 것

사실, 설교의 주된 기능들 중의 하나는 언제나 '최초의 청중'[4]인 설교자를 포함하여 모든 청중에게 하나님을 실제화real시키는 것입니다. 물론 교회 안에 있는 사람들이 그렇게 생각하든 그렇지 않든, 그들의 생각과는 상관없이 하나님은 실재하십니다. 그러므로 한 편의 설교를 함으로써 하나님을 '움직이시게' 한다는 주제넘은 생각은 교만으로 가는 지름길이 될 것입니다.

그러나 설교는 다른 방식으로 청중에게 하나님을 실제화시킵니다. 이는 곧 건강한 설교에서는 하나님의 은혜와 능력이 명백하게 나타난다는 뜻입니다.

이러한 특성들은 마음속에서 느껴지고, 의식적으로 고양되며, 가슴으로 수긍되어집니다. 하나님의 뜻에 순종하는 삶은 적어도 하나님을 의식하는 삶이고, 설교자는 청중에게 하나님을 재차 설명함으로써 그들의 삶을 자극합니다. 이것이 효과적으로 행해졌을 때, 설교자의 선한 노력들이 성령의 능력(설교중의 예기치 못한 변수 혹은 '미지의 요소')으로 활력을 갖게 되었을 때, 하나님은 청중에게 다시 한번 중요시되고 빛을 발하시게 됩니다.

그러나 설교는 하나님의 말씀을 담고 있기 때문에 청중의 반응을 요구합니다. 생동감 있는 설교는 인간의 마음속을 휘저어 놓습니다. 그러한 설교를 들었을 때, 사람들은 자신들 안에서 믿음이 자라는 것을 느끼게 됩니다. 자신들 안에서 열정이 솟아오르는 것도 느끼게 되고, 무엇인가를 '하고' 싶은 생각이 솟구칠 수도 있습니다. 마틴 루터 킹 목사가 미가서 6:8과 같은("주님께서 당신에게 정의를 행하며 인자를 사랑하고 겸손히 네 하나님과 함께 행하는 것을 요구하신다.") 위대한 예언서 본문들 가운데 하나를 설교했을 때나, 그가 이 본문을 가지고 연설을 했을 때나 그 효과는 똑같았습니다.

사람들은 깊이 감동하였고, 하나님이 인종적 정의 쪽에 서 계신다고 믿게 되었습니다. 그들은 이러한 정의를 추구하려는 열정으로 감동되었습니다. 킹 목사의 연설을 들은 사람들은 마음속으로 '예, 맞습니다!'라고 소리쳤으며 이후 워싱턴을 향한 대 행진을 시작했습니다. 때때로 킹 목사는 청중을 재촉하며 "투표함으로 행진해 갑시다!" 혹은 "정의 행하는 것을 두려워하지 않는 사람들을 미국 국회의사당으로 보낼 때까지 투표함으로 행진해 갑시다!"[5] 라고 외치기도 했습니다.

조나단 에드워즈 Jonathan Edwards는 다음과 같이 말한 적이 있습니다.[6] "진정한 종교는 상당 부분 마음의 열정적 훈련들에 있다." 이 말의 핵심은, 진정한 종교는 우리의 열정에 불을 붙이는 것뿐 아니라 그 열정들을 올바른 방향으로 인도하는 데 목표를 두어야 한다는 것입니다. 세상은 선함으로 가득 차 있습니다. 경건한 사람은 그 선에 대해 자신의 온 마음을 다하여 '예'라고 말해야만 하고, 그 이후에는 그것에 따라 행동해야 합니다.

또한 세상은 악으로 가득 차 있습니다. 경건한 사람은 그 악에 대해 전심으로 '아니오'라고 말해야만 하며, 그렇게 말한 후에는 그 말에 따라 행동해야 합니다. 세상은 선과 악이 뒤섞여 가득 차 있기 때문에 경건한 사람은 무엇을 말해야 하고, 어떻게 행동해야 하는가를 알기 전에 그것들을 분별할 수 있는 은사를 필요로 합니다.

어쨌든, 진정한 종교―악을 미워하고 선에 속하라(롬 12:9)―는 우리의 가슴(중심)에서부터 시작됩니다. 에드워즈는 진심 어린 '예'와 '아니오'는 진정한 종교의 중심에 위치한다고 말했습니다. 이런 이유 때문에 우리는 그것을 단순히 말로만 하지 않고, 노래하거나 찬양하는 것입니다. 이런 이유 때문에 우리는 하나님의 말씀을 단순히 읽기만 하는 것이 아니라 설교하는 것입니다. 이런 이유 때문에 우리는 성찬예식에서 하나님을 먹고 마시는 것입니다.[7]

지금 말한 각각의 경우에서 동일한 이유는, 우리가 우리 마음의 열정을 원하고 우리 마음의 열정은 진정한 목표를 원한다는 것입니다. 그러기 위해, 우리는 먼저 사랑과 기쁨을 원합니다. 특히 하나님을 향한 '애정'(affections, 에드워즈의 표현에 따르면)을 갈망합니다. 우리는 믿음의 눈으로 볼 수 있는 충분히 크신 하나님의 실재를 원하고, 믿음의 입으로 맛볼 수 있는 충분히 선하신 하나님의 실재를 원합니다.

에드워즈와 그보다 앞서 살았던 영성이 뛰어난 많은 작가들은 우리에게 "야웨의 선하심을 맛보아 아는"(시 34:8), 즉 하나님의 '달콤하심'과 '영광스러운 광채'를 느낄 수 있는 감각을 주기 위해서 설교와 그외 다른 영적 훈련들을 필요로 했던 것입니다.[8]

그러나 여기서 우리는 한 가지 조심해야 할 것이 있습니다. 설교가 우리에게 하나님을 실제화시킨다는 말이, 설교가 하나님을 분명하게 보여 주는 데 도움이 된다는 뜻은 아니라는 사실입니다. 또한 설교되어진 하나님이 어쨌든 일정한 형태로 우리의 소유가 되어 우리가 볼 수 있도록 잘 맞추어진 분으로 되는 것도 아닙니다. 이런 식으로 하나님이나 하나님의 말씀을 소유하려는 시도는 어떠한 것이라도 우상숭배의 첫 걸음이 됩니다. 믿는 이들로 하여금 '하나님을 절실하게 느끼게 하는 것'이, 하나님을 길들여도 되는 허가증을 주는 것은 아닙니다. 그 누구에게든 마찬가지입니다.

"하나님은 알려지신다"는 것은 사실이며 진리입니다. 그렇지만 우리가 그분을 알기란 어렵습니다. 하나님은 설교와 성례들 안에서 우리에게 다가오십니다. 그러나 그것은 온전히 하나님의 은혜로 그렇게 됩니다. 하나님의 은혜의 신비와 그분 본성의 존엄성이 합해져 '성서에 입각한 역설들' 중 가장 기본적인 것 하나를 생산해 냅니다. 즉, 하나님은 우리 가운데 계시기도 하고 계시지 않기도 하며, 내재적이면서 초월적이시고, 능력과 은혜를 사용하실 수 있는 동시에 그 능력과 은혜에서 완전히 자유로우시기도 하다는 역설입니다.

위대한 신학자 칼 바르트는 하나님은 계시되는 동시에 계시되지 않는 분이며, 자신의 비계시 속에서 계시되신다고 기록하기도 했습니다.[9] 바르트가 비록 이 역설의 포인트를 다른 사람들보다 좀더 날카롭게 지적하긴 했지만, 그의 주장이 성경적 기초에 입각해 있음은 틀림이 없습니다.

구약 성경을 보면, 한편에서는 "어떤 사람이 다른 친구와 이야기하듯이 주님은 모세와 직접 대면하여 말씀하시곤 했다"라고 기록되어 있지만, 다른 한편에서는 주님이 모세에게 "너는 내 등을 볼 것이다. 그러나 내 얼굴은 네게 보이지 않을 것이다"라고 말씀하셨습니다. 성경적으로 사고해 볼 때, 이러한 역설은 너무나 기본적인 것이어서 출애굽기에서는 이러한 증언들이 서로서로 근접해서 나타납니다(출 33:11, 23).

인간의 고통은 역설을 무너뜨리기보다는 한층 더 고조시키는 것처럼 보입니다. 다른 한편으로 큰 고통을 겪는 그리스도인들은 때때로 하나님의 떠나심을 느끼며 한탄합니다. "나의 하나님, 나의 하나님, 왜 나를 버리셨습니까?"(시 22:1; 마 27:46) 또 다른 한편으로 많은 그리스도인들은, 자신들이 하나님의 임재를 가장 완전하게 느끼는 순간은 가장 큰 위험에 처했을 때라고 증언합니다. "심지어 내가 가장 어두운 골짜기를 걸어간다고 할지라도 나는 악을 두려워하지 않습니다. 왜냐하면 당신께서 저와 함께 하시기 때문입니다"(시 23:4).

「참회록」에서 어거스틴은 이러한 역설을 단순하면서도 기억에 남을 만한 문구로 진술하고 있습니다. "나의 하나님, 그러면 당신은 누구십니까?… 깊이 숨겨져 있으나 가장 친밀하게 나타나시는…."[10]

신실하게 설교되고 믿어지는 성경의 말씀은, 하나님의 '숨겨짐'의 깊이와 그 '친밀성'의 깊이에 있어서 그분의 실재를 사람들의 마음에 절실하게 느끼게 해 줄 것입니다.

설교자는 이러한 것들을 명백히 깨닫게 해 주는 드라마에 참여하는 동안, 이야기와 이미지 뿐만 아니라 자신의 마음과 인격의 여러 면까지도 어쩔 수 없이 성경에 덧붙이게 됩니다. 하나님은 인격적이십니다. 그러므로 하나님의 복음은 사람들에 의해 설교되어야 합니다. 설교자가 회중 앞에 섰을 때, 그는 자세, 에너지, 언어의 선택, 목소리의 높낮이, 청중과의 눈 맞춤―심지어 예절까지―등 자신의 모든 것으로 하나님을 실제화시키는 일을 할 수 있습니다.

설교자가 지니고 있는 관대함이나 인내 같은 '성령의 열매'도 그러한 일에 도움을 줄 것입니다. 만약 청중이 지금 자신들 앞에 있는 설교자가 스스로 희생하는 사람이라는 사실을 알고 있다면, 설교자가 전하는 하나님 또한 청중에게 매우 설득력 있게 다가갈 것입니다.

이것은 매우 중요한 요점입니다. 왜냐하면 이것이야말로 신앙이 활동하게 되는 흐름이기 때문입니다. 설교자가 이러한 흐름에 들어가 자신의 역할을 수행하기 위해서는, 부르심 받은 소명을 향해 자신의 마음과 생각을 구부려야 합니다. 또한 그 부르심에 대해 소리를 내서 응답해야 할 것입니다.

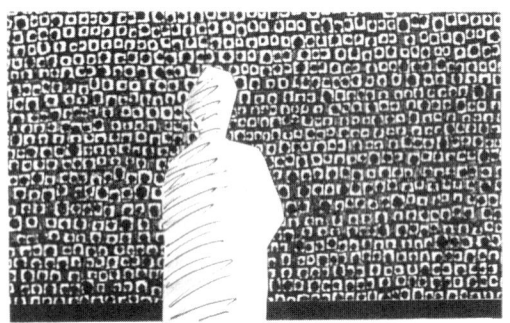

설교자는 자신의 순결성과 일관성을 지킴으로써 하나님께 쓰임 받을 수 있습니다. 설교자가 설교할 때 하나님의 영광의 한 부분이 빛을 발할 수 있습니다.

설교자는 일상생활 속으로 깊이 들어가 하나님의 말씀을 설교해야 합니다. 설교자는 사람들이 전율을 느낄 수 있도록 해 주려 하거나, 그들을 재미있게 해 주려 하거나, 혹은 그들이 좋아하는 생각을 추인해 주려는 욕망을 포기해야 합니다.

왜냐하면 설교자는 위로하는 만큼 질책도 해야 하기 때문입니다. 청중으로부터 사랑받으려는 희망은 포기해야 한다는 말입니다. 또한 유행의 바람이 아닌 하나님 말씀의 고동 소리에 순종해야 하기 때문에, 평판에 대한 열망 역시 포기해야 합니다. 간략하게 말해서, 설교자는 설교자로서의 도덕적·영적 일관성을 위협하는 모든 것을 포기하지 않으면 안 됩니다.

설교자는 자신의 순결성과 일관성을 지킴으로써 하나님께 쓰임 받을 수 있습니다. '등불'로 쓰임 받을 수 있습니다. 설교자가 설교할 때—본문이 말하는 것을 다른 말로 표현할 때, 그리고 본문이 행하는 것을 다른 말들로 행할 때—하나님의 영광의 한 부분이 빛을 발할 수 있습니다. 그리고 그때 청중은 '예수 그리스도의 면전에서 하나님의 은총의 지식의 빛'에 초점을 맞출 수 있을 것입니다.

엘람 데이비스가 올미에서 발견한 것처럼, 그리고 마틴 루터 킹의 추종자들이 전 미국을 부끄럽게 만들어 시민권 입법을 통과시키도록 했을 때 발견한 것처럼, 하나님의 빛은 사랑과 정의의 행동으로 말미암아 빛을 발합니다.

그러나 하나님의 빛은 신선한 그분의 말씀, 우리 귀로 들을 수 있는 그분의 말씀을 통하여 빛을 발합니다. 어거스틴은 다음과 같이 말합니다. "우리가 하나님을 찬양하기 위해서는 하나님을 불러야 하고, 하나님을 부르기 위해서는 하나님을 알아야 한다. 그리고 우리가 하나님을 알기 위해서는 그분을 믿어야 하고, 그분을 믿기 위해서 우리는 설교자가 필요하다."[11]

실천적 무신론자들에게 하나님을 느끼게 하기

사람들이 하나님을 절실하게 느낄 수 있도록 해 주는 것이 설교자의 역할입니다. 설교자가 필요한 것은 청중의 대부분이 무신론자들이어서가 아니라 오히려 그들 중 많은 사람들이 '실천적 무신론자' practical atheists들이기 때문입니다. 나는 심지어 독실한 그리스도인들조차도 때때로 하나님의 존재를 의심한다는 사실을 부인하지 않습니다.

C. S. 루이스와 같이 저명한 그리스도인도 회심한 후 한때 자신의 무신론을 의심했던 적이 있습니다. 루이스는 기독교 전체가 자신에게 '매우 힘들게' 느껴지는, 침울한 기분에 젖어 든 적이 있다고 증언한 일이 있습니다.[12] 인크리지 마더 Increase Mather와 같은 불굴의 청교도는 1664년 7월 29일 일기에서 "무신론에 대한 유혹으로 몹시 슬퍼하고 슬퍼하였으며 슬퍼하였다"고 기록하고 있습니다.[13]

그러나 그러한 유혹은 믿는 이들 사이에서는 매우 드물게 나타나는 현상입니다. 그들 사이에서 더 흔히 일어나는 것은 하나님을 '잊어버리는' 것입니다. 하나님을 잊고 사는 것이라고 할 수 있습니다. 이러한 망각은 항상 일어나고 있으며, 신앙생활 중에도 일어납니다. 신앙적인 사람들이라도 일상생활의 복잡한 일들에 치일 때가 많습니다.

교육 받아야 하는 일, 먹고 살아야 하는 일, 수많은 인간 관계 속에서 균형 잡아야 하는 일 등등. 또한 기쁨에 빠져 버려 하나님께 감사하는 것을 잊기도 합니다. 또 한편으로는, 어려움을 당해 그 고통에 깊이 몰두하다가, 정작 하나님께로 나아가 그분께 탄식하는 것을 잊어버리기도 합니다.

나의 스승이신 존 스택 John Stek 교수님은, 설교들 가운데 한 편에서 '하나님은 큰 건물에 대한 프로젝트를 진행하고 계시다'고 말씀하신 적이 있습니다.[14]

그렇습니다. 하나님은 평화와 정의의 왕국을 건설하고 계십니다. 그렇게 하시면서 우리 같은 사람들에게 이 프로젝트의 일부분을 맡기셨습니다. 그런데 문제는 우리가 우리 자신의 이익에만 급급해 있다는 점입니다. 우리는 우리 자신의 부수적인 프로젝트를 이루기 위해서 하나님의 도구를 빌려 쓰려고 합니다. 그러고 나서는, 하나님은 우리가 바라는 것만큼 이 부수적인 계획을 축복해 주시지 않는다고 불평하기 일쑤입니다.

이 마지막 예에서 알 수 있듯이, 우리가 하나님을 '망각' 하는 이유 중 하나는 바로 죄 때문입니다. 우리는 우리 자신에게 더 관심을 가지기 때문에 하나님을 잊고 삽니다. 또한 우리는 하나님에 대한 지식이 우리로 죄책감을 갖게 하고, 비교를 통해 우리로 매우 작은 존재라는 느낌을 갖게 하기 때문에 하나님을 피합니다. 무엇보다도 우리는 하나님의 간섭 없이 사는 것을 더 좋아하기 때문에 하나님을 무시합니다. 이러한 망각은 흔히 일어나지만 정상적인 것도 아니고 사소한 것도 아닙니다. 조지 맥도널드가 어디선가 말했듯이 "지옥의 한 가지 원칙은 '나는 나 자신이다'"라는 것입니다.

시편 14편에 따르면, 어리석은 자는 그 마음에 "하나님이 없다"고 말합니다. 이 말씀을 읽는 대부분의 그리스도인들은, 고전적이고 이론적인 무신론자들, 즉 마르크스, 니체, 프로이드 등과 같은 사람들이 이에 해당된다고 생각할 것입니다. 그리고 오늘날에는 과학적 자연주의자들이 이런 무신론자들에 해당된다고 생각할 것입니다.

분명히 그들의 사상은 무신론입니다. 그들은 하나님을 심하게 푸대접할 뿐 아니라, 인생의 궁극적 근원은 우연이고 행운이라고 완고하게 주장합니다. 그리스도인들에게 그러한 자연주의적 무신론은 편협한 것으로 들립니다. 또 불합리하게 들립니다. 미세한 세포 하나도 아찔할 정도로 복잡한 이 세계 안에서, 하나님께 자리 내어 주는 것을 거부하는 것보다 더 편협한 게 어디 있겠습니까? 오직 어리석은 자만이 그 마음에 '하나님은 없다'고 말할 것입니다.

그러나 그리스도인들이 그러한 어리석음에 대해 말할 때, 자신들의 그런 말이 부메랑—긁어 부스럼 만드는 논쟁—이 되어 돌아온다는 사실을 알게 된다면 그것보다 더 씁쓸하고 어색한 일이 어디 있겠습니까?

시편 기자는 과학적 자연주의자들에 대해 이야기하고 있는 것이 아닙니다. 그는, '이 세계는 목적이 있어서 계획되고 의도되었다'라는 생각을 조롱하는 자들(이론적 무신론자)에 대해서 이야기하는 것도 아닙니다. 물론 시편 기자는 그러한 자연주의자들을 어리석다고 생각했을 것입니다. 그러나 그들에 대해 이야기하는 것이 아닙니다. 그는, 스스로는 하나님을 믿는다고 말하면서 마치 하늘이 그 문들을 닫은 것처럼 살고 있는 신앙인들에 대해 이야기하고 있습니다.

이러한 자들이 '실천적 무신론자'들입니다. 그리고 이런 사람들은 모든 교회에 다 있습니다. 그들은 머리로는 유신론자이지만 마음과 행동에 있어서는 무신론자들입니다. 우리가 시편 14편에서 발견하는 종류의 실천적 무신론은 완전한 불신론과는 아무 관계가 없습니다. 실천적 무신론은 전적으로 '불복종'과 관련이 있습니다.

실천적 무신론자들은, 하나님은 '한가로이 하늘에 갇혀 계시고' 우리는 원하는 것을 자유롭게 행할 수 있다고 전제하기 때문에 하나님을 도외시합니다.[15] 실천적 무신론자가 되는 것은, 입술로는 "하나님은 계신다"라고 하면서도 마음으로는 "그러나 하나님은 점심 식사하러 밖에 나가고 안 계시다"라고 말하는 것입니다.

나는 종교적인 사람들일수록 실천적 무신론이라는 질병에 더 잘 걸린다는 것을 강조하고 싶습니다. 이 사실은 매우 중요합니다. 실제로 우리가 매우 종교적일 때, 이러한 질병에 걸릴 위험도가 가장 높습니다. 물론 우리가 종교(신앙)에 대해 여러 가지 영적 훈련과 연습들을 할 때, 위에서 말했듯, 하나님은 우리에게 실제적이 될 것입니다.

성경 읽기, 설교하기, 설교 듣기, 찬송하기, 감사하기, 사회 정의를 위한 부르심에 응답하기…. 이 모든 것은 우리를 살아 계신 하나님께 묶어 줍니다. 그런데 여기서 사용되는 방식은 그것들을 반복함으로써 우리는 하나님을 더 잘 알게 되고 하나님을 더욱 더 효과적으로 섬기게 된다는 것입니다. 그러므로 정직한 종교적 실천과 훈련들은 우리에게 영적인 힘을 줄 것입니다. "가지고 있는 사람들에게는 더 많이 주어질 것이다"(막 4:25).

그러나 모든 종교적인 훈련과 실천이 다 정직한 것은 아닙니다. 그 중에서 어떤 것은, 존 스택 교수가 말한 것처럼, 하나님 왕국의 일에서 우리 자신의 부수적인 프로젝트로 전환됩니다.[16] 예를 들어, 어떤 사람들은 부유해지거나 행복해지거나 자신들이 더 좋게 되는 일에 종교를 사용합니다. 그들은 그것들을 힘의 토대를 만드는 데 사용하거나 다른 사람들을 자신의 뜻에 복종시키는 데 사용합니다. 그리스도인들이 하나님을 인종차별주의자, 성차별주의자, 파시즘 신봉자, 신-민주주의자로 전환시킬 수 있는 경우들처럼, 종교를 사용하여 하나님의 성품을 전적으로 '숨길 수' 있을 것입니다.

그런 일을 하는 자들은 하나님에 대한 진실을 압제하는 세속주의자들뿐만이 아닙니다. 그리스도인들이 그런 엄청난 일을 행하기도 합니다. 로마서 1:18의 죄인들의 특성에 대한 사도 바울의 유명한 기술 또한 그리스도인들을 고발합니다. 믿는 이들도 "불멸의 하나님의 영광을 죽을 운명의 인간들로 바꾼다"는 것입니다(롬 1:23).

그렇지 않다면 하나님에 대한 새로운 개정판이 왜 계속해서 나타나는 것일까요? 그렇지 않다면 왜 하나님은 최근 유행하는 정통 사회주의자, 자본주의자, 광신적 애국주의자와 같은 모습으로 신앙 공동체에 나타나시는 것일까요? 우리가 지성인들이라면, 하나님은 하늘에 계신 우리의 종신직 교수처럼 보일 것입니다. 우리가 반지성적이라면, 하나님은 신학을 미워하는 작은 그룹의 지도자처럼 보일 것입니다. 우리가 가난하다면 하나님은 혁명가로, 우리가 지주라면 하나님은 우리 재산의 파수꾼으로 보일 것입니다.

우리가 만약 신학자라면, 하나님은 우리의 궁극적인 지평적 상황을 움직여 나가는 본질적이고 존재론적인 동력이 되실 것입니다. 페르시아의 신들은 페르시아 인들처럼 보입니다. 메롤드 웨스트팔Merold Westphal은 "불신앙은 하나님에 관한 진리를 압제하는 유일한 방법이 아니라 단지 가장 정직한 방법이다"라고 했습니다.[17]

설교자의 임무는, 설교자 자신의 확대된 초상화가 아니라 '하나님'을 청중이 절실히 느낄 수 있게 하는 것입니다.

실제적 무신론자들을 위한 전략들

강단에서 이것이 의미하는 바는, 설교자는 기꺼이 믿음을 실행할 뿐만 아니라 의심도 기꺼이 실행해야 한다는 것입니다. 다시 말해서, 설교자는 우상을 숭배하려는 경향에 대해 자신을 포함하여 우리 모두를 의심해야 한다는 말입니다. 또한 우리의 우상숭배적 경향을 약간의 위선으로 위장하여 혼합하려는 경향에 대해서도 자신과 우리 모두를 의심해야 합니다.

이러한 종교적 죄는 삼중적인 위험이 있습니다. 첫째, 이러한 종교적 죄들은 하나님의 실제적 성격을 만들어 내고, 동시에 이러한 죄들은 우리에게 모호하게 보인다는 것입니다. 둘째, 이러한 죄들은 전형적으로 '순진성'이라는 미명 아래, 심지어는 '경건'이라는 외투 아래 숨습니다. 그 결과 다른 사람들이 찾아내기가 여간 힘든 것이 아닙니다(만약 당신이 예수님의 이름을 매우 자주, 그리고 매우 경건하게 말한다면 사람들은 당신을 사기꾼이라고 생각하지 않을 것입니다!)

셋째, 특히 위선자의 경우에 있어서 이러한 종교적 죄들은 우리 자신의 의식을 타락시켜 버리기 때문에 우리가 간파하기 어렵습니다. 우리가 스스로의 믿음에 대해 진실하다는 전제보다 더 비옥한 영역은 없습니다. 그리고 진짜 위선자—핵심은 속이지만 자신의 완전함은 믿는 사람—보다 더 비겁한 사람은 없습니다.

왜냐하면 이런 사람은 주저없이 다른 사람들에게 율법주의의 짐을 지우며, 그것을 전적으로 하나님 탓으로 돌리면서 부분적으로 자신은 그 책임으로부터 벗어나기 때문입니다.

사람들은 마태복음 23장에서 예수님이 이러한 위선자들을 향해 날카로운 말씀을 하셨다고 추측합니다. 그렇게 하신 이유는 자기 기만이라는 얄팍한 피부의 깊이를 꿰뚫어 버릴 뿐만 아니라 그들의 종교적 폭력 정치에 도전하기 위해서입니다.

신실한 설교자는, 우리가 하나님을 절실하게 느낄 수 있도록 해 주기 위해 우상숭배와 위선에 대한 우리의 경향을 막아서려고 할 것입니다. 그는 건강한 자기 의심을 받아들일 것이고 우리들도 함께 따르도록 격려할 것입니다.

설교자들이 신앙과 자기 의심 모두를 표현하는 한 가지 방법은 하나님에 관해 질문하는 것입니다. 시편 14편은, '어리석은 자는 그들의 등을 하나님께 돌리지만, 현명한 사람들은 하나님을 찾는다'(2절)고 말합니다. 그래서 현명한 설교자들은 시편 14편의 정신 안에서 구도자 seeker의 자세를 취합니다. 그들은 하나님이 단지 친밀하게 나타나실 뿐만 아니라 또한 숨어 계시다는 것을 압니다.

그들은 또, 구도자들이란 선교를 지향하는 대형 교회를 방문하는 '교회법 상 집 없는 사람들'에 국한되지 않는다는 것을 압니다. 하나님을 찾는 사람이라면 누구든지 구도자입니다. 이것은 오랫동안 신앙생활하는 사람들이 구도자의 자격 요건에 합당한 사람들임을 의미할 것입니다. 또 신학자들과 신학생들 뿐만 아니라 많은 목회자들에게도 구도자의 자격이 있을 것입니다. 왜냐하면, 가장 유명한 신학적 정의에 따르면, 신학은 '이해를 추구하는 믿음' faith seeking understanding이고 신학에 있어서 우리 이해의 주 대상은 하나님이시기 때문입니다.[18]

현명한 사람들은 설교할 때나 설교를 들을 때 하나님을 찾습니다. 한편 그들이 하나님과 세상에 관한 어떤 것을 발견하고 또 하나님의 세계에 그들 자신을 맞추어 가는 요령을 발견하기 때문에 현명해지는 것입니다. 동시에 그들은 하나님과 그분의 목적에 관해 자신들이 얼마나 알지 못하는지 발견하고, 세상에 있는 하나님의 계획 안으로 적응해 들어가려는 시도들 중 어떤 것들은 너무나 서툴다는 사실을 발견하기 때문입니다.

현명한 사람들이 어떻게 그런 발견들을 할까요? 실체reality를 향해 민첩하면서도 수용적인 태도를 취함으로써 그러한 발견을 합니다. 실체는 자신들의 머리 범위 안에서 일어나는 것보다 훨씬 더 크다는 것을 가정함으로써 그러한 발견들을 합니다. 성경으로 하여금 자신들을 가르치게 하고 성령으로 하여금 자신들 인도하게끔 허락함으로써 그들은 그러한 발견들을 합니다. 자기 자신을 수많은 성자saints들의 견습공이 되게 함으로써 그러한 발견들을 이룹니다. 그리고 수많은 시간 동안 줄곧 "왜 그럴까" 하며, 실체를 추구하고 진실을 찾으려고 애씀으로써 그러한 발견들을 이루어 냅니다.

또 현명한 사람들은 질문을 함으로써 하나님을 찾습니다. 이 말은 매우 단순하게 들릴 것입니다. 그럼에도 불구하고 좀처럼 일어나지 않는 일이기도 합니다. 현명한 사람들은 질문을 하고 나서 응답을 기다리지만, 어리석은 자들은 아무 것도 묻지 않습니다. 그들은 진술만 할 뿐입니다. 흔히 말하듯, 실수는 자주 하지만 의심은 결코 하지 않습니다. 그들은 어떤 것에 대해서도 궁금해 하지 않습니다.

그러나 현명한 설교자들을 포함해서 현명한 사람들은 많은 질문을 합니다. 그들은 우리가 우리 자신의 자연적 부들―미, 기억, 의지 등―을 창조하지 않았음을 알고, 이것은 그들로 하여금 누가 창조했는지 궁금해 하도록 만듭니다. 그들은 우리 인간들은 유한하고 타락할 수 있는 존재임을 알고 있기에, 누가 무한하고 누가 타락할 수 없는지를 궁금해 합니다. 그들은 우리가 다른 사람들에게 우리가 갖고 있는 갈망과 찬양의 무게를 올려놓을 때 '이 사람들도 무게에 짓눌려 금이 가고 어쩔 줄 모르는 나약한 사람이구나' 하는 사실을 알게 될 것입니다.

우리가 보내는 찬사와 경배에 대한 부담을 못 이겨 부서지고 마는 유명 인사들과, 그 유명 인사들에 대한 그릇된 환상에 도취되어 이미 깨져 버린 난파선 조각에 올라 타 표류하는 팬들의 경우처럼, 우리도 또한 그렇게 될 것입니다.

현명한 사람은 우주 안에 있는 누군가가 실제적으로 우리의 갈망을 만족시킬 수 있고 우리의 어리석음을 용서할 수 있으며, 우리 예배의 직분을 감당할 수 있는지 궁금해 합니다. 요컨대, 현명한 사람들, 그리고 실체를 추구하느라 쉼이 없는 마음들은 안식을 얻기 위해 최상의 선을 찾습니다.[19]

현명한 사람들은 계속해서 하나님을 찾습니다. 그들은 사물에 대해 궁금해 하고 인간들에 대해 궁금해 합니다. 결국 어거스틴처럼, 그들은 하나님에 대해 궁금해 합니다.

'하나님은 어떻게 말씀하실까?' 그들은 궁금해 합니다. '하나님은 안에 계실까 아니면 밖에 계실까? 하나님은 신체도 없이 어떻게 광대하실 수 있을까? 하나님은 복잡하게 구성된 한 분일까? 아니면 세 분이 매우 밀접한 관계를 유지하고 있는 친밀한 하나의 사회일까?'

질문은 끝이 없습니다. '예수님은 하나님과 동일하신 분일까 아니면 다른 분일까? 하나님의 보호의 날개 아래 있는 사람도 암에 걸릴 수 있는 것일까? 하나님은 어디에 계실까? 하나님은 얼마나 남성다울까? 우리가 하나님이 고통을 겪으시도록 할 수 있을까? 그렇다면, 하나님은 우리 마음대로 되시는 분이란 말인가? 그렇지 않다면, 하나님은 긍휼을 가지실 수 있을까? 인간이 그룹 기도로 하나님께 협상할 때, 정말로 하나님의 계획은 바뀔 수 있는 것일까?

현명한 사람들은 궁금해 함으로써 그리고 그 궁금증에서 생기는 질문들을 함으로써 하나님을 찾습니다. 그리고 그들은 종종 설교를 하거나 듣는 일을 통해 이러한 일들을 합니다.

루퍼스 존스Rufus Jones는 "대부분의 사람들은, 그들에게 있어서 하나님을 절대적으로 실제적인 존재로 만들 사람에게 무릎꿇고 귀 기울일 것이다"라고 쓰고 있습니다.[20] 그럴 수도 있고 그렇지 않을 수도 있겠지만, 숨기도 하시고 친밀하게 나타나기도 하시는 하나님을 절대적으로 실제적인 분으로 만드는 도전을 얕보아서는 안 됩니다.

하나님을 말하지 않거나 하나님을 매우 멀리 떨어져 있는 분처럼 느끼게 하는 사색적인 교회에서는 이러한 도전이 더욱 큽니다. 하나님은 기껏해야 하나의 개념일 뿐 인격을 지닌 분으로 받아들여지는 않는 교회 말입니다. 이런 곳에서는 하나님에 대한 초상화가 대부분 추상적인 인상파 화가들에 의해 그려지곤 합니다. 이런 교회의 교인들이 보여 주는 경건한 척하는 망설임을 불가지론과 구별하기란 여간 어려운 일이 아닙니다.

이러한 상황에서 어거스틴이 말한 역설적 진리에 대한 균형을 맞추려면, 현명한 설교자는 하나님이 우리와 함께하신다는 '친밀한 현존' intimate presence이라는 진리에 굳게 기대 설 것입니다. 설교자는 하나님이 놀라운 방식으로 따스하게 데워 주신 심장들을 향해 말할 것입니다. 설교자는 하나님의 영에 의해 새로워진 삶에 대해 증언할 것입니다. 그리고 설교자는 증언할 때, '거듭난' 이라는 말을 함께 나눌 것입니다. 또 '예수님과의 인격적인 관계성'에 관해 말할 것입니다. 그리고 그 설교자는 이 문장의 의미를 묻는 사람들에게 사려 깊은 말로 답할 것입니다.

무엇보다도 가장 중요한 점은, 현명한 설교자는 하나님이 멀리 떨어져 계신 것 같다고 생각하는 크리스천들에게 큰 기쁨의 좋은 소식을 가져다 준다는 것입니다. 즉 임마누엘이라 부르는 한 아기가 우리에게 태어났으며, 심지어 동쪽의 현자들—하버드, 예일, 프린스턴에서 온 사람들—조차도 그분 앞에 무릎을 꿇고 그분께 속해 있다는 것을 말할 것입니다.

그리스도인들에게 있어서 하나님을 실제적이 되게 하는 도전은, 하나님의 지식이 '두뇌에서 휙 지나가 버리는'[21] 사색적이고 지적인 교회에서 큰 파장을 일으킵니다. 놀랍게도 그러한 도전은 여러 겹의 스티커적 경건을[22] 통해서 하나님에 관한 설교가 전달되는 복음주의 교회들 안에서도 큰 파장을 일으킵니다. 여기서 설교는, 하나님이 전혀 감추어진 것처럼 보이지 않는 사람들에게 가 닿아야 합니다.

그들의 삶은 표적과 기사로 채워지지 않습니까? 하나님은 그들에게 쉽게 말하시지 않습니까? 그들은 이 아침에 얼굴을 맞대고—한 사람이 그의 친구에게 말하는 방식으로—하나님과 이야기하지 않습니까?

이러한 상황에서, 어거스틴이 말한 역설적 진리에 대한 균형을 맞추기 위해, 설교자는 하나님의 '감추어진' hiddenness 측면에 굳게 기대서야 합니다. 여기서 현명한 설교자는, 심각한 영적 비만 상태의 사람들을 위해 호되고 엄격한 하나님을 다이어트법으로 제시할 것입니다. 하나님과 너무 친숙한 사람들에게는 이상하고 파악하기 힘든 하나님을 설교할 것입니다.

일주일의 첫 번째 아침 10시에는, 그 찬송 가락이 이미 감상적인 것으로 떨어진 복음적 기독교인들의 등뼈를 똑바로 펴 주기 위해 준엄한 하나님을 설교할 것입니다.[23] 무엇보다도 가장 중요한 것은, 설교자는 하나님의 아들, 예수 그리스도의 오심을 설교할 것이고, 때때로 그는 마가를 그의 목격자로 선택한다는 것입니다.

왜냐고요? 마가복음은 예수 그리스도 안에서 우리에게 절실히 느껴지는 하나님에 대해 감상에 빠질 여지를 전혀 주지 않기 때문입니다. 마가복음은 건초 더미 위에 잠든 그 어린 주 예수님으로부터 시작하지 않고, 하늘이 열리고 성령이 그 머리 위에 내려오시며 성령에 의해 거친 광야로 내몰리시는 예수님, 다 자라 세례를 받는 예수님으로부터 시작합니다.

마가복음 1:12-13에서 예절 바르고 정중한 사람들로부터 사람을 쫓아내듯이, 그런 식으로 성령은 예수님을 사막으로 몰아냅니다. 그리고 이 이상한 사건은 복음서의 나머지 부분을 예측하게 합니다. 사실상 대부분의 사람들은 이 복음서 안에 묘사되고 있는 이러한 하나님의 도래(오심)를 원하지 않습니다.

왜 그렇습니까? 감상적인 기독교인들은 때때로 하나님과의 만남을, 정원을 산책하거나 친구와 커피 데이트를 하는 것과 같다고 생각하기 때문입니다. 그러나 사실을 말씀드리자면, 하나님을 만나는 것은 어쩌면 전기에 감전되는 것과 같을지도 모릅니다. 칼빈은 하나님의 임재를 느끼는 성경 속 인물들에 대해 말하면서, 그들이 "충격 받고 압도당했다"라고 주석합니다. 실제로 그들은 '너무도 크게 흔들렸기 때문에' 마치 '멸절하여 없어지는 듯' 하였던 것입니다.[24]

결론

이러한 사실 속에 우리의 마음을 휘감는 심각한 진리가 놓여 있습니다. 즉, 우리의 종교적인 스타일이 어떻든 간에 어쩌면 우리는 우리가 생각하는 것보다 하나님을 원하지 않고 있을지도 모른다는 것입니다. 인간은 기도와 성찬을 통해서, 그리고 정의를 추구할 때, 하나님을 찾습니다. 설교를 하고 설교를 들을 때 하나님을 찾습니다. 우리는 하나님을 찾고 찾아야 합니다. 창조물이 그 창조주를 원하는 것은 자연스러운 일이며, 죄인이 그 구원자를 바라는 것은 지혜로운 일입니다.

그러나 정말로 하나님을 원하는 사람들—목마른 사슴이 사막에서 물을 찾듯이 하나님에 대해 목말라하는 사람들—은 일반적으로 깊은 곤란 가운데 있는 사람들입니다. 자신들의 삶 속에서 하나님을 간절히 바라고 갈망하는 사람들은 나병환자들과 절름발이, 그리고 사면초가에 놓인 사람들입니다. 그들의 구원자이신 하나님께 울부짖고 절규하는 사람들은 병들고 착취당하고 빼앗긴 사람들입니다.

그 나머지 사람들, 대부분의 우리들은 아무런 심각성도 없이 그저 하나님에 대해 관찰할 뿐입니다. 편안하게 지내는 사람들은 기껏해야 절반의 마음으로만 하나님에 관한 설교를 듣습니다. 그리고 절반의 마음으로만 하나님께 기도합니다. 그들은 5분 후에는 자신들이 기억하지도 못하는 말들로 하나님께 찬송을 부릅니다.

그렇게 되는 이유는, 하나님은 구원하기 위해 죽이시며 따라서 하나님을 찾는 것은 임종 시의 소망일 뿐이라는 것입니다.[25] 이러한 이유 때문에 하나님에 대한 우리의 관심이 종종 그렇게 연약한 것입니다. 우리는 우리가 거의 전멸당하게 될지도 모른다는 생각을 즐기지 않습니다.

그래서 우리는 하나님으로부터 물러섭니다. 혹은 하나님께 다가가지만 어느 정도의 거리를 유지합니다. 마음을 정하지 못한 탕자같이, 우리는 먼 나라를 떠나 오지만 집에 들어오지 못한 채로 낯선 어딘가에 정착합니다.

은혜의 복음은 이러한 전략이 실패할 것이라고 말합니다. 그 이유는, 비록 하나님에 대한 우리의 관심이 온건하지만 우리에 대한 하나님의 관심은 맹렬하다는 것입니다. 이것이 마가복음 1장에서 하늘이 갈라지고 쪼개지는 이유입니다. 도날드 주엘Donald Juel에 따르면, 그것은 우리가 하나님께로 가려고 할 때 '우리가 유리 천장에 우리의 머리를 계속 부딪쳐야 하는' 그런 것은 아닙니다.

그 반대로 하나님은 우리를 향해 하늘을 쪼개어 여십니다. 마가복음은 하나님이 예수님 안에서 자유로운 상태에 있으며 따라서 어느 누구도 안전하지 않다고 말합니다.[26]

우리가 가장 좋아하는 죄들 중 그 어떤 것도 안전하지 않습니다. 우리 마음속에 독선적이거나 질투심을 불러일으키는 그런 것들이 있다면 무엇이든 다 죽어야 합니다. 인색과 탐욕 같은 것들은 모두 죽어야 합니다. 우리의 방종 같은 모든 것은 죽어야 합니다. 왜냐하면 이러한 죄들은 우리의 마음속 '하나님은 없다'고 말하는 곳으로 점점 파고들어오기 때문입니다. 우리가 그리스도와 함께 죽고 부활하지 않는 한 그것들을 제거할 수 없게 됩니다.

결론적으로, 하나님을 만나는 것을 생각할 때 우리는 단지 기쁨 뿐만 아니라 두려움도 함께 가져야 합니다. 그리고 우리는 값을 따져야 합니다. 탁월한 구도자였던 C. S. 루이스는, 하나님을 찾는 것에 관해 말할 때 우리는 "쥐가 고양이를 찾는 것에 대해 말하는 것과 같이 해야 한다"[27]고 말한 적이 있습니다.

우리는 하나님을 원하지만, 또 한편으로는 하나님으로부터 도망치려는 피조물들입니다. 우리는 갈라진 피조물, 나누어진 피조물입니다. 우리는 창세기 4장에 나오는 가인과 같습니다.

그는 하나님께 순종하는 것을 원하지 않았습니다("내가 내 동생을 지키는 자입니까?"), 그러면서도 동시에 그는 하나님을 잃는 것도 원하지 않았습니다. 하나님이 그를 추방하려 하자, 버림 받은 가인은 처음에는 저항합니다("나의 벌이 너무 중하여 견딜 수 없습니다"), 그러면서도 슬퍼

합니다("나는 당신의 얼굴로부터 감추어질 것입니다!").

    이것이 우리의 현 상태입니다. 그리고 설교자는 그렇다고 말해야 합니다. 설교자는 하나님에 관해서 뿐만 아니라 우리―하나님처럼 보이고 하나님으로부터 그렇게 멀리 떠나 방황했고 그래서 하나님의 은혜를 긴급하게 필요로 하는 사람들―에 관해서도 진실을 말해야 합니다.

| 주 |

서문

1. Frederick Buechner, *The Longing for Home: Recollections and Reflections* (New York: Harper San Francisco, 1996).

10장

1. ἐὰν ὑμεῖς μείνητε ἐν τῷ λόγῳ τῷ ἐμῷ, ἀληθῶς μαθηταί μού ἐστε καί γώσεσθε τὴν ἀλήθειαν, καί ἡ ἀλήθεια ἐλευθερώσει ὑμᾶς.

2. 한글 개역은 "자기를 믿은 유대인들"로 번역하고 있지만, 헬라어는 완료시제를 사용하고 있으므로 "자기를 믿었던 유대인들"(τοὺς πεπιστευκότας αὐτῷ, those among the Jews who had believed in him)로 번역함이 마땅하다.

14장

1. 본 설교문은 Frederick Buechner, *The Magnificent Defeat* (New York: HarperCollins, 1966), 36-43에 실린 "The Two Battles"에 많이 의존했다.

15장

1. 마르바 돈, 「나는 언제까지 외롭습니까?」, 김병국 역 (서울: 도서출판 이레서원, 2001), 13-17.

16장

1. 마 2:1-12에 관한 설교문은, 류호준, 「옛적 말씀에 닻을 내리고」 (서울: 크리스챤다이제스트, 1998), 61-73에 실려 있는 "오직 찾는 자만 찾을 것이라"를 보라.

18장

1. John Calvin, *Institutes of the Christian Religion*, edited by John T. McNeill, trans. by Ford Lewis Battles (Philadelphia: Westminster Press, 1967), Book Three, Chapter II ("Faith: Its Definition Set Forth, and Its Properties Explained"). —「기독교

강요」(크리스챤다이제스트 역간)

2. 조나단 에드워즈(편), 「데이비드 브레이너드의 생애와 일기」, 윤기향 옮김 (서울: 크리스챤다이제스트, 1984).

3. H.M. Kuitert, *I Have My Doubts* (London: SCM Press, 1993), 52.

4. Benjamin and Carol Weir, *Hostage Bound, Hostage Free* (Philadelphia: Westminster Press, 1987), 37-38.

5. Frederick Buechner, *Wishful Thinking: A Seeker's ABC, Revised and Expanded edition* (San Francisco: HarperCollins, 1993), 29. ─「삐딱한 그리스도인을 위한 통쾌한 희망 사전」(복있는사람 역간)

19장

1. John Leith, *Introduction to the Reformed Tradition* (Atlanta: John Knox Press, 1977), 34. ─「개혁주의란 무엇인가」(생명의샘 역간)

2. John Calvin, *Institutes of the Christian Religion*, ed. John T. McNeill (Philadelphia: Westminster, 1960), I.7.1 & I.7.4.

3. 이에 대한 탁월한 입문서로는, Cornelius Plantinga Jr., *Engaging God's World: A Reformed Vision of Faith, Learning, and Living* (Grand Rapids: Eerdmans, 2002)를 참조하시오.

20장

1. 이 글과 함께, 류호준, 「옛적 말씀에 닻을 내리고」 (서울: 크리스챤다이제스트, 1998), 제23장 ("네 손을 활짝 펼쳐라[신 15:7-11]")를 읽어 보시오.

21장

1. Frederick Buechner, *Wishful Thinking: A Seeker's ABC, Revised and Expanded* (San Francisco: HarperSanFrancisco, 1993), 84. ─「삐딱한 그리스도인을 위한 통쾌한 희망 사전」(복있는사람 역간)

24장

1. 1993년 부활절 시즌에 네덜란드의 렐리스타트(Lelystad)에서 쓰다.

28장

1. Elam Davies, "The God with Whom We Can Be Confident," 1984년 5월 6일 시카고 제4장로교회에서 전해진 설교(카세트 테이프).

2. 역자 주. 이와 관련하여, 류호준, 「장막 치시는 하나님을 따라서」 (서울: 이레서원, 2001) 중에서 제11장 "빨리 달리는데 지치셨습니까?"라는 글을 읽어 보라.

3. Mary Catherine Hilkert, "Preaching, Theology of," in *The New Dictionary of Sacramental Worship*, ed. Peter E. Fink, S. J. (Collegeville, Minn.: Liturgical Press, 1990), 996-1003.

4. Roger E. Van Harn, *Pew Rights: For People Who Listen to Sermons* (Grand Rapids: Eerdmans, 1992), 18.

5. Stephen L. Carter, *The Culture of Disbelief: How American Law and Politics Trivialize Religious Devotion* (New York: Basic books, 1993), 48.

6. Jonathan Edwards, *Religious Affections*, ed. John F. Smith, Vol. 2 of *The Works of Jonathan Edwards*, ed. Perry Miller (New Haven: Yale University Press, 1959), 99.

7. Edwards, *Religious Affections*, 115.

8. *Ibid.*, 95

9. Karl Barth, *Church Dogmatics*, ed. G. W. Bromiley and T. F. Torrance. Various translators, 4 vols. (Edinburgh: T.&T. Clark, 1936-1939; Second edition, trans, G. W. Bromiley, 1975), 165.

10. St, Augustine, *Confessions*, trans, with an Introduction by Henry Chadwick (Oxford: Oxford University Press, 1992), I. iv (4). – 「성 어거스틴의 고백록」(대한기독교서회 역간)

11. St. Augustine, *Confessions*, I. I (1).

12. C. S. Lewis, *Mere Christianity* (New York: Macmillan, 1960), 109. – 「순전한 기독교」(홍성사 역간)

13. Michael G. Hall. *The Last American Puritan: The Life of Increase Mather, 1639-1723* (Middletown, Conn.: Wesleyan University Press, 1988), 65.

14. 역자 주. 참조. 존 스택, 「구약신학: 본문과 해석」 류호준 편역 (서울: 도서출판 솔로몬, 2000).

15. John Calvin, *Institutes of the Christian Religion*, ed. John T. McNeill and

trans. Ford Lewis Battles, The Library of Christian Classics, vols. 20, 21 (Philadelphia: Westminster, 1960), I.4.ii.

16. 역자 주. 이와 관련하여, 류호준, 「장막 치시는 하나님을 따라서」 중에서 제7장 "환상가들을 조심하시오" 라는 글을 읽어 보라.

17. Merold Westphal, "Taking St. Paul Seriously: Sin as an Epistemological Category," in *Christian Philosophy*, ed. Thomas P. Flint (Notre Dame, IN: University of Notre Dame Press, 1990), 214.

18. St. Anselm, An Address (Proslogian), in *A Scholastic Miscellany: Anselm to Ockham*, ed. and trans. Eugene R. Fairweather. The Library of Christian Classics, vol. 11 (Philadelphia: Westminster, 1961), Preface.

19. St. Augustine, *Confessions*, I.I.(I).

20. Rufus Jones, *Social Law in the Spiritual World: Studies in Human and Divine Inter-Relationship* (Philadelphia: John C. Winston, 1994), 33.

21. Calvin, *Institutes of the Christian Religion*, 1.5.9.

22. 역자 주. 승용차 뒤 범퍼에 기독교적이고 경건한 내용을 담은 스티커를 붙이고 다니는 미국의 복음주의적 크리스천들의 습성을 지칭하는 말이다.

23. 예를 들어 이러한 찬송가 가사일 것이다. "나는 어둠 속에서 네가 울 때 네가 흘린 모든 눈물을 느꼈노라. 나는 네가 흘린 그런 눈물들을 위해 내가 죽었다는 사실을 네가 기억하기를 원하노라."

24. Calvin, *Institutes of the Christian Religion*, I.1.3.

25. Stanley Sturing, "To See God," an unpublished course paper (Grand Rapids: Calvin Theological Seminary, November 20, 1997), 3.

26. Donald Juel, "What Makes for 'Engagement?' Interpreting at the Beginning (Mark 1:1-15)," a lecture at the St. Olaf Conferences on Theology & Music, St. Olaf College, Northfield, Minn.: St. Olaf College, July 15, 1997.

27. C. S. Lewis, *Surprised by Joy: The Shape of My Early Life* (New York: Harcourt, Brace & World, 1955), 227. —「예기치 않은 기쁨」(홍성사 역간)